러시아 현대시의 해석

Александр Александрович **Блок**

Осип Эмильевич **Мандельштам**

Владимир Владимирович **Маяковский**

러시아 현대시의 해석

알렉산드르 블로크
오시프 만델슈탐
블라디미르 마야콥스키
미하일 바흐친

석영중

Михаил Михайлович **Бахтин**

Анна Андреевна **Ахматова**

Николай Алексеевич **Заболоцкий**

KU PRESS
고려대학교
출판문화원

개정증보판 머리말

수수께끼는 시가 아니다.
— 메리앤 무어

이 책은 1996년도에 민음사에서 출간된 《러시아 현대시학》을 수정하고 덧붙이고 보강한 결과물이다. 오래전에 쓴 책을 다시 들춰 보니 여기저기 고쳐야 할 부분이 많이 눈에 띄었다. 그러나 개정판에서 무엇보다도 내가 신경을 쓴 것은 논의의 범위를 확장하는 일이었다. 초판에서 나는 20세기 러시아를 대표하는 세 시인, 블로크A. Blok, 만델슈탐O. Mandel'shtam, 마야콥스키V. Maiakovskii의 텍스트를 분석하여 시어의 다의미성mnogoznachnost', polysemy에 대한 각 시인의 이론과 실천을 규명하는 데 주력했다. 개정판은 초판의 주제인 다의미성의 골격은 그대로 유지하되 그것을 넘어 시와 전기의 상호조명, 서정시인과 윤리의 문제, 그리고 바흐친M. Bakhtin의 산문 이론과 시의 관련성 등에 이르기까지, 초판 집필 당시에는 희미하게 구상했던 주제들을 포함한다.

개정판에 추가된 항목은 다음과 같다. 첫째, 제3장에 새로운 절 하나를 더해 마야콥스키의 자살과 시 텍스트의 관련성을 다루었다. 초판의 3장 2절에서 다루었던 '열림'의 관념이 그의 삶 속에서 어떻게 예술과 리얼리티, 문학과 전기 간의 경계선을 무너뜨리는지 살펴보았다. 둘째, 제4장을 추가하여 서정시인과 윤리의 문제를 조망했다. 가혹한 시대를 살아야 했던 20세기 시인들 대부분이 윤리의 문제를 제기했지만 이 주제는 워낙 방대하고 심오한 것이라 이 책에서는 만델슈탐의 시 한 편을 통해 주제를 소개하는 정도에서 그쳤다. 셋째, 제5장을 추가하여 바흐친의 "다음향성"과 "카니발"이 20세기 시인들에게 어떻게 수용되고 변형되었는가를 살펴보았다. 그 과정에서 초판에서는 다루지 못했던 아흐마토바A. Akhmatova와 자볼로츠키N. Zabolotskii의 시 세계를 들여다볼 수 있었다. 바흐친과 서정시의 문제는 최근 들어 부쩍 연구자들의 관심을 받는 주제이니만큼 이 책의 논의가 앞으로의 연구에 조금이나마 기여하게 되기를 바란다.

25년 전에 자신이 쓴 글을 다시 읽어 보는 것은 엄청난 "멘탈"(!)을 필요로 한다. 무엇보다도 젊음의 허세를 가득 품고 있는 진술들, 연구 분량을 자랑하기 위해 일부러 어렵게 쓴 대목들이 우선 눈에 확 들어와 얼굴이 화끈거렸다. 그동안 강산이 두 번도 더 바뀌었다. 세상은 그냥 바뀐 것이 아니라 디지털 전환과 팬데믹이라고 하는 문명사적 대격변을 겪었다. 대격변 전에 쓴 글을 고치고 다듬고 무언가를 덧붙인다는 것은 거의 만용에 가까운 일이다. 나 역시 이장욱 시인이 아니었더라면 결코 생각조차 하지 않았을 일이다. 코로나가 극성을 부리던 2021년의 어느 무더운 여름날 이장욱 선생과 고대 앞에서 간단히 점심을 먹었다. 너무 오랜만의 만남이라 대화는 과거와 현재 미래를 종횡무진 누비며 거의 '포스트모던' 식으로 이어졌다. 그러다가 결국 러시아 시로 화제가 옮겨 갔는데 이 선생이 그 옛날의 내 책이 절판되어 아쉬워하는 독자들이 있으니(나는 이 말이 사실이라 믿고 싶다) 재출간을 하는 게 좋겠다고 우겼다. 처음에는 손사래를 쳤지만 며칠 후 나는 조심스럽게 고려대학교 출판문화원 김원기 주간님의 번호를 누르고 있었다. 뜻밖에도 출판문화원에서 흔쾌히 출간을 허락해 주셔서 내 인생 최초의 "개정증보판"이 세상의 빛을 보게 되었다.

초판은 물론이고 이 책 개정증보판도 시 해석의 종착점과는 거리가 멀다. 이 책에서 시도하는 바의 분석적 독해는 결국 푸시킨A. Pushkin이 "손으로 만들지 않은 기념비"라 불렀던, 시라는 이름의 오래된 기록에 다가가기 위한 첫걸음이다. 물론 이런 과정을 거치지 않고도 직관적으로 시를 향유할 수 있다. 그러나 좋아하는 시인의 시를 소리와 낱말에서 행과 연에 이르기까지, 리듬과 각운에 이르기까지, 시인의 삶과 시대의 흐름에 이르기까지 낱낱이, 촘촘이, 깊게, 우직하게 분석해 보는 것은 그 자체가 행복한 노동이다.

나는 과거 한 시절을 러시아 시에 매료되어 보냈다. 러시아 시에 관해 번역도 하고 논문도 쓰고 강의도 했다. 그런데 2000년대 후반부터는 도스토옙스키와 톨스토이에 관해 연구하느라 시는 거의 잊다시피하고 지냈다. 그런 나에게 개정증보판 작업은 초보 연구자 시절의 설렘을 되살려 주었다. 그때 이후 먼 길을 걸어온 것도 같고 그냥 그 자리에 그대로 서 있는 것도 같다. 진심으로 사랑한 것은 결코 잊혀지지도 사라지지도 않는다는 생각이 든다.

초판의 머리말은 오래전의 스승님들을 다시 생각나게 했다. 실바조리스R. Silbajoris 교수님과 마테이스M. Matejic 교수님은 꽤 오래전에 돌아가셨다. 만델슈탐 연구를 격려해 주셨던 프레이딘Iu. Freidin 박사님과는 언젠가부터 연락이 끊어졌다. 나에게 《러시아 현대시학》 집필 기회는 물론 인생의 고비 고비에서 커다란 가르침을 주셨던 한국학술협의회 김용준 이사장님도 몇 해 전에 유명을 달리하셨다. 내가 방황하던 시절 워즈워스의 "초원의 빛이여 꽃의 영광이여"를 읽어 주셨던 어머니는 오로지 서글픈 흑백사진 속에서만 살아 계신다. 그런데 신기하게도 내 인생과 학문의 길잡이가 되어 주셨던 분들이 이 세상을 하직하자 후학들이 그 자리를 메우기 시작했다. 번역은 물론, 이론에서부터 평론에 이르기까지, 지금도 홀로 묵묵히 끊임없이 견고한 업적을 쌓아 가고 있는 중견 학자들은 언제나 내 연구 의욕을 자극한다. 굳건하게 학문의 자리를 지키고 있는 수많은 동료와 후학들에게 깊이 감사드린다. 이 책을 흔쾌히 출간해 주신 고려대학교 출판문화원 지영래 원장님, 그동안 출간의 매 단계마다 꼼꼼히 배려해 주신 김원기 주간님께도 진심으로 감사드린다. 복잡하기 짝이 없는 원고를 초인적인 인내심으로 읽고 정리하고 수정해 준 고려대학교 노어노문학과 대학원의 이선영 선생에게는 그 어떤 말로도 감사의 마음을 전할 길이 없다.

끝으로 시를 깊이 사랑하는 S에게 이 책을 헌정한다.

2022년 12월

석영중

머리말

> 시를 쓰는 사람은
> 언어가 그에게 가르쳐 주기 때문에.
> 아니 좀더 간단히 말해서
> 언어가 다음에 올 시행을 불러 주기 때문에
> 시를 쓴다.
> —I. 브로드스키

얼마 전에 작고한 러시아의 망명시인 이오시프 브로드스키의 표현대로 시인은 어떤 의미에서 언어에 '중독된' 사람이다. 시인이 자신의 세계관과 사상과 감정을 압축된 텍스트로 빚어내는 데 사용하는 말은 어느 순간 매체로서의 기능을 뛰어넘어 시인의 구상과 의도를 지배하고 더 나아가 그의 존재 자체를 대신하게 된다. 시인들이 저마다 메타시 혹은 시작詩作에 관한 에세이를 통해 말의 이러한 신비한 본질을 노래했다면 20세기의 문학 이론들은 그것을 학술적으로 규명하기 위해 '다의미성'의 개념을 발전시켜 왔다. 다의미성은 문자 그대로 시어가 '수많은 의미를 갖는다'는 뜻으로 해석되지만 사실 그것의 의의는 그 수많은 의미들 자체가 아닌 의미들의 관계, 그리고 그 관계에서 만들어지는 새로운 의미에 있다. 다의미성은 일상어의 본유적 기능인 의사소통 기능과 예술어의 심미적 기능 간의 복잡한 상호관계로부터 발생하여 개별적인 작품은 물론이거니와 한 시인의 시적 비전 전체를 조망해 준다는 점에서 시 해석의 출발점이 될 수 있다. 짤막한 한 편의 시가 때로는 한 권의 책과 같은 정도의 엄청난 의미를 지닐 수 있는 것은 다의미성 때문이라 해도 과언이 아닐 것이다.

《러시아 현대시학》은 다의미성을 중심으로 하여 모더니즘 시기에 활동했던 세 시인, 블로크, 만델슈탐, 마야콥스키의 시 텍스트를 분석하고 그럼으로써 언어에 잠재된 여러 가지 가능한 의미들이 각기 다른 시인들에게서 어떻게 실현되고 또 그 기능은 무엇인가를 살펴보는 데 목적이 있다. 초기 형식주의의 오류를 지적하면서 부상한 구조주의자들이 시어와 텍스트, 그리고 텍스트 외적 요인과의 관계성을 인정하면서도 여전히 시스템으로서의 언어에 집착하였다면 기호학자들은 과정으로서의 언어를 논의의 관건으로 삼아 다의미성의 개념을 텍스트 외부로 확장시켜 왔다. 이 책의 서론은 다의미성에 대한 이들의 논의를 통시적으로 개괄해 봄으로써 본론에서의 텍스트 해석에 프레임을 제공해 줄 것이다.

세 개의 장으로 이루어진 본론은 개별적인 시인들이 시어에 대해 품고 있었던 생각을 에세이, 일기, 편지, 선언문 등을 통해 살펴보고 그것을 토대로 텍스트의 의미구조에 각인된 각자의 미학적 원칙과 다의성과의 상관관계, 예술과 리얼리티에 대한 해석 등을 고찰하게 될 것이다. 각 장의 논의는 세 시인의 다의적, 다기능적 텍스트와 시어, 그리고 그것들로부터 도출되는 리얼리티에 대한 시각을 분석하는 데 초점이 맞추어지지만 궁극적으로는 그들이 대표하는 모더니즘의 세 국면, 즉 상징주의, 아크메이즘, 미래주의의 철학적, 미학적 측면을 어떤 식으로든 비추어 주게 될 것이다.

여기서 한 가지 덧붙이고 싶은 것은 분석 대상 텍스트를 선정함에 있어서 텍스트의 길이도 중요한 척도로 작용했다는 점이다. 즉 아무리 주어진 논지에 합당한 텍스트라 하더라도 지나치게 긴 경우는 이 책의 규모를 고려하여 미시독서 대상에서 제외하였다. 블로크나 만델슈탐의 경우 그들의 세계는 짤막한 서정시를 통해 얼마든지 드러날 수 있으므로 별 문제가 없겠으나 마야콥스키의 경우 사정이 좀 다르다. 주지하다시피 마야콥스키의 시적인 에너지는 서정시보다는 장시(포에마)에서 훨씬 강력하게 폭발하기 때문이다. 이 책에서 다룰 수 없었던 그의 탁월한 장시들이 언젠가는 깊이 있게 연구되기를 바란다.

만델슈탐의 비극적인 삶에, 그리고 러시아적인 애수와 서구적인 논리가 뒤섞인, 차가우면서도 오랫동안 독자의 가슴을 뜨겁게 만들어 주는 기묘하게 절제된 그의 시에 압도되어 현대시 연구에 착수한 지 벌써 여러 해가 지났다. 그러나 수년간의 연구를 마무리짓는 머리말을 쓰는 지금도 홀가분하다는 느낌보다는 조금만 더 시간이 있었더라면 하는 아쉬움이 한층 짙게 남아 있다. 만델슈탐은 나에게 여전히 닿을 수 없는 다른 세상의 존재처럼 여겨지고 그와 같은 시대를 살았던 다른 시인들 또한 더 많은 연구과제만을 나에게 선물로 주는 것 같다. 학문이란 원래가 해도 해도 끝이 없는 것인지도 모른다는 생각, 그리고 저 복잡하기 짝이 없는 러시아 모더니즘이, 특히 난공불락의 성벽에 둘러싸여 있던 만델슈탐의 세계가 어쨌든 희미하게나마 그 모습을 드러내 주었다는 생각으로 아쉬운 마음을 달래 본다. 이 책은 세 명의 시인을 다루고 있지만 사실 그동안 줄곧 의식의 심연 속에서 나를 이끌어 주었던 것은 만델슈탐을 좀더 알고자 하는 소망이었음을 부정할 수 없다. 아마 그렇기 때문에 그에 관한 장에 상대적으로 더 많은 시간과 노력을 들였는지도 모르겠다.

이 한 권의 책이 나오기까지 나는 많은 분들의 도움을 받았다 고려대학교의 스승님들, 콜럼버스의 실바조리스 교수님, 마테이스 교수님의 한결같은 격려와 소중한 조언에 감사드린다. 러시아 시에 대한 나의 애정이 열매를 맺을 수 있도록 후원해 주신 대우재단과 출판을 맡아 주신 민음사, 특히 꼼꼼하게 교정을 보아 주신 편집부의 김수영 씨께, 그리고 여기서 일일이 다 거명할 수는 없지만 자료수집 과정에서 크고 작은 도움을 주신 모든 분들께도 감사드린다. 마지막으로 어느 해 겨울인가, 끝없이 휘날리는 눈발과 떼지어 날아오르는 검은 새의 무리를 바라보며 나에게 만델슈탐이 보로네주에서 보낸 최후의 나날을 나즈막한 어조로 들려 주었던 모스크바의 프레이딘 박사님께 고마운 마음을 전한다.

1996년 9월

석영중

차례

약어

AA	Anna Akhmatova. *Sochineniia v 3 tomakh*. München: Inter-Language Literary Associates, 1983
BS	A. Blok. *Sochineniia v 2 tormkh*. Moskva: Gosudarstvennoe Izdatel' stvo khudozhestvennoi literatury, 1955
IJSLP	*Intentional Journal of Slavic Linguistics and Poetics*
MSS	O. Mandel'shtam. *Sobranie sochinenii v 4 tormkh*. Moskva: Terra, 1991.
RL	*Russian Literature*
RLT	*Russian Literature Triquaterly*
SEEj	*Slavic and East European Journal*
SEER	*Slavonic and East European Review*
SR	*Slavic Review*
TPZS	*Trudy po znakovym sistemam*
VMSS	V. Maiakovskii. *Sobranie sochinenii v 12 tormkh*. Moskva: Izdatel'stvo "Pravda," 1978
ZA	Nikolai Zabolotskii. *Sobranie sochinenii v 3 tomakh*. Moskva: Khudozhestvennaia literatura, 1983

일러두기

1 러시아어의 한글 표기는 대체로 문화체육관광부 한글맞춤법과 외래어 표기법을 따른다. 러시아어의 라틴 문자 전사는 다소 변형된 'Library of Congress' 방식을 따른다.

2 시 텍스트의 우리말 번역은 원문과 대조하기 쉽도록 각각의 행을 단위로 한 축어역을 원칙으로 하였으나 축어역이 의미 전달을 지나치게 방해할 경우 약간의 융통성을 허용하였다. 따라서 원문과 번역문의 행 순서가 다소 다를 수도 있다

3 강조는 홑따옴표로 표기하고 인용은 겹따옴표로 표기한다.

4 책, 학술잡지, 신문 제목은 《》를 사용하고 논문, 에세이, 예술작품, 포에마, 선언문, 드라마, 단편의 제목은 〈〉를 사용한다.

5 학술어가 사용된 원전이 러시아어로 씌어진 경우 라틴문자로 전사한 러시아어를, 영어인 경우 영어를 각각 병기했다. 경우에 따라 이해를 돕기 위해 양자를 모두 병기했다.

한처음, 천지가
창조되기 전부터
말씀이 계셨다

요한 복음 1:1

서론

말은 하나의 꾸러미이다. 의미는
그 꾸러미에서 여러 방향으로
빠져나오지만 어느 하나의
공식적인 지점을 향하지는 않는다
— O. 만델슈탐

현대의 구조주의와 기호학에서 논의되고 있는 시어의 다의미성mnogo-znachnost', polysemy은 러시아 형식주의의 이론으로 그 기원을 거슬러 올라간다. '오포야즈Opoiaz'(시어 연구 협회Obshchestvo po izucheiiu poeticheskogo iazyka의 약자)와 모스크바 언어학 서클을 중심으로 한 형식주의자들에게 가장 관심 있는 연구대상은 문학작품의 재료인 언어였다. 문학작품 중에서도 특히 시는 구조상 언어의 특수한 조직을 드러내 주는 데 가장 적합한 장르였으므로 그들은 자연스럽게 시에 사용된 언어의 연구로 기울어졌다. 그들에게 문학이론이란 시어의 이론과 동일한 개념이었으며(Pomorska 1968: 22, 30) 그들의 방법 전체는 시어의 변별성에 관한 교의 위에 구축되어 있었다(Bakhtin 1982: 111). 그들은 우선 시어의 개념 정의를 위해 시어를 비롯한 광의의 예술 언어와 비예술 언어의 차이점을 강조하였다. 그들의 어휘목록에서 전자는 협의의 시어, 즉 운문어stikhotvornyi iazyk를 포함하는 시어poeticheskii iazyk로, 후자는 일상어prakticheskii iazyk로 각각 명명되었다. 형식주의자들은 이렇게 구분되는 시어와 산문어의 대립성을 증명하는 것이 자신들의 주된 과제라 생각했다(Bakhtin 1982: 120).

형식주의자들이 시어와 일상어를 구분하는 척도로 삼은 것은 언어의 존재가치가 내부지향적인가 혹은 외부지향적인가 하는 점이었다. 최초로 출간된 오포야즈 논문집에 수록된 야쿠빈스키L. Iakubinskii의 〈시어의 소리에 관하여O zvukakh stikhotvornogo iazyka〉에 따르면 일상어에서는 언어학적 재현(음성, 형태론적 요소 등)이 독자적 가치를 보유하지 못하는 단순한 의사소통의 수단임에 반해 시어에서는 실질적인 의사소통의 목적은 부차적이고 오히려 언어학적 재현이 자율적 가치를 획득한다(Iakubinskii 1916: 16). 이를 토도로프T. Todorov의 표현을 빌려 다시 말하면, 시적 언어는 존재의 당위성을 자체 외부에서 찾는 이목적적heterotelic 언어이고 시어는 자체 내부에 존재의 당위성과 가치를 보유하는 자기목적적autotelic 언어이다(Todorov 1985: 131). 야쿠빈스키의 이분법은 사실상 형식주의자들 대부분의 이론에 초석을 마련해 주었다. 일례로, 야콥슨R. Iakobson이 초기 논문 〈최근의 러시아 시Noveishaia russkaia poeziia〉에서 시란 내재적 법칙에 의해 조종되는 '표현을 향한 발화vyskazyvanie s ustanovkoi na vyrazhenie'라고 정의할 때 그가 염두에 두고 있는 것은 의사소통을 지향하는 일상어에 대한 반대 개념으로서의 시어이다(Jakobson 1979c: 305). "시어는 의사소통 기능이 배경으로 물러나고 언어 구조가 자율적 가치를 획득하는 언어 시스템 중의 하나다"라는 토마셉스키B. Tomashevskii의 정의 또한 야쿠빈스키의 이분법에서 유래한다(Tomashevskii 1925: 8).

시어가 일상어와 달리 자율적이라는 것은 그러면 무엇을 의미하는가. 초기 형식주의자들에게 그것은 곧 순수한 음성 혹은 글자로 축소된, 그리하여 언어의 의미를 거부하는 언어였다(Todorov 1985: 131). 시어는 "음성적인 단어, 유포니euphony적인 단어, 초이성적 담화를 지향하는" 언어였다(Jakobson 1979c: 354). 에이헨바움B. Eikhenbaum 역시 이와 유사한 맥락에서 시어의 자율성을 정의한다. "시어는 단순히 이미지의 언어가 아니다. 시의 음성은 의미를 '보조하는 외부적 유포니의 요소가 아니다. 그것은 자율적인 가치를 보유한다"(Eikhenbaum 1962: 7). 대부분의 초기 오포야즈 논문이나 저서는 물론이거니와 일부 후기 형식주의 논문도 '의미', '내용', '대상' 같은 범주와의 관계에서 음성이 수행하는 일차적으로 중요한 역할을 강조한다(Pomorska 1968: 29). 이렇게 의미를 제거당한 언어는 시에서는 미래주의의 '말 그 자체slovo kak takovoe, word as such'의 개념과, 산문에서는 에이헨바움이 언어학자인 폴리바노프E. Polivanov에게서 빌려와 고골의 작품 분석에 적용시킨 '음성 제스처zvukovyi zhest'의 개념과 맥을 같이했다(Eikhenbaum 1969: 309).[1]

음성에 대한 형식주의자들의 과도한 열광은 소위 '내용'을 중심으로 하는 종래의 인상주의적 연구에서 탈피하여 객관적이고 과학적인 문학 연구방법론을 도입하려는 시도를 수반하였으며 그 점에서 어느 정도는 타당성을 인정받을 만했다.[2] 그러나 시어의 음성적 측면에 대한 강조는

---

1 에이헨바움은 고골의 〈외투Shinel'〉에서 전통적인 산문의 의미론을 대체하는 것은 음성적 익살, 어원의 유희, 의성어 등의 '음성의 의미론zvukovaia semantika'이라고 주장하면서 음성 제스처를 다음과 같이 설명한다. "단어의 음성적 '덮개', 그 음향적 특성은 고골의 말에서 논리적 의미나 대상적 의미와 독립적으로 '의미 있는' 것이 된다. 조음 및 그것의 음향효과는 표현적 장치로서 전경화된다"(Eikhenbaum 1969: 309). 시클롭스키는 〈시와 초이성어에 관하여O poezii i zaumnom iazyke〉에서 심지어 음향이 아닌 조음적 측면으로 논의의 핵심을 전환시켜야 한다고까지 주장한다. "조음적 측면은 아무것도 지시하지 않는 초이성적 발화의 향유에 있어 불가결한 요소이다. 시가 우리에게 제공한 즐거움의 많은 부분은 그것의 조음적 측면, 발음기관의 특수한 춤에서 비롯된다고 해도 좋을 것 같다"(Eikhenbaum 1962: 7).

2 시의 음성에 대한 초기 형식주의자들의 관심은 다른 한편으로 상징주의 미학에 대한 도전으로 해석될 수 있다. "음성의 문제는 무엇보다도 상징주의의 철학적 미학적 편견에 대립하는 정확한 관찰 체계의 설정과 적절한 과학적 결론의 도출을 목적으로 재검토되어야 했다. 그 때문에 우리의 최초의 논문집은 전적으로 음성의 문제와 초이성어

극단적인 경우 의미론의 완전한 폐기로까지 이어질 위험을 안고 있었다. 실제로 초기 형식주의의 오류는 의미에 대한 부당한 자리매김에 기인했다. 의미론의 거부는 그들이 작품을 자율적 메커니즘으로 설명하기 위해 도입한 '장치priem'와 '낯설게 하기ostranenie'에 의해 뒷받침되었다. 요컨대 예술 텍스트가 개별적인 장치들의 총체라는 그들의 진술에는 언어 또한 그 장치의 일부이므로 의미론이 아닌 언어 구성만이 연구의 대상이 되어야 한다는 주장이 함축되어 있었다. 또한 예술의 목적이 수용자의 자동화된 감각을 새롭게 하는 데 있다는 그들의 입장은 순수한 형식에 대한 감각과 예술의 동일시로 연장되었다. 시클롭스키V. Shklovskii의 주장에 따르면 지각의 과정은 그 자체가 목적이므로 연장되어야 하며 그렇기 때문에 지각의 난이도와 지속을 강화시켜 주는 '낯설게 하기'와 '어려운 형식의 장치priem zatrudnennoi formy'가 요구된다(Shklovskii 1985: 13). 시의 언어는 한마디로 어렵고 난해하며 '느리게 된zatormozhennyi' 언어인 것이다(Shklovskii 1985: 21). 예술작품의 수용을 지각이라고 하는 생리적 과정으로 환원시키는 이러한 입장은 당연히 생리적 성격에 상응하는 시어의 특성, 즉 형식의 '지각가능성oshchutimost''에 대한 집중적인 고찰을 전면에 부상시킬 수밖에 없었고 따라서 의미론은 부분적으로라도 배경으로 밀려나야 했다. 형식주의와 공생관계에 있었던 미래주의의 '초이성어zaum''는 의미론의 무시를 극단으로 몰고 간 결과 파생된 문학적 현상이었다.

그러나 의미론에 대한 의도적인 무관심은 형식주의의 제2기에 들어서면서 수정되었다. 소위 '신형식주의Neo-Formalism'는 구조에 대한 공시적 견해를 기반으로 하는 초기 형식주의의 기계론적인 입장부터 재고하기 시작했으며 개별적인 기호 대신 기호들로 이루어진 텍스트를 연구대상

의 문제에 할애되었다"(Eikhenbaum 1962: 6).

으로 전경화前景化시켰다. 소쉬르F. Saussure의 방법론적 실수를 반복하면서 공시와 통시의 절대적인 대립성을 확고히 했던 초기 형식주의자들이 통시적 질서 속에서 다양성을 보지 못했고 공시성 속에서 안정성과 체계성을 보지 못했다면(Venclova 1986: 16), 신형식주의는 통시적 접근성의 필요성을 안정해 나가면서 궁극적으로 문학작품의 자율성 및 내재성과 관련된 일군의 오류들을 극복할 수 있었다(Davydov 1985: 101). 통시와 공시의 종합적 고찰을 향한 움직임은 우선 음성의 절대적인 우위를 음성과 의미 간의 관계성을 중심으로 하는 시의 체계적 특성으로 대체함으로써 활성화되었다. 음성과 의미는 예술적 구조라고 하는 동일한 차원에서 만날 때 새로운 상호관계를 맺는다고 여겨졌으며 이 상호관계를 이해하고 정의내리는 것이 시학의 과제가 되었다(Bakhtin 1982: 137). 요컨대 관계성, 체계성에 대한 인식이야말로 형식주의를 구조주의로 전환시켜 주는 분기점이었다. 시의 음성적 측면만 고려하는 것은 의미의 측면만을 고려하는 것과 동등하게 잘못된 시각임을 정확하게 지적한 브릭O. Brik에 이어(Brik 1978: 125) 지르문스키V. Zhirmunskii는 1928년에 시의 특성이 "언어 속에만 내재하는 형식적 논리적 관계들의 전체적인 연결관계"에 있다고 선언했다(Zhirmunskii 1928: 26-28). 야콥슨도 1930년대에 씌어진 논문 〈시란 무엇인가What is Poetry〉에서 초기의 입장을 다소 변경하여 "시의 변별적 자질은 단어가 지시대상에 대한 단순한 대용물이나 폭발된 감정으로서가 아니라 단어로서 지각되며 말과 말의 구성, 의미, 그리고 내적, 외적 형식이 자체로서의 무게와 가치를 획득한다는 데 있다"고 말함으로써 내용연구의 필요성을 인정하였다(Jakobson 1981e: 750).

이제 시학의 전제와 대상은 음성 영역의 제한된 테두리에서 탈피하여 다원화되기 시작했다. 시학은 시 텍스트가 하나의 체계라는 전제에서 출발해야 했으며 연구의 방향은 음성과 의미의 관계, 그리고 의미의 내적인 복합성을 향해 재조정되었다. 기표signifiant의 자율성이 아닌, 기표와 기의signifie의 관계로 이루어진 기호의 자율성, 그리고 여러 층의 의미를 갖는 기의가 대상과의 관계에서 보유하는 자율성이 시어의 근본적인 문제를 해결하는 데 필수적인 전제가 되었다. 요컨대 시어는 복잡하고 다의미적인 유기체로 정의되었으며 이로부터 시어의 모호성에 대한 논의가 자연스럽게 도출되었다. 야콥슨이 훗날 〈언어학과 시학Linguistics and Poetics〉에서 단언하듯이 "모호성은 모든 자기중심적 메시지의 내재적이고 분리될 수 없는 특징, 간단히 말해서 시의 자연스러운 특징"이었다(Jakobson 1981b: 42). 시어의 다의미성과 모호성에 대한 후기 형식주의의 시각을 얼리치V. Earlich는 이렇게 요약한다. "시적 문맥의 전형적 특징인 여러 의미론적 수준 간의 동요는 기호와 대상 간의 유대를 헐겁게 해준다. 일상어에서 비롯된 외연적 정확성은 내포적 밀도와 연상의 풍부함에 자리를 내준다. 다시 말해서 독특한 양식의 담화로서의 시의 특징은 의미의 부재가 아닌 의미의 다중성에 있다. 이것이 성숙한 형식주의 진술에서 발견되는 견해였다"(Earlich 1981: 185).

시어의 다중적 의미, 또는 간단하게 '다의미성'은 티냐노프Iu. Tynianov가 의미론에 대한 수년간의 연구 끝에 발표한 《시어의 문제Problema stikhotvornogo iazyka》의 관건이라 할 수 있다. 지르문스키, 야콥슨과 더불어 형식주의를 구조주의로 발전시키는 데 주된 역할을 담당했던 티냐노프는 이 책을 통해 현대 구조시학에서 인정하는 시어의 본질을 정확하게 지적한다. 문학을 한마디로 '역동적인 언어 구성dinamicheskaia rechevaia konstruktsiia'(Tynianov 1985b: 14)이라 정의하는 데서 출발하는 그의 이론은 역동성과 구성에 대한 세부적인 논의로 이어진다.

작품의 통일성이란 폐쇄되고 대칭적인 완전성이 아닌, 개진되어 가는 역동적 총체성을 의미한다. 그것의 요소 간에 존재하는 것은 균등과 첨가의 정적인 기호가 아니라 상관성sootnositel'nost'과 통합integratsiia의 역동적 기호이다. 문학 작품의 형식은 반드시 역동적인 것으로 인식되어야 한다. 역동성은 첫째 구성적 원칙konstruktivnyi printsip의 개념에서 드러난다. 단어의 모든 인자들이 동등한 것은 아니다. 역동적 형식은 그것들의 혼합이나 결합(흔히 사용되는 '상응'의 개념)에 의해서가 아니라 상호작용에 의해서, 그리고 그 결과 일군의 인자가 다른 일군의 인자를 희생시키고 전경화됨에 의해서 형성된다. 전경화된 인자는 종속된 인자를 변형시킨다. 둘째, 형식의 지각은 언제나 종속시키는 구성적 인자와 종속되는 인자 간의 상호관계의 흐름(그리고 결과적으로 변화)에 대한 지각이다. 이러한 흐름, 혹은 '개진'의 개념에 시간적 뉘앙스를 도입시킬 필요는 없다. 흐름과 역동성은 그 자체로서 초시간적인 순수한 운동으로서 이해될 수 있다. 예술은 이러한 상호작용과 투쟁에 의해 존재한다.(Tynianov 1924: 10)

이러한 주장에서 드러나듯이 티냐노프에게 텍스트는 모든 인자들의 위계질서(시스템) 위에 구축되며 그 위계질서는 인자 간의 상호작용과 상관관계에 따라 수시로 변화하는 역동성을 특정으로 한다. 시는 '결합이 아닌 복잡한 상호작용의 시스템'이기 때문이다(Tynianov 1924: 20).

역동성과 상호작용의 개념은 티냐노프의 시학에서 가장 중요한 두 가지 개념인 기능과 구성적 원칙에 직결된다. 하나의 구조물을 역동적으로 만들어 주는 것은 각 인자의 기능, 그리고 그 기능의 우선성과 부차성 여부, 즉 지배와 피지배성의 여부를 결정하는 구성의 원칙이다. 한 텍스트에서 지배적 기능을 담당하는 인자는 피지배적 인자들을 지배하고 변형시킨다. 그러한 지배와 피지배의 관계는 고정적인 것이 아니다. 그것은 여러 가지 원인과 상황에 따라 변화하고 또 변해야만 하는 유동적인 관계이며 여기에서 작품의 역동성이 파생된다. 티냐노프의 지배와 피지배는 신칸트주의 철학자 크리스티얀센B. Christiansen으로부터 빌려 와 에이헨바움, 지르문스키, 야콥슨 등이 연구한 '지배소dominanta' 개념에 의해 설명될 수 있다(Davydov 1985: 96-98). 야콥슨은 지배소를 "다른 구성요소들을 지배하고 결정하고 변형시키는 핵심적 요소"라고 정의하는데(Jakobson 1981a: 751) 티냐노프가 텍스트의 위계질서를 논할 때 염두에 두고 있는 것도 바로 '지배소'에 의해 구축된 위계질서이다. 구성과 관련된 이러한 일련의 개념은 크게는 문학의 진화이론에 적용되며 작게는 시어의 의미론에 적용된다. 문학의 진화는 텍스트와 텍스트, 장르와 장르 간의 '상호작용과 투쟁' 때문에 가능하며 시어 또한 텍스트 내에서 다른 인자들과의, 또는 다른 단어들과의 '상호작용과 투쟁' 속에서만 존재할 수 있다.

그러면 텍스트를 통일된 전체로 만들어 주는, 즉 시스템의 위계질서를 보장해 주는 구성적 인자는 무엇인가. 이에 대한 답을 티냐노프는 리듬에서 찾는다. 리듬은 다른 인자들을 종속시키는 지배소, 즉 '구성적 인자konstruktivnyi faktor'이다(Tynianov 1924: 21). 리듬의 기능적 역할을 강조함에 있어 티냐노프가 의도하는 것은 의미의 중요성에 대한 상대적인 평가절하가 아니라 운문구조 속에서 리듬의 구성적 기능에 종속됨으로써 복잡해지는 의미의 변형 양상과 증식 과정의 전달이다. "시에서는 말의 의미가 음성에 의해 수정되고 산문에서는 음성이 의미에 의해 수정된다"(Tynianov 1985e: 400). 쉽게 말해서, 시에서 근간이 되는 것은 리듬이고 산문에서 근간이 되는 것은 의미이다. 그러니까 문제가 되는 것은 초기 형식주의에서 제기되었던 음성과 의미의 우열관계가 아니라 각 인자의 상호관계에 의해 뒷받침되는 의미의 기능역학인 것이다. 그의 저서의 원래 제목이 《시의 의미론Stikhovaia semantika》이었다는 사실은 그의 관심이 궁극적으로 의미론 쪽에 있었음을 말해 준다(Jakobson 1979b: 562).

시어의 다의미성, 변형 가능성, 역동성을 증명하기 위해 티냐노프는 시어의 의미가 본래부터 이중적이라고 주장한다. "단어는 하나의 결정적 의미만을 보유하는 것이 아니다. 그것은 매번 사용될 때마다 다양한 음영뿐 아니라 다양한 색채까지 생겨나게 하는 카멜레온이다"(Tynianov 1924: 48). 단어가 하나의 의미만을 보유하지 않는 이유는 그것이 고립되어 존재할 수 없기 때문이다. 단어는 구성의 일부를 점하는 인자들이 서로 연관되어 존재하듯이 문장, 혹은 더 큰 단위의 다른 요소와 연관되어 존재한다. 그리고 주어진 개개의 단어는 매번 사용될 때마다 그 의미를 달리한다. 그러나 그 각기 다른 의미들 저변에 공통으로 흐르는 하나의 의미, 즉 의미의 다양성에도 불구하고 어휘적 통일성을 보장해 주는 단일한 의미가 있는데 이를 티냐노프는 '기본기호osnovnyi priznak'라 부른다(Tynianov 1924: 49). 이러한 기본기호는 특수한 '어휘적 수준leksicheskii plan'에서 인지될 수 있으며 이 어휘적 수준이 변화할 때 어휘적 통일성은 파괴되고 새로운 의미, 부차적 의미가 어의 구조속으로 영입하는데 이를 '종속기호vtorostepennyi priznak'라 부른다(Tynianov 1924: 51-52). 기본기호는 항상 존재하지만 종속기호로 인해 여러 다른 상황 속에서 다양하게 변화할 수 있다(Tynianov 1924: 53). 티냐노프는 이렇게 환경의 영향으로 기본기호가 겪게 되는 변화를 '윤색okraska'이라 부른다(Tynianov 1924: 53). 윤색이란 경우에 따라 달라지는 언어적 환경이 기본기호에 미치는 영향을 일반화시켜 명명한 것이다(Tynianov 1924: 56- 58). 윤색으로 인해 획득되는 새로운 색채, 새로운 의미, 즉 '불안정 기호kolebliushchiisia priznak'는 두 가지 경우로 나누어 고찰할 수 있다. 첫째는 두 가지 기본기호가 공존하되 서로 상대방의 어휘 수준을 불안정하게 만들 경우로 언어유희 같은 것이 여기 해당된다. 둘째는 한 가지 어휘 수준이 다른 수준의 의미를 말소해 버림으로써 의미구조가 완전히 전도되는 경우로 친근한 표현 대신 쓰는 욕설 등이 이에 해당된다. 이 경우 어휘적 윤색은 영구한 종속기호로서의 의의를 획득한다(Tynianov 1924: 56-57).

기본기호와 종속기호, 불안정 기호, 및 윤색에 대한 티냐노프의 논의는 시어의 다중적 의미 형성에 관여하는 구성요소 간의 역동성을 강조함으로써 시어에 에르곤ergon이 아닌 에네르기아energeia의 특성을 부여한다.[3] 그의 이론을 연장시킨다면 시어는 예술 텍스트 내의 다른 요소와 관계를 맺을 뿐 아니라 텍스트 외적 요소와도 관계를 맺는다는 사실에 도달할 수 있다. 그의 시어 이론이 갖는 의의는 사실 논의 자체뿐 아니라 그것이 연장될 때 도출되는 보다 광역적인 시각에 있다고 보아야 할 것이다. 단어의 기본기호가 종속기호, 불안정 기호로 의미를 확장해 나아가는 과정에 개재하는 윤색은 초기 형식주의자들이 봉착한 딜레마를 극복할 수 있게 해주는 핵심 개념이다. 시 텍스트를 오로지 내재성 속에서만 규명하려 했던 그들의 방법론이 시어, 텍스트, 텍스트 외적 기호 대열의 삼자 관계를 무시함으로써 불가피한 한계에 도달했다면 티냐노프는 그 한계성을 극복하기 위한 대안으로서의 말의 다의미성을 증명하는 과정에서 재료로서의 특성이 아닌 기능을, '말 그 자체'가 아닌 상황 속에서의 말을 논의의 관건으로 삼는다. 윤색이란 개념 자체가 말의 상황을 전제로 하므로 말은 내재성이 아닌 관계성 속에서 새로이 조명될 수 있다. 여기서 관계성은 내적인 체계뿐 아니라 내적 기호대열과 외적 기호대열 간의 관계

3 카시러E. Cassiler의 다음과 같은 주장을 참조하라. "언어는 에르곤이 아닌 에네르기아로 간주되어야 한다. 그것은 이미 만들어진 물체가 아니라 항구하게 지속되는 과정이기 때문이다. 그것은 생각을 표현하기 위해서 발설된 소리를 이용하는 인간 정신의 끊임없이 반복되는 노동이다"(Cassirer 1944: 120- 121). 언어와 예술에 대한 카시러의 기호학적 시각에 관해서는 George 1978을 보라.

성까지도 의미한다.

실제로 티냐노프의 이론은 시어론에서 시스템에 대한 이론으로 연장된다. 그에 의하면 문학의 전체적인 시스템은 몇 가지 기능에 의해 연결되고 통합되는데 그 기능은 세 가지로 요약된다. 첫째, 단일한 작품의 여러 요소들을 하나의 시스템으로 통합시켜 주는 기능을 '구성적 기능konstruktivnaia funktsiia', 둘째, 그 시스템을 작품 외부의 다른 작품들, 즉 보다 큰 시스템인 '문학적 대열literaturnyi riad'의 시스템과 연결시켜 주는 기능을 '문학적 기능literaturnaia funktsiia'이라 한다. 그리고 문학적 대열을 전반적인 문화 시스템과 연결지어 주는 기능을 '언어적 기능rechevaia funktsiia'이라 한다. 이 세 가지 기능을 과학적으로 설명하려면 문학 연구는 구성적 기능에서 문학적 기능으로, 그리고 문학적 기능에서 언어적 기능의 고찰로 진행되어야 한다(Tynianov 1985c: 33-47). 이런 식의 문학 연구는 결국 문학을 '시스템들의 시스템', 즉 문학적 대열과 역사적 대열 간의 상호관계로 정의함으로써 공시성과 통시성의 이분법을 극복하게 해준다(Tynianov, Iakobson 1962: 101-102).[4]

초기 형식주의의 한계를 극복하려는 시도는 프라하 언어학 서클의 창단 멤버인 카르체프스키S. Karcevskii, 트루베츠코이N. Trubetskoi, 무카르좁스키Ja. Mukařovský 등 체코 구조주의자들에게로 이어진다. 그들은 문학 텍스트의 기계론적 이해로부터 기능주의적 이해로의 전환에 기여한 주역들이었다(Venclova 1986: 17).[5] 특히 티냐노프의 영향을 받은 무카르좁스키

---

4 "순수한 공시주의는 환상임이 증명되었다. 모든 공시적 시스템은 그 시스템의 분리될 수 없는 구조적 요소로서의 과거와 미래를 갖는다. (…) 공시와 통시의 대립은 체계와 진화개념 간의 대립이었다. 그러므로 우리가 모든 시스템은 반드시 진화로서 존재하고 다른 한편으로 진화는 불가분의 체계적 본질을 갖는다는 것을 인지하자마자 그것은 원칙적인 의의를 상실한다"(Tynianov, Iakobson 1962: 101-102).

5 프라하 언어학 서클에 관한 자세한 논의는 P.Steiner 1978, Winner 1978을 참조하라.

의 《시어에 관하여On Poetic Language》는 많은 점에서 《시어의 문제》에 대한 속편이라 할 수 있다. 티냐노프와 마찬가지로 무카르좁스키는 시어와 일상어의 차별성을 기능에서 찾는다. "시어는 다만 그 기능에 의해서만 영원히 특징지어진다. 그러나 기능은 속성이 아니며 주어진 현상의 속성들을 '이용하는 양식'이다. 시어는 수많은 기능언어들 중의 하나인데 후자는 특정 표현을 위해 언어학적 시스템을 개작한 것이다"(Mukařovský 1977a: 39-40). 이러한 주장은 예술의 단기능성에 대한 초기 형식주의적 관념을 파기하고 그대신 인간과 관련된 대부분의 대상들은 다기능적이라는 사실을 전제로 하는 프라하 구조주의자들의 입장을 반영한다. 시클롭스키에게 있어 문학적 장치의 유일한 기능이 지각양식을 변화시키는 것, 즉 대상을 낯설게 만드는 것이었다면 구조주의자들에게 예술작품은 다기능적인 구조였으며 그것을 다른 모든 구조로부터 구별지어 주는 변별적 기능은 고립이 아닌 위계질서의 문제였다(P. Steiner 1978: 361).

무카르좁스키에 의하면 언어학적 기호 일반이 제시, 표현, 호칭의 세 가지 기능을 공통으로 보유한다면 시어는 심미기능이라 불리는 제4의 기능을 보유한다(Mukařovský 1977b: 67-68). 심미기능은 기호 자체를 지향하는데 그것은 미학적 현상 고유의 자율성에서 직접적으로 파생되는 결과이다(Mukařovský 1977b: 68). 그러나 시어가 '심미적' 지향을 특징으로 하는 기능어라 해서 그것의 일상적, 의사소통적 취지가 전적으로 말소되는 것은 아니다. 티냐노프에게 있어서 기본기호가 종속기호로 윤색되더라도 기본기호의 존재는 어떤 식으로든 남아 있듯이, 그리고 카르쳅스키에게 있어서 언어학적 시스템이 진화할 수 있는 것은 기표와 기의 간의 '불안정한 균형unstable equilibrium' 때문이듯이[6] 무카르좁스키의 심미기능

6 다음과 같은 진술에서 드러나듯이 언어기호에 대한 카르쳅스키의 지적은 티냐노프와 무카르좁스키 모두의 이론과 관련된다. "'기표'(음성 형식)와 '기의'(기능)는 지속적으로

과 의사소통 기능 사이에는 이분법적 대립이 아닌 충돌과 긴장이 존재한다. "시어에 있어서 심미적 기능의 지배는 절대적인 것이 아니다. 자기지향과 의사소통 사이에는 끊임없는 투쟁과 긴장이 있으므로 시어는 자기지향이라는 면에서는 다른 기능어들과 대립하지만 넘을 수 없는 경계선에 의해 그것들로부터 분리되어 있지는 않다"(Mukařovský 1977a: 6). 문학작품이란 "자율적 기호의 기능과 의사소통적 기호의 기능 간에 존재하는 변증법적 대립"(Mukařovský 1994: 195) 위에 존재하기 때문이다. 이렇게 정의되는 심미기능의 언어는 "그 직접적인 주제를 구성하는 리얼리티가 아니라 모든 리얼리티의 덩어리, 우주 전체, 또는 저자나 인식자의 실존적 체험 전체를 의미할 수 있게 된다"(Mukařovský 1977a: 6).[7]

기호 자체를 지향하면서 기호 외부를 향한 의사소통 기능과 긴장관계를 유지하는 심미기능은 시어의 의미론을 형성함에 있어 내적인 어휘적 긴장과 충돌을 유발시킨다. 무카르좁스키는 티냐노프식 논지를 일부 되풀이 하면서 각기 다른 어휘적 대열로부터 끌어온 의미들의 상호관계는 무엇인가, 즉 화해인가, 충돌인가, 아니면 이율배반인가 하는 점, 그리고 그것들의 상호작용이 어떻게 시의 구조에 투사되는가 하는 점 등을 의미론의 과제로 제기한다(Mukařovský 1977a: 37). 그에 의하면 단어의 의미론

'리얼리티의 경사면'을 미끌어진다. 양자는 다른 한쪽이 자기에게 부여한 구성인자들을 '넘어서 흐른다.' 기표는 자신의 고유한 기능 외의 기능들을 추구하고 기의는 기호 외의 다른 수단으로 스스로를 표현하고자 한다. 그것들은 비대칭적이다. 기표와 기의는 짝을 이루면서 불안정한 균형상태에 놓인다. 언어학적 시스템이 진화할 수 있는 것은 그것의 기호구조가 갖는 비대칭적 이중성 덕분이다"(W. Steiner 1978: 292).

7 이 점에서 무카르좁스키의 '기능'은 티냐노프의 동일 개념에서 기호학으로 한걸음 더 가깝게 다가간 것으로 여겨진다. 티냐노프의 기능이 수학이나 논리학에서처럼 한 가지가 다른 한 가지에 의존적인 두 개의 양이나 가치간의 관계를 의미한다면 무카르좁스키의 기능은 대상, 사회적 의식, 주체 등 구조의 창조에 작용하는 다양한 인자를 포괄한다(P. Steiner 1978: 360).

적 측면은 그 단어가 속한 어휘의 영역뿐 아니라 텍스트에서 주변에 나타나는 다른 단어들과의 대면, 즉 서로 충돌하는 의미들의 '반사', 혹은 '의미론적 상황'에 의해서 형성된다(Mukařovský 1977a: 39-40). 이렇게 형성된 단어의 의미론은 다중적이긴 하나 본질에 있어 여전히 고정적인데 그것은 '연관구조contexture'와 내적으로 연결됨으로써 궁극적으로 역동적인 의미론의 생성에 개재하게 된다.

> 발화는 개개의 단어에서 독립적인 지시대상적 자질과 의미를 상당정도 박탈하는 가운데 그것들을 지속적인 흐름으로 끌어들이는 의미의 강물이다. 발화의 단어는 그 발화가 멈추는 순간까지 의미론적으로 '개방'되어 있다. 발화가 계속되는 한 개개의 단어는 지시대상적 관계 속에서의 추가 전위 및 미래의 문맥에 의해서 야기될 의미의 변화에 접근할 수 있다. 예를 들어, 단어의 맨 처음 정감적 색채는 이러한 영향 아래서 반대의 것으로 변할 수 있으며, 단어의 의미 또한 수축되거나 확대될 수 있다. 그러므로 하나의 역동적 의미 단위는 서서히 실현되는 '연관구조'로서 발생한다는 점에서 정적인 단위와 구별된다. 정적인 의미 단위와 역동적 단위 사이에는 분명 상호작용적 관계가 존재한다. 역동적 단위는 그 자체가 의미론적 의도에 불과하므로 구체화를 위해서는 정적인 단위들을 필요로 한다. 반대로, 정적인 단위는 문맥 속에서만 리얼리티와 실질적인 관계를 맺는다. 이러한 관계를 구성과 구성 재료라는 모델에 비추어서만 생각하는 것은 대단히 잘못된 일이다. 역동적 단위는 정적인 단위들로 '구성'되어 있을 뿐 아니라 동시에 그것들을 재구성한다. 한편 정적인 단위는 연관구조를 향해 수동적으로 작용하지 않는다. 오히려 의미론적 연상을 통해 그 의도의 방향에 압력을 행사함으로써 연관구조에 저항한다. 사실 그것은 완전한 독립을 위해 투쟁한다. 의미론적 정지성과 역동성은

상호대립적인 두 힘이긴 하지만 내재적으로 연결되어 있으며 모든 의미론적 과정의 본질적으로 변증법적인 모순을 함께 창조한다.(Mukařovský 1977a: 46-47)[8]

의미의 역동성과 관련하여 무카르좁스키는 개별적인 단어보다 큰 단위로서의 문장의 의미론 구조가 갖는 세 가지 특성을 지적한다. 첫 번째 특징은 구문적 의미의 통일성으로, 우리는 어떤 의미론의 시리즈를 문장으로 생각하는 순간부터—비록 그 총체적 의미는 문장이 끝날 때까지 잠정적인 채 남아 있다 하더라도—그것을 추구하게 된다. 둘째는 '의미론적 축적'이라 부를 수 있는 특성으로, 문장을 구성하는 의미단위들의 독자적인 흐름과 선행단위의 반영을 주축으로 한다. 의미론적 축적의 과정은 전체 구문 속에서 근본적으로 다른 의미군의 연쇄에 의해 복잡해지며 그럼으로써 시적인 탈자동화를 가능케 한다. 세 번째는 의미론적 정지성과 역동성 사이에서 발생하는 일종의 동요 현상이다. 그것은 구문 속에서의 모든 의미론적 단위는 한편으로는 자기가 대표하는 리얼리티와 연관을 가지며 다른 한편으로는 전체로서의 문장의 문맥에 얽혀 있으므로 오로지 그 전체라는 수단을 통해서만 리얼리티와 관계를 맺는다는 사실로 요약될 수 있다. 이러한 세 가지 특성을 바탕으로 하는 의미구성은 결

8 의미론의 정지성과 역동성의 상호관계는 카르쳅스키의 언어학적 상대주의에 의해 뒷받침된다. "만약 기호가 움직이지 않는다면, 그리고 오로지 한 가지 기능만 수행한다면 언어는 라벨들의 단순한 저장고가 될 것이다. 기호들이 구체적인 상황적 문맥 밖에서는 아무것도 의미하지 않을 정도로 동적인 언어 또한 마찬가지로 상상하기 어렵다. 그러므로 언어학적 기호의 본질은 정적이며 동시에 동적이어야 한다는 결론이 뒤따른다. 구체적인 상황에 적용되어야 할 때 기호는 오로지 부분적으로만 스스로를 수정할 수 있다. 기호가 정체성을 보존하기 위해서 그것의 일부는 반드시 고정된 채 남아 있어야 한다"(W. Steiner 1978: 294-295).

과적으로 시 전체의 의미론적 모호성으로 귀착한다(Mukařovský 1977a: 50-52).

무카르좁스키의 문장 의미론은 텍스트와 문학 일반에 관한 논의에 있어 중요한 가설로 작용한다. "문장의 의미구조와 더 높은 의미 단위의 구조와의 조화, 혹은 전체 텍스트 구조와의 조화는 문학 이론에 있어 매우 중요한 작업 가설이다. 그것은 우리가 언어학적 분석으로부터 텍스트 전체의 의미 구조에 대한 연구로 건너갈 수 있도록 다리를 놓아 준다"(Mukařovský 1977a: 54). 그는 시어의 의미론에서 출발하여 독자와 문화, 다른 문학적 전통과 관계를 맺는 역동적 실체로서의 텍스트 이론으로 나아가는데 이렇게 확장된 미학 이론에서 핵심을 이루는 것은 '의미론적 제스처semantic gesture'의 개념이다.

> 이런 식으로 구성적 분석은 한 작품을 가장 단순한 요소에서 가장 일반적인 윤곽에 이르기까지 하나의 역동적 통일체로 조직해 주는 '형식적인' 그러나 어쨌든 구체적인 '의미론적 제스처'의 결정으로 유도될 수 있는 가능성을 획득한다. 의미론적 제스처는 '형식적인 자질'에도 불구하고 작품의 외적 '의상'으로 인식되는 형식과는 완전히 다른 개념이다. 그것은 질적으로 불명료한 것이긴 하지만 어쨌든 의미론적 사실이며 의미론적 의도이다. 그리고 그것은 바로 그 의미론적 본질 덕분에 작품과 시인의 개성, 사회 및 문화의 다른 영역들 간의 외적 연관성에 대한 이해와 결정을 가능하게 해준다.(Mukařovský 1977a: 54)

폴리바노프의 '음성 제스처'를 상기시키는 '의미론적 제스처'는[9] 심미

9 폴리바노프와 무가르좁스키는 모두 선험적 사회적 관례 없이 이해되는 바의 기호에 가장 근접한 개념으로서 '제스처'란 용어를 선택했다. 그러나 폴리바노프가 단순한 기

기호의 두 요소, 즉 기표와 기의, 형식과 내용 모두의 의미론적 통합을 반영하면서 텍스트와 문화의 연결성을 설명해 줄 수 있는 개념이다. 그것은 "예술구조의 자율성과 근원적인 역동성을 인지하고 예술의 발전을 내재적인, 그러나 문화의 다른 영역의 발전에 대해 끊임없이 변증법적으로 관계하는 운동으로 파악하는"(Mukařovský 1994: 196) 그의 기호학적 시각을 뒷받침해 준다. 그는 티냐노프, 야콥슨 등의 러시아 형식주의자들이 발전시킨 지배소 개념을 '의미론적 제스처'에서 재구성함으로써 작품의 통일성, 그리고 작품의 내적 대열과 외적 대열 간의 관계성을 구축할 수 있었다(Davydov 1985: 108-111).

티냐노프가 문학의 시스템을 말함으로써 문학과 문학 외적 시스템 간의 관계를 상정하였고 무카르좁스키가 거기서 한 걸음 더 나아가 수용미학 쪽으로 기울어졌다면 야콥슨은 언어학과 시학의 연계성을 통해 시어에 대한 기능주의적인 접근을 발전시켰다. 앞에서도 언급한 바 있는 〈시란 무엇인가〉에서 그는 자신을 비롯한 티냐노프, 무카르좁스키, 그리고 심지어 시클롭스키(!)까지도 예술의 자율성을 주장한 바는 없다고 강변함으로써 탈형식주의적 입장을 확실하게 밝힌다(Jakobson 1981e: 749), 이제 그에게 사회구조의 유기적 일부로서의 예술은 나머지 모든 구성요소와 상호작용하는 가변적인 구조를 의미하게 되었다. 예술의 영역 및 그것과 사회구조의 다른 요소와의 관계는 끊임없는 변증법적 변천 속에 자리하기 때문이다(Jakobson 1981e: 749-750). 이러한 예술의 가변성을 바탕으로 하여 그는 '시성poeticity'의 개념을 발전시킨다. 시적 발화를 다른 발화와 구별지어 주는 것은 시적 기능, 혹은 다른 말로 시성이다. "시성은 복잡한 구조의 한 부분에 지나지 않지만 불가피하게 다른 요소들을 변형시

호 수준에서 제스처를 사용한다면 무카르좁스키는 예술작품의 조직과 관련된 의미론적 수용력의 맥락에서 사용한다(P. Steiner 1978: 374).

키며 그것들과 함께 전체의 성격을 결정하는 부분이다"(Jakobson 1981e: 750), 그의 '시성'은 지배소의 개념과 마찬가지로 시 텍스트의 자율성과 내재성 대신 가변성과 상대성을 강조한다는 점에 그 의의가 있다.

시성에 대한 야콥슨의 보다 체계적인 논의는 후기 저작을 대표하는 〈언어학과 시학〉에서 발견된다. 그는 우선 의사소통의 여섯 가지 기능을 도식화 하는데 이 중 유일하게 언어의 언어적 성격을 지향하는 것이 바로 시적 기능이다.[10] 시적 기능의 경험적, 언어학적 기준은 무엇인가라는 문제에 야콥슨은 이렇게 대답한다. "시적 기능은 등가의 원칙을 선택의 축(계열축)paradigmatic axis에서 결합의 축(통합축)syntagmatic axis으로 투사한다"(Jakobson 1981b: 27). 선택의 축과 결합의 축을 이해하기 위해서는 이보다 앞서 씌어진 논문 〈언어의 두 측면과 실어증의 두 유형Two Aspects of Language and Two Types of Aphasic Disturbunces〉을 검토할 필요가 있다. 그는 이 논문에서 소쉬르의 연사관계와 연합관계의 개념에 입각하여(소쉬르 1990: 146-150) 언어기호의 두 가지 배열 관계를 제시한다. 첫째, 모든 기호는 다른 기호들과의 결합 속에서만 발생한다. 둘째, 모든 기호는 다른 가능성들로부터 선택되어진 기호로서 존재한다. 따라서 주어진 메시지는 모든 가능한 구성요소들의 저장고에서 선택된 요소들의 결합으로 이루어진다. 선택의 과정은 수직적인 축, 즉 계열축을 따라 움직이고 결합과정은 수평적 축, 즉 통합축을 따라 움직인다. 선택의 축을 지배하는

10 야콥슨의 여섯 가지 기능은 옐름슬레우L. Hjelmslev의 다섯 가지 언어 기능—'인식', '표현', '능동', '친교', '메타언어'—에 여섯번째 기능인 시적 기능이 더해져 완성된 것으로(Berman 1988: 136) 자주 인용되기는 하지만 그것의 여러 가지 오류 또한 여러 차례 지적된 바 있다. 일례로 의사소통의 단일한 채널만을 상정하고 있는 야콥슨은 문화의 메커니즘에서는 의사소통이 적어도 두 개의 채널을 통해 실현된다는 점을 간과하고 있다(Lotman 1992: 76-89). 그의 시적 기능에 관한 보다 자세한 비판은 Venclova 1986: 23-24를 보라.

원칙은 유사의 원칙이며 결합의 축을 지배하는 원칙은 인접이다. 양자는 메타포와 메토니미의 형태로 각각 나타난다. 이 두 가지 비유는 다른 어떤 실체에 대한 등가의 위치를 점하므로 이로부터 양자의 공통원리는 곧 등가의 원리임이 드러나게 된다(Jakobson 1971: 239-259). 등가의 원칙이 선택의 축에서 결합의 축으로 투사된다는 것은 선택된 요소들이 결합되는 과정에서 원래 등가가 될 수 없었던 것이 등가를 이루게 됨을 의미한다. 시에서 유사는 인접 위에 이중인화되므로 등가는 연속체의 구성적 장치로 고양된다(Jakobson 1981c: 92). 바꿔 말하자면 언어의 시적 사용은 음운론적으로 혹은 문법적으로 관련된 요소들을 연속적으로 자리매김하는 것을 수반한다(Culler 1981: 56). 야콥슨의 선택과 결합, 그리고 등가의 개념은 궁극적으로 시어의 다의미성과 모호성을 입증해 주는 근거가 된다. "시에서는 음운론적 연속체뿐 아니라 같은 방식으로 모든 의미론적 단위들의 연속체도 균등화의 규칙을 지향한다. 인접성 위에 이중인화된 유사성은 시에 완벽하게 상징적, 다층위적, 다의미적 본질을 부여한다"(Jakobson 1981b: 42). 결론적으로 말해서 그의 '시적 기능'은 시어의 변별적 자질이며 그것이 시에서 다른 모든 기능보다 우월하다는 것은 지시대상적 의미의 모호성과 직접적으로 관련된다(Jakobson 1981b: 42).

여지껏 살펴본 후기 형식주의와 구조주의의 시어론은 정보이론, 인공두뇌학, 문화인류학, 바흐친의 담화이론 등과 더불어 기호학의 생성에 토대를 마련해 주었다. 모스크바와 타르투 대학을 거점으로 활동해 온 로트만Iu. Lotman, 이바노프V. V. Ivanov, 토포로프V. Toporov 등 러시아 기호학자들은 예술 텍스트를 유기적인 전체로 간주한다는 점, 그리고 텍스트의 모든 수준과 요소들의 기능 및 관계성을 규명하려 시도한다는 점 등에서 티냐노프-야콥슨 계열의 입장과 연계성을 유지하지만 후자가 여전히 시스템으로서의 언어에 집착하는 데 비해 전자는 바흐친의 기본 명제인 과정으로서의 언어를 강조한다는 점에서 구분된다. 야콥슨의 시스템이 의미의 전달 기능에 초점을 맞춘다면 로트만 학파의 텍스트는 의미의 전달과 의미의 창조라고 하는 문화의 두 가지 기본적인 기능을 모두 인정한다(Lotman 1981: 5-8). 그들은 의미의 전달과 발생의 양상 규명에 있어 시스템보다는 과정을 강조하는 가운데(Torop 1981: 33) 시학의 연구 대상을 점차 기호에서 텍스트로, 언어에서 담화로, 문학 텍스트에서 문화 텍스트로 확장시켜 나갔다.

'예술은 언어다'라는 로트만의 정언定言에서 언어란 특수한 방식으로 구축된 기호를 사용하는 의사소통 시스템을 의미한다(Lotman 1971: 14). 그런데 이때의 언어는 우리가 통상 사용하는 자연어가 아니라 자연어의 시스템 위에 세워진 언어이며 따라서 예술은 '제2차 모델링 시스템 vtorichnaia modeliruiushchaia sistema, secondary modeling system'이라 정의된다. 인간의 의식을 근본적으로 언어적이라 상정한다면, 그 의식 위에 구축된 모든 유형의 모델들, 특히 예술은 2차적인 것으로 간주될 수 있다. 요컨대 예술은 일종의 2차적인 언어이며 예술작품은 그 언어로 이루어진 텍스트이다(Lotman 1971: 16). 여기서 로트만은 야콥슨의 의사소통 도식을 정보이론의 시각에서 재구성하여 텍스트에 접근한다. 예술을 의사소통이라 간주한다면 당연히 송신자와 수신자가 전제되어야 한다. 송신자와 수신자 사이에 전달되는 정보, 즉 야콥슨의 '메시지'는 또한 양자 간에 그 전달행위를 가능케 해주는 공통적인 추상적 시스템, 즉 약호를 필요로 한다. 일반 정보전달 도식의 메시지가 예술적 의사소통의 도식에서 텍스트, 혹은 소쉬르의 '파롤parole'과 같은 개념이라면 정보 해독에 필요한 약호는 '불변하는 요소들과 그것들의 결합원칙이 형성하는 일정 시스템'으로서의 언어, 즉 소쉬르의 '랑그langue'에 해당되는 개념이다(Lotman 1971: 20-22). 로트만의 텍스트는 "언어들이 계층적으로 자기조직화하고 간섭

하고 상호작용하는 기호적 공간"이다(Lotman 1981: 8).

문학이 자연어 위에 세워진 특수한 언어로 말한다는 것은, 즉 다른 수단으로는 전달될 수 없는 특수한 메시지의 전달기능을 담당하는 기호들의 결합원칙 시스템을 보유한다는 뜻이다(Lotman 1971: 30-31). 그러므로 문학 연구라는 것은 제2차 언어의 내적인 결합 원칙 및 그 결과 전달되는 메시지의 규명에 초점을 맞추게 된다. 이는 로트만의 기호학 역시 궁극적으로 의미론을 지향한다는 점을 시사한다. 사실 그가 텍스트의 구조와 기호의 결합 양상 등을 분석하는 목적은 언제나 그것들이 전달하거나 혹은 전달 과정에서 새롭게 발생시키는 의미가 무엇인가라는 점으로 귀착한다. "예술 텍스트는 복잡하게 구축된 의미이다. 그것의 모든 요소들은 의미론적인 요소이다"(Lotman 1971: 19). 로트만 학파 기호학의 핵심을 "범의미성pansemantichnost'"이라 정의하는 것은 여기에 기인한다(Venclova 1986: 21).

의미의 연구는 무엇보다도 언어에 대한 내재적 분석을 지향한다. 그런데 여기서 문제가 되는 것은 단지 언어의 의미가 무엇인가가 아니라 그것과 다른 의미들과의 관계가 무엇인가라는 점이다. 즉 텍스트가 내적인 통합적 구성 속에서 어떻게 구축되어 있는가, 그리고 그것과 텍스트 외적 현상들과의 의미론적 관계가 무엇인가가 논의의 초점이 된다(Lotman 1971: 47). 로트만의 범의미성은 이렇게 의미를 관계성으로 다룬다는 점에서 티냐노프 계열의 시어 연구를 기호학적으로 재구성한 것이라 간주될 수 있다.

내재적인 텍스트 분석의 시각에서 볼 때 의미는 두 개의 구조적 사슬, 관례적 표현을 빌려 말하자면 표현의 사슬과 내용의 사슬이 있을 때 발생한다. 여기서 로트만은 의미창조의 필수적인 요건으로서 '재약호화perekodirovka, recoding'의 개념을 도입한다. 재약호화란 한 시스템 속의 한 요소가 다른 시스템 속의 다른 한 요소와 상응하게 됨으로써 등가물로 인식되는 과정을 지칭한다. 의미의 문제는 언제나 재약호화의 문제이다(Lotman 1971: 48). 의미의 형성은 내적 재약호화와 외적 재약호화를 통해 실현된다. 내적 재약호화란 구조 내의 요소들의 상호 관련에 의해 의미가 형성되는 것을 말하며 외적 재약호화란 두 개 이상의 서로 다른 구조적 사슬에 포함된 개별적 요소 간의 등가, 즉 한 시스템 내부의 개념이 시스템 외부의 개념과 상호 관련되는 방식으로 의미가 형성되는 것을 말한다(Lotman 1971: 49-50). 내적 재약호화의 결과 형성되는 의미는 통합적이라 할 수 있고 외적 재약호화의 결과 형성되는 의미는 계열적이라 할 수 있다(Lotman 1971: 63).

재약호화는 로트만의 의미론에서 가장 중요한 개념 중의 하나인 '등가성ekvivalentnost''의 문제와 관련된다. 다양한 수준의 요소들이 만들어 내는 등가성은 시의 근본적인 조직 원칙 중의 하나이다(Lotman 1971: 60). 예술 텍스트는 제2차 언어이므로 제1차 언어에서와는 다른 등가를 허용한다. 즉, 1차 언어에서 등가가 될 수 없는 의미론적 단위들이 예술 텍스트에서는 등가로 병치될 수 있다. 한마디로, 텍스트 고유의 의미는 등가가 될 수 없는 것들의 등가를 통해 창조된다(Lotman 1971: 61). 이렇게 예술적 구조는 다양한 요소들 사이의 등가를 허용해 주기 때문에 메시지의 수신자는 언어학적인 의미론 시스템과는 다른 또 하나의 시스템을 상정해야 한다.

등가와 비등가의 문제는 의미의 두 가지 축에 관여하는 재약호화와 결부시켜 논의할 수 있다. 로트만에 의하면 예술 텍스트의 근저에 놓인 메커니즘은 첫째, 내적 재약호화의 원칙에 따라 텍스트의 단편들을 결합하고 이로부터 부가적 의미를 형성하는 것, 둘째, 외적 재약호화의 원칙에 따라 텍스트의 단편들을 등식화하여 그것들을 구조적 동의어로 변형시키고 보충적 의미를 형성하는 것이라 요약된다. 이러한 메커니즘은 두 가지 현상을 도출시키는데 첫째, 텍스트 단위들의 대조와 대립 결과 차이점 속에서 유사성이, 유사성 속에서 차이점이 드러나기 때문에 등식화는 1차 언어에서와는 다른 양상을 보인다. 둘째, 비예술 텍스트에서는 허용될 수 없는 결합과 선택이 가능해진다. 따라서 예술 텍스트의 구성 원칙은 두 가지 유형의 관계들, 즉 반복적인 등가요소들의 대조와 대립, 그리고 인접한(비등가적) 요소의 대조와 대립으로 이루어진다(Lotman 1971: 102). 조금 더 구체적으로 말해서, 텍스트는 두 가지 원리에 따라 그 구조적 차이점을 드러낸다. 첫째, 의미의 계열축상에서 일어나는 전환으로, 그것은 자연어에서는 등가가 아닌 것을 등가로 만들어 주는, 반복과 리듬의 원칙이다. 이 원칙에 따르면 텍스트의 모든 요소들은 상호등가적 관계에 놓인다. 둘째, 통합축상의 전환으로 비예술 텍스트에서는 결합할 수 없는 것을 결합시키는 원칙이다. 광의의 메타포가 여기 해당된다(Lotman 1971: 103).[11] 그러나 리듬과 메타포의 대립이 절대적인 것은 아니며 리듬의 원칙이 통합축으로 유도되거나 메타포가 계열축으로 유도되는 경우도 가능하다. 중요한 것은 복잡한 관계들의 뒤섞임이 언제나 일어날 수 있다는 점이다(Lotman 1971: 113). 계열축과 통합축에서 일어나는 모든 등가와 결합은 예술 텍스트의 의미론이 비예술 텍스트의 의미론과는 달리 무한히 복잡하다는 경험적 사실을 확인해 주는 동시에 텍스트의 의미론 분석에서 주축을 이루는 것은 등가성과 인접성의 관계를 규명하는 것이라는 점을 시사한다. 텍스트의 다층위성과 시어의 다의미성은 이 두 가지

---

11 그러니까 로트만의 통합축과 계열축은 메토니미와 메타포를 양자에 각각 결부시킨 야콥슨의 이분법을 재구성한 것이라 간주된다. 야콥슨에게 있어 메토니미와 메타포가 유사와 인접에 의해 구분된다면 로트만에게 있어서는 양자 모두 통합축상에서 일어나는 의미의 전환으로 설명된다.

축의 복잡한 얽힘에서 파생된다.

등가성과 인접성의 추적은 불가피하게 텍스트 외적 구조에 대한 고찰을 수반하는데 이 점은 로트만이 정의 내린 텍스트의 세 가지 개념, 즉 '표현성vyrazhennost'', '구조성strukturnost'', '경계성otgranichennost'' 중의 마지막 개념에서 드러난다. 비표현성에 대한 대립개념으로서의 표현성이 텍스트를 몇 가지 시스템의 물리적 구현으로 간주할 수 있게 해주고 구조성이 텍스트를 구조적 전체로 변형시켜 준다면 경계성은 텍스트와 텍스트 외적 시스템을 구별해 준다(Lotman 1971: 67-69).[12] 경계성은 일차적으로 텍스트와 비텍스트를 구분지어 주는 자질이지만 로트만 기호학에서 그것의 중요성은 텍스트 내부에 삽입된 다른 텍스트를 비롯한 전반적인 '상호텍스트성intertekstual'nost', intertextuality'의 규명에 관건이 된다는 점에 기인한다. 기호와 기호, 말과 말, 텍스트와 텍스트는 오로지 상호접촉 속에서만 존재한다는 사실을 요체로 하는 바흐친의 '대화주의dialogizm'는 프랑스와 동구, 및 러시아 기호학에서 '인텍스트intekst', '텍스트 속의 텍스트tekst v tekste', '메타텍스트metatekst' 등의 다양한 상호텍스트적 개념에 대한 논의를 유발시켰다(Kristeva 1984: 59-60; Lotman 1981; Riffaterre 1980: 164-165; Torop 1981). 텍스트의 경계를 뚫고 도입되는 다른 텍스트는 새로

12 로트만의 텍스트 개념은 표면상 피아제J. Piaget의 구조 개념을 상기시킨다. 피아제에 의하면 구조는 전체성, 변형성, 자기조절성의 세 가지 개념에 의해 정의된다. 전체성이란 구조가 단순한 부분의 집합이 아니라 내적 법칙에 의해 구성된 것임을 의미하고, 변형성은 구조가 다른 구조를 생성시키는 역동적 개념임을 말해 주며, 자기조절성은 구조의 자족성과 폐쇄성을 말해 준다(Piaget 1971: 5-16). 이러한 정의에서 알 수 있듯이 피아제의 전체성은 로트만의 표현성과, 변형성은 구조성과, 그리고 자기조절성은 경계성과 대략 일치한다. 그러나 로트만의 텍스트는 열린 구조라는 점에서 피아제의 구조와 구별된다. 로트만에게 텍스트와 비텍스트의 경계는 텍스트를 닫힌 시스템으로 파악하게 해주는 절대적인 구획선이 아니라 텍스트와 텍스트 외적 시스템 간의 관계성을 논하기 위한 전제이다.

운 메시지를 조직하면서 변환되며 그것이 도입되는 해당 텍스트 내부의 기호적 상황 전체도 변환된다(Lotman 1981: 10). 그러므로 두 텍스트의 관계에서 경계선은 기호적 의미로 충만된 개념으로 부상하며 외부 텍스트와 내부 텍스트의 접촉을 가능하게 해주는 코드의 규명이라든가 두 텍스트의 충돌에서 발생하는 새로운 의미의 포착 등이 연구의 과제가 된다. 상호텍스트성의 시각에서 볼 때 모든 언어기호는 메타기호가, 그리고 모든 예술 텍스트는 메타텍스트가 된다. 이 점은 예술 텍스트 일반의 경우에 해당되지만 특히 '문화의 언어iazyk kul'tury'(자연어로 이미 존재하는 다른 텍스트)를 근간으로 하는 아크메이즘(Lotman 1977: 234)에서 특히 두드러진다. 결과적으로 텍스트와 텍스트 간의 '대화'는 문화라고 하는 거대한 외부 텍스트와 예술 텍스트, 그리고 문화와 다른 문화와의 대화적 관계로 이어지며 여기에서 로트만 학파의 이론은 문화기호학, 역사기호학으로 다시 태어나게 된다.

이상에서 우리는 초기 형식주의의 음성 제스처에서부터 기호학의 텍스트 이론에 이르기까지 시어론의 발전상황을 개괄해 보았다. 이 책의 본론에서는 후기 형식주의 이후의 모든 시어론에서 공통적으로 발견되는 다의미성을 작업가설로 삼아서 20세기 시 텍스트들을 분석해 볼 것이다. 예술 텍스트의 다층위성, 역동성, 다른 텍스트와의 대화성을 전제로 하는 이 책의 성격상 분석의 방법론은 미시독서, 즉 텍스트의 내적인 구성법칙을 규명하는 접근방법과 거시독서, 즉 텍스트와 텍스트 외적 요인들, 문화 및 역사적 배경과의 상호작용을 고려하면서 텍스트의 의미를 천착해 나가는 접근 방법을 모두 수용할 것이다. 그러나 개별적인 텍스트의 성격에 따라, 그리고 저자와 저자가 속한 문예운동의 성격에 따라 양자의 균형은 달라질 것이다.

I 알렉산드르 블로크

이 세상 모든 것이 다 말하여졌고
못 다한 말 하나도 없네
하지만 사람들에게 영원히 빛나는 것은
못 다한 말의 빛이라네
—마트베예바

1 글쓰기와 지우기

블로크의 시어와 텍스트가 갖는 다의미성은 언어에 대한 블로크 특유의 인식론적인 회의에서 출발한다. 자신의 가장 근본적인 작업 재료인 말에 대하여 시인이 품고 있는 회의는 회의를 믿음으로 전환하려는 시도, 그리고 언어의 한계를 극복하려는 시도와 충돌하면서 끊임없이 흔들리는 모호한 의미론을 창조한다. 블로크의 시적인 모호성은 언어의 본질적인 다의미성의 인정에서 도출되는 결과가 아니라 그것의 기능과 위력에 대한 의구심의 불가피한 결과로서 드러난다.

블로크의 에세이나 일기, 서한 등에서 언어와 관련된 진술은 거의 언제나 부정적인 뉘앙스를 띤다고 해도 과언이 아니다. 그가 1910년의 에세이 〈러시아 상징주의의 현황에 관하여O sovremennom sostoianii russkogo simvolizma〉에서 단적으로 말하고 있듯이 언어는 인간의 가장 깊은 영혼을 표현하는 데 부적격한 수단이며 따라서 "말을 사용하지 않고 영혼을 말하는 것"이야말로 모든 예술가의 꿈이라 할 수 있다(BS II: 148). 언어는 의

사소통 기능을 수행할 수 없을 뿐 아니라 그 의미가 끊임없이 변화한다는 점에서 기만적이므로 시인은 언어를 넘어서는 다른 어떤 것을 추구하게 된다. "나는 말을 원치 않는다. 말은 예전에도 있었고 앞으로도 있을 것이다. 말은 무한히 변화한다. (…) 나는 말을 넘어선 말sverkh-slovo을 원한다"(Sloane 1988: 160).

'말을 넘어선 말'의 추구는 종종 언어가 아닌 다른 매체의 우월성에 대한 강조와 연결되는데 〈색채와 말Kraski i slova〉에서 시인에게 필요한 것은 오로지 "색채에 상응하는 말"임이 언급된다면(BS II: 9) 〈작가의 혼Dusha pisatelia〉에서는 "범세계적인 오케스트라"의 음악을 포착할 수 있는 청력이 시인의 조건으로 제시된다(BS II: 105). 특히 모든 장르 중에서 음악은 블로크에게 언어예술의 이상적인 대체물로 인식되는데 이 점은 1909년의 일기에서 다음과 같이 기술된다. "음악은 가장 완전한 예술이며 (…) 음악적 원자는 가장 완전한, 유일하게 실존하는, 그래서 창조적인 어떤 것이다. (…) 반면에 시의 원자는 불완전하고, 충분하게 유동적이지 못하므로 그 한계에 이르러서 음악 속으로 가라앉는다"(BS II: 406-407). 그에게 모든 다양한 소재들은 오로지 하나의 '음악적 의미'만을 가지며 주어진 시간에 삶의 모든 영역에서 그의 시각에 포착되는 사실들은 언제나 단일한 '음악적 압력'을 형성한다(BS I: 478).

말에 대한 불신은 다른 한편으로 말을 다루는 학문, 즉 '필롤로지philology' 전반에 대한 불신으로 연장된다. 언어가 의사소통의 매체로서 부적격하다면 그것을 논리적으로 분석하고 탐구하는 행위 자체 또한 무의미해진다. 그러므로 언어학은 색채와 음악의 언어로 작업하는 시인에게 방해가 될 뿐 아니라 더 나아가 문화와 역사의 본질을 가로막는 거추장스러운 장애물이 된다.

> 확실히 필롤로지스트들은 한 가지 과제에 사로잡혀 있다. 무슨 수를 써서라도 세계사의 본질을 감출 것, 문화적 제 현상 간의 모든 연결을 의문시하여 편리한 순간 그 연결을 제거해 버리고, 자신의 충실한 학자들을 나무 너머에 숲이 있음을 결코 보지 못하는 불쌍한 회의론자로 남겨 놓을 것. 예술가는 그러한 필롤로지의 진정한 원수이다. 그의 작업은 풍해를 입은 수목처럼 역사적 퍼스펙티브를 가로막는 쓸모없는 사실들의 무질서한 쓰레기 더미를 지평선에서 말끔히 쓸어 버리고 연결성을 되살려 놓는 일이다.(BS II: 286-287)

블로크의 이러한 반로고스적 입장은 19세기 말부터 20세기 초엽까지 러시아와 유럽 전역을 지배했으며 블로크의 창작활동에 견고한 참조의 틀을 제공해 주었던 상징주의 문예운동, 그리고 니체F. Nietzche에서 데리다J. Derrida와 푸코M. Foucault에 이르기까지 해체주의라 통칭되는 서구의 탈로고스중심주의적 사유의 전통과 연관된다. 언어에 대한 근원적인 불신은 유럽과 러시아의 상징주의를 하나의 통일된 문예운동으로 만들어 주는 요인 중의 하나일 뿐 아니라 해체적 사유를 뒷받침해 주는 기본전제이다. "글쓰기의 기원과 위상의 기원에 관한 모든 자유로운 반조를 억압한 로고스중심주의logocentrism"(Derrida 1977: 43)에 대한 비판은 모더니즘의 한 계열이였던 상징주의 일반, 그리고 블로크의 미학적 비전을 포스트모던 시대의 불확정성의 맥락에서 논의할 수 있게 해준다.

19세기 말부터 20세기 초까지 유럽의 예술은 스트린드베리A. Strindberg의 불연속적인 대화, 세기말 극의 침묵의 장, 상징주의 시의 암시적인 언어 등에서 현저하게 드러나듯이 언어적인 등가와 상응성에 대한 저항을 수반한다(Kane 1984: 22-23). 특히 당시의 여러 시적 지향들은 체현된 리얼리티로서의 언어적 관계, 그리고 세계의 구조로서의 언어적, 의미론적 시스템에 대한 거부를 특징으로 하는데 이와 관련하여 시의 특수한 언어 조직은 도치된 의미의 토대 위에 구축되기 시작하며 텍스트의 구성에는 모종의 보족적 조정자가 불가피하게 된다. 그것은 리얼리티의 개념이 어떻게 모델링되는가에 따라 변화한다(Lotman 1977: 234). 상징주의자들에게 리얼리티의 모델링은 솔로비요프V. Solov'ev의 다소 초보적인 시가 직접적으로 보여 주듯이 신플라톤주의적인 이원론에 입각한다. "우리 눈에 보이는 모든 것은/오로지 반사일 뿐, 그림자일 뿐/눈에 보이지 않는 것의." 그들에게 예술은 보이는 것과 보이지 않는 것, 즉 두 개의 독립적인 리얼리티를 매개하는 인자로서 인식되는데 솔로비요프는 에세이 〈예술의 일반적 의미Obshchii smysl iskusstva〉에서 예술의 과제가 물리적 삶을 정신적 삶으로 변형시키는 데 있다고 주장함으로써 이원론적인 리얼리티의 모델링이 상징주의 미학의 관건임을 시사한다.

> 그러므로 예술 일반의 과제는 다음과 같은 세 가지로 요약된다. 1) 자연에 의해서는 표현될 수 없는 살아 있는 이데아의 심오하고도 내적인 정의와 본질을 직접적으로 객관화하는 것 2) 자연의 미에 영혼을 불어넣는 것 3) 이를 통해 미의 개별적인 제현상을 항구한 것으로 정착시키는 것. 이는 즉 물리적 삶을 정신적 삶으로 변형시키는 것인데 후자는 첫째, 자체로서 스스로의 말slovo, 즉 '계시'를 보유하며 외부로부터 직접적으로 표현될 수 있다. 둘째, 내적으로 질료에 정신을 불어넣어 변형시킬 수 있으며 또한 진정으로 그 속에서 체현될 수 있다. 셋째, 그것은 물질적 과정의 위력으로부터 자유로우며 따라서 영원히 존재한다. (…) 이러한 과제의 달성이 세계 전체의 과정의 종국적인 목표와 일치해야 하는 것은 분명한 일이다. 역사가 계속되는 한 우리는 완전한 미에 대한 부분적이고 단편적인 '예견'(기대)만을 할 수 있을 뿐이다. 현재 존재하는 예술은 위대한 작

품을 통해 우리의 흘러가는 현실 속에서 영원한 미의 섬광을 포착하고 또한 그것을 계속 유지시켜 준다. 그것은 지금은 존재하지 않는, 앞으로 다가올 현실을 예고하고 예감할 수 있게 해주며 그럼으로써 자연의 미와 미래의 삶의 미를 이어 주는 고리이자 매개체로 기능한다.(Solov'ev 1988-1990 II: 398)

정신적 삶과 물리적 삶, 완전한 미와 자연의 미, 미래의 삶과 현재의 삶 등 솔로비요프의 대립적인 개념들은 이바노프Viach. Ivanov의 유명한 에세이 〈상징주의의 계명Zavety Simvolizma〉에서 이른바 '고차원의 리얼리티realiora'와 '저차원의 리얼리티realia'로 압축된다. "상징주의는 예술가가 의식적으로 표현하는 현상과 본질 간의 평행선이다. 그것은 예술이 외적인 리얼리티로서 묘사하는 것과 바로 그 외관 덕분에 예술이 드러내주는 내적인, 그리고 고차원적인 리얼리티 간의 조화로운 공명이다"(V. I. Ivanov 1971a: 134). 이바노프는 예술가 또한 두 세계의 매개라는 맥락에서 이해하는데 그에게 예술가란 고차원적 리얼리티와 저차원적 리얼리티 사이에서 수직운동을 하는 존재이다. "예술가는 자신의 테마를 발견하거나 발전시키는 과정에서 (…) 고차원적 리얼리티에 대한 직관적 이해로부터 저차원적 리얼리티 속에서의 그것의 현현으로 하강한다—a realioribus ad realia"(V. I. Ivanov 1971b: 49-50). 이렇게 본질적으로 이원화되는 리얼리티의 모델링에서 예술의 기능은 바로 그것이 고차원적 리얼리티—그것은 대문자로 시작되는 진리, 혹은 신 등으로 명명되기도 한다—를 인식할 수 있도록 해주는 매체라는 데 있다.[1] 요컨대 예술은 "이성이

---

1 웨스트의 지적처럼 예술을 앎의 수단으로 간주하는 것은 사실 이바노프 미학의 기본적인 가정 중의 하나이며 이는 이바노프의 다음과 같은 경구에서 강력하게 표현되고 있다. "시는 인간에 대한 완전한 지식이며 인간의 인식능력을 통해 드러나는 세계지식

아닌 다른 방법에 의한 세계의 이해"인 것이다(Briusov 1971: 375).

상징주의자들의 이원론적인 비전은 리얼리티의 상부와 하부만을 구별할 뿐 아니라 존재론과 인식론의 전 영역에 걸친 이원화로 연결된다. 즉 영혼과 육체, 심층과 표층, 직관과 논리, 영지靈知와 단순지, 초월적인 것과 현세적인 것 등등 대립적인 개념들이 그들의 철학을 지배하게 되며 언제나 전자 쪽에 우위가 주어진다. 이렇게 양분화되는 상징주의 관념론에서 인식 매체로서의 예술은 초월적인 것을 비초월적인 수단으로 전달해야 하며 직관적인 것을 논리적 수단으로 표현해야 한다는 역설적 상황에 당면하게 되는데 시어에 대한 상징주의자들의 독특한 이중적 태도는 여기에 기인한다고 볼 수 있다.

상징주의자들에게 있어 언어는 고차원적 리얼리티를 표현하는 데 절대적으로 부족한 매체이다. 고프만V. Gofman은 상징주의자들이 체험하는 언어의 빈곤을 다음과 같이 설명한다. "무엇보다도 눈길을 끄는 것은 말의 무능력, 빈곤, 표현의 불완전성 등의 인정인데 이는 대부분의 낭만주의자들에게서도 공통적으로 발견되는 점이다. 언어는 심오한 체험을 실현시키고 시인의 독특하고도 정교하며 선명한 비전을 전달하는 데 적절치 못하다. 언어는 굼뜨고 천박하고 참을 수 없이 상투적인 매체이며 영혼의 교감을 전달하기에 지나치게 초보적인 수단이다"(Gofman 1937: 60). 그리하여 그들은 통상적인 언어, 대상을 지시하는 단순한 기호와 변별되는 새로운 언어에 대한 개념을 정립할 필요성을 절감한다. 그 새로운 언어는 말과 대립적인 다른 이름으로 불리거나, 한정적인 수식어와 결합하거나 아니면 특수한 콘텍스트를 수반한다. 비근한 예로, 메레지콥스키D. Merezhkovskii는 〈현대 러시아 문학의 쇠퇴의 원인 및 새로운 경향에

이다." 이바노프의 예술과 인식론에 관하여는 West 1970: 58-65를 보라.

관하여O prichinakh upadka i o novoi techeniiakh sovremennoi russkoi literatury〉에서 튜체프F. Tiutchev의 유명한 "발설된 말은 거짓이다Mysl' izrechennaia est' lozh'"라는 귀절을 인용하면서 새로운 언어를 '상징'이라 명명한다. "시에서는 말해지지 않은 것, 상징의 미를 통해 명멸하는 것이 말로 표현된 것보다 강렬하게 심장에 작용한다. (…) 말이 단순히 정의를 내리고 사상을 구속한다면 상징은 사상의 무한한 측면을 표현한다"(Merezhukovskii 1971: 372-373). 메레지콥스키를 비롯한 상징주의자들에게 상징은 다만 언어에 국한되는 것이 아니다. 그들에게 자연의 모든 것, 피조계의 모든 것은 일종의 상징인데 이바노프는 이를 시로써 표현한다. "자연은—마치 이 피리처럼 하나의 상징. 그것은/메아리를 위해 울려 퍼진다. 그리고 메아리는 곧 신이다."

벨리A. Belyi의 경우 말과 변별되는 새로운 말은 '시적인 언어'로 명명된다. "시적인 언어는 특수한 의미에서의 언어이다. 이 언어의 위대한 의미는 그것이 말로는 아무것도 증명하지 않는다는 데 있다. 말이 형성하는 일군의 다발은 하나로 합쳐져서 이미지를 제공한다. 이 이미지의 논리적 의미는 불확정적이다. 그것의 시각적 외관 역시 일정치 않다. 우리는 스스로 살아 있는 언어를 인식과 창조로 채워야 한다"(Belyi 1969b: 433). '이미지의 언어', '살아 있는 언어', '창조적 언어'로 정의되는 '새로운 말'은 "언어는 가장 강력한 창조의 무기이다", 혹은 "교감은 오로지 말 속에서만 가능하다"라는 그의 진술에서 특수한 맥락으로 작용한다(Belyi 1969b: 429, 432). 다시 말해서 벨리가 단순한 '언어'나 '말'을 언급할 때 그것들은 '새로운'이라는 한정사를 내적으로 함축하는 것이다.

일단 일반적인 말과 특수한 말을 가치론적 측면에서 구분한 다음 상징주의자들이 스스로에게 부여한 과제는 후자의 본질을 설명하고 그 의의를 고양시키는 일이다. 여기에서 상징주의자들 특유의, 그리고 말에 대한 불신과는 전적으로 모순되게 여겨지는 언어찬미가 발생하게 된다. 그것은 말을 넘어선 말에 주어지는 최고의 영지적, 그리고 심지어 존재론적 역할에 대한 인정으로 이어지는 독특한 '주물숭배fatishizatsiia'라고 정의될 수 있다(Gofman 1937: 60). 새로운 말, 특수한 말은 인간의 이성을 넘어서는 말이며 그 점에서 불합리하고 신비한 특성을 보유하게 된다. 이바노프에게서 그것은 태초의 말, 신의 언어로 나타나며 시인의 작업은 그 원초적인 언어를 부활시키는 일이 된다. "그리하여 태초의 '만민의 사제들'은 그리스인들이 '신의 언어iazyk bogov'라 명명했던 언어를 보유하고 있었다. 이러한 관념과 정의를 시적 언어로 전이시키는 행위는 음악적이고 '영감에 찬' 말의 종교적 상징적 특성을 표상해 주었다. '상징주의' 시에 대한 시인 자신들의 새로운 이해는 태초의 '신의 언어'에 대한 회상이었다"(Ivanov 1971a: 128).[2] 이렇게 이해된 바의 시어는 "신적 본질의 세계와 인간을 매개하는 주술적인 언어"이다(Ivanov 1971a: 131).

말의 주술적 특성과 매개기능에 대한 논의는 벨리에게서 훨씬 구체적으로 전개된다. 그는 특수한 시어를 '중단 없는 마술'과 동일시한다. "그러므로 살아 있는 말은 인간 존재 자체의 조건, 인간적임의 정수이다. (…) 살아 있는 언어는 마술이었으며 살아 있는 말을 말하는 사람들은 신성과의 교감의 흔적이 찍혀 있는 존재들이었다"(Belyi 1969b: 431). 이러한

2 태초의 언어에 대한 상징주의자들의 향수에 관한 피로그의 다음과 같은 진술을 참조하라. "이바노프의 에세이 〈상징주의의 계명〉은 벨리의 에세이 〈말의 마술〉 및 〈의미의 표장〉처럼 순수하고 직접적인 현존의 낙원과도 같은 상태, 말이 세계와 분리되지 않은 문자 이전의—그러나 시 이전은 아님—사회를 상정하는 서구 사유의 오랜 전통에 속한다. (…) 그것은 인간이 아직도 세계 속에서 천지창조 그 자체의 언어를 읽을 수 있는 상태, 바벨탑 이전의 상태였다. 그 상태에서 신으로부터 인간에게 직접 주어진 언어는 사물을 닮았으며 따라서 사물에 대한 절대적으로 확실하고 투명한 기호였다"(Pirog 1984: 226).

마술적인 언어는 바로 그 마술적인 속성 덕분에 일반적인 말이 결코 수행할 수 없는 신비한 매개기능을 수행한다. "말은 나의 개인적 의식의 잠재적인 심층 속에 무리지어 있는 비언어적이고 불가시한 세계와 나의 외부에 무리지어 있는 비언어적이고 무의미한 세계를 연결해 준다. 말은 소리 상징들의 세계, 제3의 세계를 창조한다. 그것의 매개 덕분으로 나의 외부에 놓여진 세계의 비밀, 그리고 나의 내부에 감추어진 세계의 비밀이 드러나게 된다"(Belyi 1969b: 430).

이상에서 살펴본 바와 같이 상징주의자들의 언어관은 이율배반적이다. 그들은 한편으로는 말의 능력을 불신하면서 다른 한편으로는 말의 초월적 능력을 맹신한다. 불신과 맹신의 이중성을 해결하기 위해서 상징주의자들이 제시하는 것은 말의 또 다른 이중성, 즉 평범한 언어와 '마술적인 언어'의 이중성이다(Gofman 1937: 61). 전자가 상징주의자들의 일반적인 언어 불신의 근거라면 후자는 말에 대한 주물숭배의 근거라 할 수 있다. 이러한 언어의 양분화는 인간 언어의 본질을 설명해 준다기보다는 시인들이 언어에 대하여 소망하는 바를 조건적으로 설명해 주며 사실 그렇기 때문에 언어의 무능력에 대한 확신을 한층 강조하는 셈이다. 좀더 쉽게 말하자면 언어는 무능하므로 시에서 그것은 새로운 조건을 획득해야 한다는 취지가 그들의 언어관 이면을 흐르고 있다. 여기서 새로운 조건이란 것은 과거에 존재했었거나 혹은 미래에 다시 창조될 것으로 여겨지는, 그러나 그것의 현존재는 불확실한 일종의 도피주의적 환상이다. 원존재에 상응하는 '원언어original language'에 대한 모호한 향수, 혹은 새롭게 창조되어야 하는 마술적 언어에 대한 불투명한 기대 바로 밑에는 허무의 검은 심연이 도사리고 있는 것이다.

상징주의자들의 음악에 대한 집착도 이와 관련지어 이해될 수 있다. 현존을 위협받는 언어는 확정성으로부터 멀어진다. 더욱이 인식 그 자체로까지 고양되면서 초월적이고 절대적인 진리를 포착해야 하는 '신의 언어'는 근본적인 성격에 있어 불합리한 것이다. 그것은 유한의 기호이면서 무한의 본질을 표현해야 하므로 강력한 추상성과 모호성과 유동성을 요구한다. 상징주의자들은 모든 장르 중에서 가장 추상적인 음악을 이러한 언어에 대한 대응물로 간주함으로써 기호와 본질, 추상과 구체의 모든 패러독스를 해결하려 한다. 그들은 바그너R. Wagner의 '감각의 언어'와 함께 관념에 대한 억양의 승리를 촉구한 베를렌P. Verlaine의 "무엇보다도 먼저 음악la musique avant toute chose"을 모토로 삼아(Kane 1984: 22) 직관적인 인식의 가장 적절한 매체로 음악을 숭배했으며 그로부터 모든 시어는 음악적이어야 한다는 명제를 이끌어 냈다. '시적인 언어'는 곧 상징이고 상징은 곧 음악이라는 등식이 성립하는 것도 이러한 맥락에서이다. 러시아 상징주의 시인들 중에서 언어의 음악성을 가장 강조했던 발몬트K. Bal'mont가 시의 특수한 언어는 억양이 풍부한 언어, 음악과 유사한 언어라 규정한다면(Bal'mont 1971: 374) 벨리는 상징과 언어와 음악의 원초적인 등가성을 주장한다. "태초에 시와 인식과 음악과 언어는 일치되어 있었다"(Be1yi 1969: 431). 한마디로 말해서 음악은 예술의 은밀한 내용을 형성하는 '내적인' 체험, '영혼의 심연'을 상징적으로 표현하는 보이지 않는 언어였다(Gofman 1937: 58).

음악-언어, 혹은 음악적인 언어의 개념은 상징주의자들의 시에서 독특한 의미론을 형성하는데 그것의 특징은 두 가지로 나누어 살펴볼 수 있다. 첫째, 음악적인 언어에서는 기의 혹은 지시대상 대신 음성을 중심으로 하는 새로운 의미론이 들어선다. 이때의 말은 형식주의자들과 미래주의자들이 공통으로 촉구한 '말 그 자체'처럼 의미를 초월하는 것이 아니라 기표와 기의 간의 이른바 '조응correspondance'을 통해 초월적 리얼리티를 암시하는 합목적적인 말이다. 음성반복으로 시 텍스트를 포화시키는 일, 그리고 '멜로디적' 가치를 지닌다고 여겨지는 음소들을 선별하는 일은 그러한 말의 창조에 있어 가장 중요한 요건이다(Pomorska 1968: 73). 이 의미론에서 소리는 상징이고 분위기이고 멜로디이며 무엇보다도 예술 창조에 기여하는 기본적인 단위이다. "그러나 모든 단어는 무엇보다도 소리이다. 의식의 가장 우선적인 승리는 음성상징들의 예술창조에 기인한다. 소리 속에서 새로운 세계가 창조되며 그 경계선 위에서 나는 스스로를 리얼리티의 창조자로 인식한다"(Belyi 1969: 430). 시어의 기표는 기의에 수용된 내용보다 훨씬 더 효과적으로 절대적인 진리를 포착할 수 있으며 더 나아가 그 자체가 하나의 내용이 된다. 그러므로 상징주의자들의 시에서는 음성모사 같은 초보적인 장치는 물론이거니와 모음조화, 메아리 운rifma-ekho 같은 보다 복잡한 장치들이 상식적인 의미론을 보충해 준다. 이는 그들의 시학에서 이른바 말의 '기악편성instrumentovka'이나 '음성기록zvukopis'', '오케스트레이션orkestrovka' 같은 개념들이 얼마나 중요한 위치를 점하는가만 보아도 자명해진다(Eikhenbaum 1962: 7; Pomorska 1968: 73).[3]

두 번째로 상징주의 의미론의 특징은 모호성과 그것의 자연스러운 결과인 다의미성에 있다. 언어의 기의는 추상적인 음악에 상응하는 추상성을 보유해야 한다. 그것은 마치 음악의 멜로디처럼 자유롭게 부유하면서 독자에게 어떤 진실을 암시하고 어떤 감정이나 인상을 고취시킨다. 그러므로 기의의 내용이 확실하게 무엇인가를 이해하는 것은 불가능할 뿐 아니라 불필요하다.[4] 가급적이면 그 의미가 모호한 말일수록 음악적

---

3 벨리는 음악의 소장르 중에서 특히 심포니에 매료되었으며 심포니의 형식적 특징을 산문에 도입하기도 했다. 음악에 대한 벨리의 열광적인 찬미 및 심포니에 관한 논의는 Belyi 1969a를 보라.

4 이는 상징주의자들의 엘리트 의식과도 관련된 현상이었다. 그들은 시를 쓰는 것을 신

인 언어에 상응하는 진정한 말이기 때문이다. 상징주의자들이 선호하는 '암시'와 '유동성'은 이러한 모호한 의미론을 단적으로 표현해 주는 개념들이다(Gofman 1937: 88). 더욱이 모호한 의미론은 상징이 갖는 모호성과 결합함으로써 더욱 고조된다. 상징은 거의 무한히 다른 여러 가지 해석을 허용한다. 보들레르Ch. Baudelaire의 표현을 빌려 '상징의 숲le forêt de symboles'에서는 세상의 모든 것이 서로 '조응'하기 때문이다. 마치 그림자처럼 조응을 통해 끝이 없는 변신을 계속하는 상징은 본질적으로 고정된 의미를 거부한다. 따라서 일차적인 의미와 부차적 의미, 혹은 티냐노프의 표현으로 기본기호와 종속기호 간의 복잡한 네트워크 대신 상징주의 시 텍스트에서는 종속기호들의 무수한 떨림과 동요와 불확실한 도약이 다의미성의 형성 요인이 된다. 이렇게 볼 때 토포로프가 상징주의 시어가 지향한 바를 '텍스트 속에 말을 용해시키는 것', '말의 화학성khimizm을 실현시키는 것'이라고 규정하는 것은 정확한 지적이라 할 수 있다(Toporov 1979: 250).

블로크의 시어는 상징주의의 이러한 일반적인 언어관과 어느 정도 맥을 같이 한다. 사실 앞에서 언급했던 블로크의 말에 대한 불신이나 음악 지향성은 전적으로 상징주의자들의 그것과 일치하는 듯이 여겨진다. 그러나 이바노프나 벨리가 열광적으로 찬미한 '신의 언어'가 블로크에게서는 언어의 딜레마를 해결해 주는 수단이 아니었다는 점에서 그는 상징주의 일반의 궤도에서 벗어난다. 그런데 여기서 문제가 되는 것은 블로크가 다른 상징주의자들과 달리 시어에 관한 체계적인 논의를 남긴 적이 없다는 사실이다. 상징주의자들이 저마다 시어의 본질에 관하여 유사학

성한 의식으로, 그리고 시인은 그 의식을 집전하는 사제로 간주하였다. 시쓰기의 의식에 참여할 수 있는 것은 오로지 선택된 소수뿐이므로 시어 또한 그것에 상응할 정도로 난해하고 모호해야 한다는 것이 그들의 생각이었다.

문적인 글을 남긴 데 반해 그는 비유로 가득 찬 잡문의 형식을 빌려 자신의 시어관을 단편적으로 암시하였다.[5] 그러므로 그의 산문을 통해 그와 상징주의가 불일치하는 점들을 추적하기란 거의 불가능하다. 그것은 개별적인 상징들과 시 텍스트 전체의 의미론에 관한 고찰—이 장의 본론에서 다루어질—후에야 비로소 가능해질 것이다. 따라서 여기서는 우선 그의 대표적인 에세이 〈러시아 상징주의의 현황에 관하여〉에서 피력된 개괄적인 논의를 근거로 언어에 관한 유추를 점검해 보는 데 그치기로 하겠다.

블로크는 자신의 에세이에서 러시아 상징주의를 테제 단계와 반테제 단계로 구분한다. 테제 단계는 앞에서 언급했던 상징주의자들의 세계관과 거의 동일한 세계관이 지배적인 시기이다. 블로크는 이를 솔로굽F. Sologub의 싯구절 "나는 비밀스런 세계의 신, 전 세계가 오로지 나의 꿈 속에만 존재한다Ia—bog tainstvennogo mira, ves' mir—v odnikh moikh mechtakh"를 인용하면서 다음과 같이 정의내린다. "아직 아무도 다른 세계가 어디에 존재하는지 모른다. 자신에 대해서조차 모른다. 모든 이가 이 세계와 '다른 세계' 간에 분열이 존재한다는 사실에 동의를 하면서 서로 '눈짓'을 할 뿐이다"(BS II: 148-149). 다시 말해서 테제 단계는 고차원적 리얼리티를 인정하는 단계로서 직관과 영지를 특징으로 한다. 이 리얼리티를 포착하려는 시인의 시선을 블로크는 황금단검에 비유하면서 그 단검이 마침내 목적을 이루는 순간 테제 단계는 절정에 이르고 곧 끝이 난다고 말한

---

5 벨리나 브류소프는 실제로 시학사에 있어 상당한 위치를 점하는 학자들이었다. 특히 벨리는 일련의 전문적인 학술논문 및 형식주의적 경향의 저서《변증법으로서의 리듬 Ritm kak dialektika》을 집필하여 필롤로지 분야에 큰 기여를 한 바 있다. 그러나 블로크는 거의 의도적으로 시어와 관련된 주제를 회피하고 있는데, 이는 시라고 하는 예술 장르에 대해 그가 직관과 감각으로 일관했음을 보여 준다. 상징주의자들의 이른바 '시인-학자poet-scholar'적 위상에 관해서는 Pomorska 1968: 55-56을 참조하라.

다. "보랏빛 세계[고차원적 리얼리티, 지은이]를 관통하는 황금단검은 격렬하게 타오르고 마술사[시인, 지은이]의 심장을 찌른다. 이미 천상의 장미꽃들 사이로 얼굴이 내비치기 시작하고 음성이 들리기 시작한다. (…) 이것이 '테제'의 끝이다"(BS II: 149, 150).

그러나 이러한 고차원적 리얼리티를 시인이 포착하는 순간 그것은 엄청난 변형을 겪는다. 그리하여 이른바 반테제의 단계가 시작된다. 반테제 단계에서 천상의 세계, 보랏빛 세계는 그 보랏빛을 상실하고 '악마'가 들끓는 세계로 변형된다. 반테제의 절정에서 시인은 삶과 꿈과 죽음을 구별하지 못하고 이 세계와 다른 세계를 구별하지 못하며 자신의 삶을 예술로 만들어 버린다(BS II: 151-152). 이것이 블로크가 생각하는 반테제의 절정이다. 조화로운 천상의 세계는 시인이 그것을 포착하는 순간 카오스적 공간으로 변형되는데 이러한 테제와 반테제의 관계는 러시아 상징주의의 흐름보다는 블로크의 1910년까지의 시적인 발전 과정을 설명해 주는 개념이라 할 수 있다. 나중에 다시 언급하겠지만 사실 블로크의 시집들은 테제와 반테제에 상응하는 모티프들을 연속적으로 담고 있다. 여기서 중요한 것은 테제와 반테제 단계에서 세계가 겪는 변형이 시어에 대한 블로크의 사유를 매우 의미심장하게 함축하고 있다는 점이다. 천상의 리얼리티가 시인의 '황금단검'에 그 심부를 찔리는 순간 카오스로 변형된다는 것은 말로 표현할 수 없는 본질에 언어가 주어지는 순간 그 본질은 실종된다는 뜻으로 해석될 수 있다. 이는 언어에 관한 블로크의 회의주의와 다른 상징주의자들의 회의주의를 구별해 주는 중요한 분기점이다. 즉 상징주의자들이 언어의 무력을 위장해 주는 '신의 언어'를 신봉했다면 블로크는 그 신의 언어까지도 무력하다고 보는 것이다. 블로크에게 있어서 "천상은 고차원적 리얼리티의 흔적을 더 이상 읽을 수 없는 텅 빈 얼굴이다. 신과 인간 간의 교감의 사슬은 처음에 인간을 존재의 일치로 유도했었던 바로 그 기호들에 의해 깨어져 버렸다. 시인의 언어는 고차원의 리얼리티를 고정시키고 그 존재를 불러낼 수 있는 능력을 상실했다"(Pirog 1984: 233).

음악의 언어도 신의 언어도 주술의 언어도 블로크에게는 더 이상 인식의 한계와 언어의 한계를 감추어 주는 대체물이 아니다. 언어는 제일 원인, 초월적 존재, 선험적인 대상을 지시하는 기호로서 부족할 뿐 아니라 그런 것들이 존재한다는 사실까지 회의하게 만들어 주는 경험적 증거이다. 상징주의자들의 시어가 아무리 무력하다 해도 여전히 하나의 현존, 선험적인 절대성을 주축으로 선회한다면 블로크의 언어는 그 축의 존재까지도 거부한다. 모든 상징주의자들의 꿈이었던 선험적 인식의 향유가 블로크에게는 빠져나올 수 없는 악몽으로 드러나는 것도 이 때문이다. 결국 언어에 대한 불신은 그로 하여금 의미의 현존과 부재 사이에서 끊임없이 동요하도록 만드는데 이 동요야말로 블로크적인 의미론의 핵심이며 또한 블로크와 해체적 사유와의 맞물림을 상정할 수 있도록 해주는 요인이라 할 수 있다.

해체적 사유의 시각에서 볼 때 데카르트 이후 근대 서구철학은 현존의 개념을 토대로 발전해 왔다. 철학의 주요 테마인 의미, 존재, 진리, 그리고 진리의 전거로서의 주체는 현존의 개념을 중심으로 할 때만 가능하며 이러한 현존 중심은 불가피하게 주체의 철학과 로고스중심주의를 생산했다. 다시 말해서 모든 사상과 언어는 궁극적인 로고스, 본질, 진리에 대한 믿음 위에 존립해 왔으며 주체는 물질과 정신, 허위와 진리, 현상과 본질같은 무수한 이분법적 개념들을 통해 현존을 확인하려고 시도해 왔다. 주체는 그것이 인간이건 신이건 간에 언제나 중앙에 군림하면서 자신의 이미지로 세계를 재편성해 왔다. 해체적 사유는 주체와 로고스에 관한 이러한 현존 중심적 태도를 부정하는 데서 시작된다.

해체주의의 현존 부정은 이미 키르케고르S. Kierkegaard의 사상에서 그 기원을 찾아볼 수 있다. 그에 의하면 절대지를 형성하는 사유와 존재의 동일성은 실존하는 개인에게는 영원히 지연되므로 헤겔 관념론의 목적인 '나는 나I-am-I'의 주체성은 실제로 존재하지 않는 수학적인 점일 뿐이다(Taylor 1986: 15). 그는 데카르트에서 헤겔에 이르기까지 근대철학의 동력이었던 확정성의 추구가 불가피하게 실패로 끝났다고 확신한다. 실존하는 개인은 언제나 되어 가고 있는 과정 중의 존재일 뿐이며 따라서 진리에 대한 확실한 지식은 불가능하기 때문이다(Taylor 1986: 15). 진리에 대한 키르케고르의 생각은 니체의 사상에서 다시 한번 반복된다. 니체에게 진리란 "메타포와 메토니미와 인격화의 움직이는 군대, 즉 고양되고 변위되고 시적으로, 수사적으로 치장된 인간관계들의 총체이다. (…) 진리는 낡아빠진 메타포이다"(Taylor 1986: 219). 그러므로 그는 칸트의 '물자체ding-an-sich'뿐 아니라 의미 자체, 사실 자체까지도 부정한다. 그것들은 존재하지 않으며 존재하는 것은 오로지 무한히 변화하는 해석과 견해뿐이다(Taylor 1986: 204).[6]

이렇듯 진리와 주체에 부여되었던 현존의 의미가 배척됨에 따라 언어의 개념 또한 중심의 위치에서 벗어나게 된다. 즉 확정성을 토대로 설정되었던 세계-인간-언어, 혹은 진리-주체-기호의 삼자 관계는 니체 이후의 현대철학에서 집요한 불확정성의 영역으로 옮겨지게 된다. 이제 인간과 언어, 언어와 재현, 기표와 기의 사이에는 메꿀 수 없는 간극이 들어서며 따라서 언어의 위상은 오로지 관례적 규칙에 의한, 그리고 언제나 열린 채로 끝나는 '언어-게임'(Wittgenstein 1968: 5)으로 축소된다. 그리하여 푸코가 지적하듯이 의미를 추구한다는 것 자체가 무의미하게 된다. "인

---

6 니체의 이러한 시각은《비극의 탄생The Birth of Tragedy》에서 예술을 끝없이 이어지는 환상의 사슬로 간주하는 것과 일맥상통한다. Nietzsche 1956: 32-33을 보라.

간의 존재와 언어 사이에는 하나의 소멸될 수 없는 간극이 (…) 형성될지도 모르며 따라서 인간에 고유한 존재와 관련될 뿐 아니라 이 존재의 명료화 내지 해방을 시도하는 언어의 존재에 관해서라든가 언어 또는 의미작용의 개념에 관해 질문을 제기하는 인간학을 모두 환상이라고 배격해야 할지도 모르는 일이다. 아마도 우리 시대가 당면한 가장 중요한 철학적 선택(…)의 뿌리는 바로 여기에 있는 듯 싶다"(푸코 1993: 387).

의미작용의 개념에 관한 푸코의 회의는 데리다에게서 기의의 현존에 대한 부정으로 이어진다. 데리다에게 언어는 기표들의 사슬이므로 독자적으로 존재하는 기의들을 지칭할 수 없다. 언어는 의미들의 차이와 엇물림의 끝이 없는 유희에 불과하다. "기호가 의미하는 개념은 결코 그 자체로서, 즉 오로지 자신만을 지칭하는 충분한 현존으로 제시되지 않는다. 근본적으로 그리고 합법적으로 모든 개념은 체계적인 차이들의 유희에 의해 다른 개념, 다른 것을 지칭하는 시스템 속, 혹은 사슬 속에 새겨진다"(Derrida 1982: 11). 이러한 차이들의 유희는 "실제로 어떤 순간이건, 혹은 어떤 의미에서이건 하나의 단순한 요소가 그 자체로 '현존'하거나 스스로만을 지칭하는 것을 금지시키는 종합과 소개를 전제로 한다"(Derrida 1981: 26). 소쉬르 언어학에서의 '변별성'과 유사한 '차이'의 개념은 데리다에게서 지연의 시간성과 결합하여 '차연différance'이라고 하는 새로운 개념을 만들어 낸다. 의미의 현존이 허상이라면 기호가 지칭하는 의미는 언제나 시간적인 엇물림을 수반한다. 즉 그의 차연은 전통적인 기호의 의미작용에 대립되는 개념으로 현존의 환영과 그 환영을 가능케 해주는 부재의 허상 모두를 드러내 준다. "기호는 현존을 지연시킨다. 그것의 구조는 오로지 그 지연된 현존의 토대에서만 상정 가능하다는 것을 전제로 한다. (…) 기호는 언제나 현존의 표상을 의미하기 때문에 차연을 포함할 수 없다. (…) 차연은 현존의 권위와 더불어 그것의 단순한 대칭인 부재와 결여 또한 의문에 부친다"(Derrida 1982: 10-11). 한마디로 차연은 "니체가 형이상학적 문법의 전 시스템에 대립시켜 설정해 놓은 각기 다른 힘들의 '능동적이고' 유동적인 불협화음에 부쳐진 이름이다"(Derrida 1982: 18).

데리다의 차연은 텍스트와 글쓰기의 체험을 현존도 부재도 아닌 '흔적'의 개념으로 설명할 수 있도록 해준다. "차연 때문에 의미작용의 운동은 이른바 '현존하는' 요소들이 자기 자신이 아닌 다른 것에 관련지어질 때, 그리하여 과거 요소의 표지를 자기 내부에 담지할 때 가능하다"(Derrida 1982: 12). 그러므로 텍스트는 기호의 의미와 그것에 남아 있는 다른 요소의 흔적이 교차하는 과정이라고 정의할 수 있다. "어떤 요소도 다른 요소를 지칭하지 않고는 기호로 기능할 수 없다. (…) 각 '요소'는—그것이 음소이건 문자소이건 간에—그 자신 속에 있는 사슬 혹은 체계의 다른 요소들의 흔적에 의거해 구성된다. 이러한 섞어 짜기, 이러한 질감이 '텍스트'인데 그것은 오로지 다른 텍스트의 변형 속에서만 생산된다"(Derrida 1981: 26).

흔적의 개념은 언어에 대한 회의론과 그 회의론에도 불구하고 어쨌든 언어를 전적으로 폐기할 수 없다는 자각을 동시에 유지시켜 주며 여기에서 특수하게 해체적인 글쓰기의 개념이 등장하게 된다. "흔적은 현존이 아니라 스스로를 지칭하고 변위시키고 탈구시키는 현존의 모상이다. 그것은 스스로의 정확한 위치를 결여한다. 삭제는 그것의 구조에 속한다"(Derrida 1982: 24). 다시 말해서 "글쓰기는 구조적으로 내부에 스스로에 대한 삭제와 폐기의 과정을 포함하며 그러면서도 복잡한 논리에 의거해 그 폐기의 '잔재'를 표기한다"(Derrida 1981: 68). 데리다는 생산과 폐기, 창조와 파괴, 글쓰기와 지우기의 동시적 과정을 표시하기 위해 '삭제 표시하에 두기sous rature'의 개념을 제안한다(Derrida 1977: 19). 즉, 그것은 말의 외적인 의미를 독자가 그대로 수용하는 것을 방지하되 그렇다고 해서 그 말의 존재를 완전히 말소시키지는 않는 전략이다. '삭제표시'하에 놓여진 말은 지워진 말이지만 과거의 흔적을 여전히 유지함으로써 의미의 현존과 부재에 대한 동시적 긍정 혹은 동시적 부정을 가능하게 해준다. 한마디로 말해서 '삭제표시하에 두기'는 데리다, 그리고 해체주의 일반의 시각에서 바라보는 언어, 초월적 기의, 글쓰기의 불확정성을 직접적으로 표상해 주는 개념이라 할 수 있을 것이다.

이상에서 살펴본 해체적 사유는 현존을 근본적으로 의심한다는 점에서 블로크의 언어관을 조명해 준다. 특히 데리다의 '삭제표시하에 두기'는 언어의 본질에 대한 블로크의 양립적 태도를 설명하는 데 유용한 메타포가 될 수 있다. 앞으로 텍스트 분석을 통해 드러나겠지만 블로크의 시어는 플러스 의미론과 마이너스 의미론의 부단한 교차로 특징지어진다. 다시 말해서 그는 마치 스스로 제시한 기호의 현존을 즉각적으로 부정하듯 그 기호의 의미를 말소시키는 다른 기호를 제시한다. 그리하여 그의 말 하나 하나는 이를테면 데리다의 '삭제표시'하에 놓여 있는 셈이 되며 텍스트는 글쓰기와 지우기의 복잡한 미로를 형성한다. 기호의 여러 의미들은 서로를 반사하고 그리하여 스스로 안에 다른 체계, 다른 요소의 의미를 누적시키기보다는 서로를 부정하는 가운데 극도로 모호한 텍스트를 창조한다. 그러므로 엄밀히 말해서 블로크의 다의미성은 의미의 누적이 아닌 의미의 끝없는 자기해체의 유희에서 생성되는 현상이다.

그러면 이제 블로크의 텍스트에서 의미의 자기해체가 개개의 시어 및 보다 큰 전체인 텍스트의 의미구조와 테마에 어떻게 영향을 미치는가에 주목하자. 요컨대 블로크 특유의 시어 및 그 시어와 상호파생적 관계를 맺고 있는 의미구조, 테마의 특성을 살펴보도록 하자. 여기서 한 가지 언급해 두고 넘어가야 할 것은 이 장에서 우리가 행할 텍스트 분석을 이른바 해체적 독서라 부를 수는 없다는 사실이다. 앞에서 살펴본 바와 같이 해체주의의 언어관이 블로크의 언어관 이해에 하나의 설명적 맥락으로 작용하는 것은 사실이지만 그렇다고 블로크의 시를 분석하는 데 해체적 방법이 필요하다는 얘기는 아니다. 해체적 사유가 문학 텍스트의 분석에 적용될 때 그것은 불가피하게 장치의 확인을 중심과제로 부각시킨다. 언어는 기표들의 무의미한 사슬이므로 언어로 이루어진 텍스트의 외관상의 통일성과 동질성이 허구임을 보여 주는 것이 해체적 독서의 목적이기 때문이다. 그러므로 해체적 독서는 그러한 허구를 조성하는 여러 가지 수사적인 전략들을 노출시키기 위해 텍스트를 그야말로 해체해야 한다. 해체주의자들의 독서에서 종종 주된 관심사가 언어유희를 비롯한 장치들의 열거에 집중되는 것도 이 때문이다.[7] 그러나 이 장에서 우리가 살펴볼 것은 블로크의 장치들에 국한되지 않는다. 이 장은 일련의 동질적인 텍스트를 분석함으로써 블로크가 의미를 의심하는 가운데 현존과 부재 사이에서 동요하는 과정을 추적해 나가는 데 할애될 것이다. 우리의 관심은 블로크의 글쓰기와 지우기가 텍스트에 실현되어 있는 양상과 그 의미에 있기 때문이다. 결국 이 장에서의 논의는 의미의 존재를 의심한 시인의 텍스트에서 의미를 추적한다는 다소 아이러니한 작업이 될 것이다.

2 끝이 없는 환상의 의미론

블로크는 1911년 6월 6일자로 벨리에게 보낸 서한에서 자신의 모든 시를 "지나치게 선명한 빛의 순간에서 환멸을 거쳐 예술가의 탄생"으로 이어지는 "인간화의 삼부작trilogiia vochelovecheniia"이라 정의한 바 있다

7 벤츨로바 역시 러시아 기호학과 포스트구조주의 일반의 차이가 여기에 있다고 본다. Venclova 1986: 18을 보라.

(BS II: 655). 블로크의 창작을 크게 세 시기로 나누어 볼 때 여기서 '지나치게 선명한 빛의 순간'은 대략적으로 청년 블로크의 이상에 헌정된 첫 번째 시집 《아름다운 부인에 관한 시Stikhi o Prekrasnoi Dame》(1904)에, '환멸'은 이상에 대한 회의를 주로 다루는 두 번째 시집 《예기치 않은 기쁨Nechaiannaia radost'》(1907)에, 그리고 삼부작의 마지막 단계는 1910년대에 씌어진 크고 작은 '연작시tsikl, cycle' 등, 성숙한 블로크의 거의 모든 작품을 수록한 세 번째 시선집에 해당된다고 말할 수 있다. 그러니까 블로크는 스스로의 시적 진화를 테제(이상), 반테제(환멸), 그리고 진테제(새로운 비전)의 변증법적 패턴에 입각하여 구상한 셈인데 테제와 반테제 단계는 앞에서 언급했던 러시아 상징주의의 두 시기와 거의 동일한 내용을 포함한다. 즉 블로크가 러시아 상징주의의 테제 시기를 특징지어 준다고 생각한 직관과 영지의 조화가 그 자신의 제1기에 적용된다면 반테제 시기에 발생하는 고차원적 리얼리티의 해체는 곧 제2기의 특징이 된다.

사실 첫 번째 시집은 신적인 이상에 대한 기다림과 동경으로 일관되어 있는 반면 두 번째 시집에서는 그것이 미망임을 깨닫는 서정적 자아의 고뇌가 지배적이라는 점, 그리고 블로크의 시적 진화 전체에서 세계의 통일성과 '다면성mnogolikost''의 변증법이 차지하는 비중(Mints 1981: 196) 등을 고려해 볼 때 테제와 반테제의 적용은 타당한 듯 여겨진다. 그러나 이러한 현상을 순전히 변증법적으로만 해석하는 데는 몇 가지 문제가 뒤따른다. 첫째, 낭만주의 문학 전통 속에 뿌리내린 삼단계 진화, 즉 일치에서 분열을 거쳐 보다 복잡하고 고차원적인 새로운 일치로의 진화는 블로크의 경우 정확하게 실현되지 않는다.[8] 제1권과 제2권이 대체적인 대립의 관계를 유지하는 것은 사실이지만 제3권이 반드시 양자의 새로운 종

8 사유의 이러한 운동을 뒷받침해 주는 의식과 언어의 두 가지 양상에 관하여는 Feinberg 1984: 142-143을 보라.

합을 예시하지 않기 때문이다. 블로크는 사망 시까지 새로운 종합적 비전을 추구하지만 동시에 종합 가능성에 대해 회의하며 결국 종합을 언어화하는 데는 실패한다. 블로크 스스로도 이 점을 인식하고 있었으며 그는 진테제 단계에서 씌어진 포에마 〈징벌Vozmezdie〉의 서문에서 "모든 것이 일치불가하며 또 분할이 불가하다는 것에 대한, 그리고 화합할 수 없는 모순과 화합을 요구하는 모순에 대한 비극적 자각"을 통해 종합 속에는 또 다른 대립이 존재함을 시사한다(BS I: 477). 둘째, 제1권과 제2권 사이에는 대략적인 윤곽에 있어서만 테제와 반테제의 관계가 존재한다. 지르문스키의 지적처럼 제1권에서부터 이상을 대하는 자아의 태도는 양립적 성격을 띠기 시작하기 때문이다. "첫 시집에서 이미 신적인 환영의 리얼리티에 대한 믿음과 나란히 공포와 의혹의 날말들이 울려 퍼지기 시작한다"(Zhirmunskii 1922: 13).

이 점은 블로크의 시학에서 항상 중앙을 점하는 여성 이미지의 진화를 일견해 볼 때 좀더 구체적으로 드러난다. 블로크에게 상징주의적인 천상의 리얼리티는 '아름다운 부인Prekrasnaia Dama'의 형상 속에 체현된다. '아름다운 부인'은 솔로비요프의 '소피아Sofiia'가 블로크의 신비주의적 직관과 중세유럽의 문화적 전통의 접목을 통해 재창조된 신화적 모델로 제1권은 거의 전적으로 서정적 자아-시인과 그녀와의 관계에 초점이 맞추어진다.[9] 서정적 자아는 그녀를 기다리고 그리워하고 또한 그녀와의 만

9 솔로비요프는 〈세 만남Tri svidaniia〉에서 다음과 같이 '소피아'를 표현한다. "나는 모든 것을 보았다. 오로지 한 가지만 존재했다—/오로지 아름다운 여성의 이미지 하나만이……/이미지의 크기는 극한에 도달했다,—/내 앞에도, 내 안에도 오로지 너만이". 솔로비요프의 소피아는 피조계에서 실현된 이데아의 여성 이미지였으며 신적 통일의 원리, 성령의 또 다른 현신이었다. 그것은 솔로비요프의 원칙, 즉 말과 세계의 일치, 물질의 정신성, 정신의 물질성에 대한 이론의 변이체였다(Poggioli 1960: 122; Berdiaev 1971: 176-178). 블로크는 솔로비요프로부터 여성 이미지의 개념은 빌려 왔으되 신비적이고

남을 궁극적인 영지의 순간으로 간주한다. 그에게 '아름다운 부인'은 항구한 불변의 이상이며 전 존재적인 믿음의 대상이다. 그러나 이러한 절대적인 존재도 서정적 자아의 의식 속에서 믿음과 불신의 양립적 감정을 유발시킨다. 그는 그녀가 불변함을 믿지만 동시에 그녀의 변화를 두려워한다.[10] "나 그대를 예감한다. 세월은 흘러가도 —/여전히 같은 모습의 그대를 예감한다/(…) 지평선은 온통 화염에 휩싸이고—가까워지는 그대의 출현,/그러나 나는 두렵다. 그대가 모습을 바꿀까 봐 이 시기의 또 다른 시 〈나는 그대와 만나는 것이 두렵다Mne strashno s Toboi vstrechat'sia〉에서는 '아름다운 부인'의 현존과 부재가 동일한 강도로 서정적 자아의 정서를 지배한다. 그리하여 그녀는 존재하면서 동시에 존재하지 않는 모순적인 이미지로 제시된다. "그리고 찌푸린 하늘은 나즈막하고 —/성전을 덮어 버렸다./나는 안다. 그대가 이곳에 있음을. 그대가 가까이 있음을./그대는 이 곳에 없다. 그대는—그곳에".

철학적이며 추상적인 관념으로서 소피아가 갖는 경직성은 수용하지 않았다(Dolgopolov 1964: 52) 블로크는 또한 솔로비요프뿐 아니라 중세 유럽의 시문학, 르네상스 문학, 특히 단테Dante의 《신생》, 페트라르카Petrarcha의 소네트, 독일과 러시아의 낭만주의, 푸시킨A. Pushkin, 주콥스키V. Zhukovskii, 폴론스키Ia. Polonskii 등의 시에서 영감을 얻어 독특한 역사적 모델로서의 '아름다운 부인'을 창조했다(Mints 1973: 395; 1981: 180; 1985: 9). 이러한 문학적 전통에 블로크의 약혼녀인 류보피 멘델레예바의 이미지가 중첩되므로 '아름다운 부인'은 처음부터 관념적인 측면과 현세적인 측면을 갖춘 이중적 이미지였다고 말할 수 있다.

10 이 점은 사실 멘델레예바의 이미지가 이데아와 중첩되면서 파생되는 현상이다. 현실에서 블로크가 멘델레예바에 대해 품고 있던 질투와 불안의 심리는 1902년의 시 〈그녀는 멋지고 날씬하다Ona stroina i vysoka〉에 전기적 디테일과 함께 반영되어 있다. "그녀는 멋지고 날씬하다./언제나 오만하고 엄격하다./나는 날마다 멀리서/모든 것을 각오하고 그녀를 뒤쫓는다./……/그리고 그는 그녀를 그림자 속에서 만났다/……/그리고 아무에게도 보이지 않는 나는/남자의 거친 옆모습과/그녀의 검은 은빛의 모피를/그리고 무엇인가 속삭이는 입술을 뒤쫓았다".

한편 반테제 시기에 들어오면 '아름다운 부인'은 천상의 존재에서 지상의 존재로 추락하고 그녀가 베푸는 환상의 주술에서 깨어난 서정적 자아는 이제 과거의 여인으로부터 추하게 일그러진 패러디를 창조해 낸다. 제2권의 지배적인 여성 이미지라 할 수 있는 '미지의 여인Neznakomka'이 매춘부로 그려지는 것도 이러한 맥락에서이다. 그러나 이번에도 테제 시기와 마찬가지로 비속화된 여성 이미지는 끊임없이 정반대의 이미지와 교차한다. 그러니까 그녀는 1권에서 불변과 가변, 현존과 부재를 동시에 대표하듯이 2권에서는 천상과 지상 모두를 대표한다. 일례로 1905년의 시 〈그대는 미소도 없이 지나간다Ty prokhodish' bez ulybki〉에서 여주인공은 성모 마리아에 비교된다. "그대의 얼굴은 얼마나 닮았는지/저녁의 성모 마리아와/속눈썹을 내리깔고/안개 속으로 모습을 감추는……"

이러한 이율배반적 이미지들은 이른바 진테제 단계에 이르러서도 하나의 통일된 이미지로 융해되지 않는다. 성숙한 블로크의 시에서 발견되는 여성 이미지는 여전히 〈이탈리아 시Ital'ianskie stikhi〉 사이클의 성처녀와 〈카르멘Karmen〉 사이클의 정열적인 요부, 그리고 〈열두 사람Dvenadtsat'〉의 희생당한 매춘부 등으로 분열되며 따라서 제3기는 제1기와 2기의 모순과 대립을 통일시킨다기보다는 어떤 면에서 오히려 증폭시킨다고 말할 수 있다. 이렇게 여성 이미지 하나의 진화를 통해 보건대 블로크의 '삼부작'은 대체로 변증법적이지만 각 단계는 자체 내에 이미 테제와 반테제를 포함한다고 여겨진다.

여성 이미지의 이율배반적 특성은 사실 블로크의 세계관 전체를 어느 정도 요약해 준다고 볼 수 있다. 그의 세계 의식은 '아름다운 부인'에 대한 양립적 태도와 마찬가지로 끊임없이 부정과 긍정의 양극단 사이를 왕복하는 가운데 앞에서 살펴본 언어에 대한 이중적 태도와 함께 대립의 의미론을 창조한다. 절대적인 진리, 항구한 이상이 현존과 부재의 모순적

양식을 통해 시인에게 드러나듯이 그것을 실현시키는 언어 또한 절대적 의미의 중심이 아닌 중심의 동요와 해체를 특징으로 한다. 그리하여 블로크의 의미론은 티모페예프L. Timofeev의 표현을 빌려 '대조의 시학poetika kontrasta'이라 정의될 수 있는데(Timofeev 1963: 188-189) 여기서 '대조'는 단지 상반되는 의미 단위들의 병치뿐만이 아니라 의미론의 전 영역에 걸쳐서 어떤 식으로든 드러나는 모순과 대립과 이율배반과 분열과 해체를 의미한다. 블로크의 시학에서 대조가 차지하는 중요성은 크라스노바L. Krasnova의 다음과 같은 진술에서도 드러난다. "대조의 시학, 그리고 대조의 시화poetizatsiia는 블로크의 전작품에 육체와 정신처럼 스며들어 있다. 시인은 세계를 서로 배타적인 다수의 현상으로 지각한다"(Krasnova 1973: 107). 의미단위 간의 대조법이 고전주의 시학에서 강조를 위한 수사적 장치로, 그리고 낭만주의 시학에서는 아이러니의 촉진제로 사용되었다면 블로크에게서 종합과 조화를 거부하는 상반되는 모든 의미론적 요소 간의 공존과 긴장은 장치의 한계를 뛰어넘어 분열된 인식론과 이중적인 언어관의 이면을 차지하는 시학의 원칙으로 등장하게 된다. 이 상반되는 세력 간의 '항구한 투쟁vechnyi boi', 도스토옙스키F. Dostoevskii적인 '소돔'과 '마돈나'의 화해 불가능한 대립 속에 바로 블로크의 시인으로서의 그리고 인간으로서의 비극이 잠재해 있는 것이다(Zhirrnunskii 1922: 29).

블로크의 시학에서 대립의 의미론은 크게 환상구조와 분신구조의 두 가지 두드러진 현상과 연관되는데 여기서는 전자를 중심으로 논의하고 후자는 다음 절에서 다루기로 하자. 블로크에게서 대립적인 요소들의 부단한 교차는 환상環狀의 가시적인 형체를 통해 실현된다. 간단히 말해서 환상은 종합을 획득하지 못한 채 영원히 정과 반을 되풀이하는 인식의 운동에 대한 형식적 상징이라 할 수 있다. 즉 운동과 정지, 진행과 회귀, 글쓰기와 지우기를 비롯한 모든 대립적 사유, 대립적 현상, 대립적 의미들의 반복을 형상화시켜 주는 것이 곧 환상이다. 단테의 경우와 마찬가지로 블로크에게 원의 이미지는 긍정적 극단과 부정적 극단 모두의 본질적 특성을 표현하며 조화의 관념과 더불어 무의미한 반복, 구속, 불모, 부패 등의 관념을 전달한다(Woodward 1993: 238). 블로크의 전 작품에 걸쳐 빈번히 언급되는 '고리kol'tso'와 '원krug'은 단테의 지옥을 구성하는 아홉 개의 원처럼 '출구 없음'과 시작도 끝도 없는 대립들의 원무 속에 감금된 서정적 자아의 딜레마를 상징하며 이 잔인한 원에서 벗어나 종합에 도달하려는 시인의 투쟁은 바로 그의 글쓰기를 지속시켜 주는 내적 동인이 된다.

환상 이미지는 블로크의 초기 시에서 조화, 완결성 등에 대한 표상으로 나타나는 경우와 혼돈과 분열을 표상하는 경우 모두를 수반한다. 그러니까 환상은 자체 내에 이미 대립의 양상을 포함한다고 볼 수 있는데 그것은 어쨌든 1901년의 시에 처음으로 등장할 때부터 "영원한"이란 수식어와 결합함으로써 탈출 불가능성을 암시한다. "너는 붉은 황혼으로 떠나갔다/ 영원한 원으로". 또한 〈오늘 그대는 홀로 갔다Segodnia shla Ty odinoko〉에서는 원 대신 '견고하게 용합된 숲'이 서정적 자아와 그의 이상 간의 방해물로 나타난다. "그리고 이 숲, 단단히 용합된 숲이/(…)/미지의 존재와의 합일을 방해했다". 이들 텍스트에서 원이나 원의 대체 이미지가 '너'('아름다운 부인')와 서정적 자아 간의 거리를 알리는 신호라면 다음 해에 씌어진 시 〈저녁의 한기는 끔찍하다Uzhasen kholod vecherov〉에서는 '풀릴 수 없는 원'이 인간의 조건으로 제시된다. "그리고 우리는 풀릴 수 없는 원속에/존재한다는 확실한 표시". 1902년의 또 다른 시 〈모두들 소리쳤다……. Vse krichali.......〉에서는 둥근 기둥을 중심으로 하는 원형운동이 인간존재의 굴레를 암시한다. "모두들 소리쳤다 둥근 기둥 가까이서,/불안하게 자리를 바꾸며".

고리의 이미지 그리고 그것과 형태적으로 관련된 회오리바람은 반테제 시기의 "시작도 끝도 없는 세계, 죽어 있는 것도, 살아 있는 것도 아닌 세계"(BS II: 152)를 표상한다. "하늘과 땅 사이에서/모닥불이 소용돌이치며 솟아 올랐다", "그곳, 망각하는 밤의 한기 속에서,/나는 별들의 평원에서 고리를 찾았다". 존재에 대한 압박으로서의 환상이 갖는 부정적 의미와 대조의 의미론, 그리고 무의미한 반복 사이의 연계성은 1900년의 시 〈존재의 고리는 견고하게 조여져 있다Kol'tso sushchestvovan'ia tesno〉에서 완전한 테마로 발전된다.

존재의 고리는 견고하게 조여져 있다.
모든 길이 로마로 이어지듯
그렇게나 우리는 미리 알고 있다,
모든 것을 노예처럼 반복할 것임을.

그리고 모든 이에게처럼 내게도 똑같은 제비뽑기가
미래의 안개 속에서 보여진다.
또다시—천상에서 그녀를 사랑하기와
지상에서 그녀를 배신하기.

이 시에서 서정적 자아는 '천상'과 '지상', '사랑'과 '배신'이라고 하는 대립적인 개념들이 '노예 같은 반복', '똑같은 제비뽑기' 속에서 그 의의를 상실함을 역설하는데 그것을 표상해 주는 것은 바로 꼭 조여진 '존재의 고리'이다.

블로크의 환상 이미지가 부정적인 뉘앙스를 갖는 것은 이른바 '영원한 회귀'의 모티프에서 유래한다. 서구에서 '영원한 회귀'는 니체, 쇼펜하우어A. Schopenhauer 등 해체적 사유의 선구자들에 의해 표현되었다. 그들에 의하면 모든 존재하는 것은 과거에도 있었고 미래에도 있을 것이며 끝없이 반복되도록 예정되어 있다. 세계, 인류, 인간의 존재는 순환의 고리로 전환되고 그 고리 속에서 모든 생성과 변화는 환영임이 드러난다(Maksimov 1981: 83). 무의미한 반복 속에서 존재의 진정한 모습을 발견하는 경향은 19세기 말에서부터 20세기 초 유럽의 염세주의적 작가와 사상가들, 그리고 그들의 후예라 할 수 있는 카뮈A. Camus, 사르트르Jean-Paul Sartre 등의 실존주의 작가들에게로 이어지는데(Maksimov 1981: 84-85) 이들은 모두 반로고스적 언어관을 공유하며 그럼으로써 언어에 대한 회의와 '영원한 회귀'의 모티프는 동일한 세계관의 양면임을 시사한다. 블로크 역시 이러한 점을 인식하고 있었지만 그의 '영원한 회귀'는 철학적 테제나 존재론적 법칙이 아닌 메타포적 외장外裝에 더 가까웠다(Maksinov 1981: 88). 그는 '영원한 회귀'를 체계적인 사유의 시스템으로 발전시키는 것보다는 그것의 시적인 실현에 더 관심이 있었으며 그것의 실현 전략으로서 고리구조를 선택하였다.

대부분의 블로크 연구자들이 한 번쯤은 짚고 넘어가는 이른바 '고리시ring poem' 혹은 '고리구조ring structure'는 허두와 말미, 첫 행과 마지막 행, 첫 연과 마지막 연의 완벽한 일치 및 유사한 구성을 지칭한다. 고리시는 러시아 시사에서 18세기로 거슬러 올라가는 오랜 전통을 갖으며 특히 음악성이 강한 '로망스romans' 및 로망스의 형식을 빌려 온 시들, 이를테면 톨스토이A. K. Tolstoi, 그리고리예프A. Grigor'ev, 페트A. Fet, 폴론스키 등의 시에서 종종 발견된다. 솔로비요프와 솔로굽, 발몬트 등의 상징주의 시인들은 음악성을 높인다는 취지에서 로망스 등의 구체적인 장르와 상관이 없는 시에서도 자유롭게 고리구조를 사용하였다(Zhirmunskii 1970: 65).[11] 블로크의 경우 고리구조를 보유하는 텍스트는 일일이 열거할 수도 없을 정도이며 따라서 그것에 대한 해석도 그동안의 블로크 연구에서 다양하게 개진되어 왔다. 일례로 티냐노프는 초기 시에서는 고리구조가 정서의 지속, 즉 처음과 끝의 융합을 통해 계속적으로 이어지는 정서적 효과와 관련이 있는 반면 후기로 가면 오히려 고리구조보다는 끝이 강조되는 선조적 구조가 지배적이라고 주장한다(Tynianov 1985a: 519-520). 파인버그L. Feinberg는 초기 시에서 고리구조가 '아름다운 부인'을 중심으로 하는 완결되고 조화로운 세계를 반영한다면 탈상징주의 시기의 그것은 마치 아크메이스트들의 자족적인 시어처럼 자족적이고 자율적인 텍스트, 즉 '시 그 자체poem as such'를 형성하는 요인이라고 해석한다(Feinberg 1984, 144; 1976: 117-130). 또한 막시모프는 블로크가 초기 시에서 특히 페트식의 고리형태에 집착하는 것은 의식의 수동성과 서정적 폐쇄성 및 회귀운동에 대한 지향으로 설명된다고 말하며(Maksimov 1981: 52) 클레닌E. Klenin은《아름다운 부인에 관한 시》이전 단계에서 고리구조는 페트의 고리시를 연상시키는 단순한 관례적 장치임에 반해 중기 이후에는 점차 부정적 특성을 강하게 띤다고 지적한다(Klenin 1984: 189-190).[12]

이러한 다양한 시각들은 저마다 다른 맥락이긴 하지만 모두 고리구조가 갖는 의미론적 가치를 인정한다. 고리는 앞에서 논의한 바 있는 환상의 의미론을 시각적으로 표상해 주는 기호이다. 즉 그것은 정과 반의 끝없는 반복을 형식적으로 실현시켜 주며 그 점에서 의미론에 대한 일종의 도상Icon이라 할 수 있다.[13] 그러면 이제부터 몇 편의 대표적인 고리시 텍

---

11 19세기와 20세기 초의 고리시에 대한 자세한 유형분석 및 형식적 의의에 관한 고찰은 Zhirmunskii 1970: 64-78을 보라.

12 블로크는 다만 페트의 고리형식을 빌려 왔을 뿐 아니라 어휘 및 모티프에 있어서도 페트의 영향을 상당히 받았는데 이는 청년 상징주의자들에게서 공통으로 보여지는 현상이었다. 블로크과 페트, 상징주의의 관계에 관해서는 Avramenko 1990: 61-79를 보라.

13 파인버그의 다음과 같은 지적을 참조하라. "…… 시는 (…) 도상, 즉 주로 유사성에 입

스트를 통해 환상의 의미론과 환상의 구조가 공동으로 주조해 내는 블로크의 세계를 살펴보기로 하자.

1 저녁의 황혼은, 정말이지, Vechereiushchii sumrak, pover',
2 나에게 불명확한 대답을 상기시켰다. Mne napomnil neiasnyi otvet.
3 나는 기다린다—갑자기 문이 열리고 Zhdu—vnezapno otvoritsia dver',
4 사라져 가는 빛이 몰려든다. Nabezhit ischezaiushchii svet.
5 마치 과거의 창백한 몽상처럼 Slovno blednye v proshlom mechty,
6 나에게는 보존되어 있었다 얼굴의 윤곽과 Mne litsa sokhranilis' cherty
7 그리고 알 수 없는 말들의 파편이, I otryvki nevedomykh slov,
8 마치 이전 세계의 반향처럼. Slovno otkliki prezhnikh mirov,
9 그런데 그곳에서 너, 창백한 너는 살았고 걸어갔다, Gde zhila ty i, blednaia, shla,
10 속눈썹 아래 황혼을 숨기고서. Pod resnitsami sumrak taia,
11 네 뒤에는—살아 있는 돛배가 Za toboiu—zhivaia lad'ia,
12 마치 흰 백조처럼 헤엄쳐 갔고, Slovno belaia lebed', plyla,
13 돌배 뒤에는—불길의 물결— Za lad'ei—ognevye strui—
14 나의 불안한 노래들…… Bespokoinye pesni moi……
15 너는 상념에 잠겨 그것을 들었고 Im vnimala zadumchivo ty,
16 그리고 얼굴의 윤곽이 보존되어 있었고 I litsa sokhranilis' cherty,
17 창백한 하늘 꼭대기가 기억났다. I zapomnilas' blednaia vys',

각하여 대상을 재현하는 기호가 되려는 경향이 있다. 그러나 여기서는 오히려 자기도상auto-icon이라는 용어가 더 정확할 것이다. 왜냐하면 질서정연한 반복은 시의 외부에 존재하는 어떤 것이 아니라 바로 시의 본질이기 때문이다. 이 점에서 시는 동시에 기호이자 지시대상이다"(Feinberg 1976: 121).

마지막 꿈이 날아 지나간 그곳이. Gde poslednye sny proneslis'.
이 하늘 꼭대기에서 나는 살고 있다, 정말이지, V etoi vysi zhivu ia, pover'.
황혼 같은 세월의 어렴풋한 기억으로, Smutnoi pamiat'iu sumrachnykh let,
나는 어렴풋이 기억한다—문이 열리고, Smutno pomniu—otvoritsia dver',
사라져 가는 빛이 몰려든다. Nabezhit ischezaiushchii svet.

이 텍스트는 블로크의 테제 시기 전체를 구성하는 〈아름다운 부인에 관한 시〉 사이클 중의 한 편으로 사이클 내의 다른 모든 텍스트처럼 서정적 자아와 그의 "너", 즉 '아름다운 부인'과의 관계를 중심으로 구축되어 있다. 사이클이 '너'에 대한 '나'의 기다림과 동경을 주된 모티프로 삼으면서도 다른 한편으로 반대되는 모티프를 포함함으로써 정과 반의 대립적 의미론을 창출하듯이 이 텍스트도 서로 충돌하는 단어들, 다의미적일 뿐 아니라 다기능적인 단어들, 그리고 일차적 의미가 모호한 단어들의 병치를 통해 그러한 의미론을 자체 내에 형성시킨다. 대립의 의미론, 그리고 대립되는 모티프들의 긴장에서 유발되는 결과론적인 의미의 말소는 텍스트의 환상구조에 의해 강조되며 그런 의미에서 환상은 사이클 전체에 대한 형식적인 메토니미라 할 수 있다.

대립의 의미론은 우선 텍스트의 시공구조에서 드러난다. 텍스트의 시간은 다음과 같은 주절의 시제 패턴이 보여 주듯이 과거와 현재의 대립을 전경화시킨다.

과거	현재
2행: 상기시켰다.	3행: 기다린다
6행: 보존되어 있었다.	19행: 산다

12행: 헤엄쳐 갔다. 21행: 기억한다

9행: 살았다. 갔다.

15행: 들었다.

16행: 보존되어 있었다.

17행: 기억났다.

이러한 시간적 대립은 간접적으로 "나"와 "너"의 대립을 반영한다. 현재 동사의 주어가 모두 "나"인 반면 과거 동사의 주어는 "너" 혹은 비인칭의 대상이기 때문이다. 다시 말해서 시제상의 현재는 "나"의 시간이고 시제상의 과거는 "너"의 시간이다. 이는 8행과 9행의 내용에 의해서 확인된다. "마치 이전 세계의 반향처럼./그런데 그곳에서 너, 창백한 너는 살았고 걸어갔다". 2행과 6행, 16행, 17행의 과거동사는 사실상 "나"의 기억과 보존을 의미하므로 현재의 "나"의 기억하는 행위에 무리 없이 종속될 수가 있다. 따라서 일견해 볼 때 불연속적으로 보이는 동사 시제의 패턴은 과거의 "너"에 대한 현재의 "나"의 기억으로 요약될 수 있다.

그러나 이러한 기억행위는 기억의 말살이라고 하는 반대되는 의미론과 충돌함으로써 기억의 행위는 물론이거니와 기억의 대상까지도 희미하게 만든다. 기억의 의미를 말살하는 요인은 일차적으로 어휘 수준에서 발견된다. 첫째, "나"에게 상기되는 것은 확실한 과거의 사실이 아니라 "불명확한 대답"(2행)이다. 여기서 "대답"이라는 어휘는 갑자기 도입된 것으로 문맥상 아무런 인과적 연결도 수반하지 않는다. 둘째, "나"에게 보존되어 있는 것은 "얼굴의 윤곽"(6행)이지만 그것의 사실성은 5행의 직유 "마치 과거의 창백한 몽상처럼"에 의해 파손된다. 나에게 보존되어 있는 "말" 또한 "알 수 없는" 것이므로(7행) 그것이 보존되어 있다는 것은 아무런 의미도 없다. 기억의 말살은 17행과 18행에서 다시 한번 확인된다. 즉 서정적 자아는 창백한 하늘 꼭대기가 기억난다고 진술하지만 그것은 "마지막 꿈이 날아 지나간" 곳이므로 그것의 시간적 과거가 갖는 의미는 또다시 말소된다. 마지막으로, 20행의 "어렴풋한 기억"과 21행의 "어렴풋이 기억한다"는 앞에서 언급되었던 모든 기억과 관련된 어휘들의 사실성을 모호하게 만든다. 이제 독자는 서정적 자아가 기억하는 것이 무엇인지, 그것이 과거의 사실인지, 꿈인지, 혹은 기억을 실제로 하는 것인지, 아니면 기억한다는 것 자체가 일종의 환상인지 구분할 도리가 없다. 현재와 과거, 기억과 기억상실의 대립은 무의미한 것이 되고 양자 사이의 흔들리는 경계선만이 유일한 의미로 대두될 뿐이다.

이러한 현상은 공간 구조에서도 드러난다. 텍스트의 공간은 4행에서 언급되는 "문"의 이미지에 의해 우선적으로 '안'과 '밖'의 대립을 시사한다. "문"은 블로크의 테제 시기에서 가장 빈번히 등장하는 이미지 중의 하나로 그것의 상징성은 두 개의 공간적 카테고리를 구분지어 준다는 데서 기인한다. 슬로안D. Sloane의 지적처럼 블로크는 첫 시집에서 '문' 및 유사한 의미장에 속하는 단어들을 무수한 원형적 상황에 대한 메토니미로 만듦으로써 풍부한 상징적 의미를 부여한다(Sloane 1988: 172). '문'이 언급되는 상황은 다양하지만 대체로 그 상황은 한 가지 공통점, 즉 '아름다운 부인'과 관련된다는 점을 보유한다. 서정적 자아가 '문' 안쪽(옥내)에 존재하고 '아름다운 부인'이 옥외에 존재하는 경우도 있고 반대로 서정적 자아가 '문' 바깥쪽에 존재하고 아름다운 부인이 '문' 안쪽에 존재하는 경우도 있다.[14] 어찌되었건 '문'은 '나'와 '너'의 조우를 가로막는 장애물이며 '나'가 속한 현상계와 '너'가 속한 이상계를 구획짓는 경계선이

14 슬로안이 열거하는 다음의 예를 참조하라(Sloane 1987: 170). "내 앞에서 문이 잠겼다/비밀의 안식처로 향하는", "나는 서서히 미쳐갔다/그토록 원했던 문앞에서", "황금 문지방에 다가서며/그대의 문 앞에서 조용해졌다".

다. 그렇기 때문에 닫힌 문은 거의 언제나 부정적 함의를 지니는 반면 열려진 문은 긍정적 상징이 된다(Sloane 1988: 172).

해당 텍스트에서도 '문'의 이러한 상징적 위상은 그대로 반복된다. 서정적 자아가 "문"이 활짝 열리기를 기다리고 있다는 것은(3행) 첫 시집의 문맥에 미루어 볼 때 "너"와의 만남에 대한 기다림으로 환원될 수 있기 때문이다. 그러나 "문"이 열리면서, 즉 경계선이 파괴되면서 등장하는 것은 "사라져 가는 빛"(4행)이다. 여기서 공간적으로 극명하게 대립되는 두 개의 동사 '사라지다'(먼 곳)와 '몰려들다'(가까운 곳)가 병치됨으로써 반립의 상호 중화작용으로 인한 간극이 형성된다. '사라지다'는 '몰려들다'의 의미를 파괴하고 '몰려들다'는 '사라지다'의 의미를 파괴한다. 따라서 '문'을 중심으로 이분화되었던 수평축상의 공간은 의미를 상실하고 오로지 그 공간들 사이에 존재하는 "문"의 경계선적 의의만이 그대로 남아 있게 된다. 그것은 안쪽도 바깥쪽도 아닌, 이 곳도 저 곳도 아닌, 먼 곳도 가까운 곳도 아닌 일종의 중간지대이다.

한편, 수직축상의 공간구조는 17행과 19행에서 언급되는 "하늘 꼭대기" 덕분에 '높은 곳'과 '낮은 곳'의 대립을 시사할 수 있다. 상징주의자들의 공간이 언제나 천상과 지상의 대립을 수반했다는 점, 그리고 블로크의 초기 시에서 영원한 이데아인 '아름다운 여인'이 천상의 존재로 정의된다는 점 등을 고려할 때 텍스트의 "하늘 꼭대기"를 "너"의 공간으로 그리고 구체적으로 언급되지는 않지만 하늘의 반대인 지상을 "나"의 공간으로 규정해도 무리가 없을 것이다. 그러나 수평축상의 공간대립의 경우와 마찬가지로 여기서도 높은 곳과 낮은 곳의 대립이 갖는 추정상의 의의는 주변 단어들 덕분에 제로화된다. "너"의 존재공간이 '높은 곳'임은 10행의 진술 "속눈썹 아래 황혼을 숨기고서"에서 짐작할 수 있다. 그러나 "너"를 뒤따르는 것은 하늘에 속한 물체가 아니라 낮은 곳, 즉 바다 혹은 강에 속한 물체인 "돛배"이다. "돛배"를 메타포로 해석한다 하더라도 그것이 바다와 관련된다는 점은 여전히 높은 곳의 공간적인 구체성을 약화시킨다. 구체성의 약화는 17행과 18행의 진술에서도 드러난다. "하늘 꼭대기"는 서정적 자아에게 빛을 잃은 창백한 공간, "마지막 꿈이 날아 지나간" 공간으로 기억되기 때문이다. 더욱이 그 모호한 공간은 이제 기억 속의 공간이 아닌 현재 "나"가 존재하는 공간으로 전이된다. "이 하늘 꼭대기에서 나는 살고 있다"(19행). "너"의 공간이었던 하늘에 현재 "나"가 존재한다는 것은 결국 '높은 곳'과 '낮은 곳'의 대립이 중화됨을 말해 준다.

이렇게 텍스트의 공간구조에서 안과 밖, 높은 곳과 낮은 곳의 대립이 대립으로서의 의미를 상실하므로 분명한 것은 공간의 그 어떤 위상도 확실한 리얼리티를 보유하지 않는다는 점이다. 블로크의 공간은 차원dimension을 결여한다. 공간의 불확실성은 블로크의 시학에서 흔히 발견되는 현상으로 크게는 상징주의자들의 반공간적 미학의, 그리고 작게는 블로크 특유의 유동적 리얼리티의 맥락 속에서 해석될 수 있다.[15] 볼트J. Bowlt의 적절한 지적처럼 블로크는 한편으로는 공간 속의 질서와 연속성을 인정하지만 다른 한편으로 공간의 존재 자체를 거부한다(Bowlt 1984: 61). 그는 집, 거리, 혹은 계절 같은 공간 혹은 시간 속의 특정 지점을 언급한 뒤에 반대되는 형용사의 병치를 통해 그것을 말소한다(Bowlt 1984: 68). 공간적 대립의 말소와 특정 공간 이미지의 구체성에 대한 훼손을 통해 블로크가 환기시키는 것은 이제 더 이상 공간이라 불릴 수 없는 것, '비공

15 볼트는 상징주의 미학과 큐비즘의 반공간성의 관계를 이렇게 지적한다. "예를 들어 크루초니흐A. Kruchenykh와 말레비치K. Malevich의 '전위sdvig, shift' 개념의 적용과 상징주의자들이 기대했던 '저 세상으로의 비상' 간에는 밀접한 관련이 있다. (…) 이제 문학 및 예술비평가들이 연대기적으로나 이데올로기적으로나 상호배타적인 예술운동이라 여겨 왔던 두 운동, 러시아 상징주의와 큐보미래주의 간의 밀착된 관계를 강조해야 할 때라고 생각한다"(Bowlt 1984: 65).

간non-space'이다.[16] '비공간'은 시간적 대립과 공간적 대립을 중화시킬 뿐 아니라 '나'와 '너'의 대립까지도 중화시킨다. "나"와 "너"가 마침내 하늘 꼭대기에서 조우함으로 인해서 자아와 타아의 합일이 이루어지는 것이 아니라 단지 "나"와 "너" 사이의 구별이 무의미해지는 것이다.

여기서 한 가지 흥미로운 점은 시공의 비현실성이 사이클 전체를 놓고 볼 때 거의 언제나 시공의 현실적인 정확함과 평행을 이룬다는 사실이다. 블로크는 〈아름다운 부인에 관한 시〉 사이클을 배열함에 있어 집필 시간과 장소—1901년에서 1902년까지 페테르부르크와 샤흐마토보—를 정확하게 밝힘으로써 텍스트에 묘사된 에피소드와 실생활에서 일어난 사건 간에 모종의 관계가 있을지도 모른다는 추정을 불러일으킨다. 이와 관련하여 1911년 1월, 《아름다운 부인에 관한 시》 재판의 서문에 포함된 블로크 자신의 진술을 상기해 볼 필요가 있다. "(…) 제1권의 모든 시들은 엄격한 연대기적 순서에 따라 배치되었다. 여기서는 장들이 연도별로 규정되어 있지만 뒤에 출판된 시집들에서는 개념에 의해 규정되어 있다. (…) 집필의 시간과 장소는 내가 강조하고 싶은 시의 뒤에 정확하게 기재해 놓았다"(BS I: 657). 실제로 사이클의 많은 시들에는 블로크가 류보피 멘델레예바와 만나던 시간과 장소—저녁 무렵, 카잔 성당, 성 이삭 성당, 멘델레예프 가문의 영지가 있던 샤흐마토보의 정경 등등—가 리얼하게 그려져 있다(Mints 1985: 12). 그리고 그렇기 때문에 당대 및 이후의 블로크 연구자들이 블로크의 시들, 특히 〈아름다운 부인에 관한 시〉 사이클을 한 편의 사적인 '일기dnevnik'로 보아 온 것 또한 사실이다. 토마셉스키의 다음과 같은 지적은 블로크의 시와 삶이 얼마나 밀착되어 있었는가를 말

16 Bowlt 1984: 69에서 이와 유사한 지적이 발견된다. "블로크가 이곳과 저곳의 불연속성, 그리고 구체적인 특정 이미지의 중화를 통해 불러일으키는 장소의 부재는 (…) '비환경non-ambience'을 제공한다."

해 준다.

> 상징주의 운동의 이러한 산문적 요소와 나란히 전기적 서정주의biographical lyricism가 발전하였다. 블로크는 확실히 서정적 전기를 갖는 시인이었다. 블로크가 사망한 뒤 1년이 지나지 않아 출판된 블로크에 관한 여러 편의 회고록과 전기적 작품들은 그의 전기가 그의 작품에 대한 생생하고도 필수적인 주석이었음을 증명해 준다. 그의 시들은 그 자신에 관한 에피소드였다. (…) 블로크의 전설은 시에 대한 피할 수 없는 부수물이다. 연구자는 그의 시에 나타난 사적인 고백과 전기적 암시들을 반드시 고려해야 한다.(Tomashevskii 1978: 54)

블로크의 시에 나타나는 실제 리얼리티와 서정적 리얼리티 간의 일대일의 대응은 상징주의 일반이 보여 주었던 전기적 서정주의의 맥락에서뿐 아니라 칸트적 시공에 대한 전면적인 재평가라는 맥락에서 이해될 수 있다. 민츠Z. Mints의 지적처럼 20세기 초엽의 젊은 상징주의자들, 이른바 '솔로비요프주의자들'은 칸트와는 달리 시간과 공간이 '천상계'의 고유한 특성이 아닌 천상계가 반사되어 있는 지상계의 속성이라 생각했으며 그들의 관심은 '초시간적인 것을 시공의 형태에 따라' 지상적으로 '현현'하는 데 관심을 집중시켰다(Mints 1981: 9). 다시 말해서 시공에 관한 한 상징주의자들은 여전히 묵시록적인 새 세계의 도래 이전에 '이' 세계에서 현현되는 가시적인 시공적 차원의 변화를 기대했었다. 그러므로 "시간도 없고 공간도 없으리라"는 묵시록의 예언은 젊은 상징주의자들에 의해 '낡은' 시대가 낡은 시간 및 낡은 공간과 더불어 사라지고 '새로운' 공간과 '새로운' 시간의 형태로 '새 하늘 새 땅'이 창조되리라는 기대로 해석되었다(Mints 1985: 9). 많은 상징주의자들이 볼셰비키 혁명에 걸었던 기대, 그리고 후기의 블로크가 러시아 민족의 몫으로 돌린 메시아주의는 이러한 지상적인 새 시간, 새 공간의 맥락에서 해석될 수 있었다. 〈아름다운 부인에 관한 시〉에서 발견할 수 있는 시공의 '현실적임'도 바로 다른 상징주의자들이 관심을 두었던 천상적인 것의 지상적 현현과 동일한 지향을 말해 주는 표시였다. 〈아름다운 부인에 관한 시〉에서 "'실제로 일어난 사건'의 시공적 파라미터Parameter에 대한 지적은 이데아의 지상적 체현과 관련된 다양한 단계와 기호를 재현하는 행위의 진실성과 정확성을 보장해 주었다"(Mints 1985: 10).

그렇다면 해당 텍스트에서 환기되는 비현실적인 시공과 블로크가 상징주의 운동의 맥락에서 표방했던 시공의 전기적 특성은 어떻게 공존할 수 있을까. 블로크에게 있어서 실재의 시공 및 사건은 리얼리스트들이 추구했던 핍진성과는 전혀 다른 가치를 보유했다. 그의 관심은 리얼리티를 재현하거나 멘델레예바와의 사랑을 문학적으로 재구성하는 데 있었던 것이 아니기 때문이다. 그는 다른 상징주의자들과 마찬가지로 이데아를 지상의 잔광으로 비추는 데 관심이 있었으며 따라서 〈아름다운 부인에 관한 시〉에 나타난 지상적인 시간과 공간은 아무리 현실적인 것으로 여겨져도 여전히 이데아 현현의 과도기적인 한 단계일 뿐이었다. 즉 그것들은 자체로서가 아닌 이데아를 비쳐 주는 거울로서, 그리고 궁극적으로는 비시간, 비공간에 흡수될 반영적 시간과 공간으로서 의의를 가질 뿐이었다. 따라서 블로크의 텍스트에 포함된 모든 사실적인 시간과 공간과 사건은 비시간과 비공간, 그리고 비사건의 그림자라고 할 수 있는데 오로지 예술만이 전자의 본질을 들추어 보여 줄 수 있다. 블로크의 다음과 같은 진술은 다만 〈아름다운 부인에 관한 시〉에서뿐 아니라 이후의 거의 모든 작품에서 보여지는 비시공의 경향을 설명해 줄 수 있을 것이다. "예술가가 된다는 것—이는 이 세계와 전혀 닮지 않은, 그저 이 세계에 무서운 영향력을 행사할 뿐인 예술세계로부터 불어오는 바람을 견뎌 내는 것이다. 그 세계에는 원인도 없고 결과도 없으며 시간도 없고 공간도 없다. 육체적인 것도 비육체적인 것도 없다. 거기에는 숫자가 존재하지 않는다"(BS II: 155).

그러면 다시 해당 텍스트의 문제로 돌아가자. 앞에서 살펴본 시공 차원에서의 현실성 부재는 텍스트의 환상구조와 맞물리면서 더욱 분명하게 드러난다. 텍스트의 환상은 1, 2, 3, 4행과 19, 20, 21, 22행이 완벽하게 혹은 부분적으로 일치함으로써 형성된다. 환상은 한 편의 텍스트가 갖는 마이크로 구조에 있어서건 사이클이라고 하는 보다 큰 장르적 구조에 있어서건 진행의 원칙과 회귀의 원칙을 기본적인 특성으로 수반한다. 블로크는 1922년판《아름다운 부인에 관한 시》를 사이클 형식으로 배치하면서 그것을 푸시킨의《예브게니 오네긴Evgenii Onegin》에 붙여진 바 있는 장르적 부제인 '운문 소설roman v stikhakh'이라 지칭한 바 있다. 여기서 '운문'은 반복(회귀)을, '소설'은 내러티브를 축으로 하는 진행을 기본으로 하는 개념이다(Feinberg 1984: 155). 따라서 블로크가 자신의 제1기를 총망라하는 첫 번째 시집을 사이클 형식으로 배치하였다는 것은 그의 구상 속에 가치론적인 결론은 별도로 진행과 회귀에 대한 인식이 들어 있었다는 추정을 가능케 해준다.[17]

환상은 앞에서도 논의한 바 있듯이 진행과 회귀의 결합을 형상화시켜 주는 형태이다. 해당 텍스트에서 환상을 주조해 내는 진행과 회귀는 서로를 부정함으로써 시간적 공간적 구체성을 결여하는 리얼리티의 창출과 밀접한 관련을 맺는다. "갑자기 문이 열리고 사라져 가는 빛이 몰려든다"는 진술은 텍스트의 허두인 3, 4행과 말미인 21, 22행에서 반복되므로 허

---

17 초기 시에서 블로크가 원을 통해 제시하려고 했던 것은 뚜렷한 지옥의 이미지가 아니었으므로 가치론적인 진술은 제2권 이후로 유보된다고 할 수 있다.

두와 말미 사이의 진행과 회귀를 암시하는 것이 사실이지만 여기서는 그러한 진술을 목적절로 삼는 동사에 의해 좀더 명시적으로 시간축상의 진행이 제시된다. 즉 3행에서는 동사 '기다리다'가 목적절에 선행하는 반면 21행에서는 동일한 목적절에 선행하는 것이 '기억한다'이다. 두 개의 동사는 모두 현재형으로 사용되고 있지만 양자는 의미론상에서 확실한 시간적 대립을 수반한다. '기다리다'가 미래의 사건을 지향한다면 '기억하다'는 과거의 사건을 지향한다. 따라서 3행에서 미래의 어떤 사건을 기대하던 서정적 자아가 21행에서는 동일한 사건을 기억하는 상태에 놓여 있다는 것은 그만큼 3행과 21행 사이에 시간적 간격이, 즉 시간적인 진행이 개재되어 있다는 뜻이 된다. 그러나 두 개의 동사에 대한 목적절의 내용은 이러한 시간적 진행, 그리고 미래에 대한 기대와 과거에 대한 기억의 대립을 무의미하게 만든다. 공간적 대립을 논하는 부분에서 언급했듯이 목적절의 내용은 모호하며 거기서 확실한 것이라고는 단지 경계선적 물체로서의 "문"뿐이다. 그러므로 기다리는 것도 기억하는 것도 사실상 아무런 변별성도 획득할 수가 없다. 시간적 공간적 위상이 불분명한 어떤 사건을 기대한다는 것과 기억한다는 것 사이에는 시제상의 차이는 물론이거니와 의미론상의 차이까지도 존재하지 않는 것이다. 그런 의미에서 오코너K. O'Connor가 블로크의 첫 시집의 가장 놀라운 점은 모든 차별의 말소와 모호화에 있다고 본 것은 타당한 관찰이라고 할 수 있다(O'Connor 1968: 239). 이것이 바로 블로크가 해당 텍스트에서 제시하려 했던 리얼리티의 모습이며 텍스트의 환상구조는 모든 대립과 차별을 무의미하게 만드는 모호한 리얼리티를 시각적으로 구현시켜 준다.

여기서 우리는 블로크의 리얼리티 해석, 그리고 보다 넓게 상징주의적인 리얼리티 해석의 문제를 좀더 구체적으로 살펴볼 필요가 있다. 서론에서 언급했듯이 예술 텍스트에서 의미는 재약호화를 통해 실현된다. 블로크의 텍스트에서 의미를 발생시키는 것 역시 일련의 되풀이되는 재약호화이다. 로트만의 지적에 의하면, 재약호화는 여러 가지 다른 상황에서 여러 가지 다른 것을 의미할 수 있다.

> 어떤 경우 그것은 일련의 주관적 시스템을 취하여 그것들의 객관적인 항수—즉 리얼리티를 구축할 수 있다. 레르몬토프의 《현대의 영웅Geroi nashego vremeni》은 이런 식으로 구축되어 있다. 저자는 여러 가지 주관적 시점을 제시하는데 그것들은 서로를 향해 투사될 때 공동의 내용, 즉 리얼리티를 노출시킨다. 그러나 반대의 경우도 가능하다. 반복적인 재약호화는 (…) 객관적 리얼리티의 부재를 확인해 준다. 그러한 시스템에서 리얼리티는 무수한 해석들 속으로 해체되어 버린다. 그것은 상상 속의 것이다. 저자의 시각에서 볼 때 리얼리티는 하나의 기호이며, 그것의 내용은 끝없는 해석으로 이루어져 있다. 첫 번째 경우 해석은 기호이고 리얼리티는 내용이다. 두 번째 경우 리얼리티는 기호이고 해석은 본질, 즉 내용이다.(Lotman 1971: 53)

이 두 가지 경우 중 블로크의 리얼리티와 해석은 단연 후자에 속한다고 말할 수 있다. 즉 블로크의 초기 시에서 일군의 이미지들의 이른바 지시대상적 의미는 지상적 언어로 이데아에 관하여 설명해야 한다는 불가피성과 관련된다. 민츠의 지적처럼 그 이미지들의 물질적 측면은 오로지 "물질성의 거친 외피"이며 그 밑에는 기만적 세계를 믿지 않으며 오래 전부터 "신성의 빛을 인지하는 데" 익숙해진 신비한 시인의 시각이 있다. 그러한 상징들의 지상적 의미는 본질상 제로이다(Mints 1981:177). 왜냐하면 그것들은 리얼리티에 대한 기호가 아니라 진정한 리얼리티(정신적 본질)의 반영에 대한 기호이기 때문이다. 따라서 정신적 본질의 기호인 상징들은 그 어떤 '현실적' 일상적 상응물도 보유하지 못한다. 그러한 상징의 다의미성은 전적으로 신비한 이데아의 세계와 관련된다(Mints 1981:177). 블로크의 이미지가 갖는 이러한 성격은 그 이미지들의 재약호화를 통해 텍스트에 형성되는 리얼리티 및 그 해석의 관계를 전도시킨다. 즉 리얼리티 자체가 다른 리얼리티에 대한 기호이므로 그것의 내용은 어디까지나 다양한 해석에 달려 있게 되는 것이다. 요컨대 블로크의 시에서 리얼리티는 기호이며 텍스트는 그 기호에 대한 해석이다. 그리고 어차피 텍스트의 '지상적' 한계 덕분에 해석의 처음과 끝을 가리는 일은 무의미하다. 그러므로 환상구조는 그러한 시작도 끝도 없는 지상적 한계를 뛰어넘을 수 없는 해석을 표현해 줄 수 있는 매체 중의 하나가 된다. 초기 시에서 환상이 완결성의 형식적 상징인 것은 어느 정도 사실이지만 적어도 해당 텍스트에 미루어 볼 때 환상의 의미는 이미 그때부터 리얼리티와 해석이라고 하는 광역적인 이슈와 관련된다.

그러면 해당 텍스트의 환상과 관련지어 어휘 수준상의 특성을 살펴보자. 블로크의 어휘는 상징주의 시인의 어휘 일반이 그렇듯이 제한적이다. 즉 몇 가지 어휘가 되풀이 쓰이면서 제가끔 다른 맥락과 의미를 창조하지만 어휘의 종류 자체는 한정적이라는 얘기다. 블로크의 말의 모호성은 바로 이렇게 각각의 문맥에 따라 고정된 단어가 움직이는 데서 파생되는 결과라 할 수 있다. 코제브니코바N. Kozhevnikova의 관찰에 의하면《아름다운 부인에 관한 시》시기의 블로크의 시어가 갖는 기본적인 특성은 그것의 직접적 물질적 의미의 상실 혹은 약화로 인한 비유적 자질의 상대적인 강화에 있다. 시적 전통 속에서 다의미적으로 불확정적인 말은 내용의 특성에 의해 지배되는 특수한 의미를 획득한다(Kozhevnikova 1986: 144). 바꿔 말해서 블로크의 말은 외연적 의미의 확실성을 상실한 채 자유롭게 텍스트와 텍스트, 문맥과 문맥의 경계선을 넘나든다. 그러니까《아름다운 부인에 관한 시》가 아무리 완결된 사이클을 형성한다고 해도 그것에 포함된 어휘들은 내부적으로 움직이기 때문에 확고부동한 하나의 의미를 제시하지 않는다. 블로크의 시어가 갖는 다의미성이 여러 개의 의미의 누적이라기보다는 의미의 불확정성이라는 맥락에서 이해되어야 한다는 진술의 타당성은 이로써 입증될 수 있다.

의미의 불확정성에 기여하는 인자는 첫째, 말의 내적인 이율배반성이다. 이를 코제브니코바는 '잠정적인 이중성'이라 정의한다. "블로크의 서정시의 일관적인 모티프와 이미지들의 특성은 그것들이 잠정적으로 이중적이며, 또한 서로에게 대립적인 현현 속에서 드러날 수 있다는 데 존재한다. 예를 들어 비상은 위를 향한 지향의 상징일 경우도 있고 추락의 상징일 경우도 있으며 꿈은 진정한 삶의 상징일 수도 있고 죽음의 상징일 수도 있다"(Kozhevnikova 1986: 245). 포체프냐D. Potsepnia도 이와 비슷한 지적을 한다. "하나의 단어(이미지)는 블로크의 세계관이 보유하는 이율배반적인 미학적 카테고리들로 진입할 수 있다. 여기서 블로크의 단어가 갖는 본질적인 특성—그것의 내적인 모순성, 뒤집혀질 수 있는 삶의 제현상을 변증법적으로 이해하고 있음을 반영하는 역동성 등—이 드러난다"(Potsepinia 1976: 134). 동일한 단어가 이렇게 극명하게 대립적인 의미를 보유할 수 있다는 것, 즉 한 가지 의미가 다른 의미를 말살하고 동시에 다른 의미에 의해 스스로 말살당하는 것, 이것이야말로 블로크의 의미론을 혼탁하고 불확정적으로 만들어 주는 주된 요인이다. 지르문스키는 비슷한 맥락에서 이미지의 모순성이 블로크에게는 곧 '예술적 장치'였다고 말한다. "그는 심지어 언어적 구성물을 비모순적 이미지로 실현시킬 수 있는 가능성까지 거부한다. (…) 즉 그는 예술적 장치로서의 논리적 모순 및 불협화음의 길로 나아가는데 그것은 시인의 전반적인 비합리적 사고에 의해 동기화된다"(Zhirmunskii 1922: 61).

불확정성에 기여하는 두 번째 인자는 코제브니코바가 '다기능적 mnogofunktsional'nyi'이라 부르는 특성이다. 다시 말해서 하나의 동일한 단어가 때에 따라, 심지어 한 텍스트 내부에서 레알리아(지상적 현실)에 대한 지시체로 사용되기도 하고 또 상징으로 사용되기도 한다(Kozhevnikova 1986: 241, 250). 코제브니코바는 다기능성의 예로서 다음의 초기 시를 제시한다. "도심 너머 벌판에서 공기는 봄을 숨쉰다./나는 걸어가면서 불의 전조로 몸을 떤다./나는 안다, 그곳, 저 앞선 곳은—바다의 물결을 흔든다/황혼의 숨결이—그리고 나를 괴롭힌다./나는 기억한다. 멀리서 소요한다. 소요한다, 수도가./그곳, 봄의 황혼 속에 소란스러운 폭염./아, 가난한 마음이여! 희망없는 얼굴이여!/봄을 모르는 자들이 스스로를 그리워한다". 이 시의 1행에 사용된 "봄"은 직접적인 의미로도 비유적인 의미로도 해석되고 더 나아가 양자의 의미를 모두 포용하는 것으로도 해석될 수 있다. 6행의 "봄"은 직접적인 의미로 해석될 수 있는 반면에 8행의 "봄"은 확실히 상징적인 의미로 사용된다(Kozhevnikova 1986: 150).

해당 텍스트의 중심어휘들도 이러한 일반적 경향에 미루어 살펴볼 수 있다.[18] 텍스트에서 되풀이 언급되는 "황혼"은 기능적 대립을 제시한다. 우선 1행의 "황혼"은 10행에서 반복되고 다시 파생형용사인 "황혼의 sumrachnyi"가 되어 20행에 등장한다. 그런데 동일한 단어인 "황혼"이 수행하는 기능은 이 세 가지 경우 모두 다르다. '상기시키다' 동사의 주체인 1행의 '황혼'은 직접적인 리얼리티에 대한 기호로서 그것을 상징이나 은유로 간주해야 할 필요성은 거의 없다. 그러나 10행의 "황혼"은 비유적인 맥락에서 사용되고 있음이 확실하다. 서정적 자아의 '그녀'가 속눈썹 아래 감춘 것이 실제의 황혼일 수는 없기 때문이다. 이때의 "황혼"은 무

18 첫 시집의 어휘들이 갖는 직접적 의미와 상징적 의미 일반에 관한 보다 자세한 설명은 Kozhevnikova 1986: 144-162를 참조하라.

엇인가를 상징하고 있지만 그것이 무엇인지는, 즉 상징성에 대한 해석은 한 가지로 요약되지 않는다. 반면에 파생형용사인 "황혼의"는 그것과 결합하는 명사 "세월" 덕분에 비유적 의미가 한결 분명하게 드러난다. "황혼의 세월"은 지나간 시간, 혹은 종말이 임박한 시간, 어두웠던 시절 등등으로 해석될 수 있기 때문이다.

한편, "황혼"의 다기능성은 그것의 의미를 여러 가지로 헤쳐 놓는다. "황혼"은 자체 내에 두 가지 상호배타적인 의미를 잠정적으로 보유한다. 첫째, 1행의 "황혼"은 4행의 "빛"에 대립하는, 즉 어둠의 의미장에 속하는 말이다. 이 점은 사이클 전체에 미루어 짐작할 수 있는데 저녁 무렵의 어둠은 '그녀'가 상징하는 "빛"에 대립하는 지상적 요소가 된다. 둘째, 10행의 "황혼"은 13행의 "불길"에서 솟구치는 열기, 빛 등과 관련지어지므로 적어도 어둠을 상징하지는 않는다고 말할 수 있다. 그러나 20행의 파생 형용사에는 빛도 어둠도 개재하지 않는다. 그것은 앞에서 나온 두 가지 의미장 모두를 말소하면서 불투명한 과거를 지시하는 형용사로 등장할 뿐이다. 어떤 의미에서 그것의 어근이 "황혼"이라는 사실보다 '어렴풋한smutnyi'과 음성적으로 유사하다는 데에 더 큰 의의가 있는지도 모른다. 이렇게 "황혼"을 두 가지 대립적인 맥락과 양자를 모두 말소하는 맥락에서 사용함으로써 블로크는 그 단어가 가지고 있는 본질적인 불확정성—즉 황혼이란 시간적으로 낮과 밤 '사이'이며 빛과 어둠의 '사이'이다—을 최대한 활용하고 있는 셈이다. 전체 사이클을 통해 가장 빈도가 높은 단어 중의 하나가 "황혼"인 것도 바로 이러한 기본기호상의 불확정성 때문일 것이다. 다음은 〈아름다운 부인에 관한 시〉에 사용된 "황혼"의 예들이다. "황혼, 봄의 황혼/발치에는 차가운 파도", "나는 추운 날을 기다린다/회색 황혼을", "거기, 황혼 속에서 창가에 빛이 흔들렸다,/그리고 노래와 음악과 춤이 있었다", "나는 그대와 해 질 무렵 만났다./그대는 노를 저어 만을 헤쳐 나갔다", "해 지기 전의 마을/그리고 혼탁한 푸른빛의 황혼".

블로크의 말이 갖는 불확정성은—그것이 다기능성에서 유래한 것이건 다의미성에서 유래한 것이건—끝이 없는 환상의 의미론을 배태한다. 우리는 그가 사용하는 어휘의 한 가지 의미와 마주치게 될 경우 바로 그것의 반대되는 의미와 마주치게 될 것임을 예측해야 한다. 그러나 그 반대되는 의미는 거기서 그치는 것이 아니라 또 다른 반대의 의미를 불러온다. 이런 식으로 계속해서 이어지는 블로크의 의미론은 설령 개별적인 시에서 직접적으로 환상과 연결되지는 않는다 해도 전체적으로 볼 때, 즉 제1기 전체를 포괄하는 〈아름다운 부인에 관한 시〉 사이클을 놓고 볼 때 하나의 거대한 고리를 형성한다고 말할 수 있다. 그 고리는 완결성에 대한 상징이라기보다는 어쩔 수 없이 글쓰기와 지우기를 되풀이해야 하는 시인의 시시포스적 운명을 상징한다고 보는 편이 더 적절할 것이다. 블로크의 비극은 이렇게 언어를 전적으로 불신하면서도 다른 한편으로는 시가 언어로 이루어진 것임을 인정해야만 하는 시인의 딜레마에 기인한다(Sloane 1987: 159-160).

이상에서 우리는 블로크의 텍스트가 갖는 특징을 대략 살펴보았다. 텍스트에 사용된 개별적인 이미지의 해석에 초점을 맞추지 않은 것은 이 장의 의도가 다른 데에 있기 때문이다. 블로크의 시가 하나같이 사이클 형태를 유지한다는 것은 매우 독특한 접근법을 가능하게 해준다.[19] 특히 일관된 주제에 의해 묶여짐으로써 강력한 통일성을 유지하는 〈아름다운 부인에 관한 시〉 사이클의 경우 개별적인 이미지와 상징의 의미는 사이클에 의해 결정된다. 사이클은 민츠의 표현을 빌려 상징형성의 주역이며 그

19 슬로안은 그리하여 '사이클적인 해독법cyclic cipher'이 블로크의 시를 해석하는 데 있어서 간과할 수 없는 요인임을 주장한다. Sloane 1987: 156-193을 보라.

렇기 때문에 그 안에서는 독자적으로는 상징이 아닌 것도 반드시 상징으로 해석되어야 한다(Mints 1981: 182). 다시 말해서 블로크가 사용하는 모든 언어기호의 내용은 미리 결정 되어 있으므로 우리가 그의 시를 읽으면서 분석해야 하는 것은 기호의 상징성이 아니라 기호들 간의 관계, 기능, 그것들의 전반적인 경향 등등이 된다. 텍스트에 등장하는 모든 것—'나', '너', '아름다운 연인', '나'와 '너'의 해후, 혹은 이별 같은 모티프, 환경의 모든 디테일 등—은 '지상적인 것'을 통해 비쳐 보이는 신비한 본질에 대한 기호이다(Mints 1981: 181). 상징화를 지향하는 문화(상징주의)에서는 탈상징화를 지향하는 문화(19세기 사실주의)에서 단순한 징후로 해석되는 것들을 상징으로 해석하는 경향이 있으며 블로크의 경우도 예외는 아니어서 그에게 일상적인 현상이나 인물은 모두 상징으로, 유한한 것 속에서 체현되는 무한의 존재로 해석된다(Lotman 1992b: 193). 그러므로 이를테면 황혼의 상징성에 관한 질문은 물론 중요하지만 거기에 대한 답은 대부분의 경우 연구자의 이성의 한계 밖에 존재한다. 그것은 어차피 정신적 본질에 대한 기호이므로 미망일 수밖에 없다. 그러므로 우리는 많은 경우에 이 텍스트에서 혹은 다른 텍스트에서 '황혼'이 언어로는 도저히 표현될 수 없는 어떤 것을 상징한다는 사실을 인정하는 선에서 해석을 마무리 지어야 한다. 거듭 말하거니와 블로크의 시를 해석하기 어려운 이유는 바로 이 점에, 즉 비언어적 본질에 대한 언어적 기호의 의미를 언어로 해독해야 한다는 아이러니에 있다.

〈아름다운 부인에 관한 시〉 사이클에서 빈번하게 사용되었던 환상 구조는 제2기에 들어서면서 다소 후경으로 밀려나다가 3기에 다시 엄청난 빈도를 보여 준다.[20] 이러한 현상, 즉 환상의 강세-약세-강세는 블

20 물론 제2기에도 이미지나 모티프의 환상은 상당수 발견된다. 2기의 원들은 거의 전적으로 부정적이며 특히 눈보라, 폭풍 등의 자연 상징과 공존하면서 블로크의 시각

로크의 전체시를 환상을 척도로 하여 또 하나의 고리로 바라볼 수 있게 해주는 흥미로운 현상이라 할 수 있다. 환상의 가장 거대한 형태는 제3권 시집 전체를 단위로 드러난다. 막시모프의 지적처럼 제3권의 첫 사이클인 〈무서운 세계Strashnyi mir〉는 마지막 사이클인 〈바람은 무엇을 노래하나O chem poet veter〉와 불안과 고통을 공통인자로 하여 맞물린다(Maksimov 1981: 142). 개별적인 사이클에 있어, 제3기의 주요 사이클 중의 하나인 〈징벌〉은 주인공의 전락을 이야기하는 〈용기에 관해……O doblestiakh......〉로 시작해서 동일한 모티프를 포함하는 〈어떻게 실현되었나……Kak svershilos'......〉로 끝남으로써 역시 고리를 형성한다(Feinberg 1984: 155). 사이클을 구성하는 텍스트들의 경우 〈징벌〉을 대표하는 첫 번째 텍스트는 특히 두드러지게 환상을 발전시키는데 이 시는 청춘의 사랑과 낭만적 꿈에 관한 회상에서 시작하여 사랑과 꿈의 상징적 내러티브로 발전되다가 허두의 동기에 대한 대조적 부정으로 마감된다(Zhirmunskii 1970: 67).

용기에 관해, 공적에 관해, 명예에 관해 O doblestiakh, o podvigakh, o slave
나는 슬픈 지상에서 잊곤 했다 Ia zabyval na gorestnoi zemle,
소박한 틀 속의 네 얼굴이 Kogda tvoe litso v prostoi oprave
탁자 위에서 나를 보고 빛날 때. Peredo mnoi siialo na stole.

그러나 때가 닥쳤고 너는 집에서 떠나갔다. No chas nastal, i ty ushla iz domu.
나는 밤을 향해 맹세의 반지를 던졌다. Ia brosil v noch' zavetnoe kol'tso.
너는 다른 이에게 네 운명을 주어 버렸고 Ty otdala svoiu sud'bu drugomu,

에 포착된 창조와 파괴, 죽음과 부활 등 카오스의 이중성을 실현시켜 준다(Woodward 1993: 241-243).

8 나는 아름다운 얼굴을 잊었다. I ia zabyl prekrasnoe litso.

9 저주받은 무리가 되어 빙빙 돌며 세월이 날아갔다…… Leteli dni, krutias' prokliatym roem……
10 술과 정열이 내 삶을 괴롭혔다. Vino i strast' terzali zhizn' moiu……
11 그리고 나는 제대 앞의 너를 기억했고, I vspomnil ia tebia pred analoem,
12 그리고 내 청춘을 부르듯 너를 불렀다…… I zval tebia, kak molodost' svoiu……

13 나는 너를 불렀지만 너는 돌아보지 않았고 Ia zval tebia, no ty ne oglianulas',
14 나는 눈물을 흘렸지만 너는 용서해 주지 않았다. Ia slezy lil, no ty ne snizoshla
15 너는 푸른 망토에 슬프게 몸을 감싸고 Ty v sinii plashch pechal'no zavemulas',
16 축축한 밤을 향해 집을 떠났다. V syruiu noch' ty iz domu ushla.

17 나는 모른다, 어디서 네 오만함의 안식처를 Ne znaiu, gde priiut svoei gordyne
18 너, 사랑스러운 너, 부드러운 너는 발견했는지…… Ty, milaia, ty, nezhnaia, nashla……
19 나는 깊은 잠을 자고 너의 푸른 망토를 꿈꾼다 Ia krepko spliu, mne snitsia plashch tvoi sinii,
20 네가 축축한 밤을 향해 떠나갈 때 입었던…… V kotorom ty v syruiu noch' ushla……

21 이미 부드러움도, 명예도 꿈꿀 수 없다 Uzhe ne mechtat' o nezhnosti, o slave
22 모든 것은 지나갔고 청춘도 사라졌다! Vse minovalos', molodost' proshla!

소박한 틀 속의 네 얼굴을 Tvoe litso v ego prostoi oprave
나는 내 손으로 탁자에서 치워 버렸다. Svoei rukoi ubral ia so stola.

이 텍스트도 앞의 텍스트처럼 몇 가지 대립 개념의 중화를 통해 환상의 출구 없는 세상을 모델링하는데 텍스트에 사용된 반복과 대칭은 무엇보다도 폐쇄와 정지의 효과를 창조한다(Klenin 1984: 183). 열일곱 편의 독립적인 시로 이루어진 사이클 〈징벌〉은 적어도 제목에 미루어 볼 때 시인과 시인이 속한 세상이 마주해야 하는 어떤 초월적인 힘의 응징을 주제로 한다고 추정해 볼 수 있다. 사이클 전체에 대한 기존의 연구가 지적해 주듯이 응징의 원인은 서정적 자아의 타락, 혹은 배신, 혹은 망각 등으로 제시되며 징벌과 같은 우주적 개념을 '나'와 '너'의 개인적인 관계를 통해 발전시킨다는 데 이 사이클의 특징이 있다(Klenin 1984: 181-182). 〈아름다운 부인에 관한 시〉 사이클을 통해 이미 관례성을 획득한 '나'와 '너'의 관계가 구성의 축을 이루는 텍스트에서 그 관계에 대한 서정적 자아의 배신이 '징벌'의 원인처럼 여겨질 수 있으나 실제로 텍스트에서 전개되는 내용은 정반대의 상황을 보여 준다. 즉 배신하는 주체는 "나"가 아니라 "너"이며("너는 집에서 떠나갔다") "나"가 일관되게 수동적인 입장을 고수하는 반면(망각, 회상, 수면, 몽상 등등) "너"는 능동적으로 "나"를 떠나 다른 이에게 운명을 주어 버린다. 그러므로 텍스트는 인칭 상황에 있어 독자가 기대하는 바와는 다른 "나"와 "너"의 대립을 제시한다.

그러나 이러한 인칭적 대립은 텍스트 전체의 한 특징인 대칭구조에 의해 약화된다. 클레닌의 관찰이 보여 주듯이 인칭의 배열은 두 번째 연과 끝에서 두 번째 연(제5연)에서 정확한 거울 이미지를 연출한다(Klenin 1984: 189):

제2연　너 – 나 – 너 – 나

제5연　나 – 너 – 나 – 너

이러한 대칭 구조에서 "나"와 "너"는 서로를 비춰 주므로 양자는 대립이라기보다는 분신적 관계를 맺는 것처럼 여겨진다. 블로크 특유의 비공간에서 '나'와 '너'의 구분이 모호해짐은 앞의 시에서도 잠시 언급했지만 지상적인 존재와 천상적인 존재는 대부분의 후기 시에서 그 대립적 위상을 상실한다. 물론 반테제 시기의 여성 이미지가 이전과는 완전히 반대되는 이미지로 전락하는 것은 앞에서도 언급한 바 있지만 이와는 조금 다른 맥락에서 후기의 여성 이미지는 '나'와의 거리를 무의미하게 만들면서 변형된다. 그것은 첫째로 대립의 부정이라고 하는 보다 큰 전제 속에서 일어나는 현상이며 둘째로는 성숙한 블로크의 시적 비전과 궤를 같이하는 인식론의 한 측면이다. 로트만이 블로크의 또 다른 고리시 〈안나 아흐마토바에게Anne Akhmatovoi〉를 분석하면서 지적하듯이 그의 시에서 시인의 이미지는 '나'의 내적 세계에 속하므로 그에게 남성과 여성적 자질의 대립은 무의미하게 된다. 여성적인 측면이 약화됨에 따라 여주인공은 '나'의 외부에서 내부로 이주하게 되며 그렇기 때문에 인칭적인 대립은 파괴되는 것이다(Lotman 1972: 233). '나'와 '너', 남성과 여성, 시인과 시인의 이데아가 후기 시에서 보여 주는 탈대립적 경향은 분신의 테마를 다루는 뒤에 가서 조금 더 자세하게 논의될 것이다.

인칭구조상에서 보여지는 탈대립의 현상은 "나"와 "너"가 속한 공간을 통해 강화된다. 〈아름다운 부인에 관한 시〉 사이클을 전제로 할 때 2행의 "지상에서"는 "나"의 공간으로 규정되고 또 그럼으로써 즉각적으로 독자의 지각 속에 "너"의 공간인 '천상'에 대한 기대를 유발시킨다. 그러나 실제로 4행에서 "지상"과 병치되는 것은 "탁자"라고 하는 산문적이고 일상적인 공간이다. 이렇게 하여 초기 시에서 정립되었던 '지상' 대 '천상'의 대립은 파괴되는데 "지상에서na zemle"와 "탁자 위에서na stole"가 압운을 형성하기 때문에 기대감의 무산은 더욱 강조된다. 한편 대립의 파괴는 "너"가 속한 또 다른 공간이 "틀"이라는 점에서 새로운 차원으로 전이한다. 제1연의 내용상 슬픔에 찬 "나"에게 위로가 되어 준 것은 "너"가 아니라 사진틀 속에 담겨진 "네 얼굴"(3행), 즉 "너"의 이미지이다. 그뿐 아니라 "너"가 떠난 후 "나"가 잊어버린 것 역시 "너"가 아닌 "너"의 "아름다운 얼굴"(8행)이다. 그러므로 처음부터 "나"에게 대립적인 인칭으로 제시되는 것은 사실적인 공간인 액자 속에 유폐된 비사실적인 이미지이며 그렇기 때문에 결과적으로 보아서 "나"와 "너"의 대립은 애초부터 성립될 수 없는 것임이 드러난다.

"너"의 위상이 실재하는 존재가 아닌 액자 속의 얼굴이라는 사실은 텍스트가 진행됨에 따라 불연속적인 내러티브의 창출에 기여한다. 클레닌의 지적처럼 〈징벌〉의 테마를 분석하려면 기저에 자리하는 내러티브와 그 내러티브의 변위, 즉 통시적인 내러티브를 "정지에 대한 서정적 동명이의어lyric homonym of stasis"로 변형시키는 변위를 살펴보아야 한다(Klenin 1984: 184). 〈용기에 관해……〉는 일견해 볼 때 슈제트를 발전시키는 듯이 여겨진다. "나"와 "너"라고 하는 명백한 연인들(등장인물)이 등장하고 그들의 관계에서 일어나는 변화(이별, 망각, 추억, 또 다른 망각 등)가 텍스트의 주된 내용이기 때문이다. 그러나 이러한 통시적인 내러티브의 선은 텍스트의 여기저기에서 파괴되고 슈제트는 허구임이 드러난다. 내러티브의 변형은 5행의 첫머리에 언급되는 접속사 "그러나"에서 시작된다. 상식적으로 말해서, "그러나"에서 이어지는 진술 "너는 집에서 떠나갔다"는 선행하는 연에서 "너"가 집에 있었다라는 것을 전제로 할 때야 비로서 일관된 내러티브를 형성할 수 있다. 그러나 1연에서 "나"와 함께 존재하는 것은 "너"가 아니라 너의 이미지이므로 2연의 "그러나" 이후 진술되는 내용은 내러티브의 정상적인 흐름을 파괴한다.

또 한 가지 여기서 지적할 수 있는 것은 내용 수준에서의 모순성이다. 14행의 "너는 용서해 주지 않았다"는 전후문맥에 미루어 논리성을 결여한다. "너"의 비관용의 원인은 앞뒤 어디에서도 언급되지 않기 때문이다. 떠남의 원인은 "나"의 어떤 잘못(혹은 배신)이 아니라 "너"가 자신의 운명을 다른 이에게 준 것이며 설령 "너"의 배신이 아니라 하더라도 5행의 "때가 닥쳤고"가 말해 주듯이 "너"가 떠나는 것은 숙명적으로 결정된 일이다. 또한 "너"는 스스로의 "오만함"(17행) 때문에 "나"를 떠난 것이므로 실제로 용서를 하고 안 하고는 "너"가 아닌 "나"에게 달린 문제인 것이다.

내러티브의 파괴는 다른 한편으로 시간구조의 불연속성에 의해 강조된다. 즉 1연에서부터 6연까지의 슈제트는 연대기적 순서를 무시한다. 물론 슈제트가 연대기적 순서에 의지하지 않는 것은 일반적인 사실이지만 이 시에서는 접속사 "그리고"(12행) 때문에 연대기적 순서의 도치가 타당성을 잃게 된다. 이 점을 좀더 구체적으로 살펴보자. "너"의 떠남은 2연에서 완결된다. 2연의 각 행에 사용된 5개의 완료체동사—'닥쳤다 nastat'', '떠나갔다uiti', '던졌다brosit'', '주어 버렸다otdat'', '잊었다zabyt'—는 "너"의 떠남이 과거 한순간에 끝난 것임을 확실하게 말해 준다. 그리고 9행, 10행, 11행의 동사는 떠남 후의 상태를 표현한다. 세월은 흘러갔고 "나"는 고통을 당했으며 그런 중에 "너"를 회상했다. 그러나 접속사 "그리고"에 의해 유도되는 12행부터 14행까지의 진술은 떠남 후가 아닌 떠남 이전 혹은 적어도 떠남 도중의 "나"의 행위를 가리킨다. "나"의 행위에 대한 "너"의 반응은 양자가 시공적으로 인접할 경우에만 가능하기 때문이다. "나"의 부름에 "너"가 돌아보지 않음, 그리고 "나"의 눈물에 "너"가 비관용적 태도를 취하는 것은 인과적으로 볼 때 "너"가 완전히 "나"의 공간에서 사라진 뒤에 일어날 수 있는 일이 아니다. 그것은 오히려 "너"의 떠남에 선행하여 그것을 최종적으로 만들어 주는 행위인 것이다. 바로 뒤에 이어지는 진술은 이러한 추론을 정당화시켜 준다. "너는 푸른 망토에 슬프게 몸을 감싸고/축축한 밤을 향해 집을 떠났다".

이러한 시간구조에 미루어 볼 때 결국 1연부터 4연까지는 '너는 떠났다'라고 하는 '사실'을 되풀이 진술하는 것에 지나지 않으며 따라서 외관상 내러티브의 흐름이라 여겨지는 것은 반복되는 상황(즉 '너는 떠났다' 그러므로 '너는 부재한다')과 충돌함으로써 그 통시적 성격이 중화된다. 20행의 관계대명사절은 또다시 '너는 떠났다'를 포함함으로써 주절인 '꿈꾼다'와 더불어 "너"의 부재를 확인해 준다. 마지막 행의 완료체 동사 "치워 버렸다"의 기능 또한 이와 관련하여 결정된다. 그것이 시간축상의 어디에 위치하는가, "나"가 "너"를 회상하기 전인가 후인가, 등의 문제는 사실상 텍스트의 해석에 비추어 대답하기 어려울 뿐 아니라 문제 자체로서 그다지 큰 의의를 지니지도 않는다. 여기서 중요한 것은 액자 속의 이미지가 책상 위에 존재하는 것과 부재하는 것 사이의 말로 표현할 수 없는 어떤 상태, "너"의 존재와 "너"의 이미지, "너"의 현존과 부재, 시간의 흐름과 정지, 공간적인 위와 아래, 이 모든 대립적인 양상이 서로를 말소하는 가운데 점진적으로 형성되는 상징적인 공극이다.

제1연과 마지막 연이 용합하면서 이루어지는 환상은 바로 이 상징적인 공극을 시각적으로 표현해 준다. 마지막 연은 첫 연의 반복이면서 동시에 첫 연에 대한 부정인데(첫 연에서는 액자가 존재하고 마지막 연에서는 액자가 부재한다) 텍스트의 환상구조는 단순히 처음과 끝의 용합에서만 발견되는 것은 아니다. 시의 문법적인 구조는 4개의 외곽 연들(1, 2연과 5, 6연)과 내부연들(3, 4연)을 대립시키며 이때 후자는 이데아를 다시 찾으려는 주인공의 헛된 시도에 상응하는 주체-객체 간의 강력한 상호작용을 특징으로 한다. 그리하여 고리가 형성되는데, 비유적 표현을 빌려 다시 말하자면 텍스트의 중앙에 있는 '그림'에 도상적인 '틀'이 놓여지게 된다(Feinberg 1984: 155). 그러나 이러한 고리가 최종적인 것은 아니며 고리가 보여 주는 완결성(환형)은 선조성과 충돌함으로써 주인공이 이데아를 다시 찾지도 못하고 그렇다고 해서 그 이데아의 마력으로부터 완전히 자유롭게 풀려나지도 못하는 상황을 표현한다(Feinberg 1984: 155).

종합을 거부하는 정과 반의 반복은 "나"와 "너" 그리고 시간과 관련하여 텍스트에서 언급되는 일련의 원의 숨은 의미이기도 하다. 첫째, "너"의 존재는 "틀" 속의 이미지임은 앞에서도 언급했지만 여기서 "틀"은 사실상 초기 시에서의 '원'의 변형이라 말할 수 있다. 다음에 예로 드는 시 〈네가 아니었던가 내 꿈에서…… Ne ty l' v moikh mechtakh……〉에서 드러나듯이 초기 시에서 닫힌 원은 종종 '너'의 존재를 구획지어 주는 보이지 않는 경계선을 상징한다(Sloane 1988: 164). "내 눈에는 네가 보이지 않는다. 그리고 신은 오랫동안 부재한다./그러나 믿는다, 네가 떠오를 것임을, 붉은 황혼이 타오를 것임을,/비밀의 원을 용합하며, 때늦은 움직임 속으로". '너'의 존재영역으로서의 원은 또한 포에마 〈나이팅게일 정원 Solov'inyi sad〉에서 담장으로 둘러싸인 정원의 이미지로 변형된다. "삶의 저주가 들려오지 않는다/벽으로 둘러싸인 이 정원으로는/푸른 황혼 속에서 흰 의상이/조각된 울타리 너머에서 어슴프레 빛난다".

둘째, "나"의 존재는 닫힌 원의 변이체인 "반지kol'tso"의 지배를 받는다. "나는 밤을 향해 맹세의 반지를 던졌다"(6행). 여기서 한 가지 흥미로운 것은 "반지"를 수식하는 형용사 "맹세의"의 의미이다. 문맥으로 보자면 "맹세의 반지"란 "나"와 "너" 사이의 약혼반지나 결혼반지로 유추 해석될 수 있다. 그러나 블로크는 보다 보편적인 단어인 '약혼반지

venchal'noe kol' tso' 대신 러시아어로 구약성서와 신약성서를 말할 때 사용되는 단어 '성약zavet'을 어원으로 하는 형용사 "맹세의zavetnyi"와 반지를 결합시키고 있다. 일반적인 '약혼반지'보다 훨씬 강력한 "맹세의 반지"는 "나"가 아무리 밤을 향해 반지를 던져 버려도 여전히 "고리"('반지'의 문자 그대로의 의미)의 지배를 받게 됨을 시사한다고 볼 수 있다. 여기서 말하여지는 반지는 〈징벌〉 사이클의 다른 시 〈존재의 고리는 견고하게 조여져 있다〉에서 언급되는 것과도 같은 억압적인 삶의 굴레인 것이다. 반지와 원의 이미지는 1909년의 시 〈모닥불의 연기는……Dym ot kostra……〉에서 다시 한번 억압의 모티프와 결합한다. "나는 울타리로 너를 에워싸리—/살아 있는 반지로, 손에서 뺀 반지로./그리고 우리는 연기처럼 흘러가야 하리/백발의 안개가 되어—붉은 원 속으로".

셋째, 이 시에서 언급되는 시간은 원형운동으로 특징지워진다. "저주받은 무리가 되어 빙빙 돌며 세월이 날아갔다……"(9행). 앞에서도 언급한 바 있는 단테의 지옥을 연상시키는 출구 없는 원의 이미지는 여기서 형용사 '저주받은'을 통해 확실하게 드러난다. 원형운동 속에서 시간의 흐름과 정지, 반복과 회귀는 하나로 융해되고 과거와 현재, 미래의 구분은 무의미해진다. 이로부터 해당 텍스트의 시간구조가 보여 주는 불연속성의 정당한 근거는 바로 블로크의 시간관, 그 원형운동에 있음이 드러난다. 텍스트의 처음과 말미에서 반복되는 일련의 어휘—"용기", "공적", "명예"—에서 풍기는 중세 기사문학의 뉘앙스와 내러티브의 현대성이 한 텍스트 내에 공존할 수 있는 것 역시 시간의 원을 전제로 할 때 비로소 이해될 수 있을 것이다.

사실상 시간의 '저주받은' 고리는 〈징벌〉의 다른 시에서도 명시적으로 혹은 암시적으로 표현된다.[21] 일례로 "나는 오늘 어제 일을 기억 못 한다Ia segodnia ne pomniu, chto bylo vchera"에서 시간의 원형운동은 끊임없이 이어지는 망각의 연속으로 표현된다. “나는 오늘 어제 일을 기억 못한다/아침이면 저녁을 잊고/백주대낮에는 불빛을 잊고/밤이면 낮을 잊는다”. 한편, 사이클을 구성하는 시 중에서 〈징벌〉의 모티프에 가장 상응하는 〈기사단장의 발걸음Shagi Komandora〉에서는 돈환의 죽음의 시간과 돈나 안나의 부활의 시간이 중첩됨으로써 시간의 고리가 형성된다. “오로지 위협적인 아침 안개 속에서/마지막으로 시계가 친다/‘돈나 안나는 네 죽음의 시간에 일어나리.’/‘안나는 죽음의 시간에 일어나리’”. 그리고 〈징벌〉의 마지막 시 〈어떻게 실현되었나……〉에서는 시간의 고리가 강철이 상징하는 강력함과 불가피성을 통해 표현된다. “잔인한 날, 쇠같은 날이/내 주위에 가차없이/꼭 닫힌 원을 그려 놓았다./시작도 없고 끝도 없다/출구도 없다—강철, 강철”. 이렇게 〈징벌〉 사이클 전체에 걸쳐 일관되게 나타나는 시간의 환상은 구조적인, 내용적인 환상과 결합하여 출구 없음의 모티프로 발전된다. 덕분에 대부분의 어휘가 진부하기 짝이 없음에도 불구하고 개별적인 어휘들의 의미의 합산과는 다른 차원에서 생성되는 시의 의미는 독창적이다.

출구 없음의 모티프가 해당 시에서 “나”와 “너”라고 하는 지극히 개인적인 차원에서 진행된다면 〈무서운 세계〉 사이클에서는 초개인적인 역사성을 획득한다. 물론 〈무서운 세계〉에서도 개인적인 차원이 폭넓게 존재하지만 이때의 개인성은 전체와의 첨예한 대립을 수반하므로 결과적으로 〈열두 사람〉 같은 후기 작품의 전경을 차지하는 역사와 조국의 모티프를 예고한다고 말할 수 있다. 타게르의 지적처럼,

> 성숙한 블로크의 작품에서 잔인하고 공허하고 치명적인 모든 것은(〈죽음

---

21 시간과 환형의 연관성에 관해서는 Klenin 1984: 190-191을 보라.

> 의 무도 Pliaski smerti〉, 〈내 친구의 삶Zhizn' moego priiatelia〉, 〈검은 피Chernaia krov'〉 사이클의 모티프) 거대한 세계 전체가 아닌 '소우주'의 분위기를 형성한다는 사실이 매우 중요하다. 〈무서운 세계〉의 비극적인 폐쇄성은 '초개인적인' 힘이 지배하는 광활한 공간으로부터 분리된 개인성에 대한 징벌로 간주된다. 공허함의 끔찍한 낙인, 치욕적인 전락의 숙명적인 불가피성. 정신적 윤리적 무력 등은 역사적 존재 그 자체가 아닌 그 존재로부터 이탈한 인간의 특성이다. 반대로, 세계 전체('대우주')는 솔로굽이나 벨리의 예술적인 일반론에 대립되는 영생의 미에 의해 조명된다. 그 아름다움은 존재의 근저에 숨어 있으며 '자연의 힘', '조국', '러시아' 같은 블로크적인 테마의 '음악적' 본질 속에서 실현된다.(Tager 1980: 90. 91)

다음에 살펴볼 〈밤, 거리, 가로등……Noch', ulitsa, fonar'……〉은 〈무서운 세계〉 중의 소사이클 〈죽음의 무도〉에 포함된 시로 대우주의 음악적 본질에 대립하는 소우주의 폐쇄성을 역시 환상구조를 통해 표현한다.

1 밤, 거리, 가로등, 약국, Noch', ulitsa, fonar', apteka,
2 무의미하고 희미한 빛. Bessmyslennyi i tusklyi svet.
3 또 다른 사반세기를 더 산다 해도 Zhivi eshche khot' chetvert' veka—
4 모든 것은 마찬가지일 것이다. 출구는 없다. Vse budet tak—iskhoda net.

5 죽고—또다시 처음부터 시작하고, Umresh'—nachnesh' opiat' snachala.
6 그리고 모든 것은 전처럼 반복된다. I povtoritsia vse, kak vstar':
7 밤, 운하의 얼어붙은 물결, Noch', ledianaia riab' kanala,
8 약국, 거리, 가로등. Apteka, ulitsa, fonar'.

솔로굽의 시 〈존재했었던 것은 다시 존재할 것이다Chto bylo, budet vnov'〉를 연상시키는 이 텍스트는 환상의 형식적 특징인 허두와 말미의 융합뿐 아니라 내용 수준에서도 반복과 회귀의 원리를 명시적으로 포함한다는 점에서 대표적인 고리시로 간주될 만하다. 이미 여러 명의 블로크 연구자들이 이 텍스트에 특별한 관심을 기울여 온 것도 이런 이유에서이다. 이 시의 주제는 삶의 폐쇄된 서클, 혹은 블로크 자신의 표현을 빌려 '존재의 고리kol'tso sushchestvovan'ia'라 요약할 수 있다(Feinberg 1976: 118). 텍스트에서 주제를 표상해 주는 기능은 개별적인 어휘 혹은 어휘군이 갖는 의미론뿐 아니라 형식적인 여러 요인에 의해 수행된다. 주제에 상응하는 형식적 요소들로 지적될 수 있는 것은 대칭적으로 배치된 반복들, 문법적인 주격의 지배성, 그리고 비운동형 동사들인데 이러한 요소들은 거의 전적으로 도상적인 기호체계, 일종의 정물화, 혹은 아무런 사건도 내포하지 않는 흑백의 도시 풍경화를 독자에게 제시한다(Kodjak 1984: 201). 흑백의 정지된 도시 풍경이 표상하는 의미는 4행의 경구 "출구는 없다Iskhoda net"로 압축된다. 끝없는 반복과 영원한 회귀를 골자로 하는 인생에 출구가 없는 것은 당연한 일이다. 막시모프가 인류의 역사와 인간의 삶 속에서 원형운동, 반복, 불변성을 발견하는 일군의 사상가들과 블로크를 동일한 맥락에서 바라보는 것도 이 때문이다(Maksimov 1981: 120).

텍스트의 구성은 두 가지 두드러진 경향에 있어 반복과 회귀의 내용에 도상적으로 상응한다. 그 첫째는 대칭 성향이다. 텍스트는 막시모프에 의하면 마치 검은 괘선에 의해 두 개의 균등한 몫으로 나뉘어진 것처럼 보인다(Maksimov 1981: 118). 좀더 구체적으로 말하자면 1, 2행에 열거된 다섯 개의 명사가 역순으로 7, 8행에 반복되고 3, 4행의 인칭 동사와 비인칭 동사들은 5, 6행에서 유사한 배합으로 반복됨으로써 두 개의 연은 연 사이의 공백을 축으로 일그러진 대칭을 이루게 된다.[22]

1, 2행	다섯 개의 주격("밤", "거리", "가로등", "약국", "빛")
3행	인칭 동사("살아라")
4행	비인칭 동사("—일 것이다", "없다")
5행	인칭 동사("죽고", "시작하고")
6행	비인칭 동사("반복된다")
7, 8행	다섯 개의 주격("밤", "물결", "약국", "거리", "가로등")

이러한 대칭적 구조는 일차적으로 생의 반복 가능성, 재현된 세계의 기계성, 세계의 본질을 가득 채우고 있는 끔찍한 단조로움과 어리석음, 그리고 혼돈에 관해 말해 준다(Maksimov 1981: 118). 뿐만 아니라 그것은 세계에 대한 블로크 특유의 해체적인 해석으로 연장된다. 제1연이 밤의 도시 풍경에 대한 사실적인 묘사로 이루어져 있다면 제2연은 상징적인 대상들로 가득 차 있다(Feinberg 1976: 118). 제7행과 8행에서 열거되는 "약국"과 "거리"와 "가로등"은 1행의 단순한 반복이 아니라 출구 없는 세계를 반사하는 간접적인 기호이다. 그러나 제1연과 제2연은 서로를 반영하며 그럼으로써 양자의 사실성과 상징성은 충돌하고 말소된다. 다시 말해서 상징성은 사실성의 잔영에 불과하게 되고 사실성은 상징성의 또 다른 잔영이 된다. 블로크의 제한적인 시야에 들어온 페테르부르크의 밤 거리는 실재하는 거리도 혹은 관념적인 세계 모습에 대한 상징도 아닌 중간적인 공간으로 부상하며 대칭구조로 인한 1연과 2연의 상호반영은 바로 이 실재성과 상징성, 더 나아가 글쓰기와 지우기의 긴장 속에서 탄생되는 시각적 대상에 대한 지표가 된다.

22 파인버그는 이 점을 인칭 동사와 비인칭 동사가 서로를 비춰 주는 '음양'의 구조라고 설명한다(Feinberg 1976: 120).

반복과 회귀에 도상적으로 상응하는 두 번째 요소이자 다른 한편으로 대칭구조와도 긴밀하게 관련되는 것은 해당 시의 핵심 개념이라 할 수 있는 환상이다. 도치된 환상은 이 시를 출구 없는 원으로 마무리지어 주며 그 원은 '영원한 회귀'의 관념을 실현시켜 준다(Maksimov 1981: 118). 해당 시를 하나의 완결된 고리로 간주할 때 텍스트는 외곽의 2행시 짝과 내부의 2행시 짝으로 나누어 관찰될 수 있다. 다시 말해서 1연의 1, 2행, 그리고 2연의 7, 8행은 서로 맞물림으로써 고리를 형성하고 3, 4행과 5, 6행은 고리의 내부에 위치하게 된다. 이때 외곽의 2행시 짝이 주격 명사 위주의 구성(즉 동사의 전적인 부재) 및 거리를 배경으로 하는 공간적인 인접을 특징으로 한다면 내부의 2행시 짝은 이와 극명하게 대립되는 특성을 보유한다. 그것들은 상대적으로 다수의 동사를 포함하며 "사반세기", "또다시", "처음부터", "전처럼" 등에서 드러나듯이 시간적인 인접을 특징으로 한다(Feinberg 1976: 12). 이렇게 시간과 공간을 기준으로 나누어지는 텍스트에서 중심적인 아이디어는 시간적인 인접을 통해 제시된다. 반복과 회귀 자체가 시간적인 개념이므로 이 시에서 그것은 내부의 2행시 짝에 진술되어 있다고 볼 수 있다. 그러니까 외곽의 2행시 짝은 시간적인 반복과 회귀, 그리고 거기서 파생되는 출구 없음의 의미론을 공간적으로 표상하는 기능을 하는 셈이다.

한편, 내부의 2행시 짝은 앞에서 언급한 동사 지배성뿐 아니라 내용에 있어서도 상호반영적이다. 구체적으로 말해서, 인간의 경험적 삶의 지속을 언급하는 3행("또 다른 사반세기를 더 산다 해도")은 죽음 후의 초월적인 삶이 시간속에서 진행됨을 언급하는 5행("죽고—또다시 처음부터 시작하고")에 반영되어 있으며 또한 경험적 세계의 항구성을 언급하는 4행("모든 것은 마찬가지일 것이다. 출구는 없다")은 초월세계의 항구성을 다루는 6행("그리고 모든 것은 전처럼 반복된다")에 반영되어 있다(Kodjak 1984: 202). 이렇게 상호반영적인 내부의 2행시 짝은 외곽의 2행시 짝이 형성하는 고리와 더불어 또 다시 대립적인 개념들의 상호말소를 초래한다. 블로크는 텍스트의 시작과 말미에 동일한 의미소를 반복함으로써 환상을 창조하는 동시에 환상의 구성요소들이 저희들끼리 서로서로를 반영하게끔 역대칭의 구조를 도입한다. 그리하여 두 개의 세계, 즉 경험세계와 초월세계의 끝없는 상호반영이라고 하는 환상 체계가 설정되는데 반영의 환상은 끝없는 반복 때문에 초월세계와 경험세계의 등가를 가능하게 해주거나, 혹은 다른 표현을 빌려 초월세계는 경험세계의 기호가 되고 경험세계는 초월세계의 기호가 되도록 해준다(Kodjak 1968: 203). 다시 말해서 양자가 서로에 대해 기호의 기능을 하기 때문에 어떤 것이 실질적인 의미이고 어떤 것이 상징적 의미인지 알 수가 없게 되며 결국 독자는 또다시 블로크 특유의 출구 없는 정과 반의 반복 속에 놓여지게 된다.[23]

그러면 고리의 외곽을 구성하는 2행시 짝들은 이상에서 살펴본 의미론과 어떻게 관련되는가. "밤"으로 시작해서 "빛" 또는 "가로등"으로 끝나는 첫 두 행과 마지막 두 행은 빛과 어둠의 대립을 보여 준다. 제2행의 "빛svet"이 '무의미한'의 수식을 받음으로써 이러한 대립은 그 강도가 상당 정도 약화되는데 두 번째 수식어 '희미한'은 어둠과 빛이 서로를 상쇄한 결과로 간주될 수 있다. 다른 한편으로, 2행의 "빛"을 '세상'으로 해석한다면(러시아어의 'svet'은 빛과 세상 모두를 의미할 수 있다) 말소되는 것은 단지 빛과 어둠의 대립뿐 아니라 시인의 제한적 시각을 채워 주고 있는 모든 것, 모든 대립으로 더욱 확대될 수 있다. 즉, 밤, 거리, 약국, 가로등 등 눈에 보이는 모든 것이 '무의미하고 희미한 세상'의 구성인자에 불과하

23 크라스노바의 다음과 같은 지적은 따라서 지나치게 낙관주의적인 뉘앙스를 풍긴다. "죽음과 파멸은 존재의 부단한 원을 구성하는 고리일 뿐이다. 그것은 먼지와 망각으로부터 앞으로 발생하게 될 갱생을 보증해 준다"(Krasnova 1973: 129).

게 되며 따라서 그것들 개개에 포함된 의미는 자동적으로 취소된다.

이는 동일한 사이클의 세 번째 텍스트에서 언급되는 "거리"와 "가로등"을 참조할 때 더욱 분명해진다. "텅 빈 거리 창문에 한 개의 불빛./유태인 약제사가 꿈 속에서 한숨쉰다./(…)/그런데 손님은 금지된 약병을/외투에서 꺼내 두 명의 코 없는 여인에게 건네준다/거리에서, 희끗희끗한 가로등 밑에서". 이 텍스트는 앞의 시와 유사한 배경을 제시한다. 시간은 밤이고 "거리"와 "가로등"과 "약국"이 공간적인 요소들로 등장한다. 여기서 "거리"가 실재의 거리인지 아니면 "꿈 속에서 한숨쉬는", "유태인 약제사"의 환상속의 거리인지는 명확하게 말하기 어렵다. "코 없는 여인들", 즉 유령들과 죽음의 사자가 독약병을 교환하는 장소인 "거리"의 어둠과 "희끗희끗한 가로등"은 이 시에서도 개별적인 의미를 보유한다기보다 한데 어우러져 '무서운 세계', '텅 빈 거리'로 상징화되는, 비존재들의 공간, '지옥의 한 영역'(Pravdina 1981: 2Z7)을 지칭한다. 〈징벌〉 사이클 중의 하나인 〈밤은 여전히 밤…… Noch', kak noch'……〉은 유사한 시간(밤)과 공간(거리)을 통해 죽음의 확실성을 전달한다는 점에서 이 시의 원형이라 할 수 있다. "밤은 여전히 밤, 그리고 거리는 텅 비었다./언제나 그렇듯/……/몇 번이고 셀 수도 없이 웃고 울며/또다시 살아간다!/낮은 여전히 낮, 사실 문제는 해결되었다./'누구나 죽는다.'".

한편, 1, 2행의 반영이라 할 수 있는 7, 8행에서 1, 2행의 명사들이 반복되는 것은 무의미한 세상에 아무런 출구가 없다는 사실을 강조해 주는데 특히 "운하의 얼어붙은 물결"(7행)이 반사적인 표면이므로 무의미함은 이중으로 강화된다. 거리도, 약국도, 가로등도 얼어붙은 운하의 수면에 반사된 그림자에 지나지 않는다. 막시모프의 지적처럼 이 시의 '밤'은 연결의 실마리를 결여한 채 산개되어 있는 사물을 부정적으로 연결해 주는 '비존재nebytie'의 '유기물organika'이며 일견해 볼 때 밤과 더불어 대립의 의미론을 창출해 내는 듯이 여겨졌던 "가로등"은 밤의 죽음 같은 본질이 보다 일목요연하게 드러나도록 해주기 위한 이미지, 일종의 유령 같은 대립인자일 뿐이다(Maksimov 1981: 119-120). 결론적으로 말해서 외곽의 두 2행시는 형식상 반복과 회귀의 원칙에 의해 환상을 실현시켜 주며 아울러 내부의 두 2행시가 전달해 주는 출구 없는 리얼리티, 그 '무서운 세계'를 공간적으로 뒷받침해 주는 기능을 한다.

이상에서 살펴본 것처럼 텍스트는 그 자체로서 완결된 원을 형성하지만 텍스트가 속한 사이클의 견지에서 본다면 그것은 더 큰 원의 한 연결고리로 기능한다. 사이클을 구성하는 다섯 편의 텍스트—〈산자 사이의 죽은 자는 얼마나 힘이 들까Kak tiazhko mertvetsu sredi liudei〉, 〈밤, 거리, 가로등……〉, 〈텅빈 거리……〉, 〈오랜, 오랜 꿈. 어둠 속에서 Staryi staryi son. Iz mraka〉, 〈또다시 부자는 사악하고 즐겁다Vnov' bogatyi zol i rad〉—는 모두 자체 내에 고리구조를 포함한다. 정도의 차이는 있지만 그것들은 모두 허두와 말미에 동일한 혹은 유사한 인자가 반복되는 경향을 보여 준다.[24] 이렇게 독립적인 고리로 기능하는 다섯 편의 텍스트는 모두 끔찍한 리얼리티라고 하는 공동인자에 의해 한 편의 연작시로 진입하며 첫 번째 텍스트와 다섯 번째 텍스트의 맞물림 덕분에 또 하나의 보다 큰 고리를 형성하게 된다. 내부에 위치하는 세 편의 텍스트가 존재의 이동을 포함하지 않는 반면 외곽에 위치한 두 편의 텍스트는 일종의 초월적 존재가 경험세계로 침투하는 모티프를 포함한다. 침투의 모티프는 연작시의 양 극단에 등장하여 다섯 편의 고리시가 이루는 사이클을 폐쇄함으로써 두 번째 텍스트, 즉 사이클의 핵심 텍스트에서 묘사되는 정적이고 무한히 자기반영적인 리얼리티를 다시 한번 강조해 준다(Kodjak 1984: 205).

---

24 이 점은 Kodjak 1984: 203-205에서 자세하게 언급된다.

주변 텍스트들의 환상경향에 미루어 볼 때 해당 텍스트는 리얼리티와 예술을 바라보는 블로크의 성숙한 비전에 대한 하나의 응축된 모델로 여겨진다. 사이클의 제목인 〈죽음의 무도〉가 암시하듯이 블로크는 원형운동—회오리 바람에서부터 원무에 이르기까지—속에서 반복적이고 일상적인 리얼리티와 더 나아가 러시아가 처한 역사적 현실의 끔찍함에 대한 모델을 발견했으며 그 모델을 텍스트에 고착시키는 가운데 환상구조를 강력하게 발전시켰다.[25] 요컨대 이 사이클에서 사회 현실의 모순에 대한 진지한 인식은 출구 없는 지옥의 기본 모티프를 통해 강화되었으며(Pravdina 1981: 2Z7) 환상은 모든 딜레마의 상징으로서 전경화되었다.

〈죽음의 무도〉에서 집중적으로 조명되는 춤의 개념은 "그는 멋진 무도회에 나타났다Iavilsia on na stroinom bale"에서 보여지듯 초기의 〈아름다운 부인에 관한 시〉 사이클에서부터 점진적으로 발전해 왔으며 종종 고리와 밀접한 관련을 맺어 왔다. "밤새도록 사람들이 소란스러운 무도회에서 빙글빙글 돌아갔고/밤새도록 벽에서는 원이 조여졌다". 블로크는 또한 포에마 〈징벌〉의 서문에서 전 우주적인 응징이라고 하는 작품의 모티프는 곧 무도, 특히 마주르카에 비유될 수 있다고 밝힌 바 있다(BS I: 480). 이러한 '무도'의 개념이 출구 없는 세계와 관련될 때 그것은 〈무서운 세계〉 사이클에서처럼 역설적인 맥락에서의 삶과 향연, 혹은 무도의 등가적 상황을 유발하기도 한다(Kozhevnikova 1986: 210). "나는 지상에서 선명한 무도회에 던져졌다/거기서 나는 가면과 형상들의 거친 춤 속에서/사랑도 잊고 우정도 잃었다". 이렇게 볼 때 〈죽음의 무도〉는 제목에서부터 내용, 형식에 이르기까지 블로크의 고리시 전체를 압축해 주는 사이

25 '죽음의 무도'는 서유럽의 문학뿐 아니라 회화와 음악 등 여러 예술 장르에서 오랜 전통을 보유하는 테마이다. 블로크와 유럽예술의 전통에 관해서는 Sloane 1987: 278을 보라.

클이라 할 수 있을 것이다. 요약해서 말하자면, 해당 텍스트가 보여 주는 고리 구조, 그것이 속한 사이클의 제목과 고리 구조, 그리고 그것을 최종적으로 포함하는 거대한 사이클 〈무서운 세계〉—이 모든 것은 블로크의 구상 속에서 고리의 개념(텍스트의 형식적인 모델이건, 아니면 역사와 시간의 원형운동이건 간에)이 어떤식으로든 시의 내용과 밀접한 관련 속에서 발전하였음을 보여 주며 그런 맥락에서 해당 텍스트는 블로크적인 환상에 대한 가장 강력한 패러다임이라 말할 수 있을 것이다.

사실 원의 이미지를 통해 발전되는 출구 없음의 모티프는 블로크의 거의 모든 사이클과 포에마에서 반복적으로 등장한다. 여지껏 살펴본 텍스트 외에도 1907년의 사이클 〈백설의 마스크Snezhnaia maska〉, 포에마 〈징벌〉, 후기 시 모음 사이클 등에서도 원과 출구 없음은 계속적으로 등장한다. "눈보라에 출구는 없다/나는 파멸이 즐겁다./마술에 걸린 원으로 끌려가/은빛 눈보라에 뒤덮였다", "삶—시작도 없고 끝도 없다./우연이 우리 모두를 기다린다./우리 위에는 피할 수 없는 황혼/혹은 선명한 신의 얼굴", "이 모든 것은 과거에도 있었다, 있었다, 있었다,/돌고 도는 날들의 고리가 완성되었다./어떤 거짓, 어떤 힘이/너, 지나간 세월을 되돌려 줄까?".

〈아름다운 부인에 관한 시〉 사이클에서 시작된 원은 블로크의 창작 제2기를 거치면서 점차 역사와 사회, 그리고 인간존재에 대한 상징으로 확장되는 가운데 하나의 신화로 정착한다. 원의 신화는 블로크에게서 다만 추상적인 세계의 모습과 시간 운동뿐 아니라 개인적인 것과 대우주적인 것 사이의 고리들, 즉 러시아, 당대의 현실, 정치, 사회, 민족 등과 밀접한 관련을 맺는다. 일례로 〈무서운 세계〉 사이클만 해도 스톨리핀의 반동정치와 떼어서 생각하기 어려우며 〈징벌〉의 출구 없는 세상 또한 러시아가 당면한 역사적 불가피성 속에서 이해될 수 있다(Mints 1980: 149, 151).

러시아의 현실과 빠져나올 수 없는 원의 이미지는 1906년의 에세이 〈시간 없음Bezvremen'e〉에서 이렇게 비유적으로 진술된다. "이는 한밤에 피곤에 지친 말을 타고서 늪지를 방황하는 기수의 목적 없는 지향이다. 말은 원을 그리고 말의 일정한 발자국이 자장가처럼 들린다. 기수는 틀림없이 같은 자리에 되돌아오면서도 이를 눈치채지 못한다. 그에게는 늪지의 단조로운 표면을 분간할 힘이 없기 때문이다. 밤이 평화롭게 자신의 머리타래를 엮었다 풀었다 하는 동안 기수는 평화롭게 흔들리며 빙빙 돌아간다"(BS II: 34).

사회적, 역사적, 철학적 모델로서의 원의 이미지는 더욱 본질적인 차원에서 블로크의 글쓰기와 지우기에 대한 도상으로 작용한다. 원의 이미지와 환상구조 저변에는 앞에서도 언급한 바 있는 말에 대한 불신과 그럼에도 불구하고 말로 이루어진 시를 피할 수 없다는 자각 사이를 왕복하는 블로크의 미학적 딜레마가 놓여 있다. 언어에 대한 불신은 블로크의 예술관을 절망과 좌절의 행위로 유도한다. 그리하여 블로크는 종종 시를 짓는 일이란 시인이 자기 의도와는 상관없이 리얼리티에 가하는 폭력이라 생각했으며 자신의 체험에 형태를 제공함에 있어 그는 그 체험 자체의 진실성, 직접성, 인간적인 내용과 유기적 생동감 모두를 파괴한다고 여겼다(Poggioli 1960: 210-211). 예술 속에서 구원이 아닌 파괴를 발견하는 블로크의 태도는 1912년의 일기에서도 드러난다. "예술 속에는 무한성이 있다. 우리는 그것이 '무엇인지' 모르지만 그것은 모든 것을 초월한다. 그러나 예술은 텅 빈 것이며 어쩌면 파괴적인 것일지도 모른다"(BS II: 441). 쓰기와 지우기를 되풀이하는 시인에게 시를 창조한다는 것은 다른 한편으로 파괴한다는 것을 의미하며 그렇기 때문에 그에게는 시 창작 자체가 출구 없는 원이 된다. 그는 시쓰기의 이러한 이중적 본질을 1907년의 에세이 〈서정시에 관하여O lirike〉에서 다음과 같이 말한다. "서정시는 곧 '나,'

대우주이다. 서정시인의 세계 전체는 '그의' 감각 방식 속에 놓여 있다. 그것은 사람을 현혹시키는 마술적인 원이다. 서정시인, 그는 모든 생필품—음식, 음료수, 그리고 무기—과 함께 화려한 무덤 속에 산 채로 매장된다. 그는 녹색 대지에, 푸른 창공에, 낯선 자연에 부딪히듯 무덤의 벽에 몸을 부딪친다. 그에게 대우주는 이질적이다. 유폐 속에는 속박이 있고 화려함 속에는 자유가 있다"(Blok 1989: 107).

블로크에게 있어서 창작의 전 과정은 창조와 파괴, 자유와 속박의 부단한 반복이 그리는 원으로부터 탈출하려는 시도라 바꾸어 말해질 수 있다. 그가 저 강철 같은 원, 꼭 조여진 글쓰기의 고리에서 빠져나오기 위해 발견한 출구는 궁극적으로 음악이었다. 성숙한 블로크에게서 음악이란 초기 상징주의자들의 '음악적인 시어'가 아닌, 글쓰기의 고리를, 그 고리가 포함하는 정과 반의 대립을 풀어 줄 수 있는 존재론적, 미학적 종합이었다. 그것은 블로크의 후기 시가 끈질기게 추구했던 대지와 자연과 러시아 모두를 하나의 전체로 포용해 주는 '범세계적인 오케스트라'였다. 1910년대 블로크에게 있어 세계의 심오한 본질에 대한 보편적 기호는 '음악의 정신dukh muzyki'으로 나타났는데 그것은 자연과 정신의 원초적 힘을 해방시킬 뿐 아니라 더욱 복잡하고 더욱 조화로운 세계를 창조할 수 있는 개념이었다(Mints 1981: 196). '음악의 정신'의 생성은 반복되는 원형 운동과 '앞으로, 더 높이'의 역사적 운동을 결합시키고 순환주의와 역사주의를 종합할 수 있었다(Mints 1981: 198). 블로크에게 있어서 이러한 '음악의 정신', '세계의 음악적 본질'을 포착하는 것은 시인의 궁극적 과제였으며 그것을 위해 시인은 '완벽한 육체와 완벽한 정신', '육체적인 것과 정신적인 것의 균형'을 유지해야 했다(BS II: 314).

그러나 '음악의 정신'—이 불확실하고 모호한 개념이 시 속에서 실현될 때 그것은 최종적인 종합이라기보다는 또 다른 대립을 파생시키는, 끝없는 정과 반의 순환의 한 단계처럼 여겨진다. 그의 최후를 장식하는 대작이라 간주되는 포에마 〈열두 사람〉은 세계의 음악을 가장 시적으로, 그리고 구체적으로 실현시킨 작품이다. 그것은 문자 그대로 블로크가 '모든 육체와 모든 정신'으로 포착한 시대의 음악, 역사의 음악, 혁명의 음악을 기록해 놓은 언어 텍스트라 할 수 있다. 그러나 심지어 이 텍스트에서조차 블로크의 비전은 하나의 장엄한 전체로 종합되지는 않는다. 거기에는 여전히 음악과 말의 좁혀질 수 없는 간극이 도사리고 있으므로 글쓰기와 지우기의 화해는 이루어지지 않는다. 그리하여 시인으로서의, 인간으로서의 블로크의 비극은 여전히 비극인 채 남아 있었다.

3 말의 분신

블로크는 자신의 창작 제2기를 지목하여 "무수한 악마 혹은 분신으로 가득찬 세계"라고 정의하지만(BS II: 151) 실제로 분신의 존재는 그의 전 작품에 걸쳐 광범위하게 분포되어 있다. 종합에 다다르지 못하는 자아의 의식분열과 관련되는 분신은 〈아름다운 부인에 관한 시〉와 〈교차로Rasput'e〉 시기부터 〈분신에게Dvoiniku〉 혹은 〈분신Dvoinik〉처럼 보다 명시적인 텍스트들, 그리고 제목에서는 명시되지 않지만 서정적 자아나 여성 존재의 분신을 포함하는 일련의 텍스트에서 나타난다. 돌고폴로프L. Dolgopolov의 지적처럼 블로크의 초기 시의 기본적인 모티프는 인간 의식의 이중화이며 그것은 '나는 둘로 나뉘어졌다Ia razdvoilsia'라고 고백하는 블로크 자신, 그리고 전일성을 결여하는 블로크의 '서정적 인물liricheskii kharakter'을 통해서 드러난다(Dolgopolov 1964: 53).

이데아에 대한 서정적 자아의 불신과 공포를 반영하는 초기 시의 분신은 '아름다운 부인'의 이중화와 자아의 이중화 모두의 산물로 등장한다. 이때의 분신의 테마는 이미지의 전변과 독립적으로 일종의 '서정적 슈제트'로 발전한다(Tynianov 1985a: 514). 의식 분열의 주체인 서정적 자아에게 '아름다운 부인'의 이미지가 처음에는 조화의 현현으로 기능하지만 조화와 통일성은 곧 삶에서도 시에서도 미망임이 드러나고 종합을 추구하는 블로크는 번번이 교차로에 남겨지게 된다(Dolgopolov 1964: 53). 앞에서도 언급했던 시 〈나 그대를 예감한다〉에서 '아름다운 부인'이 자아의 불안한 심리를 통해 흔들리는 모습으로 제시된다면 〈그날이 오면 위대한 일이 성취되리……Budet den' i svershitsia velikoe……〉에는 '얼굴 없는 백색' 분신이, 〈나는 오랫동안 기다렸다……Ia dolgo zhdal……〉에서는 눈보라 속에서 '마법사volshevnitsa'로 변형되는 여성 이미지가 등장한다. 서정적 자아의 분열된 의식은 다른 한편으로 일그러진 그 자신의 분신들에 의해 표면화된다. 그것은 죽음을 상징하는 위협적인 존재, 혹은 〈분신에게〉의 "광기어린 웃음과 비명을 선사하는 우스꽝스러운 노인" 혹은 〈유리창에서 빛이 어른거렸다……Svet okoshke shatalsia……〉의 "얼룩덜룩한 옷을 입은 할리퀸" 등의 여러 다양한 형태를 취한다.

분신은 또한 종종 서정적 자아의 동반자로 그려지기도 하는데 이 경우 분신과 서정적 자아는 모두 부정적 맥락을 수반한다. 일례로 〈우리, 두 명의 노인……My, dva startsa……〉에서 양자는 "거듭된 불행으로 현명해진" 노인이며 1903년의 시 〈분신〉에서는 양자 모두 "죽음 같은 명랑함" 속에서 뒤엉킨 할리퀸이다. "그곳에서 우리는 북적거리는 상점으로 들어갔다.—/나는 할리퀸, 그리고 내 뒤에는 노인./……/어쩌면 그들은 내 옆에서 보게될 것이다/나의—교활하고 조롱하는 듯한 눈길을!/……/죽음 같은 명랑함 속에서 —우리 두 명의 할리퀸—/젊은이 늙은이—는 뒤엉키고 얼싸안았다!"

이상과 같은 예에서 나타나는 이중성의 테마는 이데아에 대한 시인의 불안정한 태도를 반영한다. 시인은 한편으로 자신이 '아름다운 부인'에게 기만당하고 있을지도 모른다고 의심하고 있으며 그렇기 때문에 불투명한 반대 감정 양립이 그녀에 대한 그의 비전을 특징짓게 된다. 다른 한편으로, 스스로가 지어낸 환상에게 속고 있을지도 모른다는 시인의 불안감은 조롱하는 듯한 자아의 분신을 만들어 낸다(O'connor 1968: 235). 서정적 자아의 분신이나 여성 존재의 분신은 모두 블로크의 의식과 관련되는데 이 점에서 블로크의 이중성은 도스토옙스키나 고골 등 19세기 소설가들이 발전시킨 바 있는 이중성의 테마에 수렴한다고 말할 수 있다. 마치 제2의 골랴드킨이 골랴드킨을 위협하듯, 그리고 코가 코발료프 소령을 조롱하듯, 그리고 이반 카라마조프의 환영 속에 등장하는 악마가 이반 자신의 일그러진 심리를 비추어 주듯 블로크의 분신들은 모두 시인 자신의 통일되지 못한 의식을 보여 준다.[26]

서정적 자아의 분열된 의식을 표상하는 분신은 제2기의 대표적인 포에마 〈밤의 바이올렛Nochnaia Fialka〉에서도 무의식의 세계로 떠나가는 주인공의 여정에 동반자로 등장하여 후자의 감추어진 일면을 폭로해 준다.[27] 서정적 자아가 '나의 친구'라고 부르는 존재는 전통적으로 노란색과 관련되는 매춘부와의 연계성을 통해 서정적 자아의 관능적인 측면을 상징한다. "그에게는 또한 낯설지 않았다/창문을 내다보는 아가씨들이/노란색 빌로드를 통해……". 서정적 자아와 그의 '친구'는 한 인간의 각기 다른 두 가지 평행한 측면을 표시하는데 감각의 충동에 사로잡힌 후자

26 블로크의 분신 모티프에 관련된 러시아와 유럽의 문학적 전통에 관한 보다 자세한 설명은 Maksimov 1981: 154-157을 보라.

27 이 점에서 파인버그는 '반테제' 시기 전체를 분열된 의식의 시기라고 정의한다(Feinberg 1984: 148).

는 전자의 동물적 정신을 대표하는 분신이다(Poggioli 1960: 196-197). 이를 융C. G. Jung의 심리학을 빌려 다시 말하자면 분신은 주인공의 열등한 자아를 표상하는 이른바 '그림자 원형Shadow Archetype'의 대체물이며 주인공이 무의식의 영역으로부터 그림자를 소환하여 그것과 직면하는 것은 자아 실현의 한 국면이라 할 수 있다(Sagatov 1984: 276-277).

이후 분신이 등장하는 텍스트는 사이클 〈불길과 암흑의 주문Zakliatie ognem i mrakom〉, 〈검은 피〉, 1909년의 시 〈분신〉, 〈지옥의 노래Pesn' ada〉, 〈가을 저녁이었다……Osennii vecher byl……〉, 포에마 〈나이팅게일 정원〉 등 여러 편이 있는데 이들 분신들은 모두 원존재를 위협하는 힘으로 제시되며 원존재 역시 분신에 대해 언제나 적대적이다. 일례로 〈불길과 암흑의 주문〉에서 서정적 자아는 '미소짓는 누군가'로 묘사되는 분신의 위협에서 벗어나고자 비명을 지른다. "나는 달린다, 저주받은 자여, 저리 비켜라!/나를 괴롭히지 마라, 시험하지 마라!". 1909년의 〈분신〉에서도 분신은 서정적 자아에게 '뻔뻔스러운 미소를 짓는' 젊은이로 비추어지며 〈가을 저녁이었다……〉에서는 서정적 자아를 방문하는 정체불명의 신사라고 묘사됨으로써 이반 카라마조프의 악마-분신을 상기시킨다.

적대적인 분신들, 혹은 막시모프의 표현을 빌려 서정적 자아를 대체하려고 시도하는 '대행적 이미지들'은 블로크의 자아를 구속하는 내적인 이율배반에서 탄생되거나 혹은 외부의 낯선 세계, '무서운 세계'로부터 주어진다(Maksimov 1981: 39, 158). 특히 '무서운 세계'의 공허, 망각, 망연자실, 죽음 등과 결합하여 서정적 자아를 공격하는 후기의 분신들은 심리학적인 고찰뿐 아니라 윤리적 고찰을 허용한다는 데 그 특징이 있다(Maksimov 1981: 160). 그들은 도덕적인 위기를 인식하는 서정적 자아의 또 다른 일면으로서 세계악을 극복하기 위한 그의 투쟁을 반영한다. 막시모프가 자신의 저서에서 별도로 자세하게 분석하고 있는 1909년의 〈분신〉

도 결국은 이러한 맥락에서 이해될 수 있다. 즉 서정적 자아가 자기 내부에서 '무서운 세계'의 소산이자 그 희생물인 분신을 인식하는 것은 잠정적인 악과의 대면이며 그러한 대면을 시작으로 인격의 정화 과정이 일어나게 된다(Maksimov 1981: 178). 막시모프의 해석은 자아분열의 한 현상으로 간주되는 분신의 존재를 선-악-지선이라고 하는 평면적인 삼단계 가치론적 측면에 대한 고찰에서 시작하여 도스토옙스키적인 윤리의 전통에 접목시켰다는 점에서 특기할 만하다.

한편, 테마론의 수준에서 고찰될 수 있는 분신들은 글쓰기의 이중화와 관련됨으로써 말의 분신을 유발시킨다. 이데아에 관한 서정적 자아의 의식이 분열되는 것과 마찬가지로 그의 글쓰기 또한 둘로 나뉘어져서 서로 적대적으로 대치하게 된다. 상징과 '반상징antisimvol', 혹은 '비상징nesimvol', 플러스 의미론과 마이너스 의미론, 진지한 의미와 패러디적인 의미가 동등한 힘을 가지고서 마치 거울처럼 서로를 비추어 주며 여기에서 또다시 글쓰기와 지우기의 블로크적인 딜레마가 되풀이된다. 테마론적 분신이 〈아름다운 부인에 관한 시〉 사이클에서부터 등장한다면 말의 분신은 제2기에 들어서면서 활성화되기 시작한다. 말의 분신은 원존재를, 상징은 반상징을 배경으로 할 때 비로소 스스로를 부각시킬 수 있기 때문이다. 블로크가 반테제 시기를 설명하며 사용한 분신의 악마적 이미지("사악한 창조적 의지", "끊임없이 변화하는 일군의 모사꾼" 등)는(BS II: 151) 글쓰기의 영역으로 전이될 때 의미를 집어삼킬듯 위협하는 말의 분신에 상응한다.

블로크의 제2기는 이전에 상징으로 사용되었던 이미지들의 일부가 적대적인 의미의 분신을 수반하는 시기이다. 이를 민츠는 '상징형성simvoloporozhdaiushchii'과 '상징파괴simvolorazrushchaiushchii'의 두 가지 상반되는 경향이라 정의한다.

첫째, 그것(모색의 다중성, 지은이)은 플라톤주의으로 기울어지는 이상주의를 부정했으며 상징으로부터 '솔로비요프주의자' 특유의 기본적인 신비주의적 의미를 박탈했다. 둘째, '모든 것의 수용'과 회의주의는 우선적으로 반교조적, 반체계적 성격을 취하면서 일체의 안정적 구조들(특히 의미구조처럼 가동적인 구조들까지)을 파괴해 버렸다. 그러나 다른 한편으로 그러한 모색의 다중성은 1903년부터 1908년까지의 블로크의 이율배반적인, 심지어 카오스적이기까지 한 시세계에 이전의 상징형성적 경향과 새로운 상징파괴적 경향이 공존할 수 있도록 해주었다.(Mints 1981: 186)

문자 그대로 이미지의 상징적 의미를 훼손시키는 '상징파괴적 경향'은 비상징과 반상징을 유발시킨다. 이전에 상징으로 사용되었던 이미지가 이제 단순한 기호로 탈바꿈하거나 혹은 상징적 의미를 패러디화하는 아이러니한 반상징으로 변형된다. 이 시기의 이른바 '반상징주의'가 아이러니한 반상징 이외에 만들어 내는 다양한 말의 분신들을 민츠는 세 가지로 분류한다. 첫째, 본래의 고상한 의미는 상실했으나 지상적 의미는 상실하지 않은 일련의 이미지들은 혁명 등, 당대의 사회적 현실과 관련됨으로써 훗날 블로크의 시에서 발전하게 될 '역사의 신화'를 위한 어휘적 토대를 마련해 준다(Mints 1981: 188). 둘째, 반상징주의는 '제로-의미 nulevoe znachenie'를 갖는 철저하게 허상적 이미지들을 만들어 낸다. 만일 삶이 몽상에 불과하다면 그것을 표상하는 이미지 역시 몽상일 수밖에 없다. 따라서 이미지는 고상한 의미뿐 아니라 일체의 모든 의미를 박탈당한 환영이 되어 버린다(Mints 1981: 188). 언어기호는 몽상적 세계의 테두리를 넘어서는 아무런 것도 지시할 수 없으며 그것이 지시하는 대상 역시 그 세계의 테두리 안에서는 하나의 기호에 불과할 뿐이다. 따라서 이미지는 아무것도 표상하지 않는 기호의 기호로 그 위상이 변형된다(Mints

1981: 189). 〈꼭두각시 극장Balaganchik〉을 비롯한 일련의 극장시, 그리고 같은 제목의 서정적 드라마는 이러한 몽상적 세계에 대한 모델로서의, 공허와 무의미의 구획지어진 공간으로서의 극장에 대한 블로크의 관심을 반영한다.[28] 셋째, 일군의 이미지는 시적으로 '잠정적인 상징'이라 간주될 수 있다. 그것들은 블로크 자신도 정의내리기를 주저하는 이미지로, 상징으로도 비상징으로도 해석될 수 있는 불명료한 위상을 지닌다(Mints 1981: 189).

이상에서 살펴본 비상징, 반상징, 제로-상징, 잠정적 상징 등은 모두 원존재에 대한 다양한 분신들로서 블로크의 텍스트가 갖는 대화성으로 우리를 유도한다. 본래의 의미를 패러디화하고 그것과 논쟁을 벌이는 말의 분신들은 바흐친의 '이중적 목소리의 담화dvugolosoe slovo'(Bakhtin 1979: 210-237)로 설명될 수 있기 때문이다. 블로크의 인물-분신들이 도스토옙스키적이었듯이 그의 말 분신들 역시 도스토옙스키의 담화가 보여 주는 이중성을 내포한다. 서론에서 밝혔듯이 오늘날 바흐친의 대화주의는 산문담화라고 하는 본래의 적용 범위를 뛰어넘어 예술 텍스트 일반으로 확장되어 왔으며 상호텍스트성으로 특징지워지는 다양한 텍스트의 개념에 토대를 마련해 주었다. 모더니즘 시인 중에서 광의의 상호텍스트성을 가장 강력하게 지향하는 시인은 만델슈탐이며 따라서 그것에 관한 구체적인 논의는 2장에서 다루어질 것이다. 여기서는 다만 블로크의 말 분신이 갖는 독특한 패러디적, 논쟁적 성격만을 짚고 넘어가도록 하자.

대부분의 20세기 시인들이 그러하듯 블로크도 '타자의 말chuzhaia rech''

---

28 극장에 대한 블로크의 이러한 태도는 그와 아크메이스트 시학을 구별해 주는 중요한 인자이다. 만델슈탐을 논하는 부분에서 좀더 자세하게 설명하겠지만, 아크메이스트들에게 있어서 극장은 문화를 보존하는 공간적 상징으로서 극장 밖의 반문화와 첨예하게 대립된다.

을 폭넓게 이용한다. 그의 텍스트에는 주콥스키, 페트 등에서 솔로비요프에 이르기까지 여러 다른 시인의 목소리가 반향하며 또한 제2기에서는 제1기의 목소리가 '타자의 말'로서 울려 퍼지기 시작한다.[29] 말의 분신은 결국 테제 시기의 말에 대한 변형된 이미지이므로 자기인용 혹은 자기 회상의 맥락에서 이해될 수 있다. 여기서 중요한 것은 적대적인 말의 분신들은 자기 인용을 자기 패러디avtoparodiia, self-parody와 자기 아이러니avtoironiia, self-irony로 축소시킨다는 점이다.[30] 그러나 모든 자기 인용이 자기패러디로 변하는 것은 아니다. 이 시기에는 순수하게 자기 인용적인 이미지들, 다시 말해서 〈아름다운 부인에 관한 시〉 사이클에서와 동일한 고양된 상징성을 보유하는 이미지들도 존재하는데 제2기의 카오스적인 세계, 그것의 다의미성은 이렇게 글쓰기를 말소하려는 경향과 글쓰기의 추억을 보존하려는 경향의 공존으로부터 비롯된다고 말할 수 있다.[31]

이제부터 살펴볼 〈미지의 여인〉은 테마론적인 분신(인물-분신과 말-분신)을 모두 포함하는 시로 통상 블로크의 반상징주의 시기를 대표한다고 간주되어 왔다.

미지의 여인 Neznakomka

1 저녁마다 레스토랑 위의 Po vecheram nad restoranami

---

29 민츠가 논문 〈블로크의 시학에서의 회상의 기능Funktsiia reministsentsii v poetike A. Bloka〉에서 사용하는 '문학적 회상'은 바흐친의 '타자의 말'과 같은 개념이다.

30 물론 제1기의 이미지들이 거의 솔로비요프적인 상징이었음을 감안한다면 제2기의 자기논쟁은 솔로비요프와의 논쟁이기도 하다. 민츠는 이 점을 '반솔로비요프적antisolov'evskii' 특성이라 칭한다(Mints 1981: 192).

31 이와 관련하여 민츠는 반테제 시기의 이미지들이 〈아름다운 부인에 관한 시〉 사이클에 대한 극명한 대립과 아울러 보다 깊은 차원에서의 유사성을 보유한다고 말한다

2 뜨거운 공기는 거칠고 답답하다. Goriachii vozdukh dik i glukh,
3 그리고 술취한 비명을 다스린다 I pravit okrikami p'ianymi
4 봄의 썩은 냄새가. Vesennii i tletvomyi dukh.

5 저 멀리, 골목의 먼지 위에서 Vdali, nad pyl'iu pereulochnoi,
6 교외 별장의 권태 위에서 Nad skukoi zagorodnykh dach,
7 빵가게의 빵 모양 간판이 살며시 황금색이 되어 가고 Chut' zolotitsia krendel' bulochnoi,
8 어린이의 울음소리가 울려 퍼진다. I razdaetsia detskii plach.

9 그리고 매일 저녁, 횡목 너머에서 I kazhdyi vecher, za shlagbaumami,
10 중산모를 비스듬히 쓰고 Zalamyvaia kotelki,
11 시궁창 사이에서 부인들과 함께 산책한다 Sredi kanav guliaiut s damami
12 낡고 닳은 재담가들이. Ispytannye ostriaki.

13 호수 위에서 노대가 삐걱거리며 Nad ozerom skripiat ukliuchiny,
14 여성의 비명이 울려 퍼진다 I razdaetsia zhenskii vizg,
15 그런데 하늘에서는 모든 것에 익숙해진 A v nebe, ko vsemu priuchennyi,
16 원판이 무의미하게 일그러진다. Bessmyslenno krivitsia disk.

17 그리고 매일 저녁 유일한 친구가 I kazhdyi vecher drug edinstvennyi
18 나의 술잔에 반사된다 V moem stakane otrazhen
19 그리고 신비하고 젊은 액체에 I vlagoi trepkoi i tainstvennoi,

(Mints 1981: 192).

압도되어 멍청해진다, 나처럼. Kak ia, smiren i oglushen.

옆에서는 가까운 테이블에서 A riadom u sosednikh stolikov
졸리운 웨이터들이 얼굴을 내밀고 Lakei sonnye torchat,
토끼눈의 취객들이 I p'ianitsy s glazami krolikov
소리친다 '술 속에 진리가 있다'고. 'In vino veritas!' krichat

그리고 매일 저녁, 약속한 시간에 I kazhdyi vecher, v chas naznachennyi
(아니면 그건 순전히 나의 꿈인가?) (Il' eto tol'ko snitsia mne?),
비단을 휘감은 아가씨의 모습이 Devichii stan, shelkami skhvachennyi,
안개 낀 창문에서 움직인다. V tumannom dvizhetsia okne.

그리고 천천히 취객들 사이를 지나 I medlenno, proidia mezh p'ianymi,
언제나 동반자 없이 홀로 Vsegda bez sputnikov, odna,
향수와 안개를 숨쉬며 Dysha dukhami i tumanami,
그녀는 창가에 앉는다. Ona saditsia u okna.

그리고 태고적의 미신이 감돈다 I veiut drevnimi pover'iami
그녀의 탄력 있는 비단옷, Ee uprugie shelka,
검은(장례의) 깃털이 달린 모자, I shliapa s traurnymi per'iami,
그리고 반지를 낀 가는 손에. I v kol'tsakh uzkaia ruka.

이상한 친숙함에 구속되어 I strannoi blizost'iu zakovannyi,
나는 검은 베일 너머를 바라본다. Smotriu za temnuiu vual',
내 눈에는 매혹적인 해안, I vizhu bereg ocharovannyi

매혹적인 저 먼 곳이 보인다. I ocharovannuiu dal'.

암울한 비밀이 내게 맡겨졌다, Glukhie tainy mne porucheny,
내게 누군가의 태양이 넘겨졌다. Mne ch'e-to solntse vrucheno,
그리고 내 영혼 굽이굽이에 I vse dushi moei izluchiny
젊은 포도주가 스며들었다. Pronzilo trepkoe vino.

비뚤어진 타조 깃이 I per'ia strausa sklonennye
나의 뇌수에서 흔들거린다. V moem kachaiutsia mozgu,
그리고 끝없이 푸른 두 눈이 I ochi sinie bezdonnye
저 먼 해안에서 꽃핀다. Tsvetut na dal'nem beregu.

내 영혼 속에 보물이 놓여 있다 V moei dushe lezhit sokrovishche,
오직 나에게만 열쇠가 맡겨졌다! I kliuch poruchen tol'ko mne!
네가 옳다, 술취한 괴물이여! Ty pravo, p'ianoe chudovishche!
나는 안다. 술 속에 진리가 있음을. Ia znaiu: istina v vine.

이 텍스트의 분신들은 크게 두 가지 유형으로 나누어 생각해 볼 수 있다. 첫째는 시간적으로 선행하는 원존재를 전제로 하는 분신으로 그것은 통시적이라 정의될 수 있다. 그러니까 이런 유형의 분신을 설명하기 위해서는 텍스트의 경계를 넘어가야 하며 콘텍스트kontekst, context와 부분적인 기저 텍스트podtekst, sub-text의 언급이 필수적이다. 둘째는 공시적인 분신인데 그것은 말 그대로 텍스트의 경계 내에 동시적으로 존재한다. 적대적인 분신과 그 분신의 원존재는 표면상 동어반복의 형태로 나타난다. 이 텍스트는 이렇게 통시적이고 공시적인 분신의 개념이 뒤얽혀 있기 때문에 이전 시기, 즉 테제 시기에 대한 완전한 반테제, 혹은 전적인 패러디의 확정성에서 탈피할 수 있게 된다.

일체의 인칭이 결여된, 순수하게 묘사적인 첫 4연은 레스토랑과 빵집, 그리고 속물적인 신사 숙녀, 거리 등을 포함하는 저녁 무렵의 도시풍경이라 요약될 수 있다. 여기서 그려지는 풍경은 이 텍스트가 씌어진 시기에 블로크가 바라본 도시의 모습을 사실적으로 모델링하며 그 점에서 1906년의 에세이에서 "붉은색 스커트와 만취의 기쁨과 웃음소리"로 가득 찬, "술에 취해 춤추듯 걸어가는 시체"라 그려지는 도시와 밀접하게 관련된다(BS II: 30). 바로 이 사실적인 기술은 여기에 포함된 대부분의 이미지들을 상징적 의미를 결여한, 순수하게 '지상적인 의미'만을 지니는 비상징으로 해석할 수 있도록 만들어 준다. 즉 여기서 "저녁"은 실질적인 저녁 시간이며 레스토랑과 석양빛에 황금색으로 빛나는 빵집의 간판, 봄날의 후덥지근한 대기 등은 그 시간에 감각될 수 있는 실질적인 대상이다.

그러나 동일한 이미지들은 제1권의 의미론을 전제로 할 때 패러디적인 분신으로 해석될 수 있는 여지를 남겨 놓는다. 우선 "저녁"을 예로 들어 보자. 제1권의 저녁은 거의 예외 없이 서정적 자아와 '아름다운 부인'이 만나는 시간("우리는 저녁의 안개 속에서 만나곤 했었다")이라는 점에서 상징성을 띠게 된다. 그러나 여기서의 저녁은 "레스토랑"(1행), "횡목"(9행) 같은 일상적인 공간 요소와 결합함으로써 그러한 상징성을 상실하며 오히려 1권에서 만남의 시간에 반의어로 작용했던 시끄러운 한낮의 동의어가 된다.

계절지시기인 '봄'(4행의 형용사 "봄의vesennii")도 마찬가지이다. 제1권의 봄은 새로운 생명과 희망의 계절이며 역시 '아름다운 부인'과 관련된 시간이다. "바람이 멀리에서/봄노래의 암시를 가져왔다", "봄날 빛의 제전에/나는 다정한 그림자를 부른다", "나는 우주의 빛을 기다린다/봄날의 지상에서". 그러나 해당 텍스트에서 '봄'은 "썩은"(4행)에 선행하므로 상징적 의미가 아닌 경험적이고 감각적인 의미만이 강조된다. 이때의 '봄'은 1권의 봄과 오로지 같은 음성만을 보유할 뿐이다(Mints 1965: 336).

테제 시기에 '아름다운 부인'이 출현하는 신비한 피안을 지칭했던 "먼 곳"은 이 텍스트의 2연에서 골목의 먼지와 단조로운 별장과 나란히 제시됨으로써 일상적인, 문자 그대로 원근법적인 측면에서의 먼 공간을 의미한다. 5행의 "먼지" 또한 1권에서 '아름다운 부인'과의 해후를 위한 공간에 필요한 요소였던 반면 여기서는 별장 생활의 권태와 동격을 이룬다. 다음에 예로 드는 1권의 텍스트는 "먼 곳"과 "먼지"의 고상한 상징성이 해당 텍스트에서 패러디화되고 있음을 보여 준다. "그렇게 홀로 서 있었다—걱정 없이./먼 곳의 산을 바라보았다./그리고 그곳—험준한 길에/이미 붉은 먼지가 솟아 올랐다", "한낮의 불안 속에서, 혹은 아침녘에/불가능했던 모든 것이/여기서, 거리의 먼지 속에서 이루어졌다/저녁 무렵, 황혼의 빛 속에서".

7행의 "황금빛"에 대한 패러디화는 앞에서의 예들보다 훨씬 강력하다. 전통적인 색채상징학에서 태양의 빛, 아름다움, 고귀함 등과 관련되는 황금색은 제1권에서 아름다운 부인의 광휘와 영광을 드러내는 색채로 사용된다(O'Connor 1968: 239). "드넓은 하늘에서/너는 곧 황금빛 별이다". 그러나 이 시에서 "황금빛"으로 변한 것은 빵집의 "빵 모양 간판"이며 따라서 이때의 황금빛은 그것이 설령 사실적인 간판의 색채라 할지라도 아이러니의 효과를 발생시킨다.

이상에서 살펴본 도입부의 몇 가지 어휘들은 모두 제1권의 어휘에 대한 반상징적 분신으로 기능한다. 만일 어휘의 영향이 이렇게 일방향적으로만 이루어진다면 텍스트는 전적으로 자기아이러니라 해석되었을 것이다. 그러나 말-분신은 인접한 어휘의 영향을 받을 뿐 아니라 인접한 어휘에게 자신이 본래 가지고 있던 고상한 의미를 전염시키도 한다. 즉 1행의 "레스토랑"은 저녁을 패러디하지만 또한 저녁의 고상한 시적 의미를 부여받는다. 마찬가지로 "별장"이나 빵집의 "간판" 같은 지상적 공간적 요소들도 "먼 곳"과 "황금빛"의 영향을 받는다. 그 결과 제1권의 견지에서 본다면 저급한 이미지로 간주될 만한 것들이 '시적인' 이미지의 가능성을 부여받고 텍스트는 아이러니한 것과 시적인 것의 결합체로 지각된다(Mints 1965: 338).

텍스트의 해석을 전적인 패러디로부터 이탈시켜 주는 요인은 다른 한편으로 공시적인 말의 분신들이다. 우선 "저녁"을 예로 들어 보자. "저녁"은 레스토랑의 영향으로 상징성을 상실한다. 그러나 동일한 저녁이 5연에서 반복될 때 그것을 지상적인 의미로 혹은 아이러니한 의미로 해석할 근거는 희박해진다. 서정적 자아의 존재를 시사하는 "나의"가 최초로 등장하는 이 연에서 저녁은 서정적 자아와 그의 "유일한 친구"(17행)의 접촉이 일어나는 시간이다. 그것은 또한 7연에서 여성의 모습이 창문에 반사되는 시간이기도 하다. 다시 말해서 제1권의 "저녁"과 같이 여기서의 "저녁"은 미지의 존재와 서정적 존재와의 조우의 시간인 것이다. 이 두 연에서 제시되는 "저녁"은 그러므로 해당 텍스트의 앞에서 나온 "저녁"의 반상징적 의미를 말소하되 스스로의 상징성은 여전히 불투명한 채 보유하는 일종의 잠정적 상징인 셈이다. 일반적으로 이 시에서 부상하는 독특한 이미지-분신들의 체계는 제1권의 이미지가 어느 정도 제1권의 위상을 그대로 유지한다는 사실에 기인한다고 말할 수 있다(Kozhevnikova 1986: 173).

5행의 "먼 곳" 또한 1권의 고상한 상징성을 유지한 채 10연과 12연에서 반복된다. "내 눈에는 매혹적인 해안,/매혹적인 저 먼 곳이 보인다", "그리고 끝없이 푸른 두 눈이/저 먼 해안에서 꽃핀다". 이때의 "먼 곳"은

1권에서 '아름다운 부인'의 환영이 등장하는 불길에 휩싸인 지평선과도 같이 몽롱한 서정적 자아의 의식에 비추어진 꿈의 공간이다. 따라서 자연스럽게 5행의 아이러니는 말소되어 버린다. 한편 텍스트에 두 번 사용되는 형용사 "답답한glukhot"(2행, 41행)은 거의 전적으로 동음이의어처럼 여겨진다. 즉 2행의 형용사가 레스토랑을 감도는 "거친" 공기를 수식하기 위한 단어라면 41행에서 그것은 1권의 핵심어휘 중의 하나였던 "비밀"을 수식한다. 따라서 이번에도 역시 반대되는 의미를 보유하면서 적대적으로 대치하는 말의 분신이 발견된다. 한 가지만 더 예를 들자면, 4행의 "냄새dukh"는 형용사 "썩은"의 수식을 받아 "악취"로 해석되는 반면 31행의 동일한 단어는 문맥상 "향수"를 의미한다. 그러므로 양자는 제1권에서의 '아름다운 부인'의 향기를 축으로 하여 각각 반대되는 방향에서 마주보는 분신인 셈이다.

그러나 이중화는 단어 수준에서 그치는 것이 아니다. 이 텍스트를 관통하는 가장 두드러진 이중화는 만취의 모티프를 통해 드러난다. "몽상son"과 "만취op'ianenie"의 모티프는 텍스트의 전반부와 후반부를 연결해 주는 구성적 인자라 할 수 있다(Kozhevnikova 1986: 172). 만취의 모티프는 정경묘사로 이루어진 1연부터 6연까지의 전반부를 마무리지어 준다. "졸리운 웨이터들이 얼굴을 내밀고/토끼눈의 취객들이/소리친다 '술 속에 진리가 있다'고". 이때 만취가 범속한 교외 선술집의 풍경과 관련된다면 후반부에서 그것은 서정적 자아의 몽상과 관련된다. 그에게 음주행위는 범속한 현실로부터 도피하기 위한 미학적 제스처가 된다. 한편, 만취 모티프의 한 가지 변종(범속성)은 텍스트의 전반부를 완성한 뒤 텍스트의 후반부로 이어진다. "천천히 취객들 사이를 지나"(8연), "네가 옳다, 술취한 괴물이여"(13연). 그러나 동일한 모티프의 다른 변종(시성)은 후반부에서만 등장한다. "그리고 내 영혼 굽이굽이에/짧은 포도주가 스며들었다”(11연). 양자의 대립은 의미상 동일한 귀절 ‘술 속에 진리가 있다’가 6연의 말미 에서는 라틴어로(“In vino veritas”), 그리고 12연의 말미에서는 러시아어로(“istina v vine”)로 표현됨에 따라 더욱 강조된다. 구성적으로 상호대립하는 이 두 구절은 두 개의 세계, 즉 재담가와 술꾼들의 범속한 세계와 시인의 몽상적 세계를 구분지어 주는 경계선과도 같은 역할을 한다(Kozhevnikova 1986: 172).

산문적이고 범속한 리얼리티와 시적이고 몽상적인 리얼리티 간의 상호말소적 관계는 청각 이미지를 기준으로 하여 텍스트의 전반부와 후반부를 나누어 볼 때 더욱 분명해진다. 텍스트의 전반부(제1연부터 6연까지)는 일련의 ‘소리’들로 포화되어 있는 반면 나머지 연들에서는 소리가 전적으로 부재한다. 전반부에 언급되는 모든 소리는 “술취한 비명”(3행), “어린이의 울음소리”(8행), 노대가 삐걱거리는 소리(13행), “여성의 비명”(14행), 취객들의 외침(23-24행) 등 불협화음을 공통적인 특성으로 보유한다. 무의미하고 소란스럽고 천박한 리얼리티를 묘사하는 이러한 소리들은 바로 그 불협화음이라고 하는 속성 때문에 제1권에서 제시된 조화로운 천상계를 패러디하며 또한 블로크가 훗날 지향하게 되는 ‘음악의 정신’과도 충돌한다.

이렇게 지상적인 리얼리티가 반음악적 소리들에 의해 묘사된다면 아무런 소리도 들리지 않는, 시각적인 이미지만이 존재하는 텍스트의 후반부는 시인의 세계, 그의 몽상적 리얼리티라고 추정될 수 있다. 그러나 이번에는 후반부의 리얼리티 자체가 일종의 핵분열을 하며 그리하여 지상적 리얼리티에 대한 분신적 리얼리티는 자체 내에 또 다른 분신을 보유하게 된다. 따라서 불협화음이 부재하는 세계라 해서 전적으로 몽상적인 세계로 규정하기란 어렵게 된다. 서정적 자아가 “검은 베일”(38행)을 통해 바라보는 것은 물론 풍부한 상징적 의미를 보유하는 “매혹적인 해안”(39

행), "매혹적인 저 먼 곳"(40행)이다. 그러나 8연에 포함된 "취객들"과 향수 냄새가 연상시키는 매음굴의 풍경도 그 못지않게 강력하다. 그러므로 이 텍스트에서는 지상적인 리얼리티, 반상징적 리얼리티, 몽상적인 리얼리티가 거의 동등한 세력을 유지한 채 공존한다고 말할 수 있다.

그러면 마지막으로 인물-분신에 관해 살펴보자. 이 시의 제목 "미지의 여인"이 어떤 식으로든 제1권의 중심인물이었던 '아름다운 부인'과 관련된다는 것은 자명하다. '아름다운 부인'의 패러디적인 분신은 3연에서 처음으로 발견된다. 시궁창 사이를 재담가들과 산책하는 "부인들"이 천상의 이미지에 대한 반상징적 패러디임은 새삼스레 설명할 필요가 없을 것이다. 특히 "중산모를 비스듬히 쓴" 신사가 서정적 드라마 〈미지의 여인〉에서 범속성을 체현한다는 점을 상기할 때 "부인들"의 패러디적 속성은 한층 강조된다(Mints 1965: 332). 반상징적인 분신은 후반부에 등장하는 여성 이미지로 이어지면서 구체성을 띠게 된다. '검은 모자'를 쓰고 손가락에 여러 개의 반지를 낀 채 취객들 사이를 천천히 걸어가는 여성, "미지의 여인"에서 연상되는 매춘부의 이미지, 그리고 서정적 자아 스스로의 입을 통해 언급되는 "술취한 괴물"(51행)은 구원의 여성을 패러디하기에 충분하다.

그러나 이때의 여성을 반드시 타락한 매춘부로 해석하지 않을 수 있는 가능성은 여전히 존재한다. 그것은 단순히 검은 옷을 입고 향수 냄새를 풍기는, 아무런 상징성도 반상징성도 보유하지 않는 여인의 이미지일 수 있다. 즉 그녀를 산문적이긴 하지만 사실적인 배경에 상응하는 사실적인 인물로 해석할 수 있는 여지를 전적으로 말살할 만큼 강력한 근거는 존재하지 않는다. 앞에서 살펴본 텍스트의 다른 이미지들처럼 이때의 여성 이미지는 '비상징'이 되는 것이다(Mints 1981: 189). 다른 한편으로, "미지의 여인"은 그야말로 그 정체를 알 수 없는 '알려지지 않은' 상징일 수 있다. 그것은 술취한 시인의 눈에 일그러진 모습으로 비추어질 뿐 실제로는 여전히 신비한 의의를 지닌, '미의 새로운 현현'일 수 있으며 그녀의 상징성을 해석하는 것은 전적으로 시인에게 달린 문제인지도 모른다(Mints 1981: 189). 그는 지금 취함과 몽상 사이에 있으며(26행, "아니면 그건 순전히 나의 꿈인가") 그의 혼몽함에도 불구하고, 그리고 여성 이미지의 산문성에도 불구하고 여전히 그의 비전에 포착되는 것은 "먼 해안"에서 빛나는 "끝없이 푸른 두 눈"(47행)과 "매혹적인 저 먼 곳"(40행)이기 때문이다. 어찌되었건 그에게는 "비밀"이 맡겨졌고 누군가의 "태양"이 보존되어 있다. "미지의 여인"의 잠정적인 상징성을 파악할 수 있는 능력은 시인에게만 주어진 특권이다. "오직 나에게만 열쇠가 맡겨졌다!"(50행).

여성 이미지의 다중성은 그것이 단지 이전의 이미지에 대한 분신일 뿐 아니라 시인 자신의 분신일 수도 있다는 점에서 블로크의 시적 비전이 그리게 될 궤적을 미리 조망해 준다. 시인에게 분신이 존재함은 텍스트의 5연에서 암시된다. "그리고 매일 저녁 유일한 친구가/나의 술잔에 반사된다". 포에마 〈밤의 바이올렛〉의 분신을 상기시키는 시인의 "친구"는 술취함을 공통인자로 하여(9-20행, "그리고 신비하고 짧은 액체에/압도되어 멍청해진다, 나처럼") 시인과 나란히 제시된다. 술잔에 반사된 시인의 "친구"는 7연에서 희미한 유리창에 반사된 여인의 실루엣과 합쳐지면서 시인의 분신과 '아름다운 부인'의 분신이 서로에게 분신일 수도 있다는 가능성을 시사한다. 이러한 시각에서 본다면 13연에서 시인이 "네가 옳다, 술취한 괴물이여!"라고 외칠 때 "너"는 미지의 여인일 수도 있고, 시인이 인식하는 자아일 수도 있다. 즉 시인은 매춘부의 이미지에서 여러 가지 다양한 상징성을 발견할 뿐만 아니라 타락한 자아의 모습까지도 발견하는 것이다. "미지의 여인"이 갖는 다의미성은 이렇게 그녀가 시인 자신의 분신일 수 있다는 점에서 정점에 이른다.

이 텍스트에서 암시되는 서정적 자아와 여성 이미지 간의 분신적 관계는 이후의 사이클에서 중요한 테마로 발전하게 된다. 앞에서도 잠깐 논의한 바 있지만 테제 시기를 거치면서 블로크의 시에서 서정적 자아와 그의 여성 이미지, '나'와 '너', 그리고 일반적인 남성과 여성의 구별은 점차 무의미해진다. 특히 〈무서운 세계〉 및 그 이후의 작품에서 여성과 남성 이미지의 융해는 블로크의 이른바 종합적 비전과 관련된다. 서정적 자아의 '분신들'은 여주인공의 '분신들'과 복잡하게 관련되며 서정적 테마의 몇 가지 전환점에 있어서 '나'와 '너'는 그 자체로서 서로 분신들임이 드러나게 된다. 그리하여 이중성dvoinichestvo 자체가 '무서운 세계', 그것의 '다인성mnogoliudnost''과 다면성의 다의미적, 상징적 자질이 된다(Mints 1981: 203-204).[32]

상징과 비상징의 이중성, 그리고 텍스트와 텍스트 간의 분신관계는 1905년의 다음 시에서도 중요한 해석의 열쇠가 된다.

1 아가씨가 교회 성가대에서 노래 불렀다 Devushka pela v tserkovnom khore
2 낯선 땅의 모든 피곤한 자들에 관해, O vsekh ustalykh v chuzhom kraiu,
3 바다로 떠난 모든 배들에 관해, O vsekh korabliakh, ushedshikh v more,
4 자신의 기쁨을 잊은 모든 이에 관해. O vsekh, zabyvshikh radost' svoiu.

5 둥근 지붕으로 날아가는 그녀의 목소리는 그렇게 노래 불렀다, Tak pel ee golos, letiashchii v kupol,
6 그리고 흰 어깨에서 빛이 빛났다, I luch siial na belom pleche,
7 그리고 어둠 속의 모든 이가 보고 들었다 I kazhdyi iz mraka smotrel i slushal,

32 여성 이미지와 남성 이미지의 분신적인 진화과정에 관한 개괄적인 설명은 Mints 1981: 203-208을 보라.

8 빛 속에서 흰 옷이 노래 부르는 것을. Kak beloe plat'e pelo v luche.

9 그리고 누구에게나 여겨졌다, 즐거움이 있을 것처럼, I vsem kazalos', chto radost' budet,
10 모든 배들은 고요한 만에 있는 것처럼, Chto v tikhoi zavodi vse korabli,
11 낯선 땅에서 피곤한 이들은 Chto na chuzhbine ustalye liudi
12 빛나는 삶을 얻은 것처럼. Svetluiu zhizn' sebe obreli.

13 그리고 목소리는 달콤했고 빛은 예리했다, I golos byl sladok, i luch byl tonok,
14 오로지 저 높은 곳, 성화대 중앙문에 I tol'ko vysoko, u tsarskikh vrat,
15 성사를 받는 자—어린아이가 울었다 Prichastnyi tainam,'plakal rebenok
16 아무도 돌아오지 않을 것임에 관하여. O tom, chto nikhto ne pridet nazad.

야콥슨이 거의 완벽하리만큼 자세하게 분석한 바 있듯이 이 텍스트는 문법, 구문, 음성 및 전반적인 연형식의 수준에서 대립의 경향을 보여 준다(Jakobson 1981d). 그러나 글쓰기와 지우기의 상호 말소관계는 무엇보다도 모티프 차원에서의 대립성을 통해 극명하게 드러난다. 첫 연에서 "아가씨"의 노래는 의미의 전개에 미루어 볼 때 죽은 이를 위한 진혼곡이라 해석된다. 노래 부르는 아가씨가 성가대에 속해 있다는 점, 그리고 노래의 내용이 모두 죽음과 관련된 메타포를 포함한다는 점 등은 별도의 의미분석을 적용함 없이도 진혼곡을 연상시키기 때문이다. 진혼곡은 죽음 후의 영원한 삶, 다시 말해서 갱생의 희망을 노래한다. 그러나 마지막 연의 마지막 행에서 진술되는 "아무도 돌아오지 않을 것임"은 이승에서의 삶이 일회적임을, 죽음은 모든 것의 끝이며 영육의 갱생이란 환영임을 말함으로써 첫 연에 도입된 희망의 모티프를 말소한다. 그것은 더불어 제1권을 가득 메우고 있던 기다림과 동경까지 말소한다. 그러므로 '돌아오지 않음'은 텍스트 내에서 그리고 텍스트의 경계를 뒤로 넘어서 긍정적 모티프의 의미를 지우는 일종의 모티프-분신이라 할 수 있을 것이다.

희망과 희망의 좌절이라고 하는 모티프상의 분신이 텍스트의 비교적 표피적인 층 위에서 제시되는 대립이라면 좀더 내적인 층위에서 제시되는 것은 회귀와 진행의 시간적인 대립이다. 시간적인 대립은 사실 블로크의 제2기에서 가장 집요하게 나타나는 항수적인 요소이다. 막시모프의 지적처럼 블로크의 창작 의식이 갖는 기본적인 이율배반 중의 하나는 갱생과 생명의 완성에 대한 이중성이며 그 문제에 대한 상호충돌적인 해답 간의 투쟁이 그의 작품 전체에 스며들어 있다(Maksimov 1981: 89). 그는 장미빛 미래를 믿는 것처럼 보이지만 동시에 그 믿음을 거부한다. 그리하여 '발전적 길의 관념ideiia puti razvitiia'과 결부된 모든 복합체와 나란히 그것에 반대되는 관념을 발견할 수 있다(Maksimov 1981: 89-90).

막시모프가 말하는 '길'에 반대되는 관념은 앞에서 살펴보았던 영원한 회귀의 신화소이다. 시간의 환상운동은 그리스도교적인 부활 사상에 상치되는 이교도적인, 그리고 신화적인 모티프로서 블로크와 상징주의 시에서 생명으로의 회귀가 아닌 시원적인 암흑으로의 회귀를 함축한다. 그러므로 무의미한 목적없는 시간의 환형운동은 제2기에서 여행(길)의 모티프에 함축된 진행, 발전, 희망, 갱생의 의미론에 대립하고 그럼으로써 블로크의 역사의식을 조망하는 양극적인 힘의 일부가 된다. 솔로비요프주의자들, 그리고 초기의 블로크가 공유했던 종말론적인 희망, '끝' 이후에 도래할 구원과 생명에 대한 기다림은 시작도 끝도 없는 무한의 정체와 더불어 블로크의 정신적 순례에 동반자로 등장하게 된다. 해당 텍스트에서 영원한 회귀는 아이러니하게도 마지막 행의 '아무도 돌아오지 않음'에서 암시된다. 즉 불귀야말로 궁극적인 회귀를 지칭한다는 뜻인데 여기서 돌아오지 않음은 곧 죽음, 그 태초의 무질서로의 영원한 회귀를 의미한다. 반면에 1연의 진혼곡은 그리스도교적인 부활, 즉 삶–죽음–영원한 삶이라고 하는 선적인 시간의 진행을 내용으로 한다. 따라서 마지막 행에서 역설적으로 단언되는 회귀는 진혼곡이 살아남은 자들을 위로하기 위해 고취시키는 진행의 모티프에 대한 분신이라 할 수 있다.

진행과 회귀는 또한 텍스트를 양분시켜 주는 척도로 작용한다. 텍스트의 첫 연과 제 3연이 시간적인 퍼스펙티브를 축으로 한다면 짝수 연들은 시간 외적인 퍼스펙티브를 축으로 한다. 야콥슨의 관찰을 토대로 말하자면, 텍스트의 모든 주절은 완료체 동사를 포함하지 않는다. 과거형의 모든 동사—"노래 했다pela", "노래 했다pel", "빛났다siial", "보았다smotrel", "여겨졌다kazalos'", "—였다byl", "울었다plakal"—는 불완료체이다. 그러나 1연과 3연에서는 종속절에서 완료체 과거가 발견되는데 1연의 후반부에 포함된 완료체 과거 형동사—"떠난ushedshikh", "잊은zabyvshikh"—에 대꾸라도 하듯 3연의 후반부는 종속절에 완료체 과거 '얻었다obreli'를 포함한다. 이러한 배치는 짝수 연이 시간적인 퍼스펙티브를 결여하므로 과거에 완결된 행위를 포함할 수가 없다는 사실을 부각시킨다(Jakobson 1981d: 552). 한편, 3연과 4연은 종속절에서 완료체의 현재, 즉 시제상의 미래를 포함한다. "있을 것이다budet", "올 것이다pridet". 그러나 4연의 완료체 현재는 부정사 'ne'에 의해 그 의미를 상실한다. 그러므로 오로지 3연과 4연에서만 발견되는 완료체 현재는 홀수 연의 시간적인 퍼스펙티브를 발전시키고 반대로 짝수 연의 시간외적인 퍼스펙티브를 강조해 준다(Jakobson 1981d: 533). 동사의 상과 시제 차원에서 연주되는 시간과 비시간의 이러한 이중주는 텍스트의 모티프 분신을 위한 배경음악처럼 울려퍼진다.

모티프 간의 상호말소는 텍스트의 공간 수준에서도 활성화된다. 다시

야콥슨의 관찰을 인용하자면, 텍스트의 홀수 연과 짝수 연 사이에는 풀릴 수 없는 공간적 갈등이 존재하는데, 전자가 횡적인 전개로 특징지워진다면 후자는 상하와 내부로 향한 '선적 지향성lineinaia ustremlennost''에 의해 특징지어진다(Jakobson 1981d: 550). 우선 1연을 살펴보자. 아가씨의 노래에 담긴 공간성은 교회의 테두리를 수평적으로 벗어난다. "낯선 땅"(2행)과 "바다로 떠난 배"(3행)에서 드러나는 공간의 수평적 확장은 3연에서 다시 확인된다. 즉 이제 모든 이에게는 배들이 정박해 있는 먼 곳의 조용한 항구와 피곤한 이들이 쉬고 있는 "낯선 땅"이 시각적으로 설득력 있게 다가오는 것이다. 이렇게 홀수 연에서 발전되는 수평적 원근법은 짝수 연에서 교회 내부의 수직적 퍼스펙티브에게 자리를 내준다. 아래쪽에 깔려 있는 "어둠"(7행), "둥근 지붕"을 향해 날아 오르는 노랫소리(5행), 그리고 천상에서 회중을 향해 내려오는 빛(6, 8행) 등은 모두 2연의 공간성이 전적으로 수직적임을 말해 준다(Jakobson 1981d: 550).

2연의 수직적 움직임은 4연에서 부사 "높은 곳"과 "성화대 중앙문"으로 연장된다. 주지하다시피, '성화대 중앙문'이란 러시아 정교 성당 성화대의 꼭대기에 해당하는 공간, 대단히 성스럽고 거룩한 공간이다. 그러나 "아무도 돌아오지 않을 것임"에 관한 아이의 울음은 '이 곳'과 '저 곳'의 관련성을 끊어 버린다. 그리하여 지평선은 수축하고 미래에 대한 희망의 상실, 즉 시간적 퍼스펙티브의 상실과 함께 공간적인 공동 소속성도 사라진다(Jakobson 1981d: 550). 만약에 떠나간 자들 중 아무도 돌아오지 않는다면 바다를 사이에 둔 각기 다른 공간 간의 원근법적인 관련성은 무의미해진다. 다른 한편으로 '돌아오지 않음'이 최종적인 현실이라면 수직적인 퍼스펙티브도 그 의미를 상실한다. 구체적으로 말해서, 어차피 모든 것이 죽음으로 귀착한다면 높은 곳과 낮은 곳의 차이란 허상에 지나지 않게 된다. 천상을 향한 기도, 노래 그리고 지상으로 내려오는 듯이 보이는 영생의 빛 모두 회귀의 법칙을 바꾸어 놓지 못하는 환영일 뿐이다. 결론적으로 말해서 불귀(즉 죽음으로의 영원한 회귀)에 대한 확인을 하나의 축으로 하여 수직적인 퍼스펙티브와 수평적 퍼스펙티브는 서로의 공간성 그 자체를 말소하는 것이다.

그러면 이제 텍스트의 개별적인 말-분신과 이미지-분신들을 살펴보기로 하자. 우선 첫 단어인 "아가씨"는 여성임으로 인해 제1권의 '아름다운 부인'을 자연스럽게 연상시킨다. 특히 3행의 "배"는 제1기에 '아름다운 부인'의 이상적 세계와 관련되었기 때문에 "아가씨"를 반테제 시기에도 여전히 존재하는 테제 시기의 고상한 상징으로 해석할 수 있게 해준다(Sloane 1987: 210). 일례로 1901년의 다음 시에서 "빛나는 배"는 서정적 자아에게 '아름다운 부인'의 대체물로 인식된다.[33] "너의 죽음으로 나는 오로지 시선을 위로하리/너의 배들을 불태우라!/저기 그것들—조용하고 빛나고 빠른 배들이/나를 향해 멀리서부터 몰려 온다".

그러나 다른 한편으로 아무런 수식도 없이 등장하는 "아가씨"는 제2기의 상징파괴적 경향에 기여하는 일종의 비상징으로 간주될 수 있다. 그럴 경우 아가씨의 노래 역시 어느 장례미사에서나 들을 수 있는 진혼곡으로 해석될 수 있다. 더욱이 3행의 "배"를 상징이 아닌 실제의 배로 해석할 경우 아가씨의 비상징성은 더욱 강화된다. 쓰시마 대참변(1905년 제정 러시아의 함대가 쓰시마 해협으로 진입하다가 일본 함대의 공격을 받아 격파된 사건)을 고려한다면 3행의 '바다로 떠난 배'는 죽은 이를 위한 메타포이기에 앞서 러시아의 군함을 지칭하는 사실적인 이미지가 될 수 있다.[34] 한 해

33 배와 '아름다운 부인'과의 상관성은 사실 이보다 나중에 씌어진 1904년의 사이클 〈그녀의 도착Ee pribytie〉에서 명시적으로 나타난다. 특히 다섯 번째 시 〈배들은 간다Korabli idut〉와 여섯 번째 시 〈배들은 돌아왔다Korabli prishli〉를 참조하라.

34 실제로 야콥슨은 이 시 전체를 1905년의 쓰시마 대참변의 맥락에서 해석한다

뒤에 씌어진 〈백설의 가면〉에 삽입된 '바다 속으로 가라앉는 배'의 이미지는 이러한 해석을 뒷받침해 준다. "그곳, 돌아올 수 없는 먼 곳으로/배들은 방향을 돌렸다", "그리고 먼 곳으로 보내진/배들/그리고 갑 위에는 그 어떤/돛", (…), "그리고 황혼의 배는/가라앉는다/부드럽게 푸른/심연으로", "그리고 눈보라 몰아치는 바다에 가라앉는다/배들이".

한편, 마지막 연에서 언급되는 "어린아이"는 "아가씨"의 의미에 대한 전혀 다른 추정을 불러일으킨다. 여기서 "어린아이"는 성화대 중앙문에 위치하므로 성상 속에 그려진 아기 예수로 이해되는 데 별 어려움이 없다. 그것은 관례적으로 중앙문 왼쪽, 최후의 만찬 성상(이콘) 바로 아래 걸려 있는 성모 성상 속의 어린 예수를 표상한다(Jakobson 1981d: 550). 더 구체적으로 말하자면, 여기서의 성상은 해당 텍스트가 수록된 제2권의 제목 〈예기치 않은 기쁨〉을 상기시킨다. 블로크는 자신의 시집의 제목을 모스크바 성모 수태고지 성당에 있는 성상 〈예기치 않은 기쁨의 성모 Bogomater' Nechaiannaia Radost'〉에서 빌려 왔다. 그것은 죄인 앞에 서 있는 성모 마리아와 상처입은 아기 예수가 그려진 16-17세기의 성상으로 블로크의 제2권의 제목으로 사용됨에 있어 죄와 고통과 구원에 대한 희망의 상징체계를 갖는 이미지가 된다(Mints 1973: 399-400). 이러한 맥락에 미루어 해당 텍스트의 "아가씨"는 다름아닌 성처녀 마리아라고 해석할 수 있다. 실제로 블로크는 '성가대', '처녀', '노래 부르다' 등 동일한 이미지를 사용하는 1906년의 시 〈성가대에서 다 타 버린 삶에 관하여O zhizni, dogorevshei v khore〉에서 '마리아'와 '성상'을 직접적으로 언급한다. "성가대에서 다 타 버린 삶에 관하여/당신의 어두운 성가대석에서,/……/멀리 있는 마리아에 관하여, 빛나는 마리아에 관하여,/그녀의 시선에는 빛, 그

(Jakobson 1981d: 551).

녀의 늘어뜨린 머리에는 어둠./신이여, 그대는 성상 속에서 졸고 있다/푸른 향로의 연기 속에서".

그러면 여기서 성상과 시 텍스트의 관련을 조금 더 발전시켜 보자. 〈예기치 않은 기쁨〉에 그려진 성모 마리아가 죄인들을 위한 중재자로 나서듯이 여기서의 "아가씨"의 노래 역시 "기쁨을 잊은" 모든 이를 위한 중재의 기도이다. 그러나 텍스트 내에서 "아가씨"의 중재는 죽음의 궁극성에 의해 상쇄된다. 그러므로 "아가씨"는 성상 속의 이미지를 표상하는 이미지(상징의 상징)이되 그 이미지 속에 포함된 희망의 상징체계를 말소하는 분신(반상징)이기도 하다. 결국 텍스트의 중심 이미지인 "아가씨"는 일련의 메토니미—"목소리", "흰 옷"—를 거치면서 인성이 희석되는 반면 오히려 그 다의미성은 상징, 비상징, 그리고 반상징의 모든 가능성을 통해 더욱 풍성해진다고 볼 수 있다.

이와 유사한 방식으로 4연의 인물인 "어린아이" 역시 그 자체 내에 비상징과 반상징의 가능성을 내포한다. 성상 및 대부분의 정교회 예술에서 아기 예수는 관례적으로 대문자로 씌어지게 마련이다. 그러나 이 텍스트는 "어린아이"가 상황에 미루어 그리스도임이 분명함에도 불구하고 소문자로 표기함으로써 의도적으로 "어린아이"의 이미지를 세속화시킨다. 다른 한편으로 "어린아이"는 그리스도와는 정반대되는 역할을 통해 성상 속의 이미지를 말소한다. 그리스도가 영육의 부활을 상징하는 존재인 반면 이 텍스트의 "어린아이"는 바로 그 부활이 허구임을 반증하기 때문이다. 따라서 "어린아이"는 "아가씨"와 마찬가지로 성상 이미지를 무로 돌리는 반상징이라 할 수 있다. 앞에서 살펴본 '미지의 여인'이 선행하는 시 텍스트의 이미지를 말소하는 분신이라면 여기서의 "아가씨"와 "어린아이"는 문학 외부에 존재하는 다른 예술 텍스트에 투영된 문학적 상징을 말소하는 분신이다.

마지막으로 '노래하다'와 '울다'의 상호말소적 관계를 살펴보자. 구밀료프는 블로크의 시세계를 "노래와 울음의 두 스핑크스가 서 있는" 곳이라고 정의한 바 있다(Gumilev 1990: 134). 구밀료프의 지적은 블로크의 분열된 비전 일반을 요약해 주는데 그가 말하는 '노래'와 '울음'의 두 스핑크스는 특히 이 시의 의미론이 갖는 이중적 위상에서 구체화된다. '노래' 및 그것과 관련된 '음악', '멜로디' 등은 블로크의 첫 시집에서 '아름다운 부인'과 관련된 의미장에 속하는 개념이다. "너는 기억하리라 내가 평정으로 떠나간 후/……/내가 너와 불렀던 노래만을", "사랑하는 멜로디의 파도 속에서/너는 그 멜로디로 내 안에 살아 있었다". 반면에 '울음'은 어두운 지상의 현실, 그리고 서정적 자아의 불안을 지칭한다. "어린아이가 운다. 그리고 바람은 침묵한다./나팔소리는 가깝고, 어둠 속에서는 아무것도 보이지 않는다". 앞에서 살펴본 시 〈미지의 여인〉에서 진부한 일상과 관련된 청각 이미지가 '어린아이의 울음'이듯이 제2기에 들어오면서 천상의 노래는 불협화음에 가까운 울음에 압도된다.

그러나 이 시에서 노래와 울음이 천상과 지상의 리얼리티를 지칭하는 것은 아니다. 양자는 반대의 리얼리티와 관련됨으로써 서로의 분신뿐 아니라 선행하는 개념의 분신이 된다. 우선 "노래"는 주체인 "아가씨"가 비상징 혹은 반상징으로 변신하는 과정에서 스스로 가지고 있던 천상적 의미를 박탈당한다. 노래의 청자(아래쪽에 존재하는 회중)와 노래의 내용(러시아 함대, 혹은 죽은 자 일반) 또한 지상적 존재이므로 1권의 노래에 담겨 있던 신비한 의미는 더욱 희미해진다. 반면에 '울음'은 공간적으로 아래쪽이 아닌, 텍스트의 가장 상부—성화대 중앙문에서 울려 퍼진다. 그 울음은 지상적 리얼리티의 진부함을 알려 주는 신호가 아니라 지상적 존재의 희망이 허구임을 지적해 주는 진실의 소리이다.[35] 이렇게 '울음'과 '노래'는 전도된 의미를 부여받으며 그럼으로써 선행하는 말에 대한 뒤집혀진 분신으로 작용한다. 결국 이 텍스트의 모든 주요 의미소들이 서로에 대해, 그리고 기존하는 의미소에 대해 지우기의 역할을 하는 가운데 분명하게 드러나는 것은 존재와 믿음과 희망의 무의미함이다. 여기에 이 텍스트 전체를 제1기에 대한 분신적 텍스트라 할 수 있는 근거가 있다.

분신들은 제3기에 들어오면서 더욱 폭넓게 나타난다. 음악의 힘 속에서 종합의 가능성을 발견하려는 블로크의 시도와 병행하여 글쓰기와 예술 그 자체에 대한 회의 또한 더욱 심화되면서 서정적 자아의 분열된 의식, 세계와 자아에 대한 그의 반대 감정 양립은 제3기의 대부분의 작품에서 분신(말의 분신과 인물-분신)의 존재를 야기시킨다. 〈이탈리아 시〉 사이클에 포함된 〈성모 수태고지Blagoveshchenie〉는 인물에서부터 시점에 이르기까지 텍스트의 모든 요소들이 상호모순적인 해석을 불러일으킨다는 점에서 제3기 블로크의 분열된 예술적 의식을 단적으로 보여 준다.

성모 수태고지 Blagoveshchenie

1 어린 시절부터—환영과 몽상, S detskikh let—videnie i grezy,
2 애무하는 움브리아의 여명 Umbrii laskaiushchaia mgla.
3 울타리 안에서 장미가 활짝 피어나고 Na ogradakh vspykhivaiut rozy,
4 날카로운 종소리가 노래한다. Tonkie poiut kolokola.

5 다정한 여자친구들은 너무도 발랄하고 Slishkom rezvy milye podrugi,

---

35 이는 훗날 씌어진 시 〈성가대의 목소리 Golos iz khora〉(1914)에서 보다 분명하게 언급된다. "얼마나 자주 우는가—당신과 나는—/우리의 가엾은 삶을 두고서!/오, 만약에 친구여, 당신들이 안다면/다가올 날들의 추위와 어둠을!/……/그리고 거짓을 알아챈 너는 울고 있구나".

6 그들의 열린 시선은 너무도 대담하다. Slishkom derzok ikh otkrytyi vzor
7 오로지 그녀 혼자만이 개벽 이전의 원 속에서 Lish' ona odna v predvechnom kruge
8 자신의 비단 무늬를 짜고 또 짠다. Tket i tket svoi shelkovyi uzor.

9 수줍은 희망이 그녀를 지치게 하고 Robkie tomiat ee nadezhdy,
10 이루어질 수 없는 꿈이 잠결에 보인다. Greziatsia nesbytochnye sny.
11 그리고 갑자기—붉은 의상이 I Vnezapno—krasnye odezhdy
12 벽의 황금빛 속에서 흔들렸다. Drognuli na zolote steny,

13 비단폭 위로 얼굴을 푹 숙였다, V sem litsom sklonilas' nad shelkami,
14 그러나 사방에는—속눈썹의 황금빛을 통해— No vezde—skvoz' zoloto resnits—
15 여러 색 날개의 소용돌이, Vikhr' li s mnogotsvetnymi krylami,
16 혹은 아래쪽으로 날개를 활짝 핀 천사…… Ili angel, rasprostertyi nits……

17 검은 얼굴의 천사가 대담한 나뭇가지와 함께 Temnolikii angel s derzkoi vetv'iu
18 말한다. "안녕하십니까! 그대는 아름다움으로 가득 차 있소!" Molvit: "Zdravstvui! Ty polna krasy!"
19 그리고 그녀는 열정적인 소식 앞에서 몸을 떤다 I ona drozhit pred strastnoi vest'iu,
20 어깨에서 무거운 두 갈래 머리채가 떨어진다…… S plech upali tiazhkikh dve kosy……

21 그는 노래하고 속삭인다—더욱 가까이 더욱 가까이 On poet i shepchet'blizhe, blizhe,
22 이미 그녀 위에—아우성치는 날개의 천막…… Uzh nad nei—shumiashchikh kryl shater……
23 그녀는 힘 없이 아래로 내린다 I ona bez sil skloniaet nizhe
24 어두워진, 흐려진 시선을…… Potemnevshii, pomutnevshii vzor……

25 떨면서 믿을 수 없어한다. "내가, 내가?" Trepeshcha, ne verit: "Ia li, ia li?"
26 그리고 손으로 가슴을 가린다…… I rukoiu zakryvaet grud'……
27 그러나 불길에 휩싸인 먼 곳이 검게 변한다— No cherneiut plamennye dali'
28 떠날 수도, 일어날 수도, 한숨 쉴 수도 없다…… Ne uiti, ne vstat' i ne vzdokhnut'……

29 그리고 그때—알 수 없는 고통으로 I togda—neznaemoiu bol'iu
30 얼굴의 빛나는 동그라미가 밝아졌다…… Ozarilsia svetlyi krug litsa……
31 그리고 그들 위에는—횡포의 상징— A nad nimi—simvol svoevol'ia—
32 페루지아의 그리핀이 수송아지를 할퀸다. Perudzhiiskii grif kogtit tel'tsa.

33 오로지 화가만이, 휘장에 가리워진 채 Lish' khudozhnik, zanaves'iu skrytyi,—
34 무서운 고통의 십자가를 예견한다 On providit strastnoi muki krest
35 그리고 되풀이해 중얼거린다. "불경한 자여, 사라지거라, I tverdit: "Profani, procul ite,
36 이곳은 사랑의 성스러운 장소이다". Hic amoris locus sacer est".

〈이탈리아 시〉 사이클은 블로크가 1909년 4월부터 6월까지 이탈리아를 여행하고 돌아와 집필한 열다섯 편의 텍스트로 구성되어 있다. 베니스, 피렌체, 라벤나, 페루지아 등의 도시들은 블로크에게 르네상스기에 절정에 이른 이탈리아의 과거 문화와 그 문화의 무덤 위에 존재하는 현재의 반문화에 대한 슬픈 사색을 유발시켰다. 대조와 옥시모론oxymoron의 폭넓은 기반 위에 구축된 이 사이클에서 이탈리아의 과거, 자연, 예술은 그것의 현재에 대립한다. 〈무서운 세계〉와 〈징벌〉 사이클을 통해 개진되었던 배신의 모티프가 여기서는 유럽문명에 대한 조망과 함께 새로운 의의를 획득하게 된다(Kozhevnikova 1986: 229). 사이클 전편에 공통적으로 흐르는 염세적 뉘앙스는 에세이 〈예술의 번개Molnii iskusstva〉에서 산문적으로 표현된다.

> 과거는 풍요롭되 현재는 빈곤한 나라를 여행하는 것은 마치 단테의 지옥으로 하강하는 것과 흡사하다. 노출된 역사의 협곡 저 깊은 곳에서 끝없이 창백한 이미지들, 얼굴을 태우는 푸른 불길의 혓바닥이 솟아오른다. (…) 이탈리아는 지하에서 사각거리는 역사의 소리, 한때 아우성쳤으나 이제는 돌아올 수 없는 그 역사의 소리 때문에 비극적이다. 사각거림 속에서 분명하게 들려오는 것은 고요한 광기의 목소리, 고대 여자 예언자의 중얼거림이다. (…) 북부와 중부의 이탈리아는 현대의 러시아인을 돌이킬 수 없는 회상의 한기로 잡아끈다.(BS II: 21-122)

이탈리아 풍경에 대한 블로크의 역사적 사색은 과거와 현재의 비교를 위한 출발점이다. 영광스러운 르네상스 과거의 예술품을 소장하고 있지만 현재의 문명으로 그 과거를 배신한 이탈리아는 사이클의 개별적인 시들에서 반복적으로 언급된다(Pirog 1983: 21-22). 일례로 첫 번째 시 〈라벤나Ravenna〉에서 라벤나는 과거가 영원히 매장된 장소로 그려진다. "사라진 모든 것, 무상한 모든 것을/너는 세기 속에 묻어 버렸다". 피렌체는 또한 배신자 유다로 불리워진다. "피렌체, 유다, 죽어 버리라/긴 세월의 여명으로 사라지거라!". 그것은 현대의 문명에 스스로를 팔아 버린 도시이기 때문이다. "전 유럽의 황색 먼지에/너는 너 자신을 팔아 버렸다! ".

이탈리아의 도시 곳곳에 노출된 과거와 현재 간의 간극은 예술에 대한 시인의 사색을 모델링하는 기능을 한다. 블로크는 '돌이킬 수 없는 역사의 소리' 속에서 현재의 예술가가 결코 다다를 수 없는 완전한 합일의 이상을 발견했고 그 이상이 현재로 연장될 수 없음을 자각했다. 사실, 이탈리아 르네상스 예술가들의 공통적인 지향은 "모든 것에서 조화를 추구하는 것"이라 요약된다(Kreilsheimer 1971: 46). 이 점에서 블로크를 사로잡았던 이탈리아의 예술은 그가 초기에 추구했던 천상적인 것과 지상적인 것의 조화에 대한 패러다임이라 할 수 있다. 그가 이탈리아 여행시의 일기에서 예술가의 사명은 르네상스 예술가들이 추구했고 또 작품 속에 실현시켰던 조화('음악')를 회복하는 것이라 지적한 것도 이러한 맥락에서 이해되어야 할 것이다. "현대의 예술가는 잃어버린 리듬(음악)을 찾아 나선 사람이다. 격정에 휩싸여 서두르는 그는 자신에게 시간이 얼마 안 남았으며 그 얼마 안 되는 시간 동안 무언가를 찾아내지 않으면 파멸할 수밖에 없다고 느낀다"(BS II: 402). 여기서 느껴지는 예술가의 절박한 소명 의식은 〈이탈리아 시〉뿐 아니라 블로크의 제3기 대부분을 관통하고 있는데 제3기에 들어서면서 점차 강도를 더해 가는 자연의 힘, 조국 러시아, 혁명에 대한 관심은 바로 이 잃어버린 리듬을 회복하려는 시인의 의지를 반영한다.

〈성모 수태고지〉는 이러한 예술적 사색을 구체적인 한폭의 회화를 대상으로 하여 전달한다. 블로크의 일기에 의하면 그는 1909년 5월 25일 페루지아의 콜레지오 델 캄비오Collegio del Cambio에서 감상한 지아니콜로 만니Gianicolo Manni의 프레스코 〈성모 수태고지〉를 토대로 하여 해당 텍스트를 집필한 것으로 추정된다(BS II: 404). 콜레지오 델 캄비오 방문을 기록한 일기와 〈예술의 번개〉 모두에서 언급되는 "검은 얼굴의 천사", "붉은 의상", "어두운 황금빛 배경"은 텍스트에서 그대로 반복됨으로써 프레스코와 텍스트 간의 상호텍스트적 관련성을 시사한다(BS II: 123, 404). 만니의 프레스코는 성서 속의 사건, 즉 성모 수태고지를 시각화한 작품이므로 블로크의 시에는 두 개의 텍스트(성서 텍스트와 회화 텍스트)가 포함되어 있는 셈이다. 그것들은 시의 테두리 안에 독립적으로 존재하는 것이 아니라 다중 박스형의 질서를 형성한다. 다시 말해서 성서 텍스트는 회화 텍스트 속에 포함되어 있고 후자는 다시 시 텍스트에 포함되어 있다. 따라서 시는 '텍스트에 관한 텍스트'에 관한 텍스트가 되며 여기에서 이 시의 축을 이루는 시각의 충돌이 발생한다.

회화 텍스트의 작가는 자신의 '시각'에서 성서 속의 사건을 해석하고 시인 또한 자신의 '시각'에서 회화 텍스트를 해석한다. 그러므로 시인은 화가가 해석한 사건을 재해석하는 인물이며 양자 간의 시각의 차이는 필연적으로 코딩 시스템의 차이를 수반하게 된다. 상호텍스트성의 견지에서 볼 때 삽입된 텍스트가 존재할 경우 언제나 문제가 되는 것은 텍스트 간의 접촉을 가능하게 해주는 코드를 규명하는 일이다. 낯선 텍스트가 도입될 경우 해당 텍스트의 코드가 갖는 이종異種적 성격이 드러나기 때문이다(Lotman 1981: 10). 블로크는 다른 텍스트를 포함하는 텍스트를 포함시킴에 있어 전자의 코딩 시스템과 상반되는 코딩 시스템을 도입하는데 텍스트의 모든 대립적 모티프들—과거와 현재, 신성과 불경, 시간과 비시간—은 이 코딩 시스템의 대립에서 분만된다고 말할 수 있다. 블로크가 사용하는 코드는 르네상스 화가가 사용한 코드를 해체시키는 분신이다.

감각적, 지적, 정신적 사랑의 각 단계를 거쳐 신과의 신비한 합일에 도달한다는 생각은 중세와 르네상스기의 신플라톤주의자들 사이에서 보편적으로 발견된다(Krailsheimer 1971: 24). 매력적인 자웅동주 신화(모든 연인은 원래 하나였던 자신의 반쪽을 찾고 있다는 생각), 육체로부터 자유로운 사랑의 '정신화spiritualization', 현세적인 사랑에서 신적인 사랑의 반영과 예시를 발견하려는 경향—이런 것들은 르네상스 문학에서 끊임없이 반복되는 플라톤주의적 특징이다(Krailsheimer 1971: 24-25). 플라톤주의적 사랑의 관념은 르네상스 예술가들에게 낯익은 성서적 주제를 화폭에 옮기는 데 있어 중세나 비잔틴의 성상화에서와는 다른 코드를 허용해 주었다. 어떠한 지상적인 기호도 신성한 진리의 상징일 수 있으므로 성화의 주제 역시 현세적인, 불경한 언어로 표현될 수 있었다. 성서 속의 인물은 당대 이탈리아의 의상과 배경 속에서 그려졌으며 아가페적인 사랑의 테마는 에로스적인 표현과 무리 없이 어우러질 수 있었다. 심지어 가브리엘 천사가 마리아를 방문하여 성부의 뜻을 전하는 '성모 수태고지'까지도 지상적인 구애의 맥락을 수반하였다. 르네상스 화가들은 동시대의 피와 살을 가진 처녀에게 불경한 육신의 기적적인 변용을 실현시킬 수 있는 잠재력을 부여함으로써, 즉 신적인 것의 체현으로서의 육체를 보여줌으로써 성모 수태고지의 상징적 차원과 비유적 차원을 결합시켰다(Pirog 1983: 93). 르네상스 화가들에게 있어서 회화는 지상적인 것과 천상적인 것, 인간적인 것과 신적인 것, 불경과 신성이 완전히 하나로 종합되어 신과 인간의 이상적인 합일을 비쳐 보여 주는 거울이었다. 만니의 〈성모 수태고지〉는 동시대의 다른 화가들의 작품에 비해 현세적 디테일을 결여하지만 역시 육체의 아름다움에 대한 생생한 묘사를 특징으로 하며 블로크에게 영감을 주었던 점도 바로 이 프레스코가 보유하는 신적인 것과 인간적인 것의 이상적인 합일이었다.

블로크의 시는 공시적으로 고정된 회화를 관찰한 서정적 자아가 회화의 여백에 새겨진 무언의 성서 스토리를 언어로 재구성한 형태를 취한다. 시인이 재구성하는 과정에서 만니의 〈성모 수태고지〉는 여러 각도에서 왜곡되는데 이러한 왜곡은 르네상스 시대의 통일된 비전과 충돌하는 시인의 코드에서 비롯된다. 우선 시인의 코드로 재해석되는 '성모 수태고지'는 순수하게 시각적인 차원에서만 보더라도 만니의 프레스코, 동시대의 다른 화가의 성화, 그리고 비잔틴 성상의 세 가지 종류로 갈라진다. 해석 대상이 되는 텍스트가 만니의 프레스코임을 보여 주는 신호는 사실상 매우 미소하다. 11행의 "붉은 의상", 12행의 "벽의 황금빛", 17행의 "검은 얼굴의 천사"와 천사가 들고 있는 "나뭇가지" 등의 기본적인 디테일만이 만니의 프레스코와 일치할 뿐이다. 텍스트에서 제시되는 다른 디테일들은 동시대의 다른 작가가 그린 〈성모 수태고지〉를 연상시킨다. 예를 들어 2행에서 언급되는 구체적인 공간의 명칭 "움브리아Umbria"는 성서 텍스트를 동시대적으로 해석하는 르네상스 회화 스타일(Janson 1977: 468)을 설명해 주는 듯하다. 앞에서도 언급했듯이 르네상스 화가들에게 성서 속의 사건은 현재의 맥락을 수반한다. 따라서 나사렛 마을에서 일어난 사건은 화가가 속한 공간(여기서는 움브리아) 속에서 재현되고 마리아가 입은 옷이나 주변의 배경 또한 르네상스 시기의 이탈리아의 일상성을 반영한다. 해당 텍스트의 1연에 포함된 디테일—"움브리아의 여명", '장미꽃이 만발한 정원', "종소리" 등—은 모두 블로크가 관찰한 텍스트가 이러한 전형적인 르네상스회화임을 지적해 준다. 그러나 텍스트에서 묘사되는 마리아는 르네상스기의 〈성모 수태고지〉와는 또 다른 모습을 취한다. 만니의 프레스코 및 독일 르네상스 화가들, 이를테면 그뤼네발트 M. Grünewald 등의 성화에서는 마리아가 책을 들고 있는 모습으로 그려지는 반면에(Janson 1977: 468; Pirog 1983: 89) 해당 텍스트의 마리아는 비단을 짜고 있는 것으로 묘사된다(8행, 13행). 바느질하는 마리아는 주로 비잔틴

계열의 성상에서 발견되므로(Weitzmann 1978: 92-93, 128-129) 블로크의 해석은 의도적으로 만니의 시각적 상상력을 왜곡시킨 셈이 된다.

이러한 관찰을 종합해 보건대, 텍스트와 만니의 회화가 갖는 공통점은 독자의 기대와는 달리 미약하다. 다시 말해서, 텍스트가 집필되기까지의 주변 상황, 전기적 맥락 등을 고려해 볼 때 텍스트에 삽입된 회화는 만니의 프레스코이지만 텍스트 내의 묘사는 그것이 르네상스기의 다른 성화도 될 수 있고 비잔틴의 성상도 될 수 있음을 보여 준다. 블로크는 특정 프레스코를 여러 모습으로 분열시킴으로써 그것이 삽입된 텍스트로서 갖는 의미를 말소한다. 블로크의 시지각에 포착된 르네상스 화가의 통일된 비전은 부분부분 해체되고 그 비전 속에서 선과 형태와 색채의 언어로 해석되었던 성서 속의 사건은 블로크 자신만의 코드로 다시 해석된다.

블로크의 '성모 수태고지' 해석은 르네상스기의 화가가 사용했던 성과 속의 종합적인 코드를 부정한다. 루가의 복음서에 기록된 성스러운 사건은 블로크의 코드를 통해 세속적인 구애의 스토리로 뒤집혀진다. 텍스트는 제1연에서부터 천사와 마리아의 대면을 위해 연애시의 상황을 설정한다. 움브리아의 여명은 형용사 "애무하는"의 수식을 받으며 뜨락에서는 전통적인 사랑의 상징인 "장미"가 개화하고 있다. 그리하여 기원전 나사렛의 작고 초라한 오두막은 장미가 만발한 에로스의 정원으로, 연애시인의 이상향으로 '해석'된다. 장미는 로마가톨릭에서 성모 마리아와 연관되지만 적어도 제1연의 의미론은 장미와 성모 마리아를 신성의 차원에서 연결시켜 줄 아무런 단서도 제공하지 않는다. 한편 장미가 함축하는 사랑과 정열은 제3연에서 "붉은 의상"으로, 그리고 더 나아가 5연에서 나뭇가지를 수식하는 형용사 "대담한"으로 연장된다. 게다가 전통적으로 그리스도교, 특히 중세 성상에서 성모 마리아의 순결의 표상으로 사용되어 온 백합에(Cirlot 1983: 188-189) "대담한"이란 수식어가 부여되면

서 선행 연들에 누적된 세속적인 정열의 의미론은 더욱 무거워진다.[36]

수태고지의 핵심인 천사의 인사는 이러한 연애시의 분위기 속에서 세속적인 구애의 언어로 확정된다. 복음서에 의하면 가브리엘 천사가 마리아의 집에 들어가 하는 인사말은 "은총을 가득히 받은 이여, 기뻐하여라"로 시작한다(루가 1: 28-29). 그러나 블로크의 텍스트에서 "검은 얼굴의 천사"가 마리아에게 하는 말은 "안녕하십니까, 그대는 아름다움으로 가득 차 있소"이다. 천사의 첫 마디 "기뻐하여라raduisia"는 블로크의 코드를 통해 평범하기 짝이 없는 "안녕하십니까zdravstvui"로, 그리고 "은총을 가득히 받은 이"는 "아름다움으로 가득찬 이"로 변형된다. 성서의 은총을 대체하는 '아름다움'은 신적인 사건을 인간적인 사건으로 전환시킬 뿐 아니라 의도적으로 레르몬토프M. Lermontov의 포에마 〈악마Demon〉를 상호텍스트로서 연상시킨다(Pirog 1983: 102). 레르몬토프의 악마가 순결한 처녀 타마라를 유혹함에 있어 내뱉는 첫 마디는 "그대는 아름답소Ty prekrasna"(Lermontov 1986 II: 62)이기 때문이다. 19행의 형용사 "열정적인strastnyi"은 천사의 인사를 악마의 유혹으로 해석하는 데 또 다른 실마리를 제공한다. 러시아어의 'strastnyi'는 '정열'과 '수난'을 동시에 의미한다.[37] 이 형용사가 갖는 이중적인 의미는 해당 문맥에서 천사의 인사를 정열적인 사랑의 고백으로 해석할 수 있는 여지를 마련해 줌과 동시에 또한

---

36 만니의 프레스코에서 천사는 사실상 분홍빛과 노란빛으로 채색되어 있다. 블로크는 '정열'의 모티프를 전경화시키기 위해 의도적으로 천사의 의상을 붉은색으로 묘사한 것으로 추정된다(Pirog 1983: 92).

37 파스테르나크의 《의사 지바고Doktor Zhivago》는 그 어떤 사전보다도 정확하게 러시아 문학에서 'strast''가 갖는 의미를 설명해 준다. "슬라브어의 '스트라스트'는 무엇보다도 고통, 주의 수난, '주 스스로 고난을 당하다'라는 뜻이지요. 그리고 이 말은 그 후 러시아어에서 악덕이라든가 정욕이란 뜻으로도 사용되었어요. 이를테면 '내 영혼 짐승같이 정욕에 사로잡히다'라는 뜻으로도 사용되었어요"(Pasternak 1990 III: 407).

그 고백이 사실은 무서운 유혹임을 암시한다. 21행의 "노래하다"와 "속삭이다" 역시 성서의 기록과는 무관한 행위로서 가브리엘을 유혹자-악마로 인식하는 데 부가적인 역할을 한다.

이번에는 천사의 수태고지에 대한 마리아의 반응을 살펴보자. 마리아의 반응은 언어와 제스처 모두에 있어 성서 텍스트로부터 이탈한다. 성서에 의하면 마리아는 천사의 방문에 놀라워 하지만 곧 하느님께 순종하는 답변을 하게 된다. "이 몸은 주님의 종입니다. 지금 말씀대로 저에게 이루어지기를 바랍니다"(루가 1: 38). 그러나 시 텍스트의 마리아는 "내가, 내가?"(25행)라고 하는 지극히 모호한 답변을 할 뿐이다. 이 말은 여러 가지로 해석될 수 있다. 즉 천사의 "그대는 아름다움으로 가득 차 있소"라는 말에 대해 그것이 정작 사실인가라고 되묻는 것으로 이해될 수도 있고 피로그의 지적처럼 '내가 과연 선택된 존재란 말인가'의 뜻으로 이해될 수도 있다(Pirog 1983: 106). 어찌되었건 순종의 의미를 결여하는 마리아의 대답은 신성한 사건에 대한 악마주의적 해석의 가능성을 더욱 높여 준다. 마리아의 얼굴에 나타나는 표정도 마찬가지이다. 24행의 "어두워진, 흐려진 시선", 그리고 29행의 "알 수 없는 고통"에서 드러나듯이 그녀를 사로잡는 것은 절대자의 뜻에 따라 선택된 존재라는 데서 오는 기쁨이나 순명이 아니라 불안과 고통이다. 이때의 마리아는 성서 속의 마리아나 성상화가의 회화 속의 마리아보다는 악마의 유혹 앞에서 두려움에 떠는 레르몬토프의 타마라에게 더 가깝다고 볼 수 있다.

천사와 마리아의 관계가 신성함이 아닌 고통과 폭력의 관계라는 것은 31행과 32행에서 "그리핀"과 "수송아지"의 상징을 통해 변주의 형태로 나타난다. 그리핀은 전통적으로 생명의 나무 옆에서 구원의 길로 인도하는 수호신으로 표상된다. 중세 그리스도교 예술에서 그것은 그리스도를 상징하거나 반대로 반그리스도를 상징하기도 한다(Cirlot 1983: 133). 이렇게 이중적인 그리핀은 시인의 코딩 시스템을 거치면서 '횡포의 상징'으로 해석되며 그것이 수송아지를 할퀴는 것은 결국 악마의 유혹에 대한 패러다임이 된다. 그리핀과 악마는 모두 고통과 파괴의 초래를 공통점으로 하기 때문이다.

회화 텍스트에서 화가가 천사와 마리아의 관계에 자신과 당대의 평범한 처녀의 모습을 투사시켰다면 시인은 그 복합된 이미지에 악마와 타마라의 모습을 첨가한다. 마리아는 초기에 시인의 이상이었던 '아름다운 부인'의 이미지와 '미지의 여인'의 이미지를 거치면서 등장하는 제3기적 인 인물이다. 그녀의 이미지는 7행의 "개벽 이전의 원"과 30행의 "얼굴의 빛나는 동그라미"에서 연상되는 전자의 천상적 의미와 후자의 지상적 의미 모두를 어느 정도 공유하지만 양자의 이미지가 하나로 종합될 수 있는 의미론적 공간은 제공하지 못한다. 여기에서 '아름다운 부인'과 그것의 추락한 분신인 '미지의 여인' 간의, 혹은 보다 광역적인 의미에서 테제와 반테제 간의 거리를 메우려는 시인의 의도는 또다시 벽에 부딪치게 된다. '소돔'의 이상과 '마돈나'의 이상은 화해하는 대신 낭만적 악마주의와 종교 문학의 변주를 창조해 낼 뿐이다.

이상에서 살펴본 바와 같이 텍스트에는 두 가지 시각, 두 가지 코드가 충돌한다. 첫째는 성서 속의 사건을 신성과 불경의 합일을 통해 인식하는 르네상스 화가의 시각이고 두 번째는 동일한 사건을 불경한 에로티시즘과 악마주의의 도움으로 인식하는 시인의 시각이다. 현대의 시인이 이탈리아에서 마주한 것은 신성함과 불경함을 불가분의 것으로 만들어 주는 일종의 삶의 방식이었다. 적어도 시인 화자 자신의 세계관에 모델을 제공해 준 르네상스 예술가가 전달하고 기록한 바의 삶의 방식에 의하면 양자는 불가분의 것이었다. 시인은 기존의 상징 시스템에 코딩된 이러한 구세계관을 현대세계에 대한 모델로 사용하는 가운데 자신의 시대에 신성과 불경은 돌이킬 수 없이 분리되어 있음을 체득하게 된다(Pirog 1983: 122). 신성과 불경이 화합할 수 없듯이 과거와 현재 또한 영원히 분리되어 버렸음에 대한 자각은 블로크의 제3기가 여전히 진테제에 도달하지 못했음을, 적어도 예술은 더 이상 천상과 지상의 거룩한 화해를 위한 장이 아님을 보여 준다. 사이클의 열두 번째 시에서 시인이 예술을 무거운 짐으로 정의 내리는 것도 바로 이러한 맥락에서이다. "예술은—어깨 위의 짐,/ 그럼에도 우리 시인은 얼마나 귀하게 여기는가/순간적인 사소함 속의 삶을!".

마지막 연에 등장하는 '예술가'(화가)는 언어, 그리고 언어로 된 예술에 대한 회의라는 측면에서 볼 때 몇 가지 흥미로운 논의를 유발시킨다. 여기서 '예술가'는 복잡한 시간의 망조직에 걸리면서 궁극적으로 텍스트의 가장 기본적인 시각의 대립을 실현시킨다. 텍스트적인 상황에 미루어 볼 때 그는 즉각적으로 〈성모 수태고지〉를 그린 만니, 혹은 조금 더 보편적으로 말해서 르네상스 시대의 화가 일반을 지칭할 수 있는데 여기서 흥미를 끄는 것은 그가 세 개의 시간대에 존재할 수 있다는 점이다. 우선 34행의 내용에 미루어(그는 "무서운 고통의 십자가를 예견한다") 그는 천사와 마리아의 조우의 순간에 존재한다. 그래야만이 아직 태어나지 않은 그리스도의 수난을 미리 볼 수가 있기 때문이다. 그러나 만일 '예술가'가 만니를 지칭한다면 그의 존재 시간은 물론 회화의 창조 시간과 동일시된다. 그럴 경우 그가 "예견"하는 그리스도의 수난은 스스로의 회화에 새겨진 것으로 그의 예견은 일종의 예술적 상상력이라 말할 수 있다. 한편, 34행과 35행의 동사의 현재시제를 문자 그대로의 '현재'로 해석한다면 그는 블로크가 프레스코를 감상하는 시간과 공간에 속한 존재가 된다. 그리고 그가 예견하는 "십자가의 고통"은 예술가가 짊어져야 하는 '어깨 위의 무거운 짐'에 대한 메타포로 이해될 수 있다.

이렇게 세 가지 시간대에 자유롭게 존재할 수 있는 '예술가'는 33행의 "오로지"에서 알 수 있듯이 다른 사람과 구별되며 그의 존재 영역 또한 "휘장"에 의해 외부 영역으로부터 분리된다. 시공적 존재이면서도 스스로의 시간과 공간을 초월하여 그 어떤 역사적 사건 속에서도 현존할 수 있는 존재, 이것이야말로 블로크가 이상으로 생각하는 예술가의 위상이다. 블로크는 르네상스 화가에게서 이러한 이상을 발견했지만 그 발견은 곧 그것이 현재에는 이루어질 수 없는 이상임에 대한 자각으로 전도된다. 이 점에서 라틴어로 기술되는 '예술가'의 중얼거림(35, 36행)은 과거에 존재하는 시인의 이상이 현재의 시인 자신에게 던지는 언어적 반격이라 할 수 있다. 실제로 블로크가 콜레지오 델 캄비오에서 발견한 문구는 다음과 같다. "나 고하노니 물러가거라, 이곳은 성스러운 장소이다, 불경한 자여 물러가거라Ite procul moneo sacer est locus ite profani"(BS II: 404). 성전이나 종교문학에서 흔히 볼 수 있는 이러한 문구는 해당 시에서 "물러가거라 불경한 자여, 이곳은 사랑의 성스러운 장소이다Profani, procul ite, Hic amoris locus sacer est"로 변경된다. 블로크가 이상으로 생각하는 화가는 에로스amoris와 신성sacer을 등가화함으로써 해당 텍스트에서 개진되어 온 시인의 해석을 전면적으로 말소한다. 이렇게 볼 때 여기서 '예술가'가 "불경한 자"로 부르는 존재는 결국 시인 자신이며 '예술가'는 시인의 자기 아이러니를 반영하는 분신이 된다고 할 수 있다.[38]

블로크가 이탈리아를 여행하면서 경험하는 염세주의는 어떤 기호들은 더 이상 시인과 그의 세계를 초월성(즉 그의 삶과 작품에 시간의 절박함, 그

38 피로그는 "불경한 자"가 2연의 "다정한 여자친구들"이라고 추정하지만(Pirog 1983: 108) 실제로 화가의 전기적 상황이나 그의 회화 속에는 아무런 "여자친구들"도 존재하지 않으므로, 즉 "여자친구들"은 오로지 블로크가 재구성한 스토리 속에만 존재하므로 화가가 그들을 가리키며 "불경한 자"라고 할 수 있는 근거는 희박하다.

리고 궁극적으로 언어의 상대성으로부터 자유로운 존재론적 안전성을 부여하는)과 합일시켜 주지 못함을 자각하는 데서 비롯한다(Pirog 1983: 41). 해당 텍스트에서 테마론적 축을 이루는 신성과 불경의 대립은 이러한 합일의 불가능을 표현하는 장치 중의 하나로 여기서 문제가 되는 것은 신성함이나 불경함 그 자체의 의미보다는 과거의 화가가 성취한 조화가 언어로 작업하는 시인에게서는 불가하다는 사실이다. 이는 비단 〈성모 수태고지〉나 〈이탈리아 시〉 사이클에만 국한된 것이 아니라 명시성의 정도의 차이는 있지만 제3기에 씌어진 다양한 작품에서 보편적으로 나타난다. '아름다운 부인'의 이상과 '미지의 여인'의 이상을 시를 통해 하나로 종합하려는 그의 시도가 강렬해질수록 그것이 궁극적으로 실패할 것이라는 생각 또한 더불어 강렬해지므로 블로크는 더욱더 언어가 아닌 다른 절대적 가치를 추구하게 되며 그의 시는 이른바 '진테제' 시기에 이르러서도 모든 차원에서 분열과 해체를 보여 주게 되는 것이다. 말은 끝까지 시인에게 고통의 원천이었다.

II 오시프 만델슈탐

아름다움과 사상의 요람이자 그릇인
언어가 인간을 위해 스스로 생각하고
말하기 시작한다……
—B. 파스테르나크

1 '말 사랑'의 에세이

만델슈탐이 일생 동안 가장 사랑했던 대상은 '말slovo'이었다. 물론 시인이 창작의 재료인 시어에 관심을 쏟는다는 것은 당연한 일이겠지만 만델슈탐의 경우 말은 단순한 언어적 재료의 차원을 훨씬 넘어 절대적이고 궁극적인 리얼리티로 고양된다. 말은 한 편의 시를 구성하는 개개의 단어에서 출발하여 산문어와 구별되는 시어 일반, 외국어와 구별되는 모국어, 인류 공동의 유산인 세계어, 말로 지어진 시 일반으로 연장될 뿐 아니라 시인이 지적 정체성과 시적 정체성의 합일을 추구하는 과정에서 역사 및 문화와 동일시된다.[1] 그리고 이러한 말의 개념은 언제나 만델슈탐

---

1 시적 정체성poetic identity과 지적 정체성intellectual identity은 해리스J. G. Harris의 표현을 빌려 온 것으로 그녀에 의하면 만델슈탐의 창작 제1기라 할 수 있는 1923년까지는 시적 정체성과 지적 정체성 간의 관계를 이해하려는 노력이 지배적인 시기이고 제2기인 1923년부터 1930년까지는 그 정체성의 적절한 표현에 대한 탐구의 시기라고 할 수 있다(Harris 1979: 4).

자신의 표현을 빌려 '말 사랑'의 철학을 담보한다. 그는 우리말로 '언어학' 내지는 '문헌학'이라 번역되는 '필롤로지'의 어원적 의미인 '말 사랑 philia+logos'을 시적 세계관의 토대로 삼는다. 말 사랑—이는 만델슈탐의 시 전체, 그리고 에세이 및 문학적 산문 전체를 일관되게 관통하여 흐르는 기본명제이다.[2] 추상적인 문학이 다수의 청자를 상대로 한 "강연"이요 광활한 "거리"라면 필롤로지는 소수의 학생들이 오붓하게 토론을 즐기는 대학의 "세미나"요 화목한 "가정"이다(MSS II: 249). 그것은 "억양과 인용과 인용부호 속에서 유지되는" 가정이며 "무한히 독창적이고 순수하게 언어적인 뉘앙스를 배경으로 하는" 가정이다(MSS II: 249). 시인은 문자 그대로 "말을 사랑하는 사람", 즉 "영원한 필롤로지스트vechnyi filolog"이며(MSS II: 249) 시인의 창조적 충동은 "말 사랑의 충동philological impulse"이다(Harris 1979: 15). 말 사랑은 한마디로 만델슈탐에게 모든 창조의 모태, 즉 "어머니-필롤로지matushka filologiia"이다(MSS II: 184). 따라서 브라운C. Brown이 만델슈탐의 말 이론을 가리켜 철학자의 이론이 아닌 '연인'의 이론이라 부른 것은 만델슈탐의 필롤로지에 대한 정확한 지적이었다고 볼 수 있다(Brown 1973a: 236).

만델슈탐의 말 사랑은 그의 시에서 두 가지 구체적인 양상으로 실현된다. 첫째, 말, 혹은 말이 내포하는 다양한 의미, 말과 관련된, 혹은 말로 이루어진 개념들은 텍스트에서 빈번히 주제의 위치를 차지한다. 뿐만 아니라 그가 다른 주제를 다룰 때에도 그것은 매우 특징적이게도 말의 맥락에서, '언어적으로' 취급된다. 그는 인류, 민족, 인간의 운명, 그들의 승리와 업적, 및 실패와 상실과 패배를 근본적으로 '언어적인slovesnyi' 것으로 인식한다(Terras 1973: 459). 요컨대 그의 세계는 '말의' 세계이다. 둘째, 말을

2 문학적 산문이란 회고록과 자전적 소설의 형태를 결합시킨《시간의 소음Shum vremeni》, 《이집트 우표Egipeskaia marka》등을 말하며 에세이란 평론과 리뷰 등을 말한다.

사랑하는 사람의 입장에서 만델슈탐이 생각하는 시어의 특질은 그가 실제로 선택한 시어의 의미론과 맞물리면서 텍스트를 무한히 복잡한 말의 미궁으로 변모시킨다. 그는 말의 소리, 모양, 의미, 연상, 개성, 그리고 말이 그에게 부여한 엄청난 힘을 숭배했다(Brown 1973a: 236). 이러한 숭배는 그가 채택한 어휘의 소리와 의미와 연상에 반영되며 이로부터 만델슈탐 특유의 의미론이 발생한다. 이 장에서 논의하게 될 것은 바로 이 두 가지, 즉 만델슈탐의 시에 나타난 말의 테마와 의미론이다.

그러나 본론으로 들어가기 전에 일련의 에세이에서 그가 피력하고 있는 '말 사랑의 철학'을 좀더 자세히 규명해 볼 필요가 있다. 대부분의 만델슈탐 학자들이 동의하듯이 만델슈탐의 시와 산문, 특히 평론적인 에세이들은 '보완의 원칙printsip dopolnitel'nosti'에 의해 하나로 연결된다(Segal 1983: 325). 다시 말해서, 평론적 산문은 시에서 제기되는 시어와 시창작의 본질 및 시인의 위상에 대한 일종의 주석이자 논평이며 시는 산문에서 진술되는 시인의 견해에 대한 예시라 할 수 있다(Levin 1972). 또한 시 텍스트에서 결정화되는 시적 의미론의 가장 근원적인 원칙들은 문학적 산문의 구성 속으로 영입한다(Segal 1983: 325). 시와 산문이 보유하는 완벽한 통일성, 그리고 풍요로운 상호텍스트적 관계는 양자를 개별적으로 해석하는 것을 불가능하게 만든다(Ronen 1968: 252). 해리스는 만델슈탐의 시와 산문의 관계가 보여 주는 진화를 이렇게 요약한다.

> 만델슈탐이 성숙해 감에 따라 그의 시와 산문의 연계성도 점차 공공히 되어 갔다. 에세이의 테마가 시에 영향을 주었을 뿐 아니라 그의 삶과 문학의 전환점이라 할 수 있는 1923년에는 시의 언어적 조직이 문학적 산문에서 표현되기 시작했다. (…) 그가 마침내 자신의 궁극적인 주제를 '필롤로지'라 정의하게 되었을 때 시적 표현의 문제, 장르 및 새로운 형식 실험

에 대한 관심은 고조되었다. 이러한 현상의 결과는 1921-1925년 사이에 씌어진 시 및 1920년대와 1930년대에 씌어진 비평적 에세이, 문학적 산문, 그리고 논쟁문 등에서 찾아볼 수 있다.(Harris 1979: 4-5)

물론 그의 에세이는 그 자체로서 20세기 러시아 산문의 백미로 손꼽히는 것이 사실이지만(Brodskii 1976: 8) 시학도에게 있어서는 무엇보다도 그의 시를 이해하는 데 하나의 결정적인 실마리를 제공해 준다는 점에 그 의의가 있다. 특히, 말에 관한 부분에서 그의 에세이스트로서의 입장과 시인으로서의 입장은 수렴하며 그 수렴하는 점은 그의 시학의 신비한 세계를 여행하는 데 이정표를 제공해 준다. 만델슈탐의 시에 관한 가장 확실한 해석은 다른 어떤 평론가의 저작에 앞서 이미 그 자신의 에세이에 때론 직접적으로 때론 메타포를 통해 제시되어 있는 것이다.

말이 곧 시의 리얼리티라는 점은 아크메이즘의 선언문이라 할 수 있는 초기 에세이 〈아크메이즘의 아침Utro Akmeizma〉에서부터 분명하게 진술된다. "예술작품의 소박한 외모는 그것이 담고 있는 무서울 정도로 압축된 리얼리티를 염두에 둘 때 기만적이라 할 수 있다. 시에서 그 리얼리티는 말 그 자체이다"(MSS II: 320).[3] "무서울 정도로 압축된 리얼리티"는 그의 다른 에세이 〈말과 문화Slovo i kul'tura〉에서 성서적 비유를 통해 다시 한번 강조된다. 여기서 말은 "말씀이 사람이 되셔서 우리와 함께 계셨는데"(요한 1:14)라는 요한 복음의 첫 부분을 강하게 연상시키는 개념, 즉 '몸plot''과 '빵khleb'에 비유된다(MSS II: 225). 말씀의 육화, 성체 안에 살

3 여기서 만델슈탐이 사용하고 있는 '말 그 자체'란 표현은 미래주의자들에게서 빌려 온 것이지만 의미에 있어서는 그들이 말하는 '의미를 초월한 말 그 자체'에 반대된다. 그는 미래주의자들과 논쟁하기 위해 의도적으로 그들과 동일한 용어를 사용했다고 생각된다.

아 계신 그리스도에 비유되는 말은 따라서 가장 신성한 것과 동의어가 된다. 그것은 요컨대 "절대성으로서의 말slovo-absoliut"이다(Terras 1973: 458). 그는 또한 같은 에세이에서 "말-영혼Slovo Psikheia", 혹은 "살아 있는 말zhivoe slovo" 등의 표현을 사용하는데(MSS II: 226) 이는 말을 하나의 힘으로 생각하는 그의 신칸트주의적 이상주의를 반영한다. "절대성으로서의 말에 대한 만델슈탐의 숭배는 모든 측면, 즉, 종교적, 미학적, 철학적 측면에서 드러난다. (…) 종교적 정서처럼 살아 있는 말은 모든 무게, 특히 시간의 무게를 극복한다. 살아 있는 말은 예술처럼 하나의 힘, 진수가 결정된 생명의 충동이다"(Terras 1973: 458-459).

이렇게 말에 절대적 가치를 부여한 만델슈탐은 문학과 문화와 역사 속에서의 말의 기능에 눈을 돌린다. 그는 우선 〈말의 본질에 관하여O prirode slova〉에서 러시아문학은 통일된 전체인가, 그리고 만일 그렇다면 통일의 원칙은 어디에 있는가라는 문제를 제기하면서 그것에 대한 해답을 러시아어에서 구하려 시도한다.

> 통일성은 다양한, 그리고 분산된 문학의 현상을 시간 속에 전개시킬 수 있도록 허용해 주는 주축이다. 설령 그것이 조건부의 통일성이라 할지라도 해당 민족문학의 통일성의 기준은 그 민족의 언어뿐이다. 그 밖의 모든 기준은 부차적이고 무상하며 자의적이다. 언어는 비록 끊임없이 변화하지만 단 한순간도 정적 속에 얼어붙는 법이 없다. 그것은 필롤로지스트의 의식 속에서 눈을 찌를 듯이 선명한 한 개의 점으로부터 다른 점으로 움직이며 모든 변화의 경계 내에서 항수로, 내적으로 통일된 '불변수'로 남아 있다. 모든 필롤로지스트는 언어의 자의식에 적용된 바의 개인적 정체성이 무엇인지 이해할 것이다.(MSS II: 244)

모든 변화의 소용돌이 속에서 항구하게 남아 있는 언어는 민족의 언어이며 여기에서 모국어에 대한 만델슈탐의 사색이 흘러나온다. 필롤로지스트의 시각에서 그가 생각하는 러시아어는 "헬레니즘적 언어 ellinisticheskii iazyk"이다. "여러 가지 역사적 사정 덕분에 헬레니즘 문화의 생명력은 라틴 영향권에 서구를 떠맡기고 자식도 없는 비잔티움에 잠시 머물렀다가 러시아어의 품으로 곧장 달려갔다. 그것은 러시아어에 헬레니즘 세계관의 자신만만한 신비, 자유로운 육화의 신비를 부여해 주었고 '바로 그 때문에 러시아어는 울려 퍼지는, 말하는 몸이 되었다'"(MSS II: 245). 이 대목에서, 그리고 그의 다른 에세이에서 헬레니즘은 독특한 비유적 의미를 갖는다. 뿐만 아니라 만델슈탐 학자들이 그의 시에 적용할 때도 그 용어는 다분히 비유적 맥락에서 사용된다. 일례로 레이필드D. Rayfield는 만델슈탐의 창조과정 전체를 헬레니즘적이라 표현하면서 그 이유를 이렇게 말한다. "그것은 영구히 시적인 요소가 현재 속에서 '인지'되길 추구한다는 점에서 헬레니즘적이며 (…) 시인을 언어 속에 내재해 있는 음악적 힘의 용기로 축소시키는 아폴론적 힘을 감지한다는 점에서 헬레니즘적이다"(Rayfield 1976: 387).

사실 그의 시에서 증명되는 고대 그리스 로마 문화에 대한 해박한 지식과 집착을 테마론의 영역에 일단 고립시킨다면 에세이에서 사용되는 헬레니즘이란 용어는 전적으로 메타포로 이해해야만 한다. 테라스가 만델슈탐에게 헬레니즘은 말 사랑과 동의어라고 주장하는 것도 이러한 입장에서이다.

> 언어철학, 미학, 그리고 시어론의 영역에서 만델슈탐 스스로가 '헬레니즘적'이라고 생각하는 사상은 고전세계와 단지 모호하고 간접적인 관계만을 가질 뿐이다. (…) 만델슈탐의 '헬레니즘적' 비전의 주된 대상은 말

이다. (…) 그것은 '필롤로기즘', 즉 말에 대한 존경과 사랑과 동일시된다. (…) 만델슈탐이 생존한 시대에는 이미 사장되어 버린 그리스 로마 문명의 전통은 말에, 그것의 예술적 배양에, 사고의 주된 도구로서의 사용에, 그리고 세계를 이해하려는 인간의 노력에서 그것이 수행하는 주도적 역할에 집중되었다.(Terras 1966: 252-53)

헬레니즘은 자유와 기쁨으로 충만된 존재의 원초적 상태이며 만델슈탐이 동경하는 잃어버린 문화이다. 그는 러시아를 유럽 문명의 일부로 간주하고 있으며 따라서 유럽 문명의 원형인 그리스와 로마를 문화와 예술, 그리고 인간의 존재와 말의 초시간적인 모태로 생각한다. 이러한 시각에서 그는 헬레니즘을 다음과 같이 정의 내린다. "헬레니즘이란 의식적으로 인간을 냉담한 물건이 아닌 가재도구로 둘러싸는 일이다. 그것은 물건을 가재도구로 변형시키고 주위 세계에 인간성을 부여하며 섬세한 목적론적 온기로 데우는 일이다. 헬레니즘은 인간이 그 앞에 앉아 자기 체온과도 비슷한 열기에 찬사를 던지는 난로이다"(MSS II: 253). 그가 생각하는 헬레니즘은 인간적이고 자유롭고 낯익은 것이며 또한 베르그송 H. Bergson이 말한 바와 같은 내적으로 연관된 현상들의 시스템이다. "헬레니즘은 베르그송적인 의미에서의 시스템이다. 즉 인간이 시간으로부터 자유로우며 인간적인 자아를 통해 내적 연결에 종속되는 현상들의 부채처럼 자기 주위에 펼치는 그런 시스템이다"(MSS II: 253-254).

이렇게 그가 '러시아적인' 라틴어, 혹은 러시아어의 '헬레니즘적' 특성을 말할 때 그가 의도하는 것은 문자 그대로의 의미가 아닌, 비유적인, 베르그송적인 의미에서의 헬레니즘이다(Terras 1966: 265). 20세기 초의 유럽과 러시아의 시인들, 특히 후기 상징주의를 자처하는 일군의 시인들에게 베르그송의 영향력은 지대하였다.[4] 만델슈탐 역시 예외는 아니었다. 그는 자신의 미학적 견해를 뒷받침해 주는 버팀목을 베르그송의 현상 시스템 이론, 특히 '지속la durée', '창조적 진화', 혹은 영구한 가치의 무한한 반복과 변형에서 발견한다(Harris 1979: 615). 베르그송이《창조적 진화Creative Evolution》에서 개진하는 '직관'설, 그리고 직관을 통해 인간이 감지해야 하는 '충동의 통일성', 즉 '수세대를 거치며 개인과 개인을 연결해 주고 종과 종을 연결해 주는 충동의 통일성'(Bergson 1944: 272)은 만델슈탐의 '헬레니즘' 개념 및 문화와 역사 일반에 대한 시각에서 중추적 개념으로 작용한다. 그는 다시 '부채'의 비유를 사용하면서 베르그송의 이론을 설명한다.

> 현대의 철학은 변화의 소용돌이와 현상들의 부단한 홍수 속에서 통일성의 원칙을 보존하기 위해 베르그송이란 인물을 통해 (…) 현상 시스템에 관한 이론을 우리에게 제시한다. 베르그송은 현상을 그것들이 시간적 인과율의 법칙에 종속되는 방식이 아닌, 공간적 연장의 방식에 따라서 파악한다. 오로지 현상 간의 내적 연관만이 그의 관심을 끈다. 그는 그러한 연관을 시간으로부터 해방시켜 독립적으로 고찰한다. 그리하여 서로 연관된 현상들은 시간 속에서 펼쳐질 수 있으며 동시에 지성으로 이해될 수 있는 방식으로 닫혀지는 일종의 부채를 형성한다. 시간 속에서 통일된 현상을 그러한 부채에 비유하는 것은 그것들의 내적 연관만을 강조하면서 오랫동안 유럽 논리학자들의 정신을 지배해 온, 그리고 노예적으로 시간적 사유에 종속되어 온 인과율의 문제 대신 일체의 형이상학적 색채를 배

4 후기 상징주의 유파에 끼친 베르그송의 영향에 관하여서는 비교문화적 차원에서 프랑스 시인들과 구밀료프, 만델슈탐의 시적 철학적 비전을 광범위하게 논의한 Rusinko 1982를 참조하라. 보다 구체적으로 베르그송의 '지속'(러시아어로 'dlitel'nost'') 개념과 만델슈탐의 시간관 사이의 영향사적 관계에 대하여는 Fevr-Dupegr 1991을 보라.

제한, 그리고 바로 그 때문에 과학적 발견과 가정에 보다 생산적인 연관의 문제를 제기한다.(MSS II: 242)

베르그송의 철학적 맥락에서 정의된 바의 '헬레니즘적인' 러시아어는 내적으로 통일되어 있으면서 동시에 시간을 초월하며, 시간적으로 제한된 "역사적 현실 속에서 다른 모든 사실들을 제압하고 러시아 삶의 다른 모든 현상에게 닿을 수 없는 한계로 군림하는"(MSS II: 246) 언어이다. 그에게 러시아어는 모든 사건과 현상의 흐름을 담고 있는 소우주이며 그렇기 때문에 베르그송적인 연관의 원칙을 통해 헬레니즘으로 이어지는 '역사적'인 언어가 될 수 있다.

러시아어의 헬레니즘적 본질은 그것의 존재성bytiistvennost'과 동일시될 수 있다. 헬레니즘적 의미에서의 말은 사건 속에서 완성되는 능동적 육신(몸)이다. 그러므로 러시아어는 그 본질상 역사적이다. 왜냐하면 그것은 총체성에 있어 사건들의 사나운 바다이며 이성적이고 살아 숨쉬는 육신의 중단 없는 체현이자 운동이기 때문이다. (…) 러시아 유명론, 즉 말 그 자체의 리얼리티에 관한 생각은 언어의 영혼에 생명을 불어넣어 주고 그것을 헬레니즘의 필롤로지적 문화에 연결시켜 준다. 어원적 의미에서, 혹은 문자 그대로의 의미에서 그렇다는 것이 아니라 양자 모두에 담겨 있는 내적 자유의 원칙에 의해서 그렇다는 얘기다.(MSS II: 246)

그는 여기에서 한걸음 더 나아가 러시아어가 역사적일 뿐 아니라 역사 자체라고 말함으로써 말은 곧 문화이며 인류의 역사는 말의 역사, 문화의 역사라는 입장을 명백하게 표명한다. 그는 서구파 철학자 차다예프P. Chaadaev의 '러시아에는 역사가 없다'라는 진술에 대해 러시아어가 있는 한 역사 또한 존재한다고 응수한다. "그토록 고차원적으로 조직되고 그토록 유기적인 언어는 역사로 들어가는 문일 뿐 아니라 역사 자체이다"(MSS II: 247). 그러므로 만델슈탐에게 러시아의 존속, 러시아의 문화, 러시아의 역사, 즉 러시아의 모든 것은 말에 달려 있으며 말로부터 '파문' 당하는 것은 역사로부터의 파문, 즉 문화의 죽음을 의미한다(MSS II: 247). 그의 말 사랑은 궁극적으로 문화와 역사를 보존하는 유일하고도 고귀한 존재로서의 말에 대한 필롤로지스트의 숭배라고 바꿔 말해도 좋을 것이다. 말은 위기에 처한 문화를 지킬 수 있는 거의 유일한 요새인 것이다. "우리에겐 아크로폴리스가 없다. 우리의 문화는 여지껏 방황하고 있으며 아직도 의지할 담벼락을 찾지 못했다. 그러나 달Dal'의 사전에 수록된 단어 하나하나는 아크로폴리스의 단단한 벽돌이며 작은 크렘린이며 유명론의 날개 달린 요새이다. 그것은 헬레니즘 정신으로 무장한 채 사방에서 우리 역사를 위협하는 형태 없는 요소, 비존재와의 무자비한 전투에 임할 태세를 갖추고 있다"(MSS II: 251).

이상에서 살펴본 말의 개념들, 즉 육화된 말씀이며 생명이며 빵인 말, 역사이며 문화이며 또한 문화와 역사를 보존하는 요새인 말은 만델슈탐이 말의 가치를 어느 정도 소중히 생각하고 있었는지를 충분히 보여 준다. 그러면 이제 블로크와는 달리 학술적인 체계와 이론을 갖추고 있었던 만델슈탐의 시어에 관한 논의를 살펴보자.

만델슈탐은 시어의 의미에 대한 재정의의 필요성을 강조하면서 주된 논박의 대상으로서 상징주의, 미래주의, 공리주의에 각각 포함된 시어론을 거론한다. 첫째로, 아크메이스트의 견해를 선언하는 데 목적이 있었던, 따라서 상징주의와 미래주의의 시어 개념과 아크메이즘의 개념 사이의 차이점을 의식적으로 강조해야 했던 초기 에세이에서 그는 말에 그 기본적인 의미, 그의 표현을 빌자면 '로고스logos'를 되돌려 놓을 것을 강력하게 요구한다. 그에 의하면 미래주의자들은 "말의 의미를 내용이라고 자의적으로 간주하여" 그만 의미를 폐기해 버리는 오류를 범했다. 그러나 단어의 의식적인 의미, 즉 로고스는 형식과 반대되는 내용이 아니라 "상징주의자에게 음악이 그러했듯이 장엄한 형식이다"(MSS II: 321). "말 그 자체는 서서히 탄생하였으며 그것의 모든 요소는 하나씩 둘씩 점진적으로 형식의 개념에 한데 합쳐졌다"(MSS II: 321).

시어의 의미가 곧 형식이라고 주장하는 만델슈탐의 역설 저변에는 물론 미래주의자와의 논쟁이 숨겨져 있다. 이 책의 3장에서 보다 구체적으로 논하겠지만 '말 그 자체Slovo kak takovoe'를 비롯한 일련의 미래주의 선언문에서 관건이 되는 것은 언제나 의미의 틀에서 해방된 형식으로서의 말이다. 그들에게 기의는 곧 내용이며 기표는 곧 형식이다. 그리고 말 그 자체에서 지배적인 것은 후자이며 전자는 형식에 종속되거나 아예 고려 범위에서 제외된다. 크루초니흐는 선언문 〈말의 새로운 길Novye puti slova〉에서 이 점을 분명히 한다. "새로운 내용은 새로운 시적 표현의 수단, 즉 새로운 형식이 창조될 때에만 획득될 것이다. 개개의 새로운 형식은 새로운 내용을 창조하며 따라서 내용은 직접적으로 형식에 종속된다"(Markov 1972: 72). 그러나 말에 압축된 궁극적인 리얼리티를 존중하는 만델슈탐에게 형식과 내용의 이분법은 말에 대한 돌이킬 수 없는 모독이다. 그는 티냐노프 계열의 구조주의자들처럼 형식과 내용으로 이분되는 말이 아니라 내용은 형식이고 형식은 내용이 되는, 즉 내적 연관성에 의해 소리와 의미가 결합하는 유기적으로 통일된 전체로서의 말을 지지한다. 형식의 분석은 내용이 되고 내용의 구조는 형식이 되는 말, 바로 이러한 말이야말로 예술 텍스트의 '무서울 정도로 압축된 리얼리티'를 보장해 주는 로고스였다(Levin et al. 1974: 52-53). 뒤에 가서 다시 논하겠지만 미래주의에 대한 만델슈탐의 태도가 언제나 적대적인 것은 아니었다. 그는 심지어 자신의 시에 미래주의적인 '초이성어'를 도입하기도 했다. 그러나 그는 로고스를 제압하는 음성어를 사용할 때조차 언제나 로고스와 관련된 특수한 맥락 속에서만 그렇게 하였다. 한마디로 만델슈탐은 시적인 로고스의 가장 열광적인 지지자였다(Terras 1966: 251).

둘째, 만델슈탐이 시어를 규정하기 위해 선택한 또 다른 논박 대상은 상징주의이다. 제1장에서의 논의를 되풀이 말하자면, 상징주의는 시어의 '의식적인 의미'가 아닌, 시어가 상징하는 다른 어떤 의미를 강조한다. 단어와 지시대상 간의 관계는 제로화되고 단어는 순전히 지시대상이 아닌 다른 어떤 것을 상징하기 위해 존재한다. 따라서 《파우스트Faust》의 마지막 부분 "일체의 무상한 것은 한낱 비유이니Alles Vergangliche Ist nur ein Gleichnis"는 상징주의자들에게 진리처럼 받아들여졌고 괴테J. W. Goethe는 자신의 실질적인 의도와 상관없이 러시아 상징주의의 아버지로 변신하였다(Przybylski 1987: 71). 만델슈탐은 상징의 사용 자체에 반대하지는 않았으며 실제로 다의미적인 텍스트를 창조함에 있어 빈번히 상징에 의존하였다. 그가 비난한 것은 상징주의자들이 말에 본래부터 부여되었던 풍요로운 의미를 상실하였다는 점이었다. 그에게 상징은 말의 기능 중의 하나이지 말 그 자체는 아니었다. 그는 상징주의자들의 모토를 인용하면서 이렇게 반박한다. "일체의 무상한 것은 한낱 비유이니 장미와 태양, 비둘기와 소녀를 예로 들어 보자. 이들 이미지 중 어떤 것도 그 자체로 상징주의자들의 흥미를 끌지 않는다. 장미는 태양의 비유이며 태양은 장미의 비유이다. 비둘기는 소녀의 비유이며 소녀는 비둘기의 비유이다. 이미지들은 허수아비처럼 내장이 뽑힌 채 외래의 내용물로 채워진다. 그리하여 우리에게 남은 것은 상징주의자들의 숲이 아닌 허수아비를 생산하는 공방이다"(MSS II: 254).

따라서 그는 '상징의 숲' 대신 장미는 곧 장미이고 태양은 태양이라고 규정하는 '동일성의 원칙zakon tozhdestva'을 제시한다. "A=A. 시를 위해서 얼마나 장엄한 테마인가! (…) 아크메이즘은 애매모호한 'a realibus ad realiora' 대신 동일성의 원칙을 슬로건으로 삼는다"(MSS II: 324). 그가 말하는 동일성의 원칙이란 단어에 오로지 하나의 근원적 의미만을 허용하는 법칙이 아니라 기표와 기의, 기호와 지시대상 간에 있어야 할, 그러나 상징주의에 의해 상실된 모종의 원칙적 관계를 재설정해야 한다는 법칙으로 받아들여져야 한다. 만델슈탐이 반대한 것은 상징 자체가 아니라 '상징주의자적인' 상징의 오용이었다.[5] 이러한 입장은 사실상 아크메이스트들의 공통된 교의를 바탕으로 한것으로 쿠즈민M. Kuzmin의 "아름다운 명료성Prekrasnaia iasnost'"(Kuzmin 1910: 5-20)이나 구밀료프의 "주체와 객체 간의 정확한 관계적 의미"(Gumilev 1990: 55)와 그 맥을 같이한다고 볼 수 있다.[6]

마지막으로, 만델슈탐이 가장 단호하게 반대했던 것은 19세기적인 공

---

5 만델슈탐의 다음과 같은 진술을 상기해 보라. "그들은 모든 단어, 모든 이미지를 오로지 종교의식적 사용에만 적용시키기 위해 봉인해 버렸다. 그리하여 매우 불편한 상황이 야기되었다. 아무도 일어서거나 앉을 수 없었다. 왜냐하면 테이블은 더 이상 테이블이 아니기 때문이었다. 더 이상 램프를 켤 수 없었다. 왜냐하면 그것은 나중에 무언가 불행한 일을 의미할 수도 있기 때문이었다"(MSS II: 255).

6 아크메이스트들의 시어에 대한 '네오리얼리스트적' 태도는 서구의 이미지즘과의 비교고찰을 가능하게 해준다. 브라운은 아크메이즘과 이미지즘의 상호관련성을 이렇게 지적한다. "영미 이미지스트들의 목표와 러시아 아크메이스트들의 목표 간에 존재하는 유사성은 너무도 강렬하여 우리의 흥미를 참을 수 없을 정도로 자극한다. 그들은 고티에T. Gautier—파운드E. Pound와 구밀료프는 모두 그를 지도자로 열렬히 환영하였다—가 옹호한 것과도 같은 그런 유형의 시가 자신들의 시대에도 생육 가능함을 재발견하였다. 사실 구밀료프는 고티에의 《에나멜과 조가비Emaux et camées》를 러시아어로 번역하기도 했다. 이러한 공통의 근원 외에도 두 무리의 젊은 시인들을 정확성과 균형과 견고함, 그리고 거의 동물적인 직접성과 남성다움의 이상으로 몰고 간 다른 요인들을 열거할 수 있을 것이다"(Brown 1973a: 137).

리주의 전통이었다. 즉 말의 지시대상적 의미, 기호와 지시대상 간의 단일하고 고정된 일방향적 관계만으로 존속할 수 있었던 공리주의, 실증주의 시학 및 그러한 시학의 실질적인 적용이 그의 공격 대상이었다. 공리주의적인 시어의 개념에 대해 만델슈탐은 〈말과 문화〉에서 이렇게 반박한다. "어째서 말을 사물과, 잔디와, 그리고 말이 지시하는 대상과 동일시하는가? 사물은 진정 말의 주인인가? 말은 영혼이다. 살아 있는 말은 대상을 지시하지 않는다. 그것은 마치 거주할 장소를 선택하듯 지시대상적 의미와 사물과 사랑스러운 육신을 자유로이 선택한다. 그리고 말은 내버려진, 그러나 채 잊혀지지 않은 육신의 주위를 방황하는 영혼처럼 자유로이 사물의 주위를 방황한다"(MSS II: 226). 만델슈탐에게 말의 지시대상적 의미는 말의 일부이긴 하지만 말의 전부는 아니다. 말을 지시대상적 의미에만 한정시키는 것은 그에게 노예제와 마찬가지이다. "말이 그것의 (지시적) 의미에만 구속당할 때 어찌하면 좋은가? 그것은 정말이지 노예제 아닌가? 진정 말은 사물이 아니다. 그것의 의의는 자기번역이 아니다. 사실 누군가 사물을 고안된 이름으로 부르면서 세례를 준 적은 없지 않은가"(MSS II: 255). 그러므로 말의 의미와 지시대상 간의 단일한 관계만을 설정하는 공리주의는 말의 본질 특히 러시아어의 '헬레니즘'적 성질에 위배된다. "'공리주의'는 어떤 형태건 헬레니즘적 본질과 러시아어에 위배되는 대죄이다. 경제성과 단순한 효율성을 위한 전보 부호나 속기 부호 같은 공리주의건, 혹은 보다 높은 단계의 즉 신비한 직관, 인간학 혹은 게걸스럽게 말을 집어 삼키는 일체의 사상을 위해 말을 희생시키는 공리주의건 다 마찬가지지다"(MSS II: 246).

여지껏의 논의를 종합해 본다면 만델슈탐에게 시어는 상징도 아니고, 의미를 배제하는 음성어도 아니며 사물을 지칭하는 혹은 사물과 동일시되는 어떤 이름도 아니다. 그렇다면 그가 생각하는 시어는 무엇인가? 이에 대한 답은 〈말의 본질에 관하여〉에서 제시된다.

> 가장 적절한, 그리고 과학적 의미에서 가장 올바른 접근법은 말을 하나의 이미지로, 다시 말해서 언어적 표상slovesnoe predstavlenie으로 간주하는 일이다. 그럼으로써 우리는 음성은 형식이고 나머지는 모두 내용이라 치부하는 형식과 내용의 제 문제를 피할 수 있다. 그리고 무엇이 일차적인 의의인가, 즉 말인가, 아니면 음성적 본질인가 하는 문제도 피할 수 있다. 언어적 표상은 현상들의 복잡한 연결sviaz', 즉 '시스템'이다. 말의 의미는 종이 초롱 안에서 타오르는 촛불로 간주될 수 있고, 반대로 그 음성적 표현, 요컨대 음소는 촛불이 초롱 안에 있는 것과 마찬가지로 의미 안에 수용된 것으로 생각할 수 있다.(MSS II: 255-256)

그는 같은 에세이에서 '이미지obraz'를 이렇게 설명한다. "근본적으로 말과 이미지 사이에는 아무런 차이점도 없다. 이미지란 단순히 밀봉된, 그래서 만질 수 없는 말이다. 이미지는 성상 불이 담뱃불에 적합하지 않듯이 일상적인 사용에는 부적절하다. 그러나 그렇게 밀봉된 이미지는 필수불가결한 존재이다"(MSS II: 254). 이러한 진술에서 확실해지는 것은 '이미지'란 용어가 만델슈탐에게는 말에 대한 이상적인 메타포란 사실이다. '이미지'는 음성적, 의미론적 측면이 '내적 연결성'에 의해 하나로 통일된 말을 뜻한다. 비슷한 맥락에서 그는 '내적 이미지vnutrennyi obraz'란 용어를 사용한다. "시는 내적 이미지, 즉 씌어진 시를 예고하는, 울려 퍼지는 형식의 모형에 의해 존재한다. 아직 단 한마디의 말도 존재하지 않을 때 그래도 우리는 시를 들을 수 있다. 그것은 내적 이미지의 소리, 시인의 귀가 감지하는 소리이다"(MSS II: 226-227). '이미지' 혹은 '내적 이미지'는 따라서 내용과 형식의 조화로운 합일을 증거해 주는 '말 그 자체'

이다. 사실상 만델슈탐의 생각에 아크메이즘이 러시아 시 발전에 미친 기여의 본질은 '통일된 언어적 재현', '새로운 유기적 의미에서의 이미지'(MSS II: 257) 창조에 있었다.

그러면 여기서 내적으로 통일된 말-이미지의 개념을 좀더 구체적으로 살펴보자. 만델슈탐에게 있어 시어는 모든 구성 요소들의 '평등ravnopravie'을 요구한다(MSS II: 321). 앞에서 논의했던 상징주의, 미래주의, 공리주의는 시의 구성요소 간의 평등을 어떤 식으로든 파괴했기 때문에 그의 반박을 불러일으켰다. 구밀료프를 비롯한 다른 아크메이스트들이 사용한 '균형ravnovesie'이란 말을 연상시키는 이 용어에서 우리는 음성적, 의미론적, 어형적, 리듬적, 구문적 요소들 간의 동등한 상호관계, 그리고 더 나아가 기호와 지시대상 간의 일차적 관계와 상징적 관계 간의 균형을 추론할 수 있다. 이런 식으로 이해된 바의 시어는 자체 내에 균형과 논리성과 상호연관성을 보유하는 구조물이 된다. 만델슈탐의 비유를 빌려 그것은 '말-사물slovo-predmet'이며 그러한 말은 영감이나 신비주의의 산물이 아닌 엄격한 장인성의 산물이다. "낭만주의자, 이상주의자, 그리고 순수한 상징과 추상적인 말의 미학을 꿈꾸는 귀족적 몽상가 대신, 상징주의, 미래주의, 이미지파 대신, 말-사물의 살아 있는 시가 도래했다. 그것의 창조자는 이상주의적인 몽상가 모차르트가 아니라 근엄하고 엄격한 살리에리이다. 그가 손을 내미는 대상은 사물과 물질적 가치의 거장, 물질적 세계의 창조자이자 건설자인 위대한 장인이다"(MSS 1I: 259).

만델슈탐은 이상적인 시어를 설명하기 위해 '말-사물'이란 신조어 외에 '돌'과 건축의 이미지를 사용하는데 그것들은 우리를 '균형'이론의 또 다른 중요한 측면으로 인도한다. 말은 그 자체 내에 균형을 보유할 뿐 아니라 시에 사용된 다른 요소들과도 긴밀한 상호관계를 유지해야 한다. 시는 건축물이며 말은 그 건축물을 구성하는 개개의 돌이자 초석이다(MSS

II: 322). 그의 첫 시집의 제목이 《돌Kamen'》인 것도, 그가 건축 일반, 특히 고딕 사원에 남다른 관심을 보인 것도 모두 이러한 시어관과 맞물린다. 건축물이 존재하기 위해서는 건축의 재료인 돌 하나하나 간에 완벽한 균형과 조화가 요구된다. 건물의 신비가 대비되는 구조적 요소 간의 긴장에 기인하듯이 시 텍스트의 존재론적 가치는 말들 간의 긴장으로부터 생겨난다. 그러나 긴장 자체가 목적은 아니며 시를 지배하는 것은 어디까지나 균형이다(Nilsson 1973: 171). 돌과 돌 사이에 중력의 법칙에 입각한 균형이 존재해야 하듯 말과 말 사이에는 균형과 상호보완이 필요한데 만델슈탐의 시학이론의 주된 테마라고 할 수 있는 시의 건축학적 본질은 여기에서 유래한다(Semmler-Vakare-liyska 1985: 406).

시의 건축학적 본질, 혹은 시의 구조적 본질은 〈단테에 관한 대화Razgovor o Dante〉에서 보다 분명하게 논의된다. 시어의 개념을 정의하는 에세이에서 강조되었던 것이 말의 구성요소 간의 내적 관계와 통일과 균형이었다면 이 에세이에서는 시를 구성하는 요소, 즉 말과 말, 혹은 다른 구문적, 리듬적 요소 간의 내적 관계와 통일과 균형이 강조된다. "시적 담화poeticheskaia rech'는 다량의 날실로 짜여진 카펫이다. 그 날실들은 연주자의 윤색에서만, (…) 서로 구분된다. 시적 담화는 액체로 짜여진 가장 튼튼한 카펫이다"(MSS II: 365). 여기서 날실이란 조건적으로만 구별되는, 액체처럼 서로 혼합될 수 있는 구성요소들이며 그것들로 이루어진 시는 '가장 튼튼한' 고딕 건물처럼 영구히 지속되는 예술품이다. 그리하여 '빛과 소리와 재질'의 완전한 '합일edinstvo'을 특징으로 하는 단테의 시는 만델슈탐에게 이상적인 모델이 된다(MSS II: 367).

만델슈탐에 의하면 시의 구성이란 "세부사항들이 누적된 결과 이루어지는 것이 아니다. 그것은 개별적인 세부사항들이 차례로, 매번 정확하게 조절된 기간 동안, 충분히 무르익은 독특한 상황하에서 사물을 떠나

힘껏 날개짓을 하고, 시스템으로부터 분리되고, 새로운 기능적 공간 혹은 차원으로 들어가기 때문에 이루어진다"(MSS II: 368). 이러한 홀리즘Holism적 구성의 개념은 "시적 담화의 어떤 단위도, 그것이 시행이건 연이건 서정적 구성 전체이건 한 개의 단일한 단어로 간주되어야 한다"는 진술로 간결하게 요약된다(MSS II: 374).

이렇게 모든 요소들의 균형과 조화 위에 구축된 시에서 개개의 단어는 리듬적, 구문론적 단위들과의 관계뿐 아니라 자신이 보유하는 다수의 의미 간의 관계를 특징으로 하게 된다. 텍스트를 분석해 볼 때 더욱 분명하게 밝혀지겠지만 그의 시가 복잡하고 어려운 이유는 전적으로 이러한 모든 '관계들'이 형성하는 정교한 망조직 때문이다. 그의 시학에서 단어는 일차적인 의미를 유지하면서 동시에 다른 의미들과의 끊임없는 충돌과 보완과 상호변형을 허용한다. 이 점을 그는 '꾸러미'에 비유한다.

> 예를 들어, 우리가 '태양'이란 낱말을 발음할 때 우리는 준비된 의미를 폐기하지 않는다. 이는 의미론적인 낙태가 될 것이다. 오히려 우리는 일종의 독특한 순환운동을 체험한다. 말은 하나의 꾸러미이다. 의미는 그 꾸러미에서 여러 방향으로 빠져나오지만 어느 하나의 공식적인 지점을 향하지는 않는다. 우리가 '태양'이란 말을 발음할 때 그것은 자면서도 갈 수 있을 정도로 익숙해진 긴 여행을 수행하는 것과도 흡사하다. 시는 말 한가운데서 우리를 깨우고 도발시킨다는 점에서 다른 자동적 담화와 구분된다. 시의 말이 우리가 생각했던 것보다 훨씬 길다는 것이 판명될 때 우리는 말한다는 것은 항상 여행 중에 있다는 것과 같음을 상기하게 된다.(MSS: 374-375)

이렇게 각기 다른 한 다발의 의미를 보유하는 시어는 '시적 재료의 전환과 변형의 법칙zakon obratimoi i obrashchaiushcheisia poeticheskoi materii' 위에 존재하며 그 법칙에 따라 "결합할 수 없는 것의 결합"(MSS II: 413, 409)을 가능케 한다. 따라서 만델슈탐이 제시하는 시어는 흔히 아크메이즘이 추구했다고 간주되는 단순하고 상식적인 말과는 전혀 다른 개념이다(Brown 1973: 147). 그것은 오히려 여러 가지 의미를 동시에 보유하므로 가장 불투명한 숲속의 상징보다도 더 불투명하고 모호하고 무겁고 복잡한 단위가 될 수 있다. 이렇게 복잡한 말로 짜여진 시를 이해하려면 시적 재료를 특정한 목소리나 특정한 색채, 혹은 특정한 말로 규정해서는 안 되며 형식이나 내용으로 분류시켜 접근해서도 안 된다(MSS II: 412). 독자는 오로지 '실연ispolnenie', 즉 시를 단순히 고안하거나 쓰거나 발음하는 행위가 아닌 시적인 모든 요소를 실현시키는 행위와 그러한 행위에 대한 시인의 '충동'을 이해해야 하며 충동과 텍스트의 상호관계를 탐구해야 한다(MSS II: 412-413).

만델슈탐의 시는 에세이의 이론을 실현시키고 있다는 전제를 다시 한 번 상기해 본다면, 즉 그가 말하는 시어의 본질이란 자신의 시에 씌어진 언어의 본질을 설명해 준 것임을 상기한다면 여지껏 논의된 바의 시어를 재료로 하는 그의 시가 엄청난 해독 노력을 요구하는 복잡한 구조물임을 추측하기란 어렵지 않다. 독자는 단어의 여러 요소 간의, 단어의 여러 의미 간의 복잡한 관계를, 그리고 말과 텍스트와의 관계를 규명해야 하며 그러한 관계의 저변에 깔린 원칙들을 분석해야 한다. 2장의 나머지 부분은 '말'의 테마를 다루는 선별된 텍스트에 대한 그러한 규명과 분석에 할애될 것이다.

2 침묵과 음악과 말

1

1 나무에서 떨어진 과일의 Zvuk ostorozhnyi i glukhoi
2 조심스럽고 꽉 잠긴 듯한 소리, Ploda sorvavshegosia s dreva,
3 숲의 깊은 정적의 Sredi nemolchnogo napeva
4 끊임없는 멜로디 사이에서…… Glubokoi tishiny lesnoi……

이 시는 만델슈탐의 첫 시집《돌》에 수록된 첫 번째 시이다.[7] 전체가 4행으로 이루어진 텍스트는 시의 길이가 짧다는 사실, 마지막 부분이 말줄임표로 처리되어 있다는 사실 때문에 완결된 한 편의 시라기보다는 시의 일부분처럼, 혹은 시를 위한 스케치처럼 여겨진다. 더욱이 통사론적 측면에서 볼 때 텍스트 전체는 주어(1행의 첫 단어인 "소리zvuk")와 그것을 수식하는 나머지 부분들로만 이루어진 불완전한 문장이므로 완결성의 결여가 한층 강조된다. 그러나 이렇게 짤막하고 불완전한 텍스트는 말하여진 것보다는 말하여지지 않은 것의 질적 우세를, 그리고 말의 다층위성과 무게를 특징으로 하는 만델슈탐 시 전체에 대한 최초의 모델로 간주될 수 있다.

단어들의 기본기호 수준에서 볼 때 텍스트의 의미는 현상에 대한 단편적인 묘사로 환언될 수 있다. 다시 말해서 깊고 조용한 숲속의 나무에서 과일이 떨어지는 순간적인 사건의 묘사가 텍스트 의미론의 기본적인 해석이다. 그러나 이러한 일차적 해석은 즉각적으로 몇 가지 패러독스와 그

7 만델슈탐의 텍스트 인용에 사용된 번호는 MSS에 기입된 것을 따르기로 한다.

로 인한 유추적 의미를 파생시킨다. 우선 1행의 "소리"를 수식하는 형용사 "조심스러운ostorozhnyi"에 관해 생각해 보자. '조심스러운'은 '조심스러운 사람', '조심스러운 행동' 등, 주로 사람의 성격이나 행위를 수식하는 형용사로 사용된다. 그러므로 "조심스러운"은 소리에 전도된 의미, 즉 인간의 신중한 행위, 혹은 어떤 주체의 조심스러운 행위의 결과로 인한 소리라는 의미를 부여한다. 소리 자체는 신중할 수가 없다. 그 소리를 내기 위한 행위나 사건이 조심스러울 수 있을 뿐이다. 다른 한편으로, "조심스러운"은 소리를 지각하는 주체의 상태를 지칭할 수 있다. 신중하고 예리한 청각에 포착된 소리는 '조심스러운 소리'가 될 것이다.

두 번째 수식어 "꽉 잠긴 듯한glukhoi"은 "소리"와 결합함으로써 "둔탁한 소리"라고 하는 관용구를 형성한다. 그러나 'glukhoi'의 어의 목록에 수록된 다른 의미들, 즉 '조용한', '불명료한', '귀먹은' 등은 피수식어가 침묵과 접경하는, 따라서 귀를 기울여야만 포착할 수 있는 소리임을 암시한다. 이렇게 볼 때 앞에 나온 "조심스러운"과 "꽉 잠긴 듯한"은 예민한 청각을 공통분모로 하여 기본기호 수준에서는 발견되지 않는 등가를 형성한다고 말할 수 있다.

두 개의 형용사로 인해 의미심장한 대상으로 감지되기 시작하는 "소리"는 2행의 수식구로 이어지면서 그 위상이 구체화된다. 1행과 2행을 산문적으로 패러프레이즈 한다면 나무에서 과일이 떨어질 때 나는 중요한 소리가 될 것이다. "과일plod"은 물리적인 과일뿐 아니라 관념적인 성과, 결과 등등의 의미를 갖는다. 따라서 2행은 어떤 것이 영글고 농익은 열매처럼 완성된 상태를 묘사한다고 해석할 수 있다. 예를 들어, 오랜 시간 동안 공들인 작업의 완성, 그 완성의 순간은 잘 익은 과실과 그 과실이 나무로부터 분리되는 순간의 "조심스러운" 소리에 비유될 수 있을 것이다. 이렇게 별도의 연상이 관여함 없이도 1행과 2행은 기본기호와 종속기호 간의 상호관계를 통해 비유적인 의미를 획득한다.

그런데 여기서 2행의 "나무"가 러시아어의 'derevo'가 아닌 교회 슬라브어의 "drevo"로 표현되고 있다는 점에 주목할 필요가 있다. "drevo"는 즉각적으로 성서적 연상을 유발시키며 그럼으로써 2행이 창세기적 사건의 묘사라는 해석을 가능케 해준다. 아담과 이브가 지선악수知善惡樹에서 금단의 열매를 따는 순간 인간은 죽음을 알게 되고 죽음은 또한 예술을 잉태한다.[8] 그러므로 선악과가 나무에서 분리되는 순간은 그리스도교 구세사에서뿐만 아니라 예술사에서도 어마어마한 의의를 갖는 일대 사건이다. 이렇게 확장된 해석 속에서 1행의 "소리"는 일반적인 업적이 아닌 예술적 업적, 그러니까 시에 대한 환유로서의 의미를 획득하며 두 형용사 "조심스러운"과 "꽉 잠긴 듯한" 또한 예술의 탄생을 묘사하는 데 적합한 수식어로서 그 완전한 의미가 결정된다. 간결한 두 개의 시행에 압축된 것은 시간과 공간의 축에서 무한히 연장될 수 있는 리얼리티이다. 만델슈탐이 〈아크메이즘의 아침〉에서 말한 "무서울 정도로 압축된 리얼리티"가 이미 이 짤막한 맨 처음 시에서 발견되는 것이다.

인적이 끊어진 어둡고 고요한 숲을 묘사하는 3, 4행은 예술의 탄생에 대한 배경이다. 1, 2행에 적용되었던 확장된 해석은 3행의 "끊임없는 멜로디"와 4행의 "깊은 정적" 간에 존재하는 기본기호상의 모순을 해결해준다. 죽음과 예술이 탄생하는 순간의 우주는 깊은 정적 속에 잠겨 있다. 그러나 그 광활하고 신비한 공간 속에서 정적은 소리와, 침묵은 노래와 등가를 이룬다. 소리는 침묵 속에서 배태되지만 침묵은 시작도 끝도 없이

8 죽음과 예술의 상관성에 관한 가장 간결하면서도 시적인 진술은 파스테르나크의《의사 지바고》에서 찾아볼 수 있을 것이다. "예술은 언제나, 끊임없이 두 가지 것에 관여한다. 그것은 집요하게 죽음에 관해 사색하고 그럼으로써 집요하게 삶을 창조한다"(Pasternak 1990 III: 91-92).

이어지는 멜로디가 되어 소리의 탄생과 장엄한 조화를 이룬다. 이렇게 볼 때 4행의 "숲"은 시간의 시작과 우주의 무한한 연장에 대한 메타포가 된다. 소리와 침묵이 등가를 이루는 우주는 만델슈탐에게 시의 탄생을 위한 공간이며 그 공간에서 울려 퍼지는 시의 멜로디는 귀기울여 듣는 청자의 날카로운 청각에만 포착되는 "조심스러운" 소리이다.

소리와 침묵의 등가는 텍스트의 거의 모든 구성단위들의 등가로 이어진다. 먼저 일련의 명사들은 각각의 기본기호와 종속기호가 연결되는 상황에 따라 어떤 식으로든 등가를 이룬다. "소리"는 "멜로디"와 등가이며 열매가 예술의 기호로 해석되는 맥락에서 "과일"과 "멜로디", "과일"과 "소리"는 모두 등가적 의미를 획득한다. 형용사들의 경우, "조심스러운"과 "꽉 잠긴 듯한"의 등가성은 앞에서 언급했지만, "꽉 잠긴 듯한"은 "끊임없는"과도 간접적인 등가성을 획득한다. 독립적인 의미 단위로서 양자 간에 등가성을 설정해 줄 수 있는 인자는 표면상 부재하지만 양자의 피수식어 "소리"와 "멜로디"가 동의어이기 때문에 등가가 가능해진다. "꽉 잠긴 듯한"은 또한 4행의 "깊은"과 동의어가 되는데 이때의 등가성은 음성학적 유사('glukhoi – glubokoi')에 근거한다. 이 모든 등가는 텍스트에 등록된 두 개의 커다란 의미장, 즉 침묵과 소리의 장이 궁극적으로 하나가 될 수 있다는 해석으로 우리를 유도한다. 조심스럽게 울려 퍼지는 시의 소리와 우주의 "깊은 정적"은 의미 단위들의 등가 덕분에 시적 우주라는 단일한 공간으로 통합된다.

침묵과 소리는 사실 유대-그리스도교적인 천지창조 신화에서 예술의 창조를 위한 핵심 이미지로 사용되어 왔다. 크론A. Crone의 지적처럼 예술가는 언어적 카오스, 즉 말의 바다에 형태를 도입시키고 말과 소리로 침묵을 채운다. 예술의 창조는 천지창조처럼 아폴로Apollo적 요소인 형태와 모양과 통제를 무질서에 부여하는 것이며 그것은 언제나 디오니소스

Dionysos적인 혼돈의 힘과 긴장 속에 존재한다(Crone 1991: 407). 침묵과 소리에 대한 이러한 메타시적 해석과 맥을 같이하여 프쉬빌스키R. Przybylski는 이 텍스트의 의미를 침묵으로부터 탄생하는 소리라고 요약한다. "태초에 침묵이 있었다. 무는 곧 침묵이다. 신이 세상을 창조했을 때 침묵은 소리를 탄생시켰다. 모든 사물이 소리를 통해 생겨났으며 소리 없이는 그 어떤 것도 존재할 수가 없다. (…) 소리는 침묵의 노래로부터 태어난다. 침묵은 음악이다. 이러한 외관상의 패러독스는 만델슈탐을 평생 동안 사로잡았다. (…) 음악은 침묵과 소리, 양자 모두를 통합한다. (…) 침묵의 단절은 형태의 출현을 의미한다"(Przybylski 1987: 81). 프쉬빌스키가 지적하는 관념적인 패러독스, 즉 침묵과 음악과 소리의 동일성은 해당 텍스트의 경우 앞에서 말한 단어들의 내적인 등가를 통해 표현된다.

이 텍스트는 만델슈탐의 시학에서 차지하는 충만된 침묵의 의의, 그리고 의미구조의 복잡성을 예시한다는 점에서뿐만 아니라 그의 시 일반의 상호텍스트성 논의에 출발점을 제공한다는 점에서 주목할 만하다. 서론에서 언급했다시피 상호텍스트성은 예술 텍스트 일반, 특히 20세기 예술 텍스트의 보편적인 성향으로 간주될 수 있다. 그러나 만델슈탐의 경우 텍스트에 포함된 다른 텍스트의 압도적인 실재, 그리고 그 자신이 산문과 시를 통해 강조하는 다른 텍스트와의 교호의 중요성은 그의 상호텍스트성에 특별한 관심을 돌리게 한다. 앞에서 살펴본 존재론적 가치로서의 말, 내용과 형식의 합일로서의 말은 만델슈탐의 시에서 언어가 언어에 대해 말을 거는 의식적으로 강조된 현상을 초래한다(Levin et al. 1974: 52). 실제로 지난 20여 년간 러시아 국내외에서 발표된 만델슈탐 연구는 상호텍스트성을 중심으로 전개되어 왔다고 해도 과언이 아니다. 이러한 연구 방향에 선구적 역할을 한 것은 타라놉스키K. Taranovskii와 그의 후학들로서[9] 타라놉스키는 만델슈탐의 시에서 발견되는 '다른 텍스트'를 '기저 텍스트'와 '콘텍스트'로 명명한다.

> 콘텍스트를 유사한 혹은 동일한 이미지를 포함하는 일군의 텍스트라 정의 내린다면 기저 텍스트는 새로운 텍스트에 반영된 기존하는 텍스트(들)라 정의할 수 있다. 기저 텍스트에는 네 가지 유형이 있다. (1) 이미지 강조를 위한 단순한 자극으로 기능하는 기저 텍스트 (2) 리듬 및 그 속에 포함된 음성의 차용zaimstvovanie po ritmu i zvuchaniiu (3) 후기 텍스트의 메시지를 지지하고 노출시켜 주는 텍스트 (4) 시인이 논쟁적으로 다루는 텍스트 (…) (2)는 (3), (4)와 결합할 수 있고, (3)과 (4)는 자기들끼리 결합할 수 있다. 자기인용self-quotations과 자기회상autoreminiscences의 경우 콘텍스트의 개념과 기저 텍스트의 개념이 중복된다는 것은 자명하다.(Taranovsky 1976: 18)

타라놉스키의 기저 텍스트는 다른 연구자들에게서 '회상', '인용tsitata', 혹은 바흐친적인 '타자의 말' 등으로 불려지기도 하는데(Freiclin 1990; Levinton 1977; Ronen 1973) 그것은 만델슈탐의 시에서 통시적으로 반복되는 요소들의 출처로서, 메토니미적으로 입력된 의사소통의 열쇠로서, 그리고 서정시의 다음향성 창조의 인자로서 다양하게 기능한다(Ronen 1973: 379-386). 그것은 또한 가장 궁극적인 차원에서 시공적 연속체로서의 만델슈탐의 텍스트를 모든 선행하는 문화적 시간과 공간에 대해 동시적, 동일 공간적으로 만들어 주고 그 결과 그의 시는 모든 시대의 숨결에 의해 일시에 되살아나게 된다(Freidin 1990: 200).

---

9 타라놉스키가 1968년, 봄 하버드 대학에서 개최한 세미나에 참여했던 로넨O. Ronen과 브로이드S. Broyde는 콘텍스트와 기저 텍스트의 문제를 이후 만델슈탐 연구에서 가장 중요한 이슈로 정착시켰다.

기저 텍스트는 문화와 예술, 윤리, 역사에 대한 만델슈탐의 사색을 직접적으로 뒷받침해 준다. 만델슈탐은 개개의 텍스트를 선행 텍스트의 지속적 실존을 가능케 해주는 매개인자로 생각한다. 그에게 모든 새로운 텍스트는 기존하는 텍스트와 앞으로 존재하게 될 텍스트를 이어 주는 고리이며 그 속에서 독자는 과거 문화에 대한 향수와 미래의 문화에 대한 기대를 체험할 수 있다. 그는 아크메이즘을 "세계문화에 대한 노스탤지어 toska po mirovoi kul'ture"라고 정의내린 바 있지만(AA II: 185) 그러한 정의는 아크메이즘뿐 아니라, 문학 일반, 무엇보다도 그 자신의 시에 적용된다. 그에게 모든 '새 말', 새로운 이미지는 어떤 의미에서 '인지uznavanie'와 '반복povtorenie'이며(Terras 1973: 457) 그렇기 때문에 그는 "아직 단 한 마디의 말도 존재하지 않을 때 그래도 우리는 시를 들을 수 있다"고, "우리에겐 오로지 인지의 순간uznavan'ia mig만이 감미롭다!"고 주장한다(MSS II: 226-27). 시인은 반복을 두려워하지 않는다. 오히려 반복은 "심오한, 머리가 아찔해지는 기쁨"이다(MSS II: 225). 다시 말해서 시인이 선행 시인의 말, 이미지, 텍스트를 '인지'하고 자신의 텍스트에서 반복하는 가운데 그의 텍스트는 '세계문화'의 공시적 영역으로 흡수되고 그는 문화 보존의 윤리적 사명을 완수할 수 있게 된다. 요컨대 그에게 시는 시간을 연결해 주는 끈이며 미래의 정신적인 가치를 위한 건축재료이다(Botnikova 1990: 324).

만델슈탐에게 있어서 기저 텍스트는 과거와의 대화와 미래와의 대화를 모두 함축한다. 기저 텍스트는 과거에 이미 존재했던 텍스트를 현재의 대화로 유도하며 또한 그것을 담보하는 현재의 텍스트는 미래의 텍스트에 대화적으로 흡수된다. 결국 기저 텍스트의 존재는 만델슈탐의 이러한 '공시적 역사주의'(Levin et al. 1974: 49; Mikushevich 1990)를 시적으로 입증해 주는데 이는 그의 에세이에서 '쟁기'의 비유를 통해 드러난다. "시의 쟁기는 시간의 땅을 파헤쳐 그 가장 깊은 층의 흑토가 표면으로 올라오게 한다"(MSS II: 224). 그것은 과거를 현재 속에서 새롭게 태어나게 하며 호메로스와 오비디우스와 푸시킨의 시를 영원히 현재에 살아 있게 한다(MSS II: 224). 이렇게 기억의 지하실에 파묻힌 고전을 지상의 빛으로 인도하는 것이 바로 만델슈탐이 이해한 바의 시가 수행하는 문화적 역할이다. 결국 만델슈탐의 시적 시간은 베르그송적인 의미에서의 '지속'이며 텍스트는 과거, 현재, 미래가 분리됨 없이 연속적으로 흘러가는 시간 속에서 끊임없는 생성을 반복하는 가운데 스스로의 위상을 정립한다.

그러면 다시 해당 텍스트로 돌아가 문화적 고리로서의 텍스트, 자기 재생적 실체로서의 텍스트에 대한 개념을 살펴보기로 하자. 시인이 최초로 쓴 짤막한 4행시에서 이미 다른 텍스트의 존재가 감지된다는 것은 사실 의미심장한 일이다. 해당 텍스트에서 즉각적으로 연상되는 '다른 텍스트'는 푸시킨의 〈나의 이름이 너에게 무슨 소용인가Chto v imeni tebe moem〉이다. "나의 이름이 너에게 무슨 소용인가?/그것은 죽을 것이다, 먼 해안에 부딪힌/파도의 슬픈 소음처럼,/조용한 숲속의 밤의 소리처럼Chto v imeni tebe moem?/Ono umret, kak shum pechal'nyi/Volny, plesnuvshei v bereg dal'nyi,/Kak zvuk nochnoi v lesu glukhom". 4행의 단어들—"소리zvuk", "숲les", "조용한glukhoi"—은 만델슈탐의 시를 이루는 중심 어휘를 거의 그대로 예고해 준다. 이러한 푸시킨적 기저 텍스트의 기능은 무엇인가. 푸시킨의 텍스트는 시의 존속에 관한 시이다. 시는 시인의 메토니미인 "나의 이름"과 어두운 숲의 정적 속으로 흡수되는 "소리"와의 등가를 통해 무상하고 덧없는 인간사의 일부로 제시된다. 그러나 마지막 연에서 푸시킨이 궁극적으로 확신하는 것은 망각의 지배를 벗어나 독자의 기억 속에서 울려 퍼지는 시의 승리이다. "그러나 슬픔의 날, 정적 속에서/번민하며 그것(이름)을 부르라/말하라, 나에 관한 기억이 존재한다고/이 세상

엔 내가 살아 있는 가슴이 있다고……No v den' pechali, v tishine,/Proiznesi ego toskuia;/Skazhi: est' pamiat' obo mne,/Est' v mire serdtse, gde zhivu ia……".

푸시킨의 기저 텍스트에서 실현된 소리와 시의 등가는 만델슈탐의 텍스트로 흡수되며 예술의 불멸이란 테마 또한 해당 텍스트의 주제와 긴밀하게 연관된다. 그러므로 여기서 기저 텍스트는 타라놉스키가 분류한 세 번째 유형, 즉 '후기 텍스트의 메시지를 지지하고 노출시켜 주는 텍스트'에 해당될 것이다. 기저 텍스트가 시에 관한 시, 즉 메타시meta-poem이므로, 만델슈탐의 텍스트는 '시에 관한 시'에 관해 어떤 식으로든 말하는 시 즉, 제2차 메타시라 부를 수 있다. 해당 시에서 기저 텍스트가 수행하는 기능은 이중적이다. 그것은 선행 텍스트와 후기 텍스트 간에 모종의 관계를 설정해 주는 고리의 역할을 하며 동시에 선행 텍스트에 반영된 예술의 영생에 관한 사색을 해당 텍스트에 재반영시키는 역할을 한다. 전자와 후자의 기능은 상호보완적이며 그것들은 또한 해당 텍스트에 사용된 일군의 이미지의 보충을 받으면서 시인의 예술관을 드러내 준다. 셀리바놉스키Selivanovskii는 부정적인 맥락에서 만델슈탐의 시가 '예술에 반영된 리얼리티의 반영'이라 규정했으며 지르문스키는 슐레겔F. Schlegel의 '시의 시die Poesie der Poesie'를 만델슈탐의 시에 적용한 바 있다(Brown 1973a: 207; 1973b: 152). 이러한 지적들은 그 뉘앙스가 부정적이건 긍정적이건 간에 초기 시에서부터 그 적절성이 증명된다고 말할 수 있다. 확실히 만델슈탐의 경우 시를 주제로 하는 시에서조차 다른 시에 반영된 시의 주제가 감지된다. 그에게 예술은 시간과 공간의 연속체 속에서 끊임없이 서로를 반영하는 겹겹의 거울이었다.

한편 정적의 의미론 측면에서 볼 때 푸시킨의 기저 텍스트는 만델슈탐 텍스트의 주제를 드러내 줄 뿐 아니라 그것과 논쟁적으로 대치한다. 이때의 기저 텍스트는 타라놉스키의 네 번째 유형에 해당된다. 푸시킨의 텍스트에서 침묵은 모든 존재와 삶과 예술을 시간의 심연 속으로 집어삼키는 이해할 수 없는 세계를 대표한다. 그러나 만델슈탐의 침묵은 앞에서도 언급했듯이 예술 탄생을 위한 배경 공간의 개념적 대체물이다. 후기 시에서의 침묵은 물론 다른 맥락과 다른 상황을 수반하지만 적어도 초기 시에서 그것은 끝없는 창조적 잠재력의 존재론적 음악을 대표한다(Isenberg 1987: 34). 그의 말 사랑 철학은 침묵에 부여된 시, 침묵과 소리의 치환가능성으로부터 싹튼다. 이 점은 《돌》에 수록된 1910년의 시 〈침묵Silentium〉에서 구체적으로 제시된다.

14 침묵 14 Silentium

1 그녀(그것)는 아직 태어나지 않았다, Ona eshche ne rodilas',
2 그녀(그것)는 음악이요 또한 말이다, Ona i muzyka i slovo,
3 그래서 모든 살아 있는 것들의 I potomu vsego zhivogo
4 파괴할 수 없는 연결. nenarushaemaia sviaz'.

5 바다의 가슴은 평온하게 숨쉰다, Spokoino dyshat moria grudi,
6 그러나 광인처럼 날이 밝았다, No, kak bezumnyi, svetel den',
7 그리고 거품의 창백한 라일락색은 I peny blednaia siren'
8 혼탁한 하늘색 그릇에. V mutno-lazorevom sosude.

9 나의 입이 얻도록 하라 Da obretut moi usta
10 원초적 침묵을, Pervonachal'nuiu nemotu,
11 크리스탈 음보처럼, Kak kristallicheskuiu notu,
12 태어날 때부터 순결한. Chto ot rozhdeniia chista!

아프로디테여, 거품인 채 남아 있으라, Ostan'sia penoi, Afrodita,
그리고 말을 음악에 돌려주라, I slovo v muzyku vernis',
가슴이여, 가슴을 부끄러워하라, I serdtse serdtsa ustydis',
근원적 삶과 합쳐진 채! S pervoosnovoi zhizni slito!

이 시가 튜체프의 1830년 시 〈침묵Silentium〉과 대화하고 있음은 제목에서부터 자명하다(Taranovsky 1976: 121; Tracy 1981: 216).[10] 튜체프의 〈침묵〉은 의사소통 수단으로서의 언어의 기능에 대한 부정을 주제로 하는 대표적 시이다(Tracy 1981: 216).[11] 그의 서정적 자아는 상징주의 시인들이 그러하듯이 언어로 메시지를 전달하는 것이 불가능함을 역설하면서 독자에게 침묵하라고 호소한다. 그에게 침묵은 의사소통의 불가능함에서 초래되는 피할 수 없는 존재론적 제스처이다. "어떻게 가슴이 스스로를 표현할 순 있을까?/어떻게 다른 이가 너를 이해할 수 있을까?/네가 무엇으로 사는지 그가 이해할까?/발설된 생각은 거짓이니/샘물을 휘저으면 흐려질 것이다,—/그냥 마시고 침묵하라".

튜체프에게서 침묵은 말과 대립하며 양자의 대립은 진실과 거짓의 대립으로 확장된다. 언어가 언어로서 기능하지 못하는 현실에서 침묵은 유일한 진리로 부상한다. 그것은 소리의 부재 위에 군림하면서 말의 기능을 말소한다. 만델슈탐이 해당 텍스트에서 논쟁적으로 상기시키는 것도 바

10 튜체프적 기저 텍스트에 관한 보다 구체적인 논의는 Toddes 1974를 보라.

11 로트만은 언어의 의사소통 기능에 대한 불신을 인류문화의 한 불변적 요소로 간주한다. 그에 의하면 자연어의 기호들은 특정 약호 내에서만 이해할 수 있으므로 역으로 거짓일 가능성도 높다. 언어기호의 본질 속에는 그것이 기만적일 수도 있다는 인식이 깊이 뿌리 내리고 있다. 언어에 대한 불신은 언어의 힘에 대한 숭배와 똑같은 정도로 문화의 한 요소이다. 많은 문화에서 상호이해의 최고형식이 비언어적인 언어, 초언어적인 의사소통으로 나타나는 것도 그 때문이다(Lotman 1971: 73).

로 말과 대립되는 진리로서의 침묵이다. 만델슈탐의 침묵은 언어와 대립하지도 않고 소리의 부재와 동일시되지도 않는다. 같은 맥락에서 말은 의사소통의 기능을 수행하지 못하는, 그리하여 침묵의 진실에 의해 대체되어야 하는 어떤 것이 아니다. 말, 그리고 말로 이루어진 시는 진실을 전달하며 동시에 그 자체가 진실이다. 해당 텍스트의 메시지는 말과 침묵, 정적과 노래의 합일로 이루어지는 시에 대한 시인의 동경이라 요약될 수 있다. 다시 말해서, 만델슈탐에게 침묵과 말과 음악은 시를 구성하는 요소들이며 그 요소들의 완벽한 조화야말로 시인의 장인성이 추구할 수 있는 가장 높은 단계이다. 의미론의 수준에서 기본기호와 종속기호들이 맺는 관계의 망을 통해 드러나는 조화와 합일의 원칙은 텍스트의 불연속적인 구조에 투사될 때 더욱 강력하게 부각된다.

이 텍스트는 주제론상으로나 문체론상으로나 통일성과 일관성을 결여한다. 우선 주제론적으로 볼 때 텍스트를 구성하는 네 개의 연들은 하나의 일관된 주제를 발전시킨다기보다는 각각 독립적인 주제를 포함한다고 말할 수 있다. 타라놉스키는 텍스트의 1, 2, 4연이 아프로디테의 테마를 발전시키는 반면 3연은 그러한 주제론적 흐름에서 이탈하는 수사적인 연이라고 말함으로써 적어도 세 개의 연은 동일한 주제론적 고리에 의해 연결됨을 시사한다(Taranovsky 1976: 121). 그러나 그의 관찰은 어디까지나 1연의 "그녀ona"를 아프로디테라 가정할 때에만 타당성을 인정받을 수 있다. 만약 1연의 대명사 "그녀"를 고대 그리스의 여신이 아닌 하나의 불특정한 존재로 규정한다면 1연과 2연 및 4연에 개재하는 주제론적 연계는 무너지게 된다. 1연은 미확인된 "그녀"에 대한 설명이며 2연은 그것과 인과율적으로 무관계한 바다 풍경의 기술이다. 2연에서 언급되는 "거품"은 물론 보티첼리의 유명한 회화 〈비너스의 탄생〉을 연상시키지만 이러한 연상은 1연의 "그녀"가 아프로디테일 경우에 한해서만 연결의 기능을 수행할 수 있다. 3연은 서정적 자아의 소망에 관한 모티프를 포함하며 4연은 신화적 모티프를 포함한다. 4연은 "음악"과 "말"이라고 하는 단어의 반복에 의해서 1연과 연관되고 2연의 "거품"이 제공하는 회화적 연상에 의해서 4연의 아프로디테와 연관되지만 주제론적으로는 여전히 선행하는 연들과 직접적인 관련을 맺지 않는다.

텍스트는 문체론적인 측면에서도 일관성을 결여한다. 그것은 타라놉스키의 관찰에 의하면 기술적인 1, 2연과 수사적인 3, 4연으로 크게 구분된다(Taranovsky 1976: 121). 그러나 이러한 구분은 더욱 세분화될 수 있으며 이로부터 모든 연이 각각의 독자적인 문체를 지향한다는 결론이 도출된다. 제1연은 "그녀"의 위상을 설명해 주는 진술이며 2연은 객관적인 세계에 관한 기술이다. 3연과 4연은 모두 수사적인 것이 사실이지만 3연에 사용된 고어체 명령문 "나의 입이 얻도록 하라"는 4연에 사용된 일련의 일반적 명령형 문장과 구별된다.[12] 그러므로 텍스트는 객관성/수사성, 진술/기술, 고어체/일반체 등을 기준으로 하여 저마다 다른 문체론적 특징을 보유하는 네 개의 부분으로 나뉘어지게 된다.

이렇게 문체론적 주제론적으로 독립적인 연들은 동일한 운율(약강 4보격)과 압운(포옹운)에 의해서 외관상 통일성을 유지하는 것처럼 보인다. 그러나 실제로 텍스트의 운율 분석과 압운 도식은 형식적인 통일성보다는 불연속성을 오히려 더 강조해 준다.

---

12 〈창세기〉에 사용된 다음과 같은 고어체 명령문과 비교해 보라. "하느님께서 '빛이 생겨라!' 하시자 빛이 생겨났다. (…) 하느님께서 '물 한가운데 창공이 생겨 물과 물 사이가 갈라져라!' 하시자…I skazal Bog: da budet svet. I stal svet(…)I skazal Bog: da budet tverd' posredi vody, i da otdeliaet ona vodu ot vody(…)"(〈창세기〉 1:3, 1:6).

––́ ––́ –– ––́   a
––́ ––́ –– ––́–   B
–– ––́ ––́ ––́–   B
–– ––́ –– ––́   a

––́ ––́ ––́ ––́–   C
––́ ––́ ––́ ––́   d
––́ ––́ –– ––́   d
–– ––́ –– ––́–   C

–– ––́ ––́ ––́   e
–– ––́ –– –––́   F
–– ––́ –– ––́–   F
–– ––́ –– ––́   e

––́ ––́ –– ––́–   G
––́ ––́ –– ––́   h
––́ ––́ –– ––́   h
–– ––́ ––́ ––́–   G

이 도식에서 드러나듯이 모든 시행은 제2, 제4운각의 강세를 예외 없이 유지함으로써 퇴행성 이화법칙에 부합한다. 그러나 각 시행에서 누락되는 강세의 수와 강세누락의 패턴에는 아무런 일관성도 없다. 첫 연에서 누락되는 강세의 수는 1-2, 두 번째 연에서는 0-1, 세 번째 연에서는 다시 1-2, 마지막 연에서는 1등이며 따라서 각 행에 포함되는 강세의 수를 예측하는 것은 거의 불가능하다. 강세 누락이 발생하는 위치 또한 제1운각과 제3운각이 자의적으로 교차하기 때문에 텍스트 전체를 관통하는 연속적이고 일관된 리듬패턴을 상정하기가 어렵다.

불연속적인 리듬은 다양한 압운과 결합하여 연들 간의 독립성을 더욱 강조해 준다. 모든 연의 압운은 포옹운의 형태를 취하고 있다는 사실을 제외하면 아무런 공통점도 보유하지 않는다. 총 16행의 시에 사용된 압운의 종류가 모두 여덟 종에 이르므로 동일운 누적 현상이 전혀 발견되지 않는 셈이다. 따라서 동일운 누적이 불러일으키는 음악적인 조화의 효과는 이 텍스트의 압운과 무관하다고 볼 수 있는데 이러한 부조화의 느낌은 압운의 형태론적 측면과 결합함으로써 한층 고조된다. 4연의 "vernis'-ustydis'"를 제외한 이 시의 모든 압운은 형태론적으로 접미사운을 기피하려는 경향을 보인다. 대부분의 압운을 밟는 단어들이 문법적으로 다른 범주에 속하며 그렇지 않을 경우라도 음성과 문법적 범주 간의 완전한 일치는 이루어지지 않는다. 예를 들어, 접미사운에 속하는 "den'-siren'"(6, 7행)의 경우 양단어의 성이 다르기 때문에 정상적인 접미사운이 유발시키는 일치감은 저하된다. 3연의 "nemotu-notu"의 경우에는 양 단어가 문법적으로 일치하지만 "nemotu"의 실질적인 강세는 세 번째 음절인 'u'에 떨어지기 때문에 엄밀한 의미에서 양 단어는 압운을 밟는다고 보기 어렵다. 그것들은 일종의 의사압운이므로 철자상의 일치는 오히려 양자의 이질성을 더욱 유표하게 해줄 뿐이다. 일반적으로 접미사운의 사용이 억제된 시에서는 음성적인 통일성이 약화된다는 점을 고려해 볼 때 해당 텍스트의 접미사운 기피 현상은 리듬의 불규칙성과 함께 음성 수준에서의 불연속성 창조에 기여한다고 말할 수 있다.

그러면 주제론, 문체론, 그리고 리듬의 측면에서 이렇게 불연속적인 텍스트를 유기적인 전체로 통일시켜 주는 인자는 무엇인가. 그것은 시의 본질로서의 말에 관한 사색이라 할 수 있다. 각도를 달리하는 몇 가지 시각에서 시인이 수행하는 사색은 거의 모든 수준에서 불연속적인 텍스트를 연속체로 파악할 수 있도록 해주며 동시에 말 사랑의 철학에 내포된 다의미적 관념을 드러내 준다. 만델슈탐의 말이 갖는 다의미성은 첫 행의 대명사 "그녀"에서부터 암시된다. 러시아어에서 대명사 'ona'는 사람을 지칭할 수도 있고 여성명사인 무생물을 지칭할 수도 있다. 후자의 경우 우리말 해석은 그녀가 아닌 '그것'이 될 것이다. 연구자들은 텍스트에 대한 나름대로의 해석을 토대로 '그녀'인지 '그것'인지를 결정한다. 예를 들어 브라운은 대명사가 지칭하는 것은 제목인 "침묵"으로 '그것'이라 해석해야 한다고 주장한다. 라틴어의 'silentium'은 중성명사이지만 러시아어의 '침묵tishina'은 여성명사이므로 만델슈탐이 첫 행을 쓸 때 염두에 두고 있었던 것은 러시아어의 '침묵'이었을 거라는 추측이다. 이러한 추측은 만델슈탐의 '침묵'이 존재하는 모든 것을 통일시켜 주는 요인이라는 해석을 토대로 한 것이다(Brown 1973a: 166).

이와는 달리 타라놉스키는 아프로디테에 관한 테마의 흐름에 초점을 맞추어 텍스트를 해석하는 과정에서 첫 행의 대명사를 아프로디테, 즉 '그녀'라고 풀이한다(Taranovsky 1976: 121). 프쉬빌스키 역시 타라놉스키의 해석에 동조하는 듯 여겨진다. 그는 이 시가 씌어질 당시 아프로디테의 탄생 신화가 고답파와 상징주의 시인들에게 미친 영향을 지적한 뒤 만델슈탐의 시는 그들과는 다른 신화해석적 입장에서 '그녀', 즉 아프로디테를 중심 모티프로 삼는다고 주장한다(Przybylski 1987: 81-82). 사실 이렇게 상치되는 해석은 만델슈탐의 어휘가 심지어 단순한 대명사까지도 다양한 해석을 유발시킬 수 있다는 점을 보여 주는 셈이다. 앞으로 논의되겠지만 첫 행의 대명사는 '그것'(침묵)이며 동시에 '그녀'(아프로디테)이다. 또한 그것은 침묵도 아니고 아프로디테도 아닌 다른 어떤 것일 수도 있다. 이 시의 의미론은 최초의 단어가 갖는 다중적 어의를 토대로 침묵과 음악과 말의 '파괴할 수 없는' 합일의 세계를 창조한다.

제1연은 구문론과 의미론 간의 명백한 불화를 특징으로 한다. 등위접속사 "그리고i"와 인과율의 부사 "그러므로i potomu"에 의해 결합하는 의미소들은 등가나 인과율의 관계가 아닌 상호모순의 관계를 보여 주기 때문이다. "그녀"는 아직 태어나지 않았으므로(1행) "그녀"가 살아 있는 모든 것을 연결해 주는 존재라는 진술(3, 4행)은 상식적인 논리에 위배된다. 2행에서 "그녀"를 설명해 주는 두 개의 술어 또한 서로 대립된다. '말 없는' 예술인 음악이 "말"과 대립하는 것은 구태여 상징주의 미학의 원리를 언급하지 않더라도 자명하다.[13] 따라서 2행의 등가 '그녀=음악=말'은 기본기호상의 의미론적 관계망과 충돌하는 다른 관계망에 대한 고찰로 우리를 유도한다.

되풀이 말하지만 만델슈탐에게 말은 존재의 근원이다. 이 근원의 개념은 해당 시에서 말과 말 없는 음악의 등가를 가능하게 만들어 준다. 타라놉스키의 지적처럼 여기서 음악은 형이상학적 음악, 존재의 자발적인 언어를 의미한다(Taranovsky 1976: 122). 만델슈탐이 사용하는 '음악'은 상징주의자들이 지향했던, 언어예술에 대립되는 초월적이고 추상적인 예술의 한 장르가 아니라 말과 함께 존재의 근원을 이루는 또 다른 언어이다.[14] 이렇게 재정의되는 바의 음악과 말의 불가분의 관계는 스크랴빈의

---

13 만델슈탐의 음악은 상징주의자들의 음악과 구별되는 개념이다. 만델슈탐의 침묵은 음악적이지만 그것은 의사소통 수단으로서의 언어에 대한 비판을 수반하지 않는다. 프쉬빌스키의 지적처럼 만델슈탐은 낭만주의자들과 그들의 후예인 인상주의자들의 인식론적 비관주의에서 멀리 떨어져 있다. 그가 음악 속에서 사랑한 것은 형태의 논리였다(Przybylski 1987: 89).

14 그러므로 음악은 만델슈탐 연구자들이 시도해 볼 만한 중요한 연구 테마라 할 수 있다. 사실 만델슈탐의 시와 산문은 음악, 음악가, 연주회, 악보 등을 모티프로 삼는 경

사망을 전후한 시기에 씌어졌다고 추정되는 에세이 〈푸시킨과 스크랴빈 Pushkin i Skriabin〉에서 고대 그리스적인 음악관과의 유추를 통해 언급된다. "고대세계에서 음악은 파괴적인 요소로 간주되었다. (…) 그리스인들은 음악에 그 어떤 독립성도 부여하지 않았다. 그들에게는 따라서 말이 음악의 불가결한 해독제로, 충실한 보초로, 그리고 항구한 동반자로 여겨졌다. 그리스인들은 '순수한' 음악이란 것 자체를 알지 못했던 것이다"(MSS II: 316). '말'을 동반하지 않는 멜로디만의 음악, 만델슈탐의 표현을 빌려 "기이하게 침묵하는, 말없는besslovesnyi 프로메테우스의 합창"은 인간의 귀를 매혹시키는 세이렌Sirena에 불과하다(MSS II: 317). 목소리로 말한다는 것이야말로 인간이 스스로의 존재를 확인하고 천명하는 일차적인 행위이기 때문이다. 그것은 개인성의 표현이며 '나는 존재한다Ia esm''의 음악적인 변용이다(MSS II: 317).[15]

한편 "음악"이라는 단어가 불러일으키는 텍스트 외적 연상은 시의 본질에 관한 사색으로 연장된다. 말과 음악 간의 등가는 언어의 음악적 측면과 의미론적 측면의 균형을 지향하는 만델슈탐의 시어관을 반영한다고 해석할 수 있다. 그가 에세이에서 여러 차례 강조한 바 있는 형식과 내용, 기표와 기의의 균형을 상기해 본다면 이러한 해석의 타당성이 입증될 뿐 아니라 1연의 "그녀"의 정체성까지 확인될 수 있을 것이다. 음성과 의미의 조화로운 균형으로 정의되는 것, 그것은 바로 만델슈탐이 생각하는

우가 빈번하다. 〈기차역의 음악회Kontsert na vokzale〉, 〈바흐Bakh〉, 〈베토벤에게 바치는 송시Oda Betkhovenu〉 등의 시와 《시간의 소음》 중 〈파블롭스크의 음악회〉, 〈호프만과 쿠벨릭의 연주회〉는 대표적인 예라 할 수 있다. 이들 음악을 주제로 한 시에서 음악은 니체의 디오니소스적인 힘을 대표하는 요소이지만 언제나 아폴로적인 요소와 균형을 이룬다. 이것은 예술의 원형이라 할 수 있다. 자세한 것은 Crone 1991: 418을 보라.

15 이러한 맥락에서 만델슈탐은 베토벤의 교향곡 제9번 〈합창〉을 '백색 영광의 승리'라 칭한다(MSS II: 317).

바의 '시poeziia'이다. 시는 존재의 근원을 이루는 두 가지 언어인 음악과 말의 합일로부터 서서히 태어나고 시를 통해 만유의 제현상은 하나로 통일된다. 시를 매개로 이루어지는 거대한 현상의 고리에서 모순과 대립은 상응과 일치로 변신한다. 침묵과 말의 대립 개념이 동질성 속으로 융해될 수 있는 것도 바로 시의 매개 덕분이라 할 수 있다. 이렇게 볼 때 1연의 "그녀"는 시이며 음악이며 말이며 또한 침묵인 것이다.

제1연이 시의 본질에 관한 추상적인 진술이라면 제2연은 시적 세계에 대한 구체적이고 시각적인 묘사이다. 2연의 묘사적 이미지들은 인간계열과 자연계열로 양분된다. "바다", "날(낮)", "거품"은 후자에 속하고 "가슴", "광인", "그릇"은 전자에 속한다. 인간계열의 이미지에 비유되는 자연 이미지들은 2연에서 묘사되는 풍경에 '박물관 같은 정지성'과 '무한한 혼돈'을 동시에 부여해 준다(Brown 1973a: 167). 평온하게 숨쉬는 바다와 미친 사람처럼 제멋대로 날뛰는 낮의 햇살은 광활한 자연세계를 구성하는 요소이지만 만델슈탐의 시적 비전 속에서 그것들은 자연으로부터 분리되어 그릇에 담겨진 한 조각의 이미지로 고정된다. 즉 자연은 의인화되고 자연의 요소들은 일상적인 식기 속에 유보된다. 무한한 자연의 세계와 대립되는, 인간화되고 다듬어진 세계는 만델슈탐의 초기 시에서 리얼리티의 시적 변형에 대한 신호로 작용한다. 1908년의 시를 예로 들어보자. "크리스마스 트리의 금박장식이/숲속에서 타오르고/덤불에선 장난감 늑대들이/무서운 눈으로 쏘아본다Susal'nym zolotom goriat/V lesakh rozhdestvenskie elki;/V kustakh igrushechnye volki/Glazarni strashnymi gliadiat". 이 시에서 숲과 덤불의 자연계는 "금박장식"이 매달린 "크리스마스 트리"와 "장난감 늑대"에 의해 인간화된다. 리얼리티의 요소들은 시적 캔버스에 포착되기 전에 이미 인위적인 대상으로, 언어적 이미지로 변신하는 것이다. 비슷한 변형 메커니즘은 1909년의 시에서도 발견되는데 여기서 하늘을 배경으로 흔들거리는 자작나무는 도자기 접시 위에 새겨진 문양으로 변형된다.[16] "사월에나 생각할 수 있는 창백한 푸른 빛 에나멜 위에서/자작나무가 가지를 들어 올렸다/(…)/섬세하고 세련된 문양/고운 그물이 딱딱하게 굳어졌다/마치 도자기 접시 위에/정확하게 그려진 그림처럼Na bledno-goluboi emali,/Kakaia myslima v aprele/Berezy vetvi podnimali/(…)/Uzor ottochennyi i melkii,/Zastyla ton'kaia setka,/Kak na farforovoi tarelke/Ri sunok, vycherchennyi metko".

언어는 움직이는 리얼리티를 부동의 문양으로 텍스트에 새겨 놓는다. 만델슈탐의 텍스트에서 느껴지는 정지성과 인위성은 이렇게 틀 속에 갇힌 재현된 리얼리티에서 비롯된다. 〈침묵〉의 텍스트에서 리얼리티가 고정되는 과정에 작용하는 중심 인자는 8행의 마지막 단어인 "그릇"이다. "그릇"은 리얼리티로부터 수집한 개개의 이미지들을 수용하는 형이상학적 용기이며 이때 그것은 말에 대한 메타시적 메타포로 간주될 수 있다. 다른 한편으로 그것은 바다 이미지와의 인접을 통해 조개껍질에 대한 동의어로 파악될 수 있다. 그럴 경우 연상되는 것은 브라운의 지적처럼 보티첼리의 〈비너스의 탄생〉이다(Brown 1973a: 166). 바다와 거품과 조개껍질은 회화 텍스트에 일단 고정된 다음 다시 언어적 이미지로서 만델슈탐의 시 텍스트로 영입한다. 그러므로 텍스트에서 재현되는 리얼리티는 #1 시에서처럼 다른 텍스트, 이번에는 회화 텍스트에 반영된 바 있는 예술적 리얼리티의 반영인 것이다. 다른 텍스트에 반영된 리얼리티의 반영, 그리고 그 리얼리티를 구획짓는 틀로서의 언어는 만델슈탐의 시에서 텍스

---

16 자연을 문화로 고정시키는 경향은 다른 아크메이스트들, 특히 아흐마토바의 시에서도 종종 발견된다. "이곳의 우리는 모두 주정꾼에 매춘부,/우리가 함께 있음이 얼마나 불쾌한가!/벽에서는 꽃들과 새들이/구름을 그리워한다Vse my brazhniki zdes', bludnitsy,/Kak neveselo vmeste nam!/Na stenakh tsvety i ptitsy/Tomiatsia po oblakam".

트와 언어의 복잡한 상관성이 수행하는 변형의 메커니즘을 예시해 준다.

시적 비전을 주조해 내는 2연의 "그릇" 이미지는 3연에서 서정적 자아의 "입usta"에서 변주의 형태로 반복된다. 입은 말을 발설하는 음성기관이자 말을 담고 있는 용기라는 점에서 기능적으로는 그릇과 연결되고 메토니미적으로는 말과 관련된다. 서정적 자아가 자신의 입에 담아 두고자 소망하는 것이 침묵과 음악이라는 사실은 입과 말의 메토니미적 관계와 더불어 '입=침묵=음악'의 등가를 파생시킨다. 이러한 등가는 3연의 의미론이 1연에서 진술된 말과 음악과 침묵의 합일을 수사적으로 다시 말해 주고 있음을 시사한다. 침묵은 창조 자체를 선행하는 상태이며 말과 음악을 포함하는 모든 의사소통이 발생하는 배경이다(Brown 1973a: 167). 시어의 망에 포착되는 음악은 한 조각의 "크리스탈"(11행)로 고정된다. 그러므로 "원초적인 침묵"(10행)과 "크리스탈 음보"(11행)를 담아내는 "나의 입"(9행)은 1연에서 정의된 시와 등가를 이루게 된다.

근원을 향한 시인의 향수는 4연에서 아프로디테의 등장과 더불어 새로운 등가를 유발시킨다. 그리스 신화에 의하면 크로노스가 아버지 우라노스의 남근을 절단하여 바다에 던지자 남근 주위에 정액의 거품이 모였는데 이 거품에서 사랑과 미의 여신인 아프로디테가 어른의 모습으로 나타났다고 한다(그랜트 헤이즐 1993: 239). 이러한 신화적 설명을 염두에 둘 때 탄생을 선행하는 상태인 "거품"으로 돌아간 아프로디테(13행)는 생명의 원초적인 본질을 상징한다고 여겨진다. 프쉬빌스키의 지적처럼 "그리스인들에게 사랑은 태초의 움직임이자 통일하는 힘이었다. 그리하여 그것은 의미와 노래를, 지혜와 리듬을, 그리고 의사소통과 표현을 융합시켰다. 사랑의 힘 덕분에 음악은 말의 자연스러운 작시법적 멜로디로부터 탄생할 수 있었다. 모든 생각은 음악으로부터 생겨났고 모든 음악은 생각을 출산했다"(Przybylski 1987: 83). 따라서 아프로디테는 말과 음악의 합일을 상징하며 이로부터 1연의 "그녀"(시)와 아프로디테의 등가가 가능해진다. 거품상태의 아프로디테는 형태의 출현을 예고하고 침묵은 말과 음악으로 채워지길 기다린다. 그리고 근원적인 삶과 융해된 시인이 조심스럽게, "가슴이 가슴을 부끄러워하며"(15행) 발설하는 최초의 말은 시가 된다. 결국 1연의 "그녀"는 침묵이며 아프로디테이며 또한 침묵과 아프로디테, 음악과 말 모두를 포함하는 시라고 해석할 수 있을 것이다. 인간의 가장 숭고한 정신적 체험은 삶의 근원적 본질, 우주의 원초적인 조화로움과 일치하는 것이다(Taranovsky 1976: 122). 만델슈탐의 텍스트는 이러한 정신적 체험에서 탄생되는 시에 관한 진술이다.

이상의 해석에 미루어 분명해지는 것은 텍스트의 거의 모든 의미소들이 등가와 합일의 원칙에 의해 연결된다는 점이다. 기본기호 수준에서 등가를 이룰 수 없는 단어들은 텍스트 외적 연상과 메타시적인 함의를 통해 새로운 의미들의 등가체계를 형성하며 여기에서 만델슈탐 특유의 "파괴할 수 없는 연결"(4행)의 의미론이 파생된다. 의미론상의 등가는 다른 모든 수준—구문, 리듬, 문체—에서 불연속적인 텍스트에 통일성을 부여해 주는데 특히 네 개의 연에 공통으로 관여하는 "말"의 기능적 중요성은 주목할 만하다. 우선 일차적인 등가, 즉 '그녀=음악=말'의 등식에서 말은 문법적인 유표성을 획득한다. "그녀"와 "음악"이 여성명사임에 반해 "말"은 중성명사이기 때문이다. 말의 문법적인 유표성은 등식이 연장될 때 더욱 강조된다. '시=음악=침묵=음보=아프로디테=말'의 등식에서 "말"을 제외한 모든 단어들은 여성명사이다. 더욱이 이러한 문법적 유표성은 음성 수준에서의 유표성에 의해 보강된다. "말slovo"의 음소 's'는 다른 여성명사들에게서 발견되지 않기 때문이다. 'muzyka-nemota-nota-Afrodita' vs. 'slovo'. 문법적, 음성적으로 고립되는 "말"은 다른 일련의 단어들과 결합함으로써 새로운 등식으로 우리를 유도한다. 즉 2연의 "그릇sosud", 3연의 "입usta", 4연의 "가슴serdtse"은 문법적으로 모두 비여성 명사이며 음성적으로는 말의 유표성을 결정해 주는 음소 's'를 포함한다. 그러므로 여기서 두 개의 독립적인, 그러나 한편으로는 공통점을 보유하는 등식 계열을 추출해 낼 수 있다.

1 음악 = 침묵 = 음보 = 아프로디테 = 말

2 그릇 = 입 = 가슴 = 말

이 두 계열의 등식에 공통 분모로 개재하는 "말"은 불연속적인 텍스트의 연들을 연결시켜 주는 고리의 기능을 한다. 그것은 또한 여러 다른 기본기호들의 의미를 통일시켜 주는 중심단어라 할 수 있다. 티냐노프에 의하면 만델슈탐의 의미론은 한 개의 '핵심어kliuch'에 의해 지배된다. "하나의 이미지, 하나의 어휘계열이 전체 시에서 결정적인 역할을 획득하며 다른 모든 것들을 윤색한다. 그것이 바로 이미지들의 총체적인 위계질서를 위한 핵심어이다"(Tynianov 1985b: 570). 해당 텍스트에서 '핵심어'는 '말'이며 '말'에 의해 유도되는 다른 이미지들은 의미론적인 윤색을 통해 말과의 동질성을 획득한다. 결국 '침묵'이라는 제목의 텍스트는 말, 혹은 말과 합일을 이루는 침묵에 관한 시라 요약될 수 있는데 만델슈탐이 제목을 러시아어로 여성명사인 'nemota' 대신 라틴어의 중성명사인 'silentium'이라 한 것도 'slovo'의 문법적 음성적 유표성을 표출시키기 위해서였을 것이라 추정된다.

만델슈탐의 말들은 텍스트의 경계 안에서 상호작용을 할 뿐 아니라 그가 쓴 다른 텍스트의 말들과도 교호한다. 텍스트에서 울려 퍼지는 다른 텍스트의 말, 소위 '콘텍스트'는 만델슈탐의 의미론 전체에 통일성을 부여해 준다. "만델슈탐의 전 작품은 여러 다양한 장르와 시기의 작품들, 시와 산문, 창작과 번역을 묶어 주는 어휘-의미론적 반복의 사슬로 꿰어져 있다. 그 사슬은 간텍스트적mezhtekstovyi 연쇄의 망을 형성하므로 만델슈탐의 유산 전체를 하나의 구조로 간주하는 것을 가능하게 해준다. (…) 이 구조의 구성적 제 부분에서 상당수의 '핵심적' 어휘-의미론적 단위들에 대한 해독은 그것들의 '완전한 콘텍스트', 즉 해당 단어가 사용된 경우의 총화에 대한 분석 없이는 불가능하다"(Ronen 1973: 370-371). 요컨대 그의 시에서 하나의 이미지는 텍스트 내의 다른 이미지와 연결되고 더 나아가 다른 텍스트의 영역으로 들어가 후자의 이미지들과 연결된다.[17] 그리하여 극단적인 경우 텍스트 내의 모든 단어가 다른 모든 단어와 연결되는 망조직적 상황이 펼쳐지며 모든 단어는 동일한 계열축상의 위치를 점하게 된다(Zolian and M. Lotman 1988: 353). 그러므로 말은 여러 개의 각면에서 서로를 반사하는 "다각면성mnogogrannost'"을 특징으로 하게 되고 (Zolian and M. Lotman 1988: 358) 의미론의 움직임은 마치 여러 목소리의 메아리 혹은 여러 개의 거울처럼 다회적으로 된다(Segal 1975: 63). 그 결과 콘텍스트를 알기 전에는 그의 시를 한마디도 이해할 수 없지만 반면에 텍스트가 의미론적으로 완결되어 있으므로 주석이 필요 없다는 역설적인 현상이 초래된다(Zolian and M. Lotman 1988: 352).

한편 콘텍스트의 강력한 존재는 말과 텍스트의 등가성을 유발시킨다. 개개의 단편은 전체와 의미론적 등가를 이루고 모든 개별적인 단어들 전체의 의미와 연관되어 스스로 속에서 그것을 반사한다. 그리하여 텍스트

---

17 이는 고전주의 시학에서의 '편력 모티프stranstvuiushchii motiv'와도 유사한 현상이다. '편력 모티프'의 존재는 고전주의 시대에 창조된 모든 텍스트들을 단일한 거대 텍스트로 간주할 수 있도록 해준다는 점에서 만델슈탐의 콘텍스트와 기능적인 유사함을 보여 준다. 고전주의 시학에서의 구성요소들과 모티프, 장르들의 자유로운 반복에 관하여는 Gukovskii 1929: 33-36을 보라.

의 전개는 새로운 의미를 갖는 새로운 단편의 부가가 아닌 근원적인 의미 단위들의 변형과 재구성을 근간으로 하게 된다(Zolian, M. Lotman 1988: 349). 그러니까 텍스트는 선조적으로 전개되는 것이 아니라 마치 '내부를 향하듯vglub'' 전개되며(Zolian, M. Lotman 1988: 352) 그 과정에서 그것은 서로 영향을 미치면서 공존하는 의미구조를 스스로 속으로 흡수한 기호가 된다. 즉 텍스트는 말로 뒤집히고 말은 텍스트로 발전될 수 있는 가능성을 보유하게 된다(Zolian, M. Lotman 1988: 349). 이렇게 그의 말은 다른 말, 다른 텍스트, 그리고 작품 전체와 등가를 이루므로 어떤 시도 개별적으로 연구될 수 없고 반드시 보다 큰 전체 구조의 패러다임으로 연구되어야만 한다(Segal 1975: 59). 그의 개별적인 텍스트들, 그리고 그 텍스트들의 총체는 모두 하나의 단일한 말, 대문자로 씌어지는 '말Logos'로 취급될 수 있다(Zolian, M. Lotman1988: 374).

이러한 콘텍스트적 연상의 중요성을 염두에 두고 1915년의 시 〈불면. 호메로스. 팽팽한 돛Bessonitsa. Gomer. Tugie parusa〉을 살펴보자. 이 텍스트는 어휘-의미론적 수준뿐 아니라 전반적인 분위기에서도 선행 텍스트들과 동심원적 관계를 맺는다.

78

1 불면. 호메로스. 팽팽한 돛. Bessonitsa. Gomer. Tugie parusa.

2 나는 선박 목록을 절반까지 읽었다. Ia spisok korablei prochel do serediny.

3 저 기다란 무리, 저 학들의 행렬, Sei dlinnyi vyvodok, sei poezd zhuravlinyi,

4 언젠가 그리스 위로 날아올랐던 것. Chto nad Elladoiu kogda-to podnialsia.

5 마치 먼 이국 땅을 향한 쐐기 모양의 학인 양— Kak zhuravlinyi klin v chuzhie

rubezhi—

6 제왕의 머리에는 신의 거품— Na golovakh tsarei bozhestvennaia pena—

7 그대들은 어디로 항해하는가? 헬레네가 아니었더라면 Kuda plyvete vy? Kogda by ne Elena,

8 트로이가 그대들에게 무슨 소용인가, 그리스 남정네들이여? Chto Troia vam odna, akheiskie muzhi?

9 바다도, 호메로스도 모두 사랑으로 움직인다. I more, i Gomer—vse dvizhetsia liubov'iu.

10 나는 누구에게 귀기울여야 할까? 자 이제 호메로스는 침묵하고 Kogo zhe slushat' mne? I vot Gomer molchit,

11 검은 바다는 웅변적으로 요동치며 I more chernoe, vitiistvuia, shumit

12 우레 같은 굉음과 함께 내 머리맡으로 다가온다. I s tiazhkim grokhotom podkhodit k izgolov'iu.

첫 행의 복잡한 의미구조는 각각의 단어가 불러일으키는 몇 가지 연상에서 파생된다. "불면"과 "호메로스"와 "팽팽한 돛" 사이에 은닉된 술어적인 고리는 기저 텍스트적인 연상과 콘텍스트적인 연상에 의해서, 그리고 개별적인 단어 자체가 보유하는 계열축과 통합축의 관계에 의해서 노출될 수 있다. 러시아 시에서 "불면"의 모티프는 낭만주의 이래 지속적으로 사용되어 왔으며 특히 푸시킨의 유명한 〈잠 안 오는 밤에 쓴 시Stikhi sochinnennye noch'iu vo vremia bessonnitsy〉, 그리고 상징주의 시인 안넨스키I. Annenskii의 서정시 사이클 〈불면Bessonnitsy〉은 소위 '불면의 시' 장르의 대표적인 예로 간주된다(Nilsson 1966: 148). 이 두 기저 텍스트를 비롯한 대부분의 불면의 시에서 잠 안 오는 밤은 시인이 창조적 영감에 가득 차 삶의 의미를 반추하고 그것을 기록하는 '시쓰기'의 시간으로 제시된다. 만델슈탐의 "불면" 역시 문학적인 불면이며 그럼으로써 바로 뒤에 언급되는 문학적 이름 "호메로스"와 통합축상에서 결합할 수 있게 된다. 잠 안 오는 밤은 또한 독서 행위를 연상시키는데 "호메로스"에 의해 활성화되는 독서에 대한 기대는 2행에서 언급되는 "읽었다prochel"로 충족된다.

"호메로스"에서 야기되는 연상은 크게 메타포적인 것과 메토니미적인 것으로 양분된다. 첫째, 호메로스는 세계문화의 근원으로서의 헬레니즘에 대한 시인의 동경을 압축시켜 표현해 주는 메타포라 할 수 있다. 앞에서 살펴보았듯이 만델슈탐은 에세이를 통해 헬레니즘을 인간의 존재와 말의 초시간적 모태라 간주한 바 있다. 따라서 호메로스는 그의 산문에서 언급된 헬레니즘관을 상기시켜 주는 존재, 즉 고대문화를 대표하는 시인의 원형이다. 호메로스와 근원 개념과의 상관성은 호메로스를《오디세이》와《일리아드》같은 작품에 대한 메토니미로 해석할 경우에도 증명된다. 호메로스의 서사시는 인류예술의 시원이며 특히 만델슈탐이 생각하는 예술의 정점, 즉 음악과 말의 완벽한 합일과 조화를 증거해 주는 모델이다. 따라서 호메로스는 말로 씌어진 시 혹은 말 그 자체와 동의어이며 바로 그 때문에 앞에서 살펴본〈침묵〉의 텍스트는 해당 텍스트에 콘텍스트로 작용할 수 있게 된다.

그러나 호메로스의 의미는 여기에서 그치지 않는다. 호메로스는 보다 구체적으로 시 일반이 아닌《일리아드》의 메토니미로 간주될 수 있는데 이는 제2행의 "선박 목록"을 통해 분명해진다. 그것은 트로이 전쟁을 묘사한《일리아드》제2부에 삽입된 그리스 원정군의 "함대와 병력 목록katalogos tōn neōn"을 연상시키기 때문이다(Nilsson 1966: 149; Terras 1966: 258). 호메로스와《일리아드》의 메토니미적 관계는 호메로스의 음성구조로 인해 더욱 공고하게 된다. 즉 "호메로스"는 거의 "바다"의 애너그램이라 할 수 있다. "Gomer-more"(Nilsson 1966: 152). 따라서 음성적으로 바다와 유사한 호메로스는《일리아드》를 가득 메우고 있는 항해의 모티프를 예고해 준다고 볼 수 있다. 애너그램은 시 텍스트의 최하위 수준인 그래픽 수준과 최고의 내용적 수준을 결합시키는 장치로서 만델슈탐의 말에 부여된 동기성을 드러내 준다(Ronen 1973: 368). 바다의 애너그램으로서의 호메로스는 문화와 자연 모두를 하나의 말에 담아내려고 하는 시인의 장인성에 의해 동기화된다.

"호메로스"와 "바다", 그리고《일리아드》의 상호관련성은 세 번째 단어군 "팽팽한 돛"의 의미를 결정해 주는 요인이다. 돛은 배의 메토니미이며 배는 또한 바다의 메토니미이다. 그러므로 돛의 이미지는 선행하는 '호메로스-바다'의 합성 이미지와 2행의 "선박" 모두에 관여할 수 있는 논리적인 고리가 된다. 더욱이 "팽팽한"의 수식을 받는 돛은 출정하는 함대에 대한 거의 시각적인 메토니미라 할 수 있다. 한편 "팽팽한 돛"은 시인의 날카로운 신경에 대한 비유적 표현으로 간주될 수 있다. 그러나 불면으로 인해 날카로워진 시인의 신경과 "팽팽한 돛"에서 유발되는 긴장감의 연계성은 콘텍스트에 의존할 때에야 비로소 분명하게 드러난다. 당겨진 돛의 이미지는 〈침묵〉과 같은 해에 발표된 시에서 발견된다. "민감한 청각이 돛을 졸라맨다,/확대된 시선은 공허해지고/한밤중 새들의 소리없는 합창이/정적을 헤엄쳐 간다Slukh chutkii parus napriagaet,/Rasshirennyi pusteet vzor/I tishinu pereplyvaet/Polnochnykh ptits nezvuchnyi khor". 이 시의 첫 행은 구문론적인 모호성 때문에 다음과 같은 두 가지 다른 해석을 허용한다. 1 "민감한 청각이 돛을 졸라맨다", 2 "청각이 민감한 돛을 졸라맨다". 그러나 "돛"과 "청각"이 메타포적으로 연결되므로 실제로 수식어가 어떤 쪽과 결합하든 결과적인 의미에는 변함이 없다. 기대로 가득 찬 시인의 예리한 청각과 그것의 비유인 팽팽하게 조여진 돛은 모두 민감하게 자연의 소리에 반응한다. 정적을 가로질러 날아가는 새떼의 침묵이 "합창"으로 감각될 수 있는 것은 시적인 청각, "팽팽하게 조여진 돛"에 포착되었기 때문이다. 〈불면. 호메로스. 팽팽한 돛〉에 사용된 "팽팽한 돛" 역시 시적으로 예민하게 조여진 돛이며 따라서 시는 잠 안 오는 밤과 팽팽한 돛을 관련시켜 주는 매개인자의 역할을 한다. 돛과 시의 관련성은 또한 전통적으로 배가 시혼의 메타포로 사용되어 왔음을 상기해 볼 때 다시 한 번 확인된다. 푸시킨 이래로 러시아 시의 전통 속에서 배는 자유로 충만된 영감에, 배를 움직이는 수부는 시인에 각각 비유된다는 것은 거의 논란의 여지가 없는 사실이다(Broyde 1973: 53-54).[18] 이렇게 볼 때 "돛"은 해당 텍스트와 호메로스의 《일리아드》 텍스트를 구분지어 주는 경계선상에 위치하면서 양자 모두에 관여하는 이중적 이미지라 할 수 있다. 여지껏 살펴본 연상의 망을 정리해 보면 다음 도식과 같다.

불면	호메로스	팽팽한 돛
영감	시	《일리아드》
시쓰기	시	항해
독서	《일리아드》	배
	바다	바다
		시적 청각
		시혼
		자유

18 브로이드는 배와 수부의 메타포가 사용된 예로 푸시킨의 〈가을Osen'〉을 인용한다(Broyde 1975: 179). "그렇게 배는 미동도 없이 고요한 물에서 졸고 있다./그러나 보라—

이상과 같은 도식에서 알 수 있는 것은 불면과 호메로스와 돛에 각각 개재하는 연상관념들이 서로 연결되어 패턴을 형성한다는 점, 그리고 그 패턴에 따라 텍스트의 의미론이 이중화된다는 점이다. 첫째, "불면"과 "호메로스"와 "돛"은 '독서 – 일리아드 – 항해'의 연상패턴에 의해 산문적으로 패러프레이즈 될 수 있다. 즉 제1행의 표면상 무관하게 여겨지는 세 개의 단어는 연상의 고리에 의해 통합적으로 연결됨으로써 잠 안 오는 밤에 시인이 호메로스의 《일리아드》를 읽고 있으며 《일리아드》의 내용은 항해에 관한 것이라는 해석을 유발시킨다. 혹은 잠 안 오는 밤에 시인의 청각은 돛처럼 긴장되어 있으며 그래서 잠을 청하는 의미에서 "선박 목록" 같은 지루한 부분을 읽고 있다라는 해석도 가능하다. 어쨌거나 후자는 전자의 변주라 할 수 있을 것이다. 이러한 해석, 혹은 해석들은 2행의 "나는 선박 목록을 절반까지 읽었다"에서 즉시 확인된다.

두 번째의 연상패턴 '영감 – 시 – 자유'는 세 가지 패러다임의 공통요소인 시를 중심으로 형성된다. 이 패턴에 의할 때 첫 행의 세 단어는 인과율적으로 패러프레이즈 되는 대신 동시적으로 결합하여 시인의 사색을 대변해 주는 하나의 합성 이미지를 만들어 낸다. 그것은 자연과 인간, 신화와 역사, 그리고 청각과 시각 모두를 포함하는 거대한 이미지이며 그렇기 때문에 〈침묵〉에서 제시된 말과 시의 개념에 상응한다고 간주될 수 있다. 만델슈탐의 시는 엄밀히 말해서 철학적이라고 하기 어렵다. 튜체프나 페트의 시, 혹은 상징주의자들의 시에서 제기되는 순수한 철학적 문제들은 그의 시에서 거의 발견되지 않는다. 그러나 그에게서 철학은 직설적인 문제제기가 아닌 다른 방식으로, 이미지의 변형을 신호하는 표지로서 작용한다. 그러므로 그의 철학은 주제론적이라기보다는 기능적이라고

갑자기 수부들은 내달리고, 기어오른다,/위로, 아래로, 그리고 돛은 공기를 가득 품어 팽팽해졌다./거대한 덩어리가 움직이며 파도를 가른다."

말하는 편이 옳을 것이다. 해당 텍스트에서도 개별적인 이미지들이 융해되어 다른 이미지로 변형됨에 있어 신호로 작용하는 것은 만델슈탐의 말사랑 철학으로부터 자연스럽게 흘러나오는 미학적이며 동시에 존재론적인 사색이다.

이렇게 두 가지로 나뉘어지는 텍스트의 의미론은 나머지 부분들에 대해 프레임의 기능을 한다. 요컨대 모든 이미지와 개념들은 첫 번째 의미론의 테두리, 즉 호메로스의 텍스트에 포함되며 동시에 두 번째 의미론이 구획짓는 해당 텍스트의 영역에 포함된다. 두 개의 텍스트가 중첩되는 부분으로부터 점진적으로 구체화되는 것은 시에 관한 사색이며 그것은 앞에서 살펴본 텍스트 〈침묵〉에서 제시되었던 사색의 연장으로 간주될 수 있다. 해당 텍스트에 도입된 이미지들은 물론 선행 텍스트 〈침묵〉의 이미지군과 기본기호 수준에서는 구별되지만 연상과정을 통해 변형됨으로써 궁극적으로는 후자에 수렴한다.

이미지들이 해당 텍스트와 호메로스의《일리아드》텍스트의 경계선 안에 공존하는 현상은 3행과 5행에 사용된 '새' 이미지에서부터 나타나기 시작한다. 그리스의 창공 위로 언젠가 날아올랐던 '학들의 무리'는 호메로스의 텍스트 안에서 출정중의 함대에 대한 메타포로서 해석될 수 있다. 이는 실제로《일리아드》의 제2부와 3부에서 학의 무리가 언급된다는 사실로부터 확인된다(Terras 1966: 258). 그러나 새떼의 이미지는 해당 텍스트의 영역으로 전이될 때 이와는 다른 해석을 허용한다. 그것은 우선 '배'의 이미지와 충돌함으로써 '바다 대 하늘'의 공간적 대립을 유발시킨다. 그러나 대립적인 공간은 다른 한편으로 '새'와 '배'가 공유하는 여행의 모티프에 의해 하나로 통일된다. 바다도 하늘도 시의 여행을 위한 상상의 공간으로 변형되며 따라서 그리스의 하늘 위로 날아오른 새의 무리는 헬레니즘의 공간 신화와 꿈으로 에워진 공간을 여행하는 시인의 자유와 동경에 대한 메타포가 된다. 학의 무리가 내포하는 시적인 여행은 5행의 직유에 의해 강화된다. 전설에 의하면 헤르메스가 그리스문자를 발명할 때 모델로 삼은 것은 학들의 무리가 형성하는 쐐기 문형이었다고 한다(Tracy 1981: 248). 그러므로 학들의 비상은 미지의 공간을 향한 말의 여행을 의미한다는 유추해석이 가능해진다. 이렇게 볼 때 '새'는 시인의 분신적 이미지 및 고정된 경계선을 넘어 무한의 공간을 선회할 수 있는 시어의 이미지 모두를 포함한다.

《일리아드》에 삽입된 출정의 모티프와 해당 시의 여행 모티프는 2연에서 "거품"의 이미지와 거기서 연상되는 사랑의 모티프에 의해 또다시 서로 수렴하게 된다. 6행의 거품에서 연상되는 것은 무엇보다도 〈침묵〉의 텍스트에 등장한 바 있는 '거품 상태의 아프로디테'일 것이다. 더욱이 형용사 "신神의bozhestvennaia"는 거품과 여신 아프로디테의 관련성을 강력하게 시사한다. 호메로스의 텍스트에서 아프로디테는 트로이 전쟁의 원인이다. 즉 아프로디테가 파리스를 매수하지 않았더라면 헬레네는 납치되지 않았을 것이고 따라서 그리스군의 원정도 없었을 것이다. 이러한 맥락에서 7행의 "헬레네"는 아프로디테와 등가를 이루는데 헬레네와 아프로디테에게서 구현되는 사랑의 힘은 역사를 바꾸고 전쟁을 일으키는 원동력, 모든 존재와 움직임의 근원이므로 양자는 모두 선행 텍스트에 언급된 "거품"에 비유될 수 있다. 이러한 근원적인 힘으로서의 사랑은 해당 텍스트의 메타시적 모티프에서도 유사한 기능을 수행한다. 해당 텍스트의 콘텍스트인 〈침묵〉에서 사랑이 '말과 음악의 합일'을 보장하는 '통일하는 힘'으로 제시된 바 있다면 여기서 그것은 움직임의 원동력으로, 시의 여행을 가능하게 해주는 힘으로 제시된다. 만델슈탐이 에세이에서 정의내린 '헬레니즘적인' 언어, 즉 내적으로 통일되어 있으며 동시에 시간을 초월하는 언어로 씌어진 시는 사랑의 힘 덕분에 의식의 공간을 가로질러 '낯선 땅', '낯선' 시간으로의 항해를 계속할 수 있다. 9행은 이 점을 산문적으로 기술해 준다. "바다도, 호메로스도 모두 사랑으로 움직인다".

1연과 2연에서 평행선을 그리며 나란히 전개되어 온 호메로스의 텍스트와 해당 텍스트의 서술적인 구조는 3연에서 서로 충돌한다. 호메로스는 "침묵"하고 그 대신 "바다"가 서정적 자아의 청각을 자극하기 때문이다. 호메로스의 침묵에 대한 기존의 해석은 두 가지로 나뉘어진다. 첫째는 호메로스가 침묵한다는 것은 해당 텍스트의 프레임이었던 시인의 불면이 종식됨을 의미한다는 해석이다. 시인은 잠을 재촉하기 위해 시작한 호메로스의 독서를 중단하고 깊은 잠 속으로 빠져든다(Brown 1973a: 256). 이때 "검은 바다"(11행)는 잠의 메타포가 된다. 두 번째 해석은 호메로스와 바다를 시간성상에서 대립되는 개념으로 간주한다. 호메로스가 잊혀진 과거의 시간에 대한 메타포라면 바다는 작게는 시인의 개인적인 불안과 크게는 유럽의 어수선한 전장을 포함하는 현재의 리얼리티를 함축한다. 그러므로 호메로스가 침묵한다는 것은 시인이 과거에 대한 향수를 접어 두고 현재의 소리에 귀기울임을 의미한다(Nilsson 1966: 154). 시 텍스트는 예외 없이 다양한 해석을 허용하므로 여기서도 어느 쪽 해석이 더 정확한가를 판단하는 것은 무의미한 일이다. 오히려 중요한 것은 두 가지 해석 모두 "호메로스"와 "바다"를 대립 개념으로 간주한다는 점이다. 1연의 의미론에 의하면 "바다"는 "호메로스"를 출발점으로 하는 파생 이미지이다. 그러나 호메로스의 "침묵"으로 인해 양자 간의 연쇄관계는 해체되고 새로운 연상망, 새로운 의미론이 설정된다.

호메로스 — 침묵 — 정지

바다 — 소리 — 운동

이러한 대립은 시인이 독서를 중단한 것으로부터 야기되는 결과이다. 시인이 독서를 진행하는 시간 동안만 호메로스는 바다와 연쇄관계를 유지할 수 있다. 다시 말해서 원인이야 어찌되었건 시인이 독서를 중단할 때(10행)의 호메로스는 1행에서 언급되는 시의 근원으로서의 호메로스가 더 이상 아닌 것이다. 침묵하는 호메로스는 더 이상 '살아 있는 말'이 아니며 따라서 파생 이미지였던 "바다"가 살아 있는 말로서, "웅변적으로"(11행) 호메로스를 대체한다. 시는 "후대의 독자chitatel' v potomstve"를 청자로 삼는다(MSS II: 235).[19] 해당 텍스트의 시적 자아는 호메로스의 '후대의 독자'이며 그가 독자로서의 역할을 중단할 때 호메로스는 영감의 원천이기를 중단한다. 그러나 그 대신 무한한 가능성의 공간인 "검은 바다"가 호메로스의 침묵을 압도하며 서정적 자아의 머리말으로 다가온다. '웅변적인 바다'야말로 만델슈탐이 〈침묵〉에서 제시한 "말"의 동의어인 것이다.

3 잃어 버린 말을 찾아서

만델슈탐의 첫 번째 시집이 말의 본질을 일관된 테마로 삼는다면 두 번째 시집 《트리스티아Tristia》(1922) 및 1920년대에 씌어진 개별적인 시들은 그 말의 상실 가능성에 대한 시인의 두려움과 위기의식을 지속적으로 표현한다. 묵시록적인 대격변의 시기인 1920년대 초에 그의 주된 관심

---

19 〈독자에 관하여O sobesednike〉에서 만델슈탐은 바다와 수부의 메타포를 사용하여 시인과 독자의 관계를 설명한다. 마치 수부가 위기의 순간에 병 속에 메시지를 넣어 바다에 띄워 보내듯 시인은 시를 쓰고 독자는 그 병을 우연히 손에 넣어 낯선 발신자의 메시지를 읽듯 시를 읽는다(MSS II: 234-35).

은 예술과 시와 언어에 집중되어 있었으며 그가 스스로에게 제기한 것은 시가 과연 살아남을 것인가 하는 문제였다(Nilsson 1973: 173). 이러한 주제상의 변전은 외적으로는 혁명과 내전이라고 하는 역사의 대변동과 궤를 같이 하며 내적으로는 말과 문화의 존속을 위협하는 역사적 상황 속에서 시인이 체험하는 말 보존의 절박한 사명감과 맞물린다. 요컨대 1910년대 시들에서 보여지던 헬레니즘적 이상과 동경에 시간과 역사에 관한 사색이 융해되면서 만델슈탐의 말 사랑 철학도 더욱 포괄적이고 역사적인 양상을 띠게 된다. 그 결과 시의 주제가 확장되며 더 나아가 그동안 누적되어 온 의미들의 콘텍스트가 가세하게 되므로 개개의 시어는 의미론적으로 이전보다도 훨씬 복잡하게 성층화된다. 따라서 텍스트의 해독은 거의 불가능할 정도로 어려워지는데 이러한 현상은 〈편자를 찾은 사람 Nashedshii podkovu〉, 〈석필의 송시Grifel'naia oda〉 등 1923-1924년도에 씌어진 일련의 고도로 난해한 명상시에서 그 극에 달한다. 그러면 이 시기에 씌어진 텍스트에서 말 상실과 보존의 테마가 어떻게 전개되는지, 그리고 시어의 의미론이 어떻게 심화되고 확장되는지 살펴보자.

113

1 나는 하고 싶었던 말을 잊었다. Ia slovo pozabyl, chto ia khotel skazat'.
2 눈 먼 제비는 그림자들의 궁전으로 돌아갈 것이다, Slepaia lastochka v chertog tenei vernetsia,
3 잘라 낸 날개를 타고, 투명한 것들과 노닐기 위해. Na kryl'iakh srezannykh, s prozrachnymi igrat'.
4 의식불명 속에서 밤의 노래가 불리워진다. V bespamiatstve nochnaia pesn' poetsia.

5 새들의 소리는 들리지 않고. 불사의 꽃은 피지 않는다. Ne slyshno ptits. Bessmertnik ne tsvetet.
6 밤에 뛰노는 말떼의 갈기는 투명하다. Prozrachny grivy tabuna nochnogo.
7 말라 버린 강에선 텅 빈 조각배가 떠다닌다. V sukhoi reke pustoi chelnok plyvet.
8 귀뚜라미 사이에서 말[語]이 의식을 잃어 간다. Sredi kuznechikov bespamiatstvuet slovo.

9 그리고 그것은 장막처럼 성전처럼 서서히 자라난다. I medlenno rastet, kak by shater il' khram,
10 갑자기 광란의 안티고네처럼 내달리거나 To vdrug prokinetsia bezumnoi Antigonoi,
11 죽은 제비처럼 발치에 떨어진다, To mertvoi lastochkoi brosaetsia k nogam
12 삼도내의 부드러움과 녹색 가지를 지니고서. S stigiiskoi nezhnost'iu i vetkoiu zelenoi.

13 오, 되돌릴 수 있다면, 바라보는 손가락들의 부끄러움을, O esli by vernut' i zriachikh pal'tsev styd,
14 인지의 볼록한 기쁨을. I vypukluiu radost' uznavan'ia.
15 나는 그토록 두려워한다, 아오니드(뮤즈)의 통곡을, Ia tak boius' rydan'ia Aonid,
16 안개를, 울림소리를, 입 벌린 심연을. Tumana, zvona i ziian'ia

17 그러나 멸성의 인간에겐 사랑과 인지의 힘이 주어졌고, A smertnym vlast' dana liubit' i uznavat',

18 그들에겐 소리도 손가락 사이로 쏟아진다. Dlia nikh i zvuk v persty prol'etsia,
19 그러나 나는 하고 싶은 말을 잊었다. No ia zabyl, chto ia khochu skazat',
20 그리고 육신 없는 생각은 그림자들의 궁전으로 돌아갈 것이다. I mysl' besplotnaia v chertog tenei vernetsia.

21 투명한 것은 여전히 잘못된 것을 암송한다, Vse ne o tom prozrachnaia tverdit,
22 여전히 제비, 여자친구, 안티고네…… Vse lastochka podruzhka, Antigona……
23 그러나 입술 위에선 검은 얼음처럼 불탄다 A na gubakh kak chernyi led gorit
24 삼도내 울림소리의 회상이. Stigiiskogo vospominan'e zvona.

이 텍스트는 제1행의 진술에서 직설적으로 드러나듯이 서정적 자아가 체험한 망각을 주제로 한다. "나는 하고 싶었던 말을 잊었다". 타라놉스키가 이 시의 '주인공'이라 지적한 '잊혀진 말'은 여섯 개 연을 통해 지속적으로 나타나는 몇 가지 메타포에 의해 활성화된다(Taranovsky 1976: 77). 대부분의 만델슈탐 연구자들이 지적하듯이 상징주의 시는 언어의 메타포성을 불가결한 조건으로 요구하지 않은 반면 만델슈탐의 언어는 근본적으로 메타포적이다(Ginzburg 1964: 315, 368; Zeeman 1987: 313). 만델슈탐은 언어의 음악성을 거부하고 그 대신 어렵긴 하지만 언제나 지적으로 인지 가능한, 사물의 연결성의 표현으로서의 이미지를 원했으며 메타포 속에서 사물의 감각적 온기를 보존하기 원했다(Ginzburg 1964: 368). 그의 시의 모호성은 부분적으로 메타포의 모호성에 기인한다고 볼 수 있는데 복잡한 메타포는 초기 시보다는 1920년대 시에서 두드러지게 나타난다. 아크메이즘의 모토인 '아름다운 명료성'은 성숙한 만델슈탐에게 있어 사실상 일종의 레토릭에 불과했다.

물론 메타포가 만델슈탐의 전유물인 것은 아니다. 시사에서 메타포를 스타일상의 주된 장치로 사용하는 시인을 발견하기란 어려운 일이 아니다. 메타포는 대부분의 기호 시스템이 허용하는 기호적 현상이라는 점에서 시어의 본질적 측면이라고 간주될 수 있기 때문이다(Eco 1984: 88). 일반적으로 말해서, 세계에 대한 시적 관계는 지각되는 대상을 동시에 다양한 시각에서 포용하고 지각이라고 하는 하나의 행위를 통해 주어진 대상의 여러 가지 연결과 관계성을 포착하는 데에 그 특징이 있으며 이러한 '세계의 이중화udvoenie mira'의 도구 중의 하나가 메타포이다(Levin 1965: 293). 예술은 정보전달과 보존을 위한 가장 간결하고 경제적인 수단이라는 로트만의 진술을 상기해 본다면(Lotman 1971: 33) 메타포야말로 가장 경제적인 예술의 언어라 말해도 좋을 것이다. 극단적으로 말해서 메타포를 사용하거나 안 하는 것은 시인의 선택에 달린 문제가 아니라 글쓰기를 할 것인가 안 할 것인가의 여부와 직결되는 문제이다(Brooks 1939: 25-26; Zeeman 1987: 317). 그러나 만델슈탐의 메타포는 시어의 일반적 특성을 증명해 주는 스타일상의 장치일 뿐 아니라 여지껏 우리가 살펴본 말의 철학과 긴밀하게 관련되는 인식론적 장치이다. 〈단테에 관한 대화〉에서 그는 단테를 '메타포의 데카르트'라 명명함으로써 메타포에 대한 생각을 단적으로 표명한다. "나는 비유한다, 고로 나는 존재한다—라고 단테는 말했을 것이다. 그는 메타포의 데카르트였다. 우리의 의식 속에서 (…) 재료는 오로지 메타포를 통해서만 개진될 수 있고, 비유를 넘어서는 존재가 있을 수 없고, 그리고 존재 자체가 비유라는 점에서 그렇게 말할 수 있다"(MSS III: 190). 이렇게 만델슈탐에게 존재하는 것은 곧 시를 쓴다는 것을 의미하며 또 메타포의 사용은 시쓰기의 불가결한 조건이다. 〈편자를 찾은 사람〉에서 언급되듯이 메타포는 그의 시적 공간을 의미 있게 만들어 주는 무수한 기호들 중의 하나이다. "어디서부터 시작할까?/모든 것이 갈라지고 흔들린다/공기는 비유로 진동한다./어떤 말도 다른 말보다 나을 것이 없다./땅은 메타포로 울려퍼진다".

메타포 연구는 문학 이론가뿐 아니라 언어학자와 철학자 모두가 지속적으로 관심을 기울여 온 분야이다. 현대의 이론은 언어학적 현상에서 사유의 원리에 이르기까지 다양한 시각에서 메타포를 정의하고 있으며 그 분류방식 또한 천차만별이다. 예를 들어, 메타포에 개재하는 의미의 이중성과 단일성을 척도로 할 때 이원론적 시각과 일원론적 시각이 구별되며 그것들은 의미들의 내적인 관련성에 따라 '상호작용 이론Interaction Theory', '대체이론Substitution Theory', '비교이론Comparison Theory', '함축이론Connotation Theory' 등으로 다시 세분화된다.[20] 이러한 분류들이 메타포의 정의와 관련된 것이라면 메타포의 유형과 관련된 분류 또한 윌라이트P. Wheelwright의 '치환은유epiphor'와 '병치은유diaphor'에서 레빈의 '직유적 은유', '대체 은유', '부가 은유', 에코U. Eco의 '내포적 메타포intensional metaphor'와 '외연적 메타포extensional metaphor'에 이르기까지 대단히 다양하다(Wheelwright 1962: 70-91; Levin 1965: 293; Eco 1984: 110). 이 모든 분류와 이론들을 소개하고 주석을 다는 일은 이 책의 범위를 훨씬 넘어서는 것이므로 여기서는 단지 현대 이론들로부터 귀납적으로 추출될 수 있는 몇 가지 사항만을 정리해 보기로 하겠다.

첫째, 메타포는 크게는 자연어의 의미구조와 예술의 의미구조 간의 긴장, 그리고 작게는 의미소들의 긴장으로부터 야기된다. 한 개의 단위의 의미를 심화시킴으로써 얻을 수 있는 상징 및 알레고리와 달리 메타포는 두 개의 독립적인 의미 단위의 병치로부터 형성된다(Lotman 1971: 253-254). 리차즈I. Richards에서 시작되는 '상호작용' 이론에 의하면 메타포의 의미는 한 개의 단어 혹은 한 개의 구에 의해 뒷받침되는, 동등하게

20 자세한 것은 Johnson 1981: 3-47, Mooij 1976: 29-38을 보라.

능동적인 두 가지 다른 사물들의 관념이 상호작용을 하는 결과 나타난다(Richards 1979: 93). 요컨대 원래의 관념, 즉 '취지tenor'와 차용된 관념 즉 '매체vehicle'의 동시적 존재 및 공동작용co-operation에 메타포의 의미는 의존한다(Richards 1979: 100). 메타포를 단순한 비유나 대체가 아닌 상호작용적인 의미의 복합체로 간주할 때야 비로소 메타포의 번역불가성이 확인될 수 있다(Black 1981: 79).

상호작용을 메타포의 원리로 보는 시각은 두 가지 결과를 초래한다. 우선 메타포적 의미뿐 아니라 문자 그대로의 의미도 메타포의 작용에 관여하는 요소로 간주된다. 메타포는 문자 그대로의 의미로부터 이탈할 때에만 생성되는 것이 아니라 문자 그대로의 의미와 비유적 의미가 어떤 식으로든 관련을 맺을 때 생성된다. 따라서 메타포를 '낯선 이름', 정상적인 의미로부터의 이탈로 보는 아리스토텔레스Aristotle의 견해(Aristotle 1970: 1477-78)는 반박을 피할 수 없게 된다. 메타포의 의미론에 개재하는 상호작용은 한편 메타포를 매체와 취지 간의 유사성에 입각한 표현으로 바라보는 아리스토텔레스의 또 다른 시각을 뒤집는다. 아리스토텔레스에 의하면 "훌륭한 메타포는 차별성 속에서의 유사성에 대한 직관적 감각을 수반한다"(Aristotle 1970: 1479). 그러나 취지와 매체 간의 상호작용은 유사성뿐 아니라 대립성까지도 포함한다. 메타포는 유사성에 입각하는 것과 마찬가지 정도로 차이성에 입각한다(Richards 1979: 107-108). 매체와 취지가 대면할 때 양자 간의 유사 혹은 반대, 일종의 대립 혹은 모순이 강조될 수 있는데 중요한 것은 유사와 차이의 공존이 의미의 무한정한 발산을 위해 불가피하다는 점이다(Wimsatt 1967: 127). 한마디로 에코의 표현을 빌려 말하자면 메타포의 의미론은 유사성들 간의 유희가 차이성들과 혼합되는 데에서 생겨난다(Eco 1984: 95).

둘째, 메타포의 해석은 의미론뿐 아니라 통사론적인 고려를 수반한다.

의미생성에서 관건이 되는 것은 개별적인 단어가 아니라 문장, 혹은 문장들로 구성된 전체 텍스트이기 때문이다. 메타포를 단어 수준에서 발생하는 의미의 전환이라 간주하는 태도는 아리스토텔레스에서 비롯된다(Johnson 1981: 5). 아리스토텔레스에 의하면, "메타포는 하나의 사물을 다른 사물에 속한 이름으로 부르는 것"이다(Aristotle 1970: 1476). 현대의 통사론적 이론들은 이렇게 메타포를 고립된 수사적 현상에 국한시키는 아리스토텔레스의 정의를 비판하는 데서 출발한다. 리쾨르P. Ricoeur에 의하면 전통적인 수사이론으로부터 메타포의 의미론을 분리시키기 위해서는 무엇보다도 그것을 '문장'이라고 하는 프레임 속으로 이전시켜야 하며 "이탈적인 명명deviant denomination"의 사례가 아닌 "부적절한 서술impertinent predication"의 사례로 다루어야 한다(Ricoeur 1978: 4). 물론 단어는 여전히 메타포적 의미효과의 매개인자로 남아 있지만 메타포가 산출되는 것은 전체적인 진술의 차원에서이다(Ricoeur 1978: 5).[21]

리쾨르의 주장은 궁극적으로 메타포를 해석함에 있어 의미론뿐만 아니라 통사론적 고려가 수반되어야 함을 시사한다.[22] 다시 말해서 문장 혹

---

21 리쾨르는 그러한 입장에서 야콥슨의 메타포 이론을 지나치게 단순화되고 일반화된 견해라 비판한다. 야콥슨의 두 가지 도식 중 메타포는 선택의 축에서 발생하므로 결국 하나의 단어 대신 다른 단어가 선택되었다는 뜻이다. 마찬가지로 메토니미 역시 일종의 대체된 이명이라 간주될 수 있다. 그러므로 야콥슨의 이론은 메타포적 진술들 간의 상호작용을 고려하지 않음으로써 궁극적으로 메타포의 서술적 성격을 무시하게 된다(Ricoeur 1978: 178-180).

22 여기서 사용되는 의미론과 통사론은 리쾨르의 개념과 다르다. 리쾨르는 의미론을 '기호론semiotics'에 대립하는 개념으로 사용한다. 그는 프랑스 언어학자 방브니스트E. Benveniste처럼 '의미론'은 문장을 완결된 의미의 최소 매개인자로 간주하고 '기호론'은 단어를 어휘 코드상의 기호로 간주한다고 생각한다. 그리하여 메타포의 의미론을 주장하는 사람들은 문장 내에서의 메타포의 위상을 문제 삼는 '긴장이론'으로 기울고 기호론을 주장하는 사람들은 '대체이론'으로 기운다고 주장한다. Ricoeur 1978, 제3장을 보라.

은 문장들로 이루어진 진술로서의 전체 텍스트 안에서 단어들이 상호결합하는 양상, 즉 의미들 간의 통사론적 관계를 무시하고서는 메타포의 의미가 적절하게 해독될 수 없다는 뜻이다. 이는 메타포가 쉽게 패러프레이즈될 수 있고, 없어도 그만인 문체적 치장이나 예시, 혹은 장식이 아니라 시적 혹은 서술적 텍스트 안에서 '총체적으로' 기능하는 인식 도구임을 인정하는 데서 비롯된다(Zeeman 1987: 317). 메타포 해석에 있어 문맥, 혹은 '상황텍스트co-text'에 대한 논의가 필요한 것도 여기에 기인한다. 상황텍스트의 필요성은 리차즈가 《수사의 철학The Philosophy of Rhetoric》에서 언급한 것을 효시로 현대의 거의 모든 이론들이 수긍하는 논지이다. 리차즈는 "하나의 단어가 의미하는 것은 그것에 유효성을 위임한 문맥들의 실종된 부분들이다"라고 주장함으로써 메타포의 의미는 문맥들의 특수한 상호작용의 산물임을 말하고자 한다(Richards 1979: 35). 리차즈의 '문맥'은 그 후 '상황텍스트' 및 메타포의 통사론이란 개념으로 연장되어 왔다.

말은 언제나 상황을 전제로 한다. 상황이란 우리의 의식 속에서 다른 대상들, 즉 다른 말들과의 연결성을 필연적으로 수반한다. 말은 통사론적 연결 없이 발생할 수가 없다(Meijer 1983: 263). 메타포 역시 상황 속에서 고려되어야 한다. 메타포의 의미론적 측면과 통사론적 측면의 상보적 관계를 메이에르J. Meijer는 다음과 같이 요약한다.

> 메타포는 단어 안에서 의미와 구문이 조우하는 지점, 의미의 '덩어리'가 통사론적 '에너지'로 변형되거나 혹은 반대로 후자가 전자로 변형되는 지점이라 기술될 수 있다. 혹은 약간 다른 시각에서 볼 때, 메타포는 문맥에 완전히 '들어맞지' 않는, 따라서 일종의 긴장을 유발시키는 단어라 말할 수 있다. 이 경우 메타포는 의미의 벡터와 긴장의 벡터로 분석될 수 있

을 것이다. 후자는 지연 혹은 탈자동화의 형태로 나타날 수 있으며 그 결과 통사론적인 전위가 발생한다.(Meijer 1983: 266)

메이에르의 주장처럼 메타포는 통사론과 의미론의 긴밀한 연계성 위에 구축되며 그렇기 때문에 메타포의 의미는 유한적 해석을 불허한다. 에코가 언급하는 메타포의 "무제한적 기호작용unlimited semiosis"은 그것의 해석이 적어도 부분적으로 상황 텍스트에 달려 있음을 말해준다(Eco 1984: 124). 동의어 사전이나 반의어 사전 혹은 상징 사전은 존재할 수 있지만 메타포 사전이 존재할 수 없는 이유도 여기에 있다.

셋째, 메타포의 의미는 상황 텍스트뿐 아니라 텍스트 외적 요인들, 특히 기저 텍스트와 콘텍스트에 의해서도 결정된다. 그러므로 메타포는 해석자에게 문화 전반에 걸친 총체적인 지식, 혹은 에코의 용어를 빌려 '백과사전encyclopedia'적 지식을 요구한다. 백과사전이란 '사전dictionary'에 대립하는 개념으로 정보의 잠정적 저장고, 혹은 세계지식이라 정의된다(Eco 1984: 97, 118). 훌륭한 메타포에서는 문화적 과정, 기호작용의 역동성 그 자체가 드러난다(Eco 1984: 102). 그러므로 훌륭한 메타포는 '어려운' 메타포이며 또한 '열린' 메타포라고 명명될 수 있다. 즉 그것은 해석자에게 상보적이고 이율배반적인 다양한 해석을 허용한다(Eco 1984: 121). 메타포의 '열림'은 그것이 어느 정도 주어진 텍스트의 외부에 존재하는 문화적 우주에 관련되는가에 따라 달라진다. 다시 말해서 어느 정도까지 해석자에게 기호작용의 노선을 여행하고 '백과사전'의 심연을 발견할 수 있도록 허용해 주는가가 메타포의 개폐성, 혹은 우열성을 가늠하는 척도가 된다(Eco 1984: 126-127).

이렇게 볼 때 열린 메타포의 해석은 상당한 정도까지 해석자의 능력에 달린 문제라 말할 수 있으며 따라서 메타포 해석에는 의미론과 통사론뿐 아니라 화용론적 접근도 필요하다는 사실이 분명해진다. 에코는 이 점을 다음과 같이 설명한다.

> 메타포의 성공은 해석하는 주체의 백과사전이 수행하는 사회문화적 체제의 기능에 달려 있다. 이러한 관점에서 볼 때, 메타포란 전적으로 풍부한 문화적 프레임, 즉, 내용의 우주를 토대로 산출되는데 그것은 이미 속성들의 동일성과 차별성을 (기호적으로) 결정하는 해석자의 네트워크 속으로 조직화되어 들어가 있는 것이다. (…) 어쨌든 메타포를 이해하기 위해서는 코드(혹은 백과사전)를 알아야 한다는 것이 오랫동안 통념이 되어왔다. 사실인즉, 메타포는 우리가 백과사전을 더욱 잘 이해하게 해주는 도구이다.(Eco 1984: 127-129)

이상의 논의는 사실상 만델슈탐의 메타포를 해석하는 데 유용한 참조의 틀로 작용할 수 있다. 만델슈탐의 메타포들은 대부분이 '열린' 메타포, '어려운' 메타포이며 그 의미는 문자 그대로의 의미와 비유적 의미와의 상호작용에 의해서, 상황 텍스트에 의해서, 그리고 기저 텍스트와 콘텍스트에 의해서 결정되기 때문이다. 그렇게 결정된 의미는 그러나 최종적인 것이 아니며 언제나 다른 해석의 여지를 남겨둔다. 그 남겨진 해석의 여지는 해석자의 백과사전을 항상 확장시켜 주므로 메타포는 자기재생을 되풀이하는 만델슈탐적 시어의 결정체이며 또한 그의 말 철학과 말 이론이 가장 확실하게 중첩되는 부분이다. 그가 단테의 메타포에 관해 말하는 대목은 실제로 그 자신의 메타포에 그대로 적용될 수 있을 것이다. "단테의 메타포가 무엇이냐는 질문에 나는 모른다고 대답할 것이다. 왜냐하면 메타포는 오로지 메타포적으로만 정의될 수 있기 때문이다"(MSS II: 410).

그러면 다시 #113 텍스트로 돌아가자. 이 시에서 예술적 창조는 궁극적으로 발설된 말이 아닌, 그 말을 발설하려는 시인의 투쟁의 결과로 나타난다(Crone 1991: 411). 첫 행의 "나는 하고 싶었던 말을 잊었다"에서 직접적으로 제시되는 말 상실의 주제는 텍스트에서 "제비", "생각", "안티고네" 등, 세 가지 단어들을 중심으로 하는 변조된 모티프들에 의해 메타포적으로 반복된다. 이 세 개의 단어들은 모두 1행의 "말"에 대한 메타포로 작용하는 것이 사실이지만 말의 상실을 전달하는 메타포는 엄밀히 말해서 세 개의 단어가 아니라 그것들이 수반하는 모티프들이다. 그러므로 우리가 논의해야 하는 것은 "제비", "생각", "안티고네"에 의해 유도되는 '모티프-메타포'이다.

그러면 먼저 "제비"의 메타포(혹은 '모티프-메타포')와 말 상실의 모티프의 관련성부터 살펴보자. 제비의 '매체'가 전달하는 '취지'는 일차적으로 사전적 의미와 비유적 의미의 상호작용에 의해 결정된다. 제비는 철새의 일종으로 겨울이 되면 남쪽으로 갔다가 봄이 되어야 돌아온다. 전설에 따르면 제비가 겨울을 보내는 곳은 지하세계 혹은 수면 밑의 세계라고 전해진다(Taranovsky 1976: 158; France 1982: 101). 그러므로 2행에서 언급되는 제비의 여행은 철새의 이동을 사실적으로 묘사하는 것이라 해석되어도 무방하다. 다른 한편으로 제비는 봄에 다시 돌아온다는 사실로 인해 새로운 생명과 부활을 의미하는 '매체'로 간주될 수 있다.[23] 이렇게 제비의 사실적 의미와 비유적 의미는 자연스럽게 결합하여 '삶'이라고 하는 의미장을 형성한다.

그러나 제비가 여행하는 목적지가 "그림자들의 궁전"이라는 것은 삶

23 타라놉스키의 지적처럼 "제비"를 삶과 죽음과 부활의 메타포로 사용하는 전통은 러시아에서 데르자빈G. Derzhabin의 〈제비Lastochka〉로 거슬러 올라간다(Taranovsky 1976: 158).

과 대립되는 제2의 비유적 의미를 산출한다. "그림자들의 궁전"은 굳이 신화에 대한 언급을 하지 않더라도 저승에 대한 메타포라 간주할 수 있다. 3행의 "투명한" 존재가 육신이 없는 영혼만의 존재, 즉 유령을 연상시키기 때문이다. 만델슈탐이 선택한 형용사 "투명한"이 '유령prizrak'의 파생형용사와 음성적으로 거의 일치한다는 사실('prozrachinyi-prizachnyi')은 우연이 아니다. 더 나아가 투명함과 죽음의 상관성은 콘텍스트적으로 결정된다. 다음의 텍스트들을 보자. "커다란 호수는 투명하고 어둡다,/그리고 무거운 창문이 하얗게 되어 간다V ogromnom omute prozrachno i temno,/I tomnoe okno beleet #18", "투명한 페트로폴리스에서 우리는 죽으리/프로제르피나가 우리를 다스리는 곳에서V Petropole prozrachnom my umrem/ Gde vlastvuet nad nami Prozerpina #89", "검은 네바강 위에는 투명한 봄이/무너졌고 불사의 밀납이 녹는다Prozrachnaia vesna nad chernoiu Nevoi/ Slomalas', vosk vessmert'ia taet #101". #18 텍스트에서 "투명한" 호수로 표현되는 죽음의 세계는 #89에서 저승의 여왕 프로제르피나를 통해, 그리고 #101 텍스트에서는 검은 네바강이 암시하는 삼도내의 이미지 를 통해 구체화 된다. 더욱이 투명한 페트로폴리스와 프로제르피나가 다스리는 망령의 세계는 세 가지 단어에 공통으로 포함되는 음소들 'p', 'r', 'o'에 의해 결속된다. 'Petropol'-Prozerpina-prozrachnyi'.

이렇게 "제비"는 "그림자들의 궁전", "투명한 존재"와 결합함으로써 삶과 죽음의 의미장에 동시에 걸쳐 있게 되는데 말과 "제비"의 메타포적 관계 또한 이러한 대립적인 의미장들의 긴장 속에서 해석될 수 있다. 만델슈탐에게 말은 곧 생명이며 따라서 말의 상실은 죽음에 상응하는 체험이다. 해당 텍스트에서 말의 상실과 그것을 유지하려는 시인의 의지 간의 갈등은 "제비"와 관련되는 삶과 죽음의 의미론적 상호작용을 통해 실현된다. "제비"는 말에 대한 메타포일 수도 있고 말을 상실한 시인의 메타포일 수도 있다. 사실, 수식어 "눈 먼"은 맹인 시인 호메로스에 대한 직접적인 언급을 포함하는 #105의 콘텍스트를 감안하면 후자 쪽의 해석을 지지하는 듯이 여겨진다. "마치 벌처럼 눈 먼 음유시인들이/우리에게 이오니아의 꿀을 선사했다". 여기서 말을 박탈당한 시인의 이미지와 시력을 박탈당한 "제비"의 이미지는 상실이라고 하는 공통점을 통해 쉽게 연결된다. 그러나 더욱 중요한 것은 "제비"가 메타포화하는 대상이 아니라 삶과 죽음의 모티프의 교차로부터 파생되는 "제비"와 말 간의 새로운 메타포적 관계이다. 시인에게 말은 생사의 경계를 초월하는 존재의 궁극적인 의미이다. 그러므로 시인은 말이 사라진 상태에서도 말의 회생에 대한 희망을 포기하지 않는다. 바로 이 점에서 시인과 시인의 말은 "제비"처럼 삶과 죽음의 두 가지 의미론적 장을 동시에 보유하는 개념이 될 수 있다. 11행과 12행은 제비와 말의 이러한 상관성을 직유를 통해 표현한다. "죽은 제비처럼 발치에 떨어진다,/삼도내의 부드러움과 녹색 가지를 지니고서". 만델슈탐에게 녹색은 생명을, 그리고 더 나아가 인간의 오관과 정신을 통해 체험할 수 있는 존재 그 자체를 의미한다(Przybylski 1987: 142). 그것은 이탈리아, 지중해, 삶의 색깔로서 만델슈탐의 전 작품을 통해 거의 일관된 의미론적 연상을 불러일으킨다(Segal 1975: 68). 여기서도 "녹색 가지"가 연상시키는 지상의 세계와 생명은 "삼도내"가 속한 죽음의 세계와 대립함으로써 "제비"의 죽음이 최종적인 상태가 아님을 시사한다. 그러므로 "제비"를 수식하는 "죽은"은 "눈 먼 제비"의 경우처럼 삶과 죽음에 동시적으로 개재하는 단어로 해석될 수 있다.

한편 "제비"와 말의 관계는 콘텍스트의 수식을 받는다. 여기서 콘텍스트로 작용하는 것은 타라놉스키가 해당 텍스트의 '쌍둥이 시'라 명명한 바 있는 #112 텍스트로 그것은 몇 가지 개별적인 의미소를 예시할 뿐 아니라 11-12행을 거의 그대로 포함하고 있다(Taranovsky 1976: 75). "프시케-삶이 그림자들에게로 하강할 때,/반쯤 투명한 숲으로, 페르세포나를 좇아서,/눈 먼 제비는 발치에 떨어진다,/삼도내의 부드러움과 녹색 가지를 지니고서Kogda Psikheia-zhizn' spuskaetsia k teniam,/V poluprozrachnyi les, vosled za Persefonoi,/Slepaia lastochka brosaetsia k nogam/S stigiiskoi nezhnost'iu i vetkoiu zelenoi". #112 텍스트는 해당 텍스트로 영입하여 '제비-말'의 등가적 이미지군에 '제비-프시케(영혼)-삶'의 또 다른 이미지군을 중첩시킨다. 타라놉스키의 지적처럼 그것들은 하나의 복잡한 이미지로 융해되는 대신 끊임없이 서로 교차한다(Taranovsky 1976: 77). '제비-말-영혼-삶'의 관련성은 또 다른 콘텍스트, 즉 시인의 에세이 〈말과 문화〉에 의해 정당화된다. 요컨대 그는 말을 '프시케'로 명명하고 또한 '살아 있는 말'이란 표현을 사용함으로써 말과 삶과 영혼의 연계를 시사한다(MSS II: 226). 그러므로 #112 텍스트의 '프시케-삶'은 "말"에 대한 또 다른 메타포로서 해당 텍스트에서 "말"과 "제비"의 메타포적 관계를 보강시켜 주는 역할을 한다. 이렇게 콘텍스트에 의해 삶과 영혼의 의미를 부여받으며 또한 텍스트 안에서의 상황에 의해 삶과 죽음의 의미론을 보유하게 되는 "제비"를 축으로 전개되는 모티프는 말의 죽음과 부활의 모티프, 그리고 상실과 보존의 모티프에 대한 메타포로 작용한다.

말 상실과 보존의 모티프에 대한 두 번째 메타포-모티프는 "생각"의 모티프이다. 20행에서 제시되는 "생각"은 상황텍스트와 콘텍스트의 도움으로 통합축 상에서 말과 결합할 수 있게 된다. 앞에서도 언급한 바 있듯이 만델슈탐의 에세이에서 말에 대한 반복적인 메타포 중의 하나로 등장하는 것은 '몸'이다(MSS II: 225). 따라서 몸을 박탈당한, 즉 "육신 없는" 생각은 말이라고 하는 표현의 수단을 박탈당한 사상이 된다. "육신 없는 생각"과 상실된 말의 통합적 관계는 텍스트 내적인 상황에서 구문론적 등가를 통해 실현된다. 2행과 20행은 "그림자들의 궁전으로 돌아갈 것이다"라는 일종의 후렴구를 공유할 뿐 아니라 구문의 유형(주어+방향부사+동사)에서도 완벽하게 일치한다.

2행 눈 먼 제비는 그림자들의 궁전으로 돌아갈 것이다.
20행 육신 없는 생각은 그림자들의 궁전으로 돌아갈 것이다.

이러한 구문론적 등가와 양자를 선행하는 시행에 포함된 동일한 내용("나는 하고 싶었던 말을 잊었다")은 "눈 먼 제비"와 "육신 없는 생각"을 동일한 상황 속에 위치시킨다. 그러므로 "육신 없는 생각"은 이제 "눈 먼 제비"에 대한 계열체적 등가물로서 "제비"가 은유하는 말 상실의 모티프에 간접적으로 관여할 수 있게 된다. 다시 말해서 "생각"의 모티프와 말 상실의 모티프가 통합축 상에서 메타포적으로 결합할 수 있는 이유는 후자와 결합하는 다른 모티프, 즉 "제비"의 모티프가 전자와 계열축 상에서 공존할 수 있기 때문이다.

그러나 "육신 없는 생각"이 전적으로 상실의 취지만을 메타포화하는 것은 아니다. "육신 없는 생각"은 만델슈탐의 말이 영혼과 동일시되는 맥락에서 볼 때 말 자체와 등가를 이룬다. 만델슈탐의 〈말과 문화〉를 상기해보자. "말은 영혼이다. 살아 있는 말은 대상을 지시하지 않는다. (…) 그리고 말은 내버려진, 그러나 채 잊혀지지 않은 육신의 주위를 방황하는 영혼처럼 자유로이 사물의 주위를 방황한다"(MSS II: 226). 이러한 진술에 포함된 대립항, 즉 '말-영혼 vs. 사물-육신'은 해당 텍스트의 "육신 없는 생각"과 연결되면서 육신을 박탈당하는 것이 곧 죽음을 의미하지는 않음을, 오히려 육신 없음은 지시대상에만 집착하지 않는 말의 본질임을 지적해 준다. 따라서 "제비"의 경우와 마찬가지로 "육신 없는 생각"은 죽음뿐 아니라 죽음을 초월하는 말의 생명을 전달하는 매체로 작용한다고 볼 수 있는 것이다.

그러면 세 번째 메타포인 "안티고네"에 관해 살펴보자. "안티고네"와 말의 관계는 텍스트의 10행("광란의 안티고네처럼")에서 직유의 형태로 드러난다. 그러나 말의 상실 및 보존과 "광란의 안티고네"가 비유적으로 얽힐 수 있는 근거는 상황 텍스트와 콘텍스트에 의존한다 하더라도 사실상 모호하다. 우리는 단지 "안티고네"가 수행하는 메타포적 기능의 대략적인 윤곽만을 추적할 수 있을 뿐이다. "안티고네"는 우선 텍스트에 삽입된 "삼도내", "아오니드"(뮤즈) 같은 고유명사들과 함께 헬레니즘적 분위기를 창출한다. 이렇게 "안티고네"에 의해 환기되는 잊혀진 문화, 헬레니즘은 문화의 단절을 요구하는 시대에 대한 하나의 안티테제라 할 수 있다. 더욱이 헬레니즘에 대한 만델슈탐의 동경, 그리고 그의 '말 사랑' 철학을 상기해 본다면 "안티고네"가 불러일으키는 그리스적인 분위기는 그 자체가 상실에 저항하는 시인의 의지에 대한 메타포라고 추정할 수 있다.

한편 "안티고네"가 텍스트 안으로 끌어들이는 것은 헬레니즘적인 분위기뿐 아니라 독특하게 그리스적인 맥락에서의 순교의 모티프이다. 안티고네는 오이디푸스의 딸로 소포클레스Sophocles의 동명 비극에 의하면 역적의 장례 예절을 금하는 왕의 명령을 거역한 죄로 투옥되어 스스로 목숨을 끊는다(Oates, O'neill 1950: 183-234). 안티고네의 자살은 따라서 왕권의 법이 아닌 신의 법을 지키기 위해 목숨까지 던지는 순교자의 행위라 파악될 수 있으며 바로 이 순교의 모티프 덕분에 안티고네는 해당 텍스트에서 우회적이긴 하지만 말 상실의 취지를 전달할 수 있게 된다. 말을 박탈당한 시인의 고뇌와 이상을 박탈당한 채 죽음을 선택하는 안티고네의 고뇌가 수렴하는 지점에서 '말-안티고네'의 메타포적 관계가 설정되는 것이다.

텍스트 안에서 "안티고네"와 말 상실의 모티프가 통합축상에서 메타포적으로 결합할 수 있도록 허용해 주는 다른 인자는 계열축상의 등가이다. "안티고네"는 "제비", "생각" 등 다른 두 가지 말 상실 및 보존의 모티프-메타포들과 등가를 이룬다. 여기서 등가의 근거는 통사론적이며 동시에 의미론적이다. "눈 먼 제비", "육신 없는 생각", "광란의 안티고네"는 모두 형용사+여성명사로 이루어지는 명사구이다. 그리고 의미론적 측면에서 세 가지 명사들은 모두 '없음'을 핵으로 하는 형용사의 수식을 받는다. "눈 먼", "육신 없는", "광란의"는 시력의 상실, 육신의 상실, 정신의 상실(러시아어의 '광란의bezumnyi'는 문자 그대로 '정신um'이 '없다bez'라는 뜻이다)을 각각 의미하기 때문이다. "제비", "생각", "안티고네"는 또한 죽음의 모티프를 발전시키는 동시에 기억, 영생을 포함하는 삶의 의미론적 장에 소속된다. 따라서 그것들은 각각 말 상실과 보존의 메타포가 되는 한편 계열축상에서는 자기들끼리 등가의 관계를 유지한다. 이를 도식화하면 다음과 같다.

계열축

눈 먼 제비

통합축 말의 상실과 보존 — 육신 없는 생각

광란의 안티고네

이상의 세 가지 메타포와 말의 모티프가 수반하는 긍정적인 의미장과 부정적인 의미장의 양극적 대립은 다음과 같이 요약될 수 있다.

말	망각		기억
제비	죽음	vs.	삶
생각	박탈		영생
안티고네	순교		기억

이 도식에 미루어 우리는 1행의 진술 "나는 하고 싶은 말을 잊었다"에 함축된 서정적 자아의 역행적 의도를 읽을 수 있다. 요컨대 서정적 자아의 망각은 최종적인 말의 상실이 아닌, 상실과 회생시키려는 의지 사이의 긴장 위에 구축된 경계선적 상태이다. 상실된 말이 망각, 박탈 등을 포함하는 죽음의 의미장에 속한다면 말의 회생 가능성에 대한 서정적 자아의 믿음은 기억과 영생을 포함하는 삶의 의미장에 속하게 된다. 이러한 양자의 대립은 세 가지 메타포뿐 아니라 텍스트 전체의 의미론으로 확대된다.

이 텍스트의 부정적 분위기는 무엇보다도 일련의 형용사를 통해 드러난다. 특징적이게도, 총 15개의 형용사 중 압도적인 다수인 12개("눈 먼", "밤의"[2회], "투명한", "말라버린", "텅빈", "광란의", "죽은", "삼도내의"[2회], "육신 없는", "검은")가 상실 혹은 결핍의 형용사이다. 이들 형용사에 의해 주조되는 죽음의 의미론은 일련의 부정적 진술("들리지 않는다", "피지 않는다", "잘못된 것을 암송하다"), 부정적 의미를 지니는 명사("의식불명", "얼음"), 그리고 부정적인 동사("의식을 잃어간다") 등에 의해 한층 강화된다. 그러나 표면상 이렇게 부정과 결핍의 누적으로 일관되는 텍스트는 정반대의 의미론을 수반하는데 후자는 몇 가지 어휘를 통해 파악될 수 있다. 삶의 의미론적 장을 암시하는 가장 두드러진 지표는 앞에서 제비의 메타포를 논하며 언급했던 "녹색 가지"이다. "녹색"은 텍스트에 사용된 두 가지 색채 중 하나로 다른 하나인 "검은색"(23행)과 대조를 이룸으로써 죽음에 대립하는 삶의 의미를 파생시킨다. 삶의 의미론을 형성하는 또 다른 어휘는 9행의 동사 "자라난다"로 그것은 "녹색 가지"와 기본기호 수준에서 결합하는 한편 8행의 동사 "의식을 잃어 간다"에 대립한다. 말을 중심으로 하는 삶과 죽음의 긴장관계는 두 동사가 통사론적으로 평행을 이룬다는 점, 그리고 양자를 이어 주는 접속사가 전후의 논리적 인과관계를 표현하는 "그리고"라는 점 때문에 역설적으로 강화된다.

삶과 죽음의 의미론적 대립에 대한 변주라 할 수 있는 기억과 망각의 대립은 1행과 마지막 행에 도입된 두 단어, 즉 "잊다"와 "회상"에 의해 설정된다. 서정적 자아의 입술에서 타오르는 소리의 회상(23, 24행)은 텍스트 전체를 관통하는 망각의 절대성과 최종성에 저항한다. 여기서 "회상"에 대한 옥시모론적 직유인 "검은 얼음"(23행)은 특히 주목을 끈다. 피수식어 "얼음"이 전달하는 다양한 취지들, 즉 부동성, 생명의 부재, 차가움 등은 전통적으로 죽음을 상징하는 검은색과 결합하여 강렬한 죽음과 망각의 의미론을 파생시킨다. 그러나 그것은 동사 "불탄다"가 연상시키는 생명의 의미론과 충돌하며 따라서 마지막 행의 "회상"은 죽음과 삶의 충돌로 인해 생성되는 새로운 의미를 부여받는다.

마지막으로, 삶의 의미론 형성에 개재하는 다른 요소로서 '인지'와 '바라보는 손가락'을 들 수 있다. 〈말과 문화〉에서 만델슈탐은 동일한 어휘를 사용하여 말의 내적 이미지를 설명한다. "맹인은 바라보는 손가락으로 살짝 건드리기만 해도 연인의 얼굴을 알아본다. 오랜 이별 끝에 그의 눈에서는 인지의 진정한 기쁨, 그 기쁨의 눈물이 솟구친다"(MSS II: 226). 여기서 "바라보는 손가락"은 내적 이미지로서의 말을 들을 수 있는 시적 촉각의 메타포이며 따라서 그 손가락에 의해서 내적 이미지를 "인지하는 것"은 시인에게 지고의 행복을 선사하는 행위, 즉 창조에 버금가는 행위라 할 수 있다.[24] 이렇게 정의되는 "인지"와 "바라보는 손가락"은 해당 텍

24 크론은 "바라보는 손가락"이 리라나 구슬리 같은 악기를 연주하는 행위에 대한 메타포이므로 결국 시적 언어를 발설하는 것, 즉 창작을 의미한다고 간주한다. 그녀가 이러한 해석의 근거로 제시하는 것은 〈이고리 군기Slovo o polku Igoreve〉에서 언급되는 보얀의 '노래하는 손가락'이다(Crone 1991: 419). 만델슈탐이 과연 의식적으로 〈이고리 군기〉를 기저 텍스트로 수용하고 있는지는 확인하기 어렵지만 어쨌든 '바라보는 손가락'과 창조 행위 간의 관련성은 이로써 더욱 강화된다.

스트에서 망각과 "눈 먼 제비"에 대한 대립적 의미론으로 이어진다. 다시 말해서 13행의 "바라보는" 손가락은 2행의 "눈 먼" 제비에 대한 반의어로서 말 상실의 리얼리티에 당면한 시인이 되찾고자 소망하는 시적인 감각이 되며 "인지의 기쁨" 또한 시인이 동경하는 창조의 기쁨이 된다. 만델슈탐에게서 말과 생명, 시와 삶이 동의어란 사실을 상기해 볼 때 "바라보는 손가락"과 "인지의 기쁨"이 연상시키는 시 창작은 해당 텍스트에서 삶의 의미론을 확장시켜 주는 역할을 한다. 이상에서 살펴본 삶의 의미론은 '시'의 의미론으로 연장되고 반대로 죽음의 의미론은 '반시'의 의미론으로 연장된다. 여기서 모든 대립적인 의미 단위들은 궁극적으로 시와 반시, 예술과 반예술의 대립으로 요약된다고 말할 수 있다.

이러한 논의를 텍스트가 씌어진 당시의 상황에 접목시킬 때 현재와 과거, 소비에트와 고대 그리스라고 하는 시공적 대립이 파생된다. 텍스트에서 환기되는 헬레니즘은 앞에서도 언급했듯이 개별적인 단어와 모티프 수준에서 상실의 모티프를 중화시키는 역할을 한다. 그러나 만델슈탐은 바로 이 신화적 시대, 예술의 모태로서의 고대 그리스의 공간을 뒤집음으로써 당대의 상황을 간접적으로 묘사한다. 여기서 제시되는 신화 시대의 그리스는 1910년대에 만델슈탐이 시를 통해 표현했던 향수의 대상과는 판이하게 다르다. 그것은 새도 울지 않고 꽃도 피지 않는(5행) 공간, 말라버린 강물과 텅 빈 조각배(7행)로 특징지어지는 죽음의 공간이며 지상에 존재하는 모든 것을 잡아끄는 지하의 세계이다. 텍스트에 이러한 신화적 공간과 대립되는 현재의 공간, 소비에트의 공간은 제시되지 않는다. 왜냐하면 영원한 삶과 생명의 근원을 상징했었던 신화시대 자체가 소비에트적 시간과 공간의 대체물로서 현재성 위에 이중인화되었기 때문이다. 텍스트에 소비에트 시대를 암시하는 단어는 한마디도 찾아볼 수 없지만 소비에트적인 현재에 대한 메타포적 시공으로서의 뒤집혀진 신화시대는 텍스트에 나타난 그 어떤 예리한 대립보다도 더 첨예하게 만델슈탐이 의식하는 말 상실의 시대를 전달한다.

말 상실의 시대와 소비에트 시대의 구체적인 등가는 앞의 텍스트와 거의 같은 시기에 씌어진 #118 텍스트 〈페테르부르크에서 우리는 다시 만나리V Peterburge my soidemsia snova〉에서 실현된다. 이 시에서는 앞의 시에서 은닉되었던 소비에트적 현재가 표면으로 부상한다.

118

1 페테르부르크에서 우리는 다시 만나리, V Peterburge my soidemsia snova,
2 그곳에서 태양을 매장한 듯, Slovno solntse my pokhoronili v nem,
3 그리고 축복받은 무의미한 말을 I blazhennoe, bessmyslennoe slovo
4 처음으로 발설하리. V pervyi raz proiznesem.

5 소비에트 밤의 검은 벨벳 속에서, V chernom barkhate sovetskoi nochi,
6 전 세계적인 공허의 벨벳 속에서 V barkhate vsemirnoi pustoty,
7 축복받은 여인들의 다정한 눈이 여전히 노래하고 vse poiut blazhennykh zhen rodnye ochi,
8 영생의 꽃들이 여전히 피어난다. vse tsvetut bessmertnye tsvety.

9 수도는 들고양이처럼 등을 구부리고 Dikoi koshkoi gorbitsia stolitsa,
10 다리에는 순찰대가 서 있다, Na mostu patrul' stoit,
11 오로지 사악한 발동기만이 땅거미 속을 질주하고 Tol'ko zloi motor vo mgle promchitsia
12 뻐꾸기처럼 울부짖는다. I kukushkoi prokrichit.

13 나는 야간 통행증이 필요없다, Mne ne nado propuska nochnogo,
14 나는 보초를 두려워하지 않는다. Chasovykh ia ne boius':
15 축복받은 무의미한 말을 위해 za blazhennoe bessmyslennoe slovo
16 소비에트의 밤에 나 기도하리라. Ia v nochi sovetskoi pomolius'.

17 극장의 가벼운 사각소리가 들린다. Slyshu legkii teatral'nyi shorokh
18 그리고 처녀들이 감탄하는 '아' 소리도— I devicheskoe 'akh'—
19 그리고 거대한 영생의 장미 다발이 I bessmertnykh roz ogromnyi vorokh
20 키프리스의 손에 들려 있다. U Kipridy na rukakh.

21 우리는 지겨운 나머지 모닥불 앞에서 몸을 녹인다. U postra my greemsia ot skuki,
22 어쩌면 시대가 흘러갈 것이고 Mozher byt' veka proidut,
23 축복받은 여인들의 다정한 손이 I blazhennykh zhen rodnye ruki
24 가벼운 재를 모으리라. Legkii pepel soberut

25 어디선가 보통석의 붉은 이랑(이 보이고), Gde-to griadki krasnye partera,
26 특별석의 부인용 옷장이 화려하게 날아 오른다. Pyshno vzbity shifon'erki lozh;
27 자동인형 같은 장교, Zavodnaia kukla ofitsera;
28 검은 영혼과 저열한 위선자를 위한 것은 아닐진대…… Ne dlia chernykh dush i nizmennykh sviatosh……

29 그래, 우리의 촛불을 끄라, Chto zh, gasi, pozhalui, nashi svechi
30 전 세계적인 공허의 검은 벨벳 속에서 V chernom barkhate vsemirnoi pustoty,

31 축복받은 여인들의 둥근 어깨가 여전히 노래하고 Vse poiut blazhennykh zhen krutye plechi,

32 그대는 밤의 태양을 알아채지 못하리. A nochnogo solntse ne zametish' ty.

이 텍스트에서 말의 상실과 보존의 모티프 및 그것의 확대된 변주라 할 수 있는 문화의 단절과 연속의 모티프는 시공의 의미론을 통해서 가장 확실하게 드러난다. 텍스트의 공간은 우선 크게 '밖'과 '안', 혹은 '열린 공간'과 '닫힌 공간'으로 구분된다. 전자는 구체적으로 "순찰대"(10행)와 "발동기"(11행)의 굉음으로 특징지워지는 혁명기 러시아의 밤거리이고 후자는 "가벼운 사각소리"(17행)와 "처녀들의 감탄소리"(18행)가 나즈막하게 울려 퍼지는 극장 안이다. 이렇게 열림과 닫힘의 대립 위에 구축되는 거리와 극장은 만델슈탐의 시학에서 예술 텍스트의 문제를 상기시키는 중요한 공간적 메타포로 등장한다. 그에게 예술은 실질적인 리얼리티, 비예술의 세계와 인위적인 경계선에 의해 구분되는 고립적 세계이다. 예술과 리얼리티는 상호배타적인 카테고리이며 예술은 오로지 엄호되는 인위적 환경 속에서만 생존할 수 있다(Broyde 1975: 86). 초기 시에서 이미 살펴보았듯이 열린 공간, 무한한 자연계의 요소들은 시인의 의식을 통해 일단 걸러진 다음에 비로소 텍스트를 구획짓는 경계선을 넘어 예술의 영역 속으로 들어오게 된다. 마치 네덜란드 풍속화에서처럼 그의 시 속에 등장하는 모든 사물과 사람은 다듬어지고 길들여지며 언어라고 하는 울타리에 의해 광활한 세계로부터 보호된다. 이 점에서 그의 시 텍스트 개념은 로트만이 예술 텍스트의 세 가지 고유성 중의 하나라 지적한 '경계성'과 맞물린다고 볼 수 있다. 만델슈탐의 시에서 경계성은 장난감 늑대와 도자기의 무늬와 그릇 속의 거품, 그리고 책과 악보와 극장의 이미지를 통해 실현된다.[25]

해당 텍스트의 극장은 이러한 맥락에서 비예술적 공간으로부터 분리된 고유하고 독자적인 예술적 공간을 메타포화하는 매체라 간주될 수 있다. 그것은 예술의 존재양식 및 예술가, 작품, 그리고 관객 간의 관계를 탐구하기 위한 수단이며 마치 한 편의 시와도 같이 말하여진 말에 의해 생존하는 공간이다(Isenberg 1987: 23). 예술가가 행하는 리얼리티의 재구성이 오로지 극장이라고 하는 특수하게 폐쇄된 공간 속에서만 허용되듯이 시인의 비전은 오로지 시 텍스트의 공간 속에서만 실현된다. 따라서 예술가의 패럴랙스[視差]를 통해서 실재의 리얼리티는 환상으로, 그리고 닫힌 공간 속에서 재구성된 리얼리티는 실재적인 것으로 각각 치환될 수 있다.

연극과 오페라 무대에 대한 만델슈탐의 관심은 1923년의 〈추운 여름 Kholodnoe leto〉 등, 일련의 에세이 및 문학적 산문인《이집트 우표》,《시간의 소음》등을 통해서, 그리고 수 편의 '극장시'를 통해서 표현되며 그것들은 모두 해당 텍스트에 대하여 콘텍스트로 작용한다.[26] 일례로 1915년의 시 〈나는 저 유명한 페드르를 구경하지 못하리Ia ne uvizhu znamenitoi Fedry〉에서 만델슈탐은 커튼에 의해 실재 세계로부터 차단된 예술세계의 메타포로서 극장의 이미지를 사용한다(Broyde 1975: 82). "라신의 연극! 강력한 커튼이/우리를 다른 세계로부터 차단시킨다". 리얼리티와 예술의 경계선으로서의 "강력한 커튼"은 1920년의 시 〈환영의 무대가 희미하

25 그의 시에 도입된 기저 텍스트 역시 이러한 맥락에서 해석될 수 있을 것이다. 기저 텍스트는 이미 다른 시인에 의해 경계설정이 끝난 텍스트이다. 어떤 경우에 만델슈탐은 기저 텍스트의 메시지가 아닌 기저 텍스트의 경계성 그 자체를 위해 그것에 의존한다.

26 극장과 관련된 시들은 본문에서 인용하는 것들 외에도 〈발키리는 날고……Letaiut Val'kirii...〉, 〈어두운 밤에 죽어 갈 때Kogda v temnoi nochi zamiraet〉 등 여러 편이 있다. 자세한 것은 Broyde 1975: 76을 보라.

게 명멸한다Chut' mertsaet prizrachnaia stsena〉에서 "비단 커튼"의 이미지로 재등장한다. 여기서 비극을 관장하는 뮤즈 여신 멜포미니가 드리워 놓은 "비단 커튼"은 추위로 얼어붙은 바깥 세상으로부터 예술이 존재하는 '환영의 무대'를 분리시켜 준다. "환영의 무대가 희미하게 명멸한다,/그림자들의 기운 없는 합창,/멜포미니는 비단을/자기 성전의 창문에 드리웠다./검은 유랑의 무리처럼 마차가 서 있고/창 밖에선 서리가 부서진다./모든 것이 부스스하다, 사람도 사물도,/그리고 뜨거운 눈이 빠드득 갈라진다".

해당 시에서, 그리고 대부분의 '극장시'에서 극장은 거리와 광장의 혹독하고 거친 세상에 대립하는 섬세하고 부드러운, 예술의 닫힌 왕국을 상징한다(Segal 1975: 89, 101). 오페라 아리아와 합창이 울려 퍼지고 고전 비극이 상연되는 극장과 어둠과 추위로 경직된 극장 밖의 세상은 해당 텍스트에서 노래와 소음, 빛과 어둠, 예술과 정치의 대립적인 의미론에 의해 언어화된다. 거리가 자동차의 굉음과 "검은 벨벳"(5행, 30행) 같은 어둠, 그리고 "자동인형"(27행) 같은 군인과 순찰대로 이루어진 공간이라면 극장은 "축복받은" 노래와 촛불(29행)과 장미꽃 다발을 안고 있는 프리마돈나(19행, 20행)의 화려한 공간이다. 이러한 공간적 대립은 고대 그리스와 혁명기 러시아, 헬레니즘과 '소비에트적임'의 광역적인 대립으로 이어지면서 궁극적으로 문화와 반문화의 첨예한 대립을 시사하게 된다. 거리가 '소비에트적' 공간임은 5행과 16행에서 언급되는 "소비에트의 밤"에서 즉각적으로 드러난다.[27] 그러나 그러한 직설적 언급이 아니더라도

---

27 "소비에트의 밤"은 훗날 일종의 위장을 목적으로 "1월의 밤ianvarskaia noch'"으로 변경된 채《시 1928 Stikhotvoreniia 1928》선집에 수록되었다. 그 밖에도 25-28행이 검열을 피하기 위해 다음과 같이 수정되었다(MSS I: 454). "어디선가 오르페우스의 달콤한 합창/그리고 낯익은 검은 눈동자들/보통석에서 좌석의 이랑으로/비둘기 같은 포스

"순찰대"와 "야간 통행증" 그리고 당시 거리 곳곳에서 음산하게 타오르던 모닥불은 역사적 대변혁을 체험하는 러시아, "소비에트"라고 하는 형용사에 의해 수식되는 러시아의 모습을 전달해 주기에 충분하다.[28] 반면에 극장은 20행의 "키프리스Kiprida"와 장미 다발에 의해 헬레니즘을 환기시킨다. 아프로디테보다 더욱 그리스적으로 들리는 키프리스는 무대위의 프리마돈나에 대한 가명일 수도 있고 극장을 장식하는 아프로디테상일 수도 있다. 어찌되었건 그것은 장미와 더불어 호메로스, 에우리피데스Euripides에서 푸시킨에 이르기까지 헬레니즘적인 사랑과 미를 상징하는 개념이며 만델슈탐 역시 그러한 맥락에서 해당 텍스트에 도입하였다고 볼 수 있다.[29] 극장의 키프리스가 불러일으키는 태양과 꽃과 사랑의 제국 헬라스는 텍스트에서 문화 그 자체를 상징함으로써 반문화적 소비에트와 대립하는데 양자의 대립은 시간의 축으로 연장된다.

텍스트의 시간은 극장이 지시하는 과거와 소비에트의 거리가 지시하는 현재의 두 가지 카테고리로 나뉘어진다. 만델슈탐에게 있어서 극장이 제공하거나 혹은 보유하는 것은 고전 및 유럽의 문화적 전통과의 영적 교섭이다(Isenberg 1987: 23). 러시아에서 극장의 문화는 디아길레프S. Diagilev가 이끄는《예술세계Mir iskusstva》를 중심으로 혁명 직전에 절정에 달했으

터가 떨어진다Gde-to khory sladkie Orfeia/I rodnye temnye zrachki./I na griadki kresel s galerei/Padaiut afishi-golubki".

28 다른 한편으로 모닥불은 극장 앞에서 불을 쬐며 주인을 기다리는 마부들의 모습을 연상시키는 사실적인 이미지가 될 수도 있고, 또 새로운 시대를 위해 모든 아름답고 영원한 것을 불사르는 희생의 불이 될 수도 있다. 모닥불에 포함된 희생의 개념은 아름다움을 진정 불멸의 것으로 만들어 준다(Segal 1975: 107).

29 브로이드는 키프리스와 장미의 연상관계를 포함하는 시로《일리아드》, 에우리피데스의《메데아Medea》, 바튜시코프K. Batiushkov의 〈기쁨Radost'〉, 〈주콥스키에게K Zhukovskomu〉, 그리고 푸시킨의 〈놀라운 장미 한 송이 있네,……Est' roza divnaia……〉, 〈크립초프에게Krivtsovu〉 등을 지적한다(Broyde 1975: 95-96).

며 제정의 붕괴와 함께 그 화려한 막을 내리게 되었다. 따라서 혁명 후에 씌어진 만델슈탐의 시에서 극장은 헬레니즘으로 대표되는 세계문화와 제정의 종말까지 이어져 온 유럽적이고 러시아적인 문화, 즉 과거의 문화 전부를 상징한다. 그것은 관객이 예술의 장례식과 부활의식에 참례하는 장소, 과거를 기념하는 신전이다(Isenberg 1987: 23). 그러므로 극장은 '과거'의 시간 지시기와 '헬레니즘'의 공간 지시기가 하나로 뭉뚱그려진 시공 결합체, 혹은 바흐친의 용어로 '크로노토프chronotope'(Bakhtin 1981)라 정의될 수 있을 것이다.

반면에 극장 밖의 세계는 러시아의 과거를 부정하는 현재의 시간축에 위치한다. '현재-소비에트'의 크로노토프는 극장의 크로노토프에 대립할 뿐 아니라 후자의 지속을 위협한다. 그것은 "들고양이"(9행)처럼 등을 잔뜩 구부린 채 과거를 공격할 태세를 갖추고 있으며 다리 위에 선 순찰대(10행)처럼 과거의 도하를 금지한다. 따라서 거리의 크로노토프는 시간의 질적 측면에서 과거의 단절로 나타나며 반대로 극장의 크로노토프는 단절을 강요하는 현재에 대한 저항, 즉 연속의 지향으로 나타난다. 다시 말해서 과거와 현재라고 하는 시간의 두 카테고리는 연속과 단절이라고 하는 질적 차원으로 전이되는 것이다. 여기서 연속은 베르그송적인 의미에서의 '지속'이며 만델슈탐의 말과 문화와 역사에 대한 의식 전부를 포괄하는, 그리고 특히 혁명 이후 그가 염원한 시의 존속을 지탱해 주는 개념이다. 그것은 해당 텍스트의 7행, 8행, 31행 머리에 위치하는 "여전히"에 의해 구체화되며 특히 "전 세계적인 공허"(30행)와 "꺼진 촛불"(29행)로 상징되는 단절의 현재에 투사됨으로써 더욱 강조된다. 여지껏 살펴본 문화와 반문화의 시공적 대립의 짝들을 도표로 정리해 보자.

공간	문화	vs.	반문화
	극장		거리
	안		밖
	고대 그리스		소비에트 러시아
시간	과거	vs.	현재
	연속		단절

이러한 시공의 대립은 1행의 "페테르부르크"를 문화와 반문화, 연속과 단절, 과거와 현재의 특성을 동시에 보유하는 간질성間質性의 크로노토프로 만들어 준다. 러시아 문화에서 페테르부르크는 무로부터 떠오른 공간, 그러나 언젠가 다시 무로 돌아갈지도 모르는 위협을 받는 공간으로서 그 인위적이고도 환상적인 특질 때문에 존재와 부재 사이를 배회하는 예술의 잠정적이고 섬약한 존재 양상을 위한 메타포로 사용되어 왔다(Crone 1991: 405). 정치적인 측면에서 그것은 표트르 대제와 그 측근들에게 '제3의 로마', 영원히 지속될 마지막 수도였으며 19세기 슬라브주의자들에게는 '존재하지 않는 도시', 독재자의 환상이 지어 낸 '꿈 속의 도시'를 의미했다(로트만 외 1993: 279). 푸시킨의 〈청동기마상Mednyi vsadnik〉을 비롯하여 고골, 도스토옙스키, 벨리 등의 무수한 페테르부르크 이야기들은 그러한 다양한 시간개념을 반영하는 문화모델이다(로트만 외 1993: 279). 따라서 페테르부르크는 영원한 현재와 비시간이, 그리고 실존과 비실존이 교차하는 점이었으며 아시아적인 원시성과 유럽적인 문명이 공존하는 이중적 공간이었다. 그것은 데르자빈과 로모노소프M. Lomonosov 등의 고전주의 시인들이 사용한 바 있는 그리스적 이름 페트로폴리스Petropol'와 슬라브식의 페트로그라드Petrograd, 그리고 독일식의 페

테르부르크 모두를 허용하는 세계도시였다. 그러나 제정의 몰락과 더불어 그것이 보유해 온 풍부한 연상과 다중적인 문화모델들은 실종되기 시작했으며 영원한 도시는 레닌의 이름과 결합하는 순간 새로운 시대, 새로운 문화를 위해 역사의 뒤편으로 물러나야만 했다.

대부분의 아크메이스트 시인들이 그랬듯이 만델슈탐은 푸시킨의 전통을 따라 페테르부르크를 문명화된 러시아의 심장, 유럽문화와의 연계에 대한 상징으로 간주하였다(Przybylski 1987: 138). 따라서 그가 《트리스티아》에서 페테르부르크를 '죽어 가는' 도시, '죽음의 여신이 관장하는 도시'로 묘사할 때 '죽어 가는' 것은 다만 도시뿐 아니라 그 도시가 상징하는 문화 전체이다. 그가 도시의 죽음을 다루는 시들에서 페테르부르크를 그리스풍의 '페트로폴리스'로 명명하는 것도 이러한 맥락에서이다. "투명한 페트로폴리스에서 우리는 죽으리,/프로제르피나가 우리를 다스리는 곳에서, #89", "끔찍한 창공에 배회하는 불꽃/정말로 저것은 명멸하는 별이던가?/투명한 별, 배회하는 불꽃/너의 형제, 페트로폴리스가 죽어 간다, #101".

그러나 만델슈탐에게 페테르부르크는 완전히 죽은 도시가 아니라 이를테면 '부활의 희망 속에 잠든' 도시이다. 그것의 문화는 역사적 리얼리티 속에서 실존을 중단할망정 시인의 의식 속에서는 영원히 살아 있기 때문이다.[30] 따라서 《트리스티아》의 페테르부르크는 문화의 단절과 연속 사이에서 고통스러운 분열을 체험하는 시인의 의식을 반영하는 새로운

---

30 1930년의 시 〈레닌그라드Leningrad〉도 이러한 맥락에서 해석될 수 있다. 이 시의 제목은 레닌그라드이지만 서정적 자아가 시 속에서 부르는 이름은 페테르부르크이다. "나는 나의 도시에 돌아왔다, 눈물이 나도록 낯익은,/정맥까지, 어린애의 부어오른 편도선까지 낯익은./……/페테르부르크! 나는 아직 죽고 싶지 않다/너는 나의 전화번호를 갖고 있지./페테르부르크! 나는 아직 주소를 갖고 있지./그 주소를 통해 죽은 이들의 목소리를 찾을 거야".

과도기적 문화모델로서 텍스트에 등장하는데 바로 이 점에서 그것을 둘러싼 과거와 현재, 단절과 연속, 죽음과 부활의 양극적 의미론이 나타나게 된다. 프쉬빌스키의 지적처럼 도시는 파괴되거나 살해될 수 있지만 언제나 부활하며 또 언제나 동일한 도시로 남아 있다. 마치 신화처럼 도시는 인간을 한데 묶어 주는 '시간의 횡단면'이기 때문이다. 도시에서 인간의 역사적 시간은 상징 형태로 압축된다(Przybylski 1987: 136). 그것은 "지금은 사라지고 없는 절묘한 내용을 암시하는 아름다운 건축물의 폐허"인 것이다(Crone 1991: 411). 마찬가지로 만델슈탐의 페테르부르크는 역사 속에서의 죽음과 신화 속에서의 부활을 동시적으로 함축한다. 만델슈탐은 헬레니즘적인 페트로폴리스가 역사 속에서의 공존을 중단하게 되자 그것을 부활가능한 꿈으로, 신화로 변형시킨다(Przybylski 1987: 144). 이제 페테르부르크 순수한 관념 그 자체가 되며 그 속에서 사라진 문화는 마치 거대한 박물관에서처럼 관람객을 위해 보존된다. 그것은 기하학적 도형들로 이루어진 벨리의 페테르부르크를 상기시키는 관념과 추상의 도시이며 실재하는 도시는 그림자처럼 그것을 따라 다닌다.[31]

해당 텍스트의 1행에 등장하는 페테르부르크도 이렇게 신화로 변형된 공간, 순수한 관념으로서의 공간이다. 텍스트의 다른 두 가지 공간 지시기, 즉 거리와 극장은 대립과 긴장을 유지하는 동시에 양자의 의미를 뛰어넘는 관념적이고 초월적인 공간의 의미론을 페테르부르크에 부여한다. 이는 1행의 "우리"와 "또다시", 그리고 3행의 "처음으로"에 의해 확

31 벨리의 《페테르부르크》에 대한 만델슈탐의 반응은 이중적이다. 〈안드레이 벨리, 괴짜의 수기Andrei Belyi. Zapiski chudaka〉에서 그는 《페테르부르크》를 호평하는 반면 〈문학적 모스크바: 파불라의 탄생Literaturnaia Moskva: Rozhdenie fabuly〉에서는 악평한다. 두 편의 리뷰가 거의 같은 시기에 씌어졌으므로 상반되는 평가들은 서로의 의미를 상쇄시키는 듯 여겨지지만 어쨌든 《페테르부르크》로부터 영감을 받은 것만은 사실일 것이다(MSS II: 332, 423).

인된다. 여기서 "우리"가 지칭하는 것은 물론 만델슈탐의 동료 시인들일 수도 있고 보다 구체적으로 아크메이스트들일 수도 있다(Taranovsky 1976: 164; N. Mandel'shtam 1987: 69). 그리고 어쩌면 만델슈탐에게 소중한 "시적으로 읽고 쓸 줄 아는 독자poeticheskii gramotnyi chitatel'"(MSS II: 231)까지도 포함할 수 있다. 따라서 그들의 만남의 장소로서의 페테르부르크는 시적인 공간을 의미하며 이때의 "또다시"는 그 공간의 지속을 말해 주는 시간 지시기의 기능을 한다. 그러나 혁명기 러시아의 현실에 비추어 볼 때 그 공간의 지속은 그들의 기억 속에서만 가능한 꿈이므로 "또다시"가 부여하는 연속은 논리적인 사유의 영역을 벗어난 다른 차원, 다른 세계의 상정을 요구한다. 3행의 "처음으로"는 이러한 맥락에서 지속의 좌절을 암시하는 또 다른 지표라 할 수 있다. 그것은 그 이전까지의 모든 시간과 공간을 무의 어둠 속으로 던져 버린다. 따라서 "우리"가 "처음으로" 말을 하게 되는 배경으로서의 페테르부르크는 과거의 시적 공간이긴 하되 질적으로 변형된 새로운 공간, 새로운 세계이다. 그 세계는 이성과 가시계를 초월하여 시인의 소망 속에서만 존재하는 잃어버린 시의 낙원, 죽음으로 인한 시간의 단절과 부활의 영원이 교차하는 신비한 세계이며, 결과적으로 그곳에서 다시 만나게 될 "우리" 역시 리얼리티 속에서의 죽음과 소망 속에서의 영생을 보유하는 간질성의 존재가 된다. 만델슈탐에게 페테르부르크는 모든 시인의 삶이란 시간 속의 영원을 향한 항구한 지향임을 말해 주는 증거인 것이다(Przybylski 1987: 147).

이러한 공간과 시간의 의미론은 텍스트의 주된 이미지들의 메타포적 취지를 규명하는 데 일종의 상황 텍스트로 작용한다. '태양'과 '말'과 '장미' 등 텍스트에서 반복을 통해 강조되는 이미지들은 모두 문화적 유산을 의미하는 메타포로 여지껏 논의된 상황 텍스트와 콘텍스트, 그리고 기저 텍스트에 의해 그 의미가 풍부하게 된다. 그러면 '태양'의 이미지부터 먼저 살펴보자. '태양'은 만델슈탐의 시에서 긍정적인 맥락과 부정적인 맥락 모두 수반하는데 대부분의 연구자들이 이미 밝혀 놓았듯이 해당 텍스트에서 그것은 시와 말 등, 문화적이고 정신적인 유산을 의미한다(Taranovsky 1976: 150-151; Broyde 1975: 89-90; Zolian, M. Lotman 1988: 360). 이 점에 대한 근거로서 연구자들은 에세이 〈푸시킨과 스크랴빈〉을 제시한다(Brown 1973a: 231-233; Broyde 1975: 91-92). 이 에세이에서 만델슈탐은 스크랴빈과 푸시킨을 두 개의 태양에 비유한다.

> 푸시킨과 스크랴빈—하나의 태양에 대한 두 가지 변형체, 하나의 심장에 대한 두 가지 변형체. 예술가의 죽음은 두 차례나 러시아 민중을 한군데 모아 놓았고 그들 위에 태양을 켜 놓았다. (…) 푸시킨은 밤에 매장되었다. (…) 태양은 밤에 관 속에 넣어졌고 혹심한 정월달의 추위 속에서 장례식을 위해 시인의 유골을 나르는 썰매의 미끄럼 나무가 삐걱거렸다. 나는 당신들의 기억 속에 밤의 태양의 이미지, 에우리피데스가 창조한 마지막 그리스 비극의 이미지, 즉 불행한 페드르의 비전을 불러일으키기 위해, 푸시킨의 장례식 장면을 회고하고 있다.(MSS II: 313)

확실히 시 텍스트에 등장하는 "매장된 태양"(2행)과 "밤의 태양"(32행)의 이미지를 그대로 포함하는 에세이가 설득력 있는 콘텍스트임에는 논란의 여지가 있을 수 없다.[32] 만델슈탐이 푸시킨을 상찬하기 위해 사용한

---

32 만델슈탐의 시에 등장하는 '태양'들—"밤의 태양", "어제의 태양", "매장된 태양"—이 모두 푸시킨을 지칭한다는 주장은 아흐마토바의 해석에서 유래한다. 그러나 만델슈탐 여사의 해석에 따르면 만델슈탐에게 인간은 살아 있는 한 누구나 중력의 중심이며 죽은 뒤에는 "죽은 태양", "어제의 태양"이 된다. 따라서 태양의 이미지를 푸시킨에게 한정시키는 것은 오류이다(N. Mandel'shtam 1987: 127-128). 프쉬빌스키도 만델슈탐 여사의 주장에 동조한다(Przybylski 1987: 155). 시, 말 등과 관련된 태양의 콘텍스트

태양의 이미지는 해당 텍스트로 유입하여 푸시킨에서 스크랴빈에 이르기까지의 러시아 예술의 황금시대를 포괄적으로 의미하게 된다.[33] 그러나 설사 이러한 콘텍스의 존재를 고려하지 않는다 하더라도 태양과 문화적 유산 간의 메타포적 관계는 상황 텍스트 덕분에 설정될 수 있다. 태양은 전통적으로 생명을 상징한다. 그러므로 태양의 매장은 암흑과 죽음을 초래한다. 텍스트에서 "검은 벨벳" 같은 밤과 "전 세계적인 공허"는 태양의 매장으로 인한 자연스러운 결과라 할 수 있다. 종말의 테마는 생명의 원천인 태양의 죽음을 통해 우주적인 대단원의 성격을 획득하는 것이다(Taborisskaia 1990: 524).

우주적인 대단원의 상황은 앞에서 살펴본 거리와 극장의 대립에 유추시켜 볼 때 반문화의 의미론에 포함되므로 결과적으로 "태양" 자체가 문화의 메타포라는 결론으로 이어진다. 더욱이 "태양"이 매장되는 장소가 페테르부르크이므로 "태양"은 페테르부르크의 의미론에 포함되는 동질성의 소규모 메타포라 할 수 있다. 즉 죽음과 부활이 교차하는 시의 낙원에 매장된 "태양"은 그 낙원이 관념화시키는 모든 문화적 과거에 대한 메타포인 것이다. 문화의 메타포로서의 "태양"은 마지막 행의 "밤의 태양"에서 지속의 의미론을 획득함으로써 한층 더 분명하게 드러난다. 브로이드의 해석에 따르면 태양을 수식한 "밤의"는 한편으로 에세이에서 언급되는 푸시킨의 야간매장을 시사하며 다른 한편으로는 밤에도 여전히 빛나는 태양, 즉 문화의 지속을 의미한다(Broyde 1975: 101). 페테르부르크가

는 Zolian,M.Lotman 1988: 360을 보라.

33 브라운은 태양의 이미지가 푸시킨을 가리킬 뿐 아니라 푸시킨의 텍스트 자체가 해당 텍스트에 광범위하게 깔려 있다고 말한다. 예를 들어 제2행 "그곳에서 태양을 매장한 듯"은 푸시킨의 "내가 나의 심장을 매장한 곳"(〈예브게니 오네긴〉 I: 50)에서, 24행 "가벼운 재를 모으리라"는 〈크립초프에게〉 중의 "그들은 가벼운 재를 모으리라"에서 각각 유래한다(Brown 1973a: 231-233).

죽음 후에도 여전히 시인과 소수의 독자의 기억 속에 보존되어 있듯이 문화의 태양은 "촛불"이 꺼진다 해도 "전 세계적인 공허" 속에서 빛날 것이다. 이것이 바로 만델슈탐의 소망이며 소비에트의 암흑 속에서 그가 의지할 수 있는 한줄기의 빛이다. 이 빛은 오로지 문화적인 '나'와 '우리'만이 볼 수 있는 빛으로 '너', 즉 촛불을 끄는 자, 문화의 죽음을 요구하는 자는 알아채지도 못할 것이다. 페테르부르크와 마찬가지로 "밤의 태양"은 순수하게 관념적인 태양이기 때문이다.

"밤의 태양"이 시사하는 지속의 의미론은 8행의 메타포 "꽃"과 19행의 "장미"에서도 발견된다. 앞에서도 언급했듯이 꽃과 장미는 전통적으로 사랑과 미와 예술의 상징으로 사용되어 왔다. 더욱이 양자를 수식하는 "영생의"와 8행의 시간 지시기 "여전히"가 그것들을 불멸의 문화에 대한 메타포로 만들어줌은 더 이상의 설명이 필요 없을 정도로 자명하다. 여기서 한 가지 덧붙일 것은 "키프리스"의 손에 들린 "장미"는 "영생"이라는 수식어가 없다 하더라도 콘텍스트에 의거할 경우 시간 속의 영원에 대한 메타포로 해석될 수 있다는 점이다. 해당 시보다 조금 앞서 씌어진 #108 텍스트를 상기해 보자. "자매들—무거움과 부드러움—너희들의 성질은 동일하다/일벌과 땅벌이 무거운 장미를 빨아 먹는다./……/검은 물을 마시듯 나는 혼탁한 공기를 마신다./시간은 쟁기로 갈아졌고 장미는 땅이었다./느릿한 소용돌이 속에 무겁고 부드러운 장미,/장미는 무거움과 부드러움을 이중 화관으로 만들었다Sestry—tiazhest' i nezhnost'—odinakovye vashi primety./Medunitsy i osy tiazheluiu rozu sosut./(…) /Slovno temnuiu vodu ia p'iu pomutivshiisia vozdukh./Vremia vspakhano plugom, i roza zemleiu byla./V medlennom vodovorote tiazhelye nezhnye rozy,/Rozy tiazhest' i nezhnost' v dvoinye venki zaplela". 이 시에서 시간은 쟁기로 갈아지는 땅이고 생명으로 가득 찬 무거운 물질이며 대립되는 카테고리들을 하나로 흡수하면서 서서히 선회하는 물살이다. "장미"는 이러한 시간의 비유들을 재메타포화하면서 과거, 현재, 미래를 초월한 영원한 시간에 대한 상징으로 부상한다.[34] 이 시가 전통적으로 사랑과 미의 상징인 장미에 영원성의 의미를 부여한다면 해당 텍스트는 그것을 콘텍스트로 수용하여 예술의 보존이라고 하는 확장된 테마를 주조해 낸다.

그러면 텍스트의 가장 핵심적인 이미지라 할 수 있는 "말"에 관해 살펴보자. 말을 수식하는 첫 번째 형용사 "축복받은"(3행)의 의미는 물론 메타포적이다. "축복받은"은 우선 종교적인 연상 속에서 설명될 수 있다. 브로이드가 적절하게 지적했듯 "축복받은"은 러시아 종교문학에서 흔히 사용되어 온 형용사로 정신적으로나 윤리적으로 고상한 인물, 박해와 고통을 감수할 각오가 되어 있는 인물을 수식한다(Broyde 1975: 93).[35] 이를 좀더 연장시켜 본다면 "축복받은"은 궁극적으로 순교의 모티프와 관련된다고 말할 수 있다. 따라서 "축복받은 말"은 결국 문화의 죽음을 기리는 메타포가 되는데 23-24행의 "재를 모으는 행위"와 16행의 "기도"는 이를 뒷받침해 준다. 마치 순교자처럼 암흑의 시기에 처형당한 말-문화의 유해는 그것을 기리는 사람들에 의해 거두어져 길이 보존될 것이다. "축복받은 여인들"(7행)이 누구건 간에 그들은 말-문화의 유해를 보존한다는 점에서, 그리고 순교당할 위험을 마주하고 사는 사람들이라는 점에서 축복받은 사람들이다.

두 번째 수식어 "무의미한"의 해독은 좀더 복잡하다. 그것은 브라운과

---

34 자세한 분석은 Segal 1973, Przybylski 1987: 151-159를 보라.

35 종교문학에서의 비근한 예로는 "축복받은 보리스blazhennyi Boris" 등을 들 수 있다(Broyde 1975: 93). 만델슈탐의 시에서 "축복받은"은 거의 언제나 진정한 예술의 세계와 관련된다(Segal 1975: 97-98). 이 형용사가 사용된 콘텍스트로는 다음과 같은 것들이 있다. "나는 축복받은 유산을 받았다—/낯선 가수들의 방황하는 꿈". "노래에 이름을 들여온 자 세 번 복되도다/이름으로 장식된 노래에".

브로이드의 해석처럼 상식적인 의미에서 벗어나 스스로에 대한 의무만을 수행하는 자유롭고 무목적적인 말, 비공리주의적인 말을 의미할 수 있다(Brown 1973a: 235; Broyde 1975: 88). 타라놉스키의 해석에 의하면 그것은 또한 기쁨을 표현하는 무의미한 감탄사, 어린애가 중얼거리는 일종의 초이성어일 수도 있다(Taranovsky 1976: 14). 그러나 해당 텍스트의 문맥에서 말은 단순히 언어예술뿐 아니라 문화 전체를 의미한다는 사실을 염두에 둘 때 이러한 해석들은 다소 제한적인 듯이 여겨진다. 여기서 언급되는 "무의미한 말"은 시각의 차이에서 비롯되는 개념으로 서정적 자아를 비롯한 소위 '우리'의 시각이 아닌 소비에트의 시각에서 볼 때 무의미한 말, 무의미한 문화를 뜻한다. 그것은 가치가 전도된 세상에서 무가치하게 여겨지지만 실제로는 의미로 충만된 문화에 대한 반어적 메타포인 것이다. 다른 한편으로 "무의미한"은 텍스트에 사용된 다른 형용사 "영생의"에 음성수준에서 근접함으로써('bessmyslennoe-bessmertnye') 후자의 의미론의 일부를 차용한다고 볼 수도 있다. 즉 "무의미한"은 "축복받은 말"과 "영생의 꽃"의 등가를 확실하게 설정해 주는 음성적 힌트라고 간주되어도 좋을 것이다. 결국 "축복받은 무의미한 말"은 문화적 유산에 대한 메타포이며 다른 메타포들과 함께 문화단절의 시기에 시인이 체험하는 보존의 욕구를 반영하는 것이다.

만델슈탐의 말 보존에 관한 믿음이 가장 복잡한 의미구조를 통해 표현된 시는 〈석필의 송시〉라 할 수 있다. 〈편자를 찾은 사람〉과 더불어 만델슈탐의 대표적 메타시라 간주되는 이 시의 다소 긴 전문을 인용해 보자.

137 석필(석판)의 송시 Grifel'naia oda

1 별과 별은—강력한 접촉, Zvezda s zvezdoi—moguchii styk,

2 옛 노래로부터의 자갈길, Kremnistyi put' iz staroi pesni,
3 부싯돌과 공기의 언어, Kremnia i vozdukha iazyk,
4 물과 함께 하는 부싯돌, 편자와 함께 하는 보석반지, Kremen' s vodoi, s podkovoi persten',

5 구름의 부드러운 반석에 Na miagkom slantse oblakov
6 우유빛 석필(석판)의 그림— Molochnyi grifel'nyi risunok—
7 세계의 학생들이 아니라, Ne uchenichestvo mirov,
8 선잠 든 암양들의 잠꼬대. A bred ovech'ikh polusonok.

9 우리는 짙은 밤에 선 채로 잠잔다 My stoia spim v gustoi nochi
10 따뜻한 양의 모자아래서. Pod teploi shapkoiu ovech'ei.
11 샘은 수풀로 되돌아 졸졸 흐른다 Obratno v krep' podnik zhurchit
12 사슬처럼 꾀꼬리처럼 언어처럼. Tsepochkoi, penochkoi i rech'iu.

13 이 곳에선 공포가 글을 쓴다, 이 곳에선 전위가 글을 쓴다 Zdes' pishet strakh, zdes' pishet sdvig
14 우유 같은 납 막대기로, Svintsovoi palochkoi molochnoi,
15 이 곳에선 초고가 익어 간다 Zdes' sozrevaet chernovik
16 흐르는 물의 학생들이 쓴. Uchenikov vody protochnoi.

17 험준한 산양의 도시 Krutye koz'i goroda;
18 부싯돌보다 더 강력한 층 Kremnei moguchee sloen'e:
19 그러나 어쨌든 또다시 산맥— I vse-taki eshche griada—
20 암양들의 교회와 마을! Ovech'i tserkvi i selen'ia!

21 연추선이 그들에게 설교한다, Im propoveduet otves,
22 물이 그들을 가르치고 시간을 다듬는다, Voda ikh uchit, tochit vremia,
23 그리고 공기의 투명한 숲은 I vozdukha prozrachnyi les
24 이미 오래전에 모든 이들로 포만감을 느낀다. Uzhe davno presyshchen vsemi.

25 벌집 근처의 죽은 말벌처럼 Kak mertvyi shershen', vozle sot,
26 얼룩덜룩한 날(낮)은 수치와 함께 제거되었다. Den' pestryi vymeten s pozorom.
27 그리고 밤—매가 뜨거운 분필을 날라 I noch'-korshunnitsa neset
28 석판에 먹이를 준다. Goriashchii mel i grifel' kormit.

29 성상파괴자의 칠판에서 S ikonoborcheskoi doski
30 낮의 인상을 지워 버릴 것, Steret' dnevnye vpechatlen'ia,
31 그리고, 새끼새처럼 손에서 떨어 버릴 것 I, kak ptentsa, striakhnut' s ruki
32 이미 투명한 환영을! Uzhe prozrachnye viden'ia!

33 열매를 캤다. 포도가 익었다. Plod naryval. Zrel vinograd.
34 날은 날뛰었다, 지금 날뛰듯. Den' busheval, kak den' vushuet.
35 그리고 다정한 말발굽뼈 놀이. I v babaki nezhnaia igra,
36 그리고 한낮에는 사악한 양지기 개의 외투 I v polden' zlykh ovcharok shuby;

37 얼음 정상으로부터의 먼지처럼— Kak musor s ledianykh vysot—
38 녹색 이미지의 안쪽— Iznanka obrazov zelenykh—
39 배고픈 물이 흐른다, Voda golodnaia techet,

작은 짐승처럼 뒤틀리고 장난질치며, Krutias', igraia, kak zverenysh,

그리고 거미처럼 내게 기어온다, I kak pouk polzet ko mne,
모든 접촉엔 달이 뿌려진 곳, Gde kazhdyi styk lunoi obryzgan,
놀란 절벽에서 Na izumlennoi krutizne
나는 석필의 비명을 듣는다. Ia slyshu grifel'nye vizgi.

기억이여, 너의 목소리가 Tvoi li, pamiat', golosa
가르치는가, 밤을 부수며, Uchitel'stvuiut, noch' lomaia
석필을 숲속으로 던지며, Brosaia grifeli lesam,
새의 부리에서 낚아채면서? Iz ptich'ikh kliuvov vyryvaia?

우리는 오로지 목소리로 이해하리라 My tol'ko s golosa poimem,
그곳에서 무엇이 할퀴고 싸웠는지, Chto tam tsarapalos', borolos',
그리고 바싹 마른 석필을 가져가리라, I cherstvyi grifel' povedem
목소리가 가리키는 곳으로. Tuda, kuda ukazhet golos.

나는 밤을 부수고 뜨거운 분필을 부순다 Lomaiu noch', goriashchii mel,
딱딱한 순간의 기록을 위해. Dlia tverdoi zapisi mgnovennoi.
소음을 화살의 노래로 바꾸고 Meniaiu shum na pen'e strel,
화음을 성난 너새로 바꾼다. Meniaiu stroi na strepet gnevnyi.

나는 누군가? 단순한 석공도 아니고 Kto ia? Ne kamenshchik priamoi,
지붕이는 사람도 아니고 선장도 아니다. Ne krovel'shchik, ne korabel'shchik:
나는 두 마음 가진 이, 두 개의 영혼을 가진 자. Dvurushnik ia, s dvoinoi

dushoi.

60 나는 밤의 친구, 낮의 발기인. Ia nochi drug, ia dnia zastrel'shchik.

61 부싯돌을 흐르는 물이라 명한 자 Blazhen, kto nazyval kremen'
62 복받을 지어다. Uchenikom vody protochnoi.
63 산의 구두창을 단단한 토양에 Blazhen, kto zaviazal remen'
64 가죽끈으로 묶은 자 복되도다. Podoshve gor na tverdoi pochve.

65 그리고 나는 지금 일기를 공부한다 I ia teper' uchu dnevnik
66 석필의 여름이 할퀸 자국을, tsarapin grifel'nogo leta,
67 부싯돌과 공기의 언어를 Kremnia i vozdukha iazyk
68 어둠의 간층과 함께, 빛의 간층과 함께, S prosloikoi t'my, s prosloikoi sveta,

69 그리고 손가락을 끼워 넣고 싶다 I ia khochu vlozhit' persty
70 옛 노래의 자갈길로, V kremnistyi put' iz staroi pesni,
71 궤양으로 넣듯, 접촉으로 유폐하듯 Kak v iazvu, zakliuchaia v styk
72 물과 함께 하는 부싯돌을, 편자와 함께 하는 보석반지를. Kremen' s vodoi, s podkovoi persten'.

이 텍스트를 복잡하게 만드는 요인은 대략 세 가지로 나누어 생각해 볼 수 있다. 첫째, 텍스트는 시의 보존 문제와 시는 어떻게 창작되는가의 문제를 나란히 발전시킨다. 시의 보존이 하나의 테마로 간주될 수 있다면 시 창작에 관한 논평, 특히 해당 텍스트 자체에 대한 형식분석, 즉 '메타시적 자기논평avtometaopisanie'은 테마와 시학의 기능적 측면에 공통으로 개재한다. 후자는 아흐마토마와 만델슈탐 등 아크메이스트의 특징적 경향이며 텍스트의 여러 다양한 시공적 파라미터를 동일시하는 데서 오는 결과이다(Levin et al. 1974: 73). 시 보존의 테마와 '메타시적 자기논평'의 얽힘은 일차적으로 이 텍스트의 테마론 수준을 이중적으로 만든다. 둘째, 여지껏 살펴본 모든 텍스트에 공통으로 해당되는 사항이지만, 특히 이 시에서는 테마의 실현에 개재하는 기저 텍스트와 콘텍스트가 극도로 광범위하게 펼쳐져 있다. 셋째, 만델슈탐이 〈단테에 관한 대화〉에서 언급하는 '시적 재료의 전환과 변형의 법칙'은 이 텍스트의 통사론과 의미론에서 정점에 이른다. 통사론의 의도적인 모호성 덕분에 텍스트적 상황은 여러 가지 다른 해석을 허용한다. 그뿐만 아니라 이미지들은 자기증식과 상호결합을 거듭하면서 문자 그대로 '전환과 변형'을 겪게 된다. 그리하여 무수한 이미지-변주들 중에서 무엇이 메타포이고 무엇이 순수한 표현인지, 그리고 메타포의 경우 무엇이 취지이고 무엇이 매체인지 구별하기가 어렵다.[36] 만델슈탐이 단테의 〈지옥편Inferno〉 XXVI곡 25-42행에 관해 내린 논평, 즉 "무엇이 무엇과 비유된지, 주된 것이 무엇이며 그것을 설명해 주는 종된 것은 무엇인지 알 수 없는" "머리를 빙빙 돌게 만드는 비탈길"은 바로 자신의 시 〈석필의 송시〉를 가장 정확하게 기술해 준다고 볼 수 있다(MSS II: 387). 이런 텍스트는 그야말로 연구자의 '백과사전'이 동원되지 않고는 세밀한 분석은 물론이거니와 의미의 개략적인 윤곽조차 파악하기 어렵다. 그러나 '백과사전'이 동원된다고 해도 무한한 열림을 특징으로 하는 텍스트의 해석은 여전히 불완전한 채 남을 수밖에 없

36 여기서 '이미지-변주image-variant'는 브라운의 용어를 차용한 것이다. 브라운은 한 개의 단어-이미지로부터 파생되는 일련의 관련 이미지를 지칭하는 데 이 용어를 사용한다. 이를테면 '풀-지푸라기-건초trava-soloma-seno'의 시리즈에서 "지푸라기"와 "건초"는 "풀"의 이미지-변주가 된다(Brown 1973a: 284). 브라운은 이 용어를 어휘 수준상에서 밀접하게 관련된 일종의 동의어 계열에 국한시켜 사용하지만 필자는 어휘 수준뿐 아니라 전반적인 의미론의 수준까지 용례를 확장시켜 사용할 것이다.

다. 이러한 점을 인정하면서 텍스트 분석을 시도해 보기로 하자.

이 시는 〈석필의 송시〉라는 제목부터 기저 텍스트의 존재를 상기시킨다. 주지하다시피, 데르자빈은 마지막 시 〈시간의 강물은 자신의 흐름 속에Reka vremen v svoem stremlen'i〉를 석판에다 남겼다고 전해진다. 〈석필의 송시〉가 데르자빈의 마지막 시와 관련됨은 만델슈탐의 입을 통해 직접 언급된다. 그는 에세이 〈19세기Deviatnadtsatyi vek〉에서 데르자빈의 시를 "19세기로 들어오는 문턱에서 석판에다 긁어 놓은 시"라고 소개하면서 전문을 인용한다(MSS II: 276):

시간의 강물은 자신의 흐름 속에
세상만사 모두 실어 나르고
망각의 심연에 빠뜨려 버리네
백성들과 왕국과 제왕까지도.
리라와 나팔 소리가
무언가 남겨 놓는다 해도
그것 또한 영원의 목구멍에 삼켜져
모두의 운명을 피할 수 없으리.

데르자빈의 시는 모든 것을 집어 삼키는 시간의 무자비한 힘과 그 힘 앞에서 덧없이 스러지는 예술을 대조적으로 제시한다. 그러나 그가 창조한 예술은 아이러니하게도 석판 위에 남겨져 시간의 부식에 저항한다. 데르자빈의 시가 가지는 이러한 시간의 힘과 예술의 지속은 만델슈탐의 시에서 제목을 통해 암시될 뿐 아니라 "물"과 "돌"이라고 하는 중심 이미지가 되어 텍스트의 골격을 형성한다.

먼저 "돌"의 이미지부터 살펴보자. 돌은 1연에서 "부싯돌"과 그것의 사격인 "부싯돌의", 그리고 파생 형용사인 "자갈의", "석필의" 및 "편암" 등 몇 가지 변주 형태로 등장한다. 그것들은 돌의 속성이라는 공통분모에 의해 하나로 묶여지지만 각각에서 유출되는 연상 패턴의 방향은 다양하다. 2행의 "자갈길"은 기저 텍스트에 의해 연상의 방향이 결정된다. 그것은 레르몬토프의 시 〈나 홀로 거리에 나서니Vykhozhu odin ia na dorogu〉에서 차용해 온 이미지임이 한 눈에 분명하기 때문이다. "나홀로 거리에 나서니./안개 속에 자갈길이 빛난다/밤은 고요하고 황야는 신의 음성에 귀 기울인다,/그리고 별과 별이 이야기를 나눈다Vykhozhu odin ia na dorogu./Skvoz' tuman kremnistyi put' blestit;/Noch' tikha, pustynia vnemlet Bogu,/I zvezda s zvezdoiu govorit". 따라서 "자갈길"은 풍경의 일부가 아닌 "옛 노래"의 언어, 즉 기저 텍스트의 일부가 되며 후대의 독자들의 기억 속에 남아 있는 고전시에 대한 메토니미로 작용한다. 이러한 해석은 1행으로 소급되어 별과 별의 "강력한 접촉"이 결국 별들의 의사소통에 대한 메타포라는 해석을 가능하게 한다. 즉 레르몬토프가 노래한 '별과 별의 이야기'가 이 텍스트에서는 "강력한 접촉"으로 표현되는데 별들이 이야기한다는 것 자체가 일종의 메타포적 표현이므로 이 경우 "접촉"은 메타포에 대한 메타포라 간주될 수 있다.

3행의 "부싯돌과 공기의 언어"는 두 가지 점에서 1, 2행과 관련된다. 부싯돌은 접촉을 통해 불을 만들어 내며 접촉시에는 "별"(불꽃)이 발생한다. 따라서 3행은 낭만적 범신론을 바탕으로 하는 레르몬토프의 시적 이미지를 자연현상의 물리적인 차원으로 전이시킨다. 그러므로 "부싯돌의 언어"는 시적 취지에 대한 산문적 매체라 정의될 수 있다. 한편 부싯돌의 "언어"는 '옛 노래의 언어'와 등가를 이룬다고 여겨질 수도 있다. 이 경우 "자갈길kremnistyi put'"과 "부싯돌kremen'"이 어근을 공유한다는 사실은 양자 모두를 "옛 노래"에 대한 메토니미라 간주하는 해석에 타당성을 부여한다. 그러나 텍스트의 1연만을 가지고 어느 쪽 해석이 더 적절한지를 결정하기란 어렵다. 어쩌면 만델슈탐은 의도적으로 몇 가지 해석의 가능성을 허용하는지도 모른다. 무엇이 취지이고 무엇이 매체인지 분간하기 어려운 메타포야말로 그가 실현시키고자 하는 시적 이미지의 본질이기 때문이다.

돌의 이미지는 4행에서 더욱 복잡하게 된다. 구문론적 모호함을 일단 접어 둔다면 "돌"과 "물", "편자"와 "반지"라고 하는 두 쌍의 대칭적 이미지들은 나름대로 대립한다는 점을 추출해낼 수 있다. "돌"과 "물"은 고정성과 유동성을, "편자"와 "반지"는 미완의 원형과 완결된 원형을 각각 속성 혹은 형태로 취하기 때문이다(Meijer 1983: 272). 이러한 일차적 대립의 관계가 유추적으로 확장되어 나가는 가운데 "돌"과 "물"의 이미지는 점차 상징으로 응고된다. "돌"을 수반하는 "물"("물과 함께 하는 부싯돌", 4행)은 무엇보다도 데르자빈의 "시간의 강물"을 연상시킨다. 전통적으로 강물은 시간의 흐름을 상징하는 것이 사실이지만 만델슈탐의 텍스트에서도 그것은 기저 텍스트와의 관련 속에서 시간성에 대한 상징으로 부상한다.[37] 시간의 상징으로서의 "물"은 텍스트 전반에 걸쳐 지속적으로 언급되는 '흐름'—"흐르는 물"(11행, 39행, 61행)—에 의해 강조된다. 반면에 "돌"은 데르자빈의 소위 "시간의 시"가 씌어진 "석판", 레르몬토프의 "자갈길", 언어를 만들어 내는 "부싯돌" 등의 변주를 거치면서 글쓰기의 모티프를 생성시킨다. 시를 쓴다는 것은 시간의 흐름에 거슬러 올라가는

---

37 상징사전에 의하면 강물은 두 가지 상반되는 개념을 포함한다. 한편으로 그것은 토양의 관개, 비옥함 등을 의미하고 다른 한편으로는 시간의 흐름과 그로 인한 상실과 망각을 의미한다(Cirlot 1983: 274). 그러나 만델슈탐의 시에서 강물은 거의 언제나 시간과 관련된다. 반드시 시간의 '흐름'을 상징하지는 않더라도 시간의 한 카테고리와는 어떤 식으로든 관련된다. 정지된 시간, 순간으로 응축된 시간 등이 "고여 있는 물", "검은 네바강" 등으로 표현되며 경우에 따라 강물과 죽음이 연결되기도 한다.

것이며 그 흐름을 해석하여 언어로 고정시키는 것이다. 그러므로 모든 시는 메타포적으로 말해서 종이가 아닌 돌에 새겨진다고 말해도 좋을 것이다. 시간의 부식하는 힘에 저항할 수 있는 필기도구는 종이와 연필이 아닌 석판과 석필이다. 따라서 '물과 함께 하는 부싯돌'은 시간과 글쓰기의 모티프를 간결하게 요약해 준다고 볼 수 있다. '물-시간'은 부싯돌을 침식하고 창조의 매체로서의 "석판"은 시간을 해석한다(Ginzburg 1972: 326).

4행의 후반부 "편자와 함께 하는 보석반지"는 "물과 함께 하는 돌" 의 거울 이미지라 할 수 있을 정도로 후자와 완벽하게 문법적 통사론적 대칭을 이룬다. "편자podkovoi"는 여성명사 조격이라는 점에서 "물vodoi"에 상응하며 "보석반지persten'" 역시 성과 격에 있어 "부싯돌"에 상응한다. 그리고 양자의 구문구조 또한 '주격 명사 + 전치사 + 조격'이라는 점에서 일치한다. 따라서 전반부와 후반부는 등가 아니면 양극적 대립의 관계를 보유할 것이라는 기대를 쉽게 할 수 있다. 그러나 후반부는 전반부와 의사 대칭관계를 이룰 뿐 의미론 수준에서는 오히려 전반부의 의미에 대한 보조적 기능을 수행한다. "편자"와 "보석반지"는 소유자들이 사라진 후에도 남아서 존재를 증거해 주는 흔적이라는 점에서 모두 "돌"의 이미지 변주들이라 할 수 있다. "물"의 흐름에 저항하는 "돌"처럼 그것들은 죽음의 허무에 저항한다. "보석반지"는 인간의 손에 끼워지는 고리이며 편자는 짐승의 발에 끼워지는 고리이다. 인간도 말도 죽음 앞에서 무력하지만 반지와 편자는 남아서 누군가 자기들을 발견해 주길 기다린다. 그리고 그것들을 발견한 사람의 기억을 통해서 인간과 말은 절대적인 상실을 극복한다. 실제로 이러한 상징적 의미를 갖는 편자는 〈석필의 송시〉와 거의 같은 시기에 씌어진 시 〈편자를 찾은 사람〉의 중심 이미지이다.[38] "그리하여,/편자를 찾은 사람은/그것에서 먼지를 털어내고 빛날 때까지 털로 문지른다,/그리고는/그것이 쉬도록/문지방에 걸어놓는다,/그것은 이제 더 이상 부싯돌을 쳐서 불꽃을 일으키지 않아도 될 것이다Tak,/Nashedshii podkovu/Sduvaet s nee pyl'/I rastiraet ee sherst'iu, poka ona ne zablestit,/Togda/On veshaet ee na poroge,/Chtoby ona otdokhnula,/I bol'she uzhei ne pridetsia vysekat' iskry iz kremnia". 푸시킨에서 블로크에 이르기까지 무수한 시인들의 상징 시스템 속에서 뛰어가는 말[馬]이 지나간 러시아의 역사를 표상하는 것과 마찬가지로 이 시에서도 말은 과거를 표상한다. 그리고 죽은 말의 편자는 그 과거의 일부로서 남겨져 미래로까지 존속하게 된다는 점에서 시에 대한 메타포가 된다(Broyde 1975:191-193). 이러한 콘텍스트는 〈석필의 송시〉에서 언급되는 "편자"가 "돌"의 이미지 변주가 될 수 있도록 해주는 요인 중의 하나이다.

5행("구름의 부드러운 반석에")의 구문론은 또다시 메타포의 매체와 취지를 불분명하게 만든다. 다시 말해서, 5행의 취지가 구름처럼 부드러운 반석인지 아니면 반석처럼 평평한 구름인지 주어진 구문으로는 결정할 수가 없다. 6행에서 "그림"을 수식하는 두 수식어 "우유빛"과 "석필의"는 동등하게 구름과 반석에 상응하므로 5행의 불확실한 메타포적 위상을 해결해 주지 않는다. 그러나 5, 6행에서 이슈가 되는 것은 메타포적 취지의 정체성이 아니라 "구름"과 "반석"이 각각 메타포로서 상대방과 맺는 관계이다. 그것들은 "돌"과 "물"의 대조적 관계를 반복한다. "구름"은 "물"처럼 '흘러가는' 것이며 잡을 수 없는 것이다. 그러므로 그것과 "반석"의 관계는 순간과 지속, 유동성과 고정성의 대립으로 요약된다. 이렇

38 "보석반지"의 이미지는 #259에서도 메타시적 상황을 동반한다. "튜체프에게 잠자리를 주라/무엇 때문인지 알아맞춰 보라—/베네비치노프에게는 장미를—/그런데 보석반지는? 아무에게도 주지 마라". 이 시의 "보석반지"에 관한 설명은 Ronen 1973: 380-381을 보라.

게 대립적인 속성들을 갖는 두 개의 이미지는 한편으로는 "물"과 "돌"의 변주이지만 다른 한편으로는 그것들을 포용하는 '텍스트'로 작용한다. 1행부터 4행까지 나열되는 일련의 자연 이미지들은 이를테면 '반석-구름' 위에 그려진 "그림"이다. 따라서 이제 그것들은 메타시적 메타포로부터 '텍스트'에 포함되는 기술의 대상으로, 텍스트의 언어로, 그 내용으로 위상이 전이된다. 6행의 "석필의 그림"은 제목 〈석필의 송시〉에 대한 대체물이며 1행부터 4행까지는 그 송시의 내용이 되는 것이다.

이렇게 위상이 전변되는 '텍스트'와 '텍스트의 내용'은 7, 8행에서 "세계"의 "학생들"이 배우는 가르침이 아니라 "선잠 든 암양들의 잠꼬대"로 정의된다. 텍스트에서 계속적으로 언급되는 전수의 모티프(16행: "학생들", 21행: "설교하다", 22행: "가르치다", 65행: "공부하다")는 7행에서 부정소사 'ne'의 지배를 받는 것이 "학생들uchenichestvo"이 아닌 "세계mir"라고 해석될 수 있는 여지를 남겨 놓는다. 여기서 부정되는 "세계"는 시의 영역이 아닌 세계, 반시의 세계이며 오히려 반수 상태의 양이 웅얼거리는 무의미한 소리("잠꼬대")가 시의 세계를 대표한다. 다시 말해서 "세계"의 "가르침"과 "잠꼬대"는 각각 1차적인 의미를 상실하고 정반대의 의미장으로 영입한다. "세계"는 반세계가 되고 시는 "잠꼬대"가 되는 것이다. 갑자기 텍스트에 등장하는 "암양"은 1연의 상황에 미루어 볼 때 '양떼 구름'을 연상시킨다. 따라서 양들의 잠꼬대는 "구름의 반석"위에 그려진 그림, 즉 '텍스트'에 대한 또 다른 대체물이라 할 수 있다. "양"과 "구름"의 관계는 텍스트가 진행됨에 따라 좀더 구체화된다.

1연이 "돌"의 이미지를 중심으로 글쓰기와 전수의 모티프를 소개한다면 2연은 글쓰기의 주체와 대상 간에, 그리고 관찰의 주체와 대상 간에 발생하는 시점의 전위를 통해 그것들을 활성화시킨다. 13행의 "전위가 글을 쓴다"는 진술은 한편으로는 이러한 텍스트 내적 구조의 전위를 지적해 주며 다른 한편으로는 만델슈탐의 시어가 갖는 '변형과 전환의 법칙'을 암시해 준다. 9행의 인칭 대명사 "우리"는 6연부터 등장하는 "나"와 더불어 텍스트에 관찰과 글쓰기의 주체가 존재함을 시사한다. 그러나 "우리"는 잠들어 있으므로 사실상 아무것도 보고 들을 수 없다. 오히려 우리의 잠든 모습을 밤(9행: "짙은 밤")과 구름(10행: "양의 모자")이 관찰한다. 그러므로 관찰의 주체는 대상으로, 그리고 대상은 주체로 전위된다. 13행의 장소부사 "이 곳"은 이렇게 전위된 공간이며 "이 곳"에서 글을 쓰는 주체는 인격적 존재로부터 관념적 "공포"로 전이된다.

"공포"는 두려움의 감정을 체험하는 주체의 시점 혹은 입장을 수반한다. 시인이 체험하는 공포는 시간과의 투쟁에서 유발되며 또한 결과적으로 시간과 텍스트의 관계를 반영한다. 시간은 망각의 무서운 힘으로 텍스트를 위협한다. 그러나 그것을 역사로 고정시키는 것은 역시 씌어진 글, '텍스트'이다. 15행의 "초고chernovik"는 바로 이러한 의미에서의 '텍스트'이며 그것을 쓴 주체는 "흐르는 물", 즉 시간의 "학생들ucheniki"이다. "공포"와 "흐르는 물", "초고"는 모두 글쓰기의 모티프를 각각 다른 시각에서 활성화시키는데 "언어"는 그것들의 공통분모로 작용한다. '시간-물'은 "언어"처럼 흐르고('zhurchit……rech'iu') "공포"는 시인 대신 글을 쓴다. 관념들의 글쓰기가 만들어 낸 언어적 산물은 완성된 작품이 아닌 "초고"이며 그것은 시간의 전수 속에서 끊임없는 수정과 변경 가능성을 허용한다. 그러나 언어가 영원한 리얼리티이듯이 "초고" 또한 "결코 파괴되지 않는다"(MSS II: 384). "초고"는 이러한 점에서 볼 때 "석필의 송시"와 "석필의 그림"에 이어 항구한 텍스트에 대한 변주라 할 수 있을 것이다.

3연의 의미론은 전반 4행과 후반 4행으로 나뉘어진다. 전반 4행에서 열거되는 자연과 문화의 요소들—"도시", "산맥", "교회", 그리고 "마을"—은 수식어 "산양의"(17행)와 "암양들의"(20행) 덕분에 실질적인 풍경이 아닌, 구름의 형상으로 해석될 수 있다. 그것들은 1연의 분석과 관련지어질 때 "석필의 그림"의 내용이 된다. 후반 4행은 풍경의 요소들이 그림 속에서 창조되기까지의 방법을 기술한다. 여기서 창조는 본질적으로 21행의 "설교하다"와 22행의 "가르치다"가 발전시키는 전수의 개념에 의해 메타포화된다. "그들"은 무생물이므로 설교나 교수의 대상이 될 수 없으며 "물"과 "연추선" 또한 그러한 전수행위의 주체가 될 수 없다. 그러므로 "그들"(즉 풍경의 요소)도 메타포이고 "물"과 "연추선"도 메타포이며 양자를 묶어주는 가르침과 설교행위 모두 메타포이다.

이 모든 메타포 중에서 "연추선"은 특히 복잡한 이미지로 그것의 메타포적 의미는 구체적인 콘텍스트를 기반에 깔고 있다. 만델슈탐은 역사적 사유와 예술 창조의 맥락에서 연추선의 이미지를 사용한다(Broyde 1975: 178). 비근한 예로 초기 시 〈노트르담Notre Dame〉에서 "연추선"은 예술가의 "비밀계획"의 일부로서 안정성과 외관상의 움직임을 동시에 보여 준다(Broyde 1975: 178-179). "천연의 미로, 알 수 없는 숲/고딕정신의 이성적 심연,/이집트의 권세와 그리스도교의 겸양,/갈대 옆에는 참나무, 사방에는 황제-연추선Stikhiinii labirint, nepostizhimyi les,/Dushi goticheskoi rassudochnaia propast',/Egipeskaia moshch' i khristianstva robost',/S trostinkoi riadom—dub, i vsiudu tsar'—otves". "연추선"은 창조의 열쇠로서의 의미를 해당 텍스트에 도입시키는 한편 17행의 "도시"를 수식하는 "험준한"과 기본기호 수준에서 연결된다. 노트르담 사원의 건축학적 비밀을 보존하는 연추선이 이번에는 구름의 그림 속에 등장하는 도시의 선을 제압하는 것이다. 그것은 또한 동사 "설교하다"와 주술관계에 놓임으로써 20행의 "교회"가 속한 그림('텍스트')의 영역으로 침투해 들어간다. 그리하여 그것은 텍스트 외부의 콘텍스트와 텍스트 내부에 설정된 관념적 텍스트 모두에 관여하는 이미지가 된다. "연추선"의 "설교"와 짝을 이루는 22행의 "물"의 가르침은 '물-시간'의 이중적 의미론을 활성화시킨다. "물"은 "돌"을 부식한다. 그러나 "돌"은 "물"의 가르침을 받으며 또한 물에 의해 연마된다("tochit vremia"). 이를 시간과 '텍스트'의 관계로 바꾸어 말하면 시간은 예술의 지속적인 힘을 방해하지만 한편으로 예술에 의해 해석당하고 예술적 창조의 내용이 된다.

4연은 창조의 모티프를 시간적 대립으로 투사시킨다. 낮과 밤의 대비는 창조적 시간으로서의 밤과 미망의 시간 낮의 대립을 주축으로 하는 튜체프의 시학을 상기시킨다(Taranovsky 1976: 32). 낮 동안 달구어진 "뜨거운 분필"(27행)로 석판에 양분을 공급하는 밤이 "얼룩덜룩한 낮"(26행) 대신 창조의 시간으로 부상하는 것은 자명하기 때문이다. 그러나 이러한 낮과 밤의 대립은 "죽은 말벌"(25행)의 직유로 인해 중화되며 튜체프의 텍스트는 의사 기저 텍스트임이 밝혀지게 된다. 만델슈탐의 의미론에서 '벌'은 종종 시어의 메타포로 사용된다. 테라스의 지적에 의하면 벌의 그러한 의미론은 헤시키오스Hesychius에서 핀다로스Pindar에 이르기까지 고전시의 상징학에 근거하는 것으로 "나의 손에서 기쁘게 받으라Voz'mi na radost' iz moikh ladonei"에서 언급되는 '페르세포네의 벌'은 '말-영혼'을 상징한다고 한다(Terras 1966: 261, 267). 닐슨 역시 동일한 맥락에서 벌이 말의 상징이라 해석한다. 말도 벌처럼 일단 발설되면 죽어 간다. 그러나 죽기 전에 벌들은 꿀, 즉 말과 언어의 비밀스러운 아름다움을 시로 변형시킨다(Nilsson 1973: 175).[39] 이러한 콘텍스트적 해석을 통해 볼 때 25행의

39 벌과 시의 메타포적 관계는 그밖에도 다음과 같은 시들에서 발견된다. "자매들—무거움과 부드러움—너희들의 성질은 동일하다./일벌과 땅벌이 무거운 장미를 빨아먹는다", "피에리아의 암벽에서/뮤즈들이 맨 처음의 원무를 추었다/눈 먼 음유시인들이 벌처럼/우리에게 이오니아의 꿀을 선사하도록". 만델슈탐의 동료 아크메이스트

"죽은 말벌"은 낮의 부정적 의미를 지적해 주기보다는 "석필"의 자양분으로서의 꿀, 즉 텍스트의 재료인 언어를 상징한다고 말할 수 있다. 이는 34행의 "요동치는 낮"의 이미지에서 더욱 분명하게 확인된다. 낮의 열기는 "열매"의 수확을 가능케 하고 "포도"를 여물게 한다. 과일이 예술의 메타포임은 이미 맨 처음의 시에서 나타난 바 있지만 특히 "포도"와 시의 관계는 1932년의 시 〈바튜시코프Batiushkov〉에서 직접적으로 드러난다 (Taranovsky 1976: 2). "오로지 시의 포도알맹이만이/나에게 우연히 언어를 회복시켜 주었다Tol'ko stikhov vinogradnoe miaso/Mne osvezhilo sluchaino iazyk". "낮"은 이렇게 "별"과 "포도"의 이미지를 통해 밤과 동등한 정도로 강력한 창조의 시간으로 변형된다. 만델슈탐에게 텍스트를 살찌게 하는 시간은 낮과 밤의 대립을 무의미한 것으로 만든다. 낮도 밤도 순환하는 시간의 한 단계이며 모두가 시의 양분이 된다. '물-시간'이 여기서는 표면상 대립하는 시간 범주들의 통합을 통해 다시 한번 반복되는 것이다.

익어가는 과일의 이미지가 창조의 완성을 의미한다면 5연에 그것과 나란히 제시되는 "말발굽뼈 놀이igra v babki"는 시의 죽음과 죽음 후에도 남아 있는 흔적을 상징한다. "말발굽뼈 놀이"는 죽은 짐승의 마디뼈를 가지고 노는 놀이로서 4행의 "편자"와 연결되며 "놀이"가 불러일으키는 가벼움은 또한 8행의 "잠꼬대"와 연결된다. 대부분의 연구자들이 동의하듯이 "말발굽뼈 놀이"는 시간과 관련된 개념이다. 놀이의 주체인 어린이가 젊은 시대를 대표한다면 말발굽뼈는 노화되어 죽어가는 시대를 상징한다. 그러나 그것은 보존되어 사용된다는 점에서 과거의 기억과 흔적의 상징이기도 하다(Broyde 1975: 189; Taranovsky 1976: 119). 1923년의 시 〈시대Vek〉에서 서정적 자아가 가 버린 시대를 "등뼈가 부러진 아름다운 짐

구밀료프 또한 〈말slovo〉이란 시에서 동일한 메타포를 사용한 바 있다. "텅 빈 벌집의 벌들처럼/죽은 말들이 불쾌한 냄새를 풍긴다".

승"이라 부르는 것도 이러한 맥락에서이다.[40] "작은 짐승"처럼 흘러가는 물(39, 40행)은 한편으로는 "시대"의 상징인 짐승을 연상시키며 다른 한편으로는 그 짐승의 뼈가 보존되는 배경, 즉 시간의 추이를 표현한다.

"말발굽뼈"에 의해 제시되는 과거의 흔적은 6연으로 이어지면서 전수의 모티프를 다른 차원에서 활성화시킨다. 전수의 주체가 이번에는 흐르는 물의 시각 이미지로부터 "기억의 목소리"(45행)라고 하는 청각 이미지로 전이된다. 후자는 "가르치다"라는 동사를 공통점으로 하여 흐르는 물과 등가를 이루게 되며 그러한 등가는 "목소리"가 물이 흘러가는 소리(11행의 "zhurchit")에 대한 메타포일 수 있기 때문에 한층 강화된다. 그러나 현재로 이어지는 과거의 시간성을 의미하는 "기억"은 흘러가는 시간이 아닌, 시간성 속에서 고정되는 흔적, 즉 "말발굽뼈"의 개념적 등가물이다. 그러므로 '기억의 목소리'는 시간의 힘과 그 힘에 저항하는 항구성 모두를 담고 있는 양면적인 의미 단위가 된다. 그것은 또한 44행에서 서정적 자아에게 들려 오는 "석필의 비명"과 등가를 이룸으로써 창조의 모티프 발전에도 개재한다. 물론 '비명소리'는 기본 기호 수준에서 석판에 글자를 새기는 소리를 묘사한다고 볼 수 있다. 실제로 만델슈탐이 데르자빈의 석판을 언급할 때 사용하는 동사는 '쓰다'가 아닌 '긁다natsarapat'' 인데 그것은 원래 '할퀴다'를 의미한다. "데르자빈은 석판에다 몇 줄의 시

40 말발굽뼈 놀이는 #85 텍스트와 〈편자를 찾은 사람〉에서도 언급된다. "그런데 우글리치에서는 아이들이 말발굽뼈 놀이를 하고/오븐에 남겨진 빵이 냄새를 풍긴다A v Ugliche igrauit deti v babki/I pakhnet khleb, ostavlennyi v pechi", "아이들은 죽은 동물의 등뼈로 말발굽뼈 놀이를 한다./우리 시대의 부서지기 쉬운 기원이 종말에 다가간다Deti igraiut v babki pozvonkami umershikh zhivotnykh./Khrupkoe letoishislenle nashei ery podkhodit k kontsu". #85 텍스트의 우글리치는 16세기 말경 드미트리 황태자가 살해되었던 곳으로 여기서 아이들이 가지고 노는 말발굽뼈는 지나간 역사의 한 끔찍한 시대를 환기시킨다. 〈편자를 찾은 사람〉의 "죽은 동물의 등뼈"와 "우리 시대의 부서지기 쉬운 기원"은 '등뼈가 부러진 동물'로서의 시대와 직접적으로 연결된다.

를 할퀴어natsarapal 놓았다"(MSS II: 276), "데르자빈에 의해 석판에 할퀴어진natsarapannaia"(MSS II: 226). 이 "할퀴다" 동사는 50행에서 재귀동사의 형태로 반복된다("Chto tam tsarapalos' ……"). 따라서 석판에 글자가 씌어질 때 나는 소리는 무언가를 할퀼 때 나는 소리 즉 '비명소리'일 수가 있다. 그러나 그것은 메타포적 수준에서 13행의 "공포"를 상기시키는 가운데 창조의 아픔을 묘사하는 소리로 변형된다. 할퀴는 행위는 아픔을 유발시키며 또한 자국을 남긴다. 시는 시간이 석판위에 할퀴어 놓은 손톱자국이며 시 창조의 과정은 할퀼 때 석판이 내는 고통스러운 비명소리이다.

여지껏 살펴본 텍스트의 의미론이 창조의 주체를 관념적 이미지의 수준에서 제시했다면 7연과 8연에서는 시인으로서의 서정적 자아가 창조의 주체로 등장하며 그의 위상과 창조의 과정이 전경화된다. 그는 "기억의 목소리"가 6연에서 수행했던 "밤을 부수는" 행위(46행)를 이제 대신 수행하며 그러한 행위의 목표는 "순간적인 견고한 기록"(54행)을 남기는 데 있음을 천명한다. 여기서 "밤을 부순다"는 행위는 앞에서 누적된 의미론을 염두에 둘 때 생성과 소멸의 반복을 통해 시간의 흐름을 일깨우는 행위라고 해석할 수 있다. 즉 창조의 시간으로서의 밤은 깨어짐으로써 아침을 불러오고 아침은 작열하는 낮으로 이어지며 이러한 자연의 리듬은 결국 '텍스트'의 생성에 반영된다. 서정적 자아의 글쓰기는 이러한 시간의 흐름을 "순간적인" 기록으로 고정시키며 그것은 비록 순간적인 것일망정 견고한 기록이라는 점에서 선행 연들에서 계속적으로 발전되어 온 '석판의 텍스트'와 등가를 이루게 된다.

서정적 자아의 창조 행위는 55행과 56행에서 또다시 '전환과 변형의 법칙'을 실현시킨다. 그에 의해 "소음"은 "화살의 노래"로 변형되는데 여기서 흥미로운 것은 "소음"과 "화음"(노래)의 대비뿐 아니라 그 노래가 "화살의" 노래라는 사실이다. 화살은 흘러가는 시간에 대한 상투적인 비유어로서 속담 같은 데에서 흔히 언급된다. "시간은 쏜살같이 날아간다(Vremia letit streloi)". 따라서 서정적 자아가 "소음"으로부터 만들어 내는 "노래"는 시간의 노래이며 이 점에서 시간은 또다시 시의 재료가 된다. 56행에서 일어나는 변형은 이와는 정반대 방향으로 진행된다. 서정적 자아가 이번에는 "화음stroi"을 "성난 너새"가 질러대는 불협화음으로 변형시키기 때문이다. 이 두 가지의 변형은 만델슈탐의 시적 재료가 예측할 수 없는 방식으로 엮어진다는 점을 다시 한번 확인해 줄 뿐만 아니라 다음 연에서 직설적으로 언급될 시인의 양면적인 위상을 예고해 준다.

8연은 창조 행위의 주체인 "나"는 누구인가라는 질문에 대한 답으로서 일종의 의사 '부정평행otritsatel'nyi parallelizm'의 구문을 선택한다. 부정평행은 민요 등에서 자주 사용되는 것으로 정작 말하고자 하는 핵심어를 제시하기 전에 다른 단어를 부정하는 장치이다. 8연에서 시적 자아의 정체를 말하기 전에 세 가지 단어가 부정적으로 제시되는 것도 부정평행의 일종이라 할 수 있다. 이 세 가지 단어는 음성과 어형에 있어 동종성을 보유한다. "석공kamenshchik", "지붕이는 사람krovelshchik", "선장korabel'shchik" 모두가 음소 'k'로 시작해서 'k'로 끝나며 행위자를 명시하는 접미사 '–'shchik'을 포함한다. 그것들은 또한 의미론의 수준에서 모두 시인의 메타포라는 점을 공통분모로 한다. 주지의 사실이지만, 만델슈탐의 첫 시집은 〈돌〉이라는 제목으로 출간되었으며 그의 아크메이스트적 입장에서 시어는 돌로 간주되었다. 그러므로 돌을 다루는 사람, 즉 "석공"이 시인의 대명사임은 별도의 설명을 필요로 하지 않는다. 실제로 그의 동료 아크메이스트 고로제츠키S. Gorodetskii는 그를 가리켜 "석공"이라 불렀다고 전해진다(Meijer 1983: 282). "지붕이는 사람"의 메타포적 의미는 이보다 조금 더 복잡하다. 지붕은 일종의 덮개이며 따라서 물리적 리얼리티에 덮개를 씌우는 사람, 자연의 요소를 시적 리얼리티 안에 가두는 사람은 시인과 동일시 될 수 있다. "지붕이는 사람"은 다른 한편으로 시와 건축물의 비유적 관계 속에서 설명될 수 있다. 앞에서도 언급했듯이 만델슈탐의 시학에서 글쓰기는 건축에 비유된다. 따라서 건물의 일부인 지붕을 만드는 사람 역시 글쓰기에 참여하는 시인이라 불릴 수 있다. 마지막으로 "선장"은 앞에서 논의한 바 있는 "수부"처럼 시의 배를 몰고 영감의 바다를 헤치며 나아가는 시인의 메타포이다. "선장"은 또한 어원에 있어 '배를 만드는 사람'도 의미하므로 여기에 사용된 세 가지 시인의 메타포들은 모두 '만들기', '건설하기'의 행위자라는 공통점까지 보유하게 된다.

그러나 이러한 메타포들은 모두 세 번 반복되는 부정소사 'ne'에 의해 거부되고 대신 "두 마음 가진 이dvurushnik"가 서정적 자아의 정체를 드러내 준다. 서정적 자아의 "두 마음"은 그가 밤의 친구이자 낮의 발기인이라는 점(60행)에 의해 즉각적으로 설명된다. 밤과 낮이 선행 연들에서 창조적 시간의 한 단계를 각각 의미했음과 연결시켜 볼 때 이러한 자기정체성의 주장은 결국 시간과 텍스트의 관계를 시간과 시인의 관계로 전환시켜 주는 셈이다. 특히 "발기인"을 어원적으로 분석하면 '화살을 쏘는 사람'(za-strela-'shchik)이란 뜻이므로 시인과 시간은 모종의 상호관계를 맺는다고 볼 수 있다. 이렇게 스스로의 위상을 시간성 속에 정립시키는 서정적 자아의 태도는 만델슈탐의 자아 인식이 초기와는 상당히 다른 방향으로 발전해 왔음을 의미한다. 아크메이스트를 자처하던 시절의 만델슈탐에게 시인은 곧 '장인'이었다. 그의 미학적 기준에서 모차르트보다 살리에리가 더 위대한 예술가였음은 장인성에 대한 그의 경외심이 어느 정도였는지를 충분히 말해 준다. 그러나 혁명 이후 그의 장인성 지향은 시간과 역사에 대한 성찰과 시인으로서의 사명감으로 대체된다. 해당 텍스트에서 "석공"과 "지붕이는 사람"과 "배만드는 사람"(선장)이 모두 부정되는 것도 이러한 맥락에서 이해되어야 한다. 다시 말해서 세 번의 부정 소사가 부정하는 것은 그것들의 메타포적 취지인 '시인임'이 아니라 기본기호 수준에서 그것들이 공유하는 '만들기'의 행위자, 즉 장인으로서의 시인이다. 시인의 자기 위상 정립과 시대와의 관련성 속에서 볼 때 "두 마음"의 인간은 또한 당시 만델슈탐이 겪고 있던 정신적인 갈등과 분열을 반영한다고 볼 수도 있다. 그는 엄밀히 말해서 현재가 아닌 과거의 아들이었고 스스로도 이 점을 분명하게 의식하고 있었다. 그의 영혼은 메타포적으로 말해서 과거에 대한 기억과 현재에 대한 공포 사이에서 고통스럽게 찢겨져 있었고 그리하여 그는 스스로를 '두 개의 영혼을 가진 자s dvoinoi dushoi'로 묘사하는 것이다.[41]

마지막 연에서는 여지껏 살펴본 중심 이미지들이 다시 등장한다. 서정적 자아는 이제 글쓰기의 주체에서 '읽기'의 주체로 변형됨으로써 새로운 차원으로 옮겨간다. 그는 시간이 남겨 놓은 '텍스트', "석필의 여름이 할퀸 자국", 그것의 "일기"를 읽는다. 시인은 시간의 '가르침'을 전수받고 그 흔적을 학습하는 사람인 것이다. 앞에서 언급했듯 이 시간은 텍스트를 침식하지만 텍스트는 시간을 해석한다. "돌과 공기의 언어"가 "빛"(낮)과 "어둠"(밤)의 성층으로 이루어진다는 것(67, 68행)도 텍스트의 해석적 기능을 말해 준다. 시인은 시간을 해석해 놓은 '텍스트'를 읽음으로써 또 다른 텍스트를 창조하며 그의 읽는 행위는 다시 시간성을 좌표로 삼는다. 그가 마지막 4행에서 표명하는 소망, 즉 "옛 노래의 자갈길"을 손가락에 끼우고 '물과 돌', '편자와 보석반지'를 접촉 속에 가두어 두고

41 만델슈탐 여사의 회고에 의하면 'dvurushnik'은 만델슈탐을 엄습한 1920년대의 공포와 절망을 반영한다. 그는 두 세기의 등뼈를 결합시키려 하지만 가치의 재평가에 착수하지 못하는 사람으로, 즉 "두 마음을 가진 이"로서 스스로를 인식하고 있었다(N. Mandel'shtam 1982: 180-181).

싶다는 소망은 시간의 흐름 속에서 텍스트의 흔적을 보존하려는 창조적 의지에 대한 메타포적 표현이라 할 수 있을 것이다.

결론적으로 말해서 〈석필의 송시〉는 시인과 텍스트와 시간의 관계 일반에 대한 사색 및 〈석필의 송시〉 자체에 대한 메타시적 자기논평을 종합적으로 반영한다. 글쓰기와 관련된 모든 '전환과 변형의 법칙'은 그가 생각하는 이상적인 시 텍스트뿐 아니라 바로 해당 텍스트에 그대로 적용된다. 그는 텍스트를 쓰면서 동시에 텍스트가 어떻게 씌어지고 있는가를 말하고 있으며 시의 보존에 관한 믿음을 테마로 하는 시를 그 믿음의 증거로 제시한다. 텍스트의 이미지들은 크게 '시간' 계열과 '텍스트' 계열로 분류된다. "불", "화살", "낮", "밤" 등은 시간의 표상이고 "돌", "석필", "그림", "노래", "언어", "초고", "기록", "일기"는 모두 텍스트의 이미지-변주들이다. 이것들은 서로 대립하는 듯하지만 결국 시인의 의식 속에서 하나로 통합된다. "두 마음을 가진 이"로서의 시인은 시간의 흐름 속에서 그 흐름을 해석한 텍스트를 읽으며 또 그럼으로써 시간선상에 자신의 자취를 남긴다. 그 자취는 바로 씌어진 텍스트, 즉 〈석필의 송시〉이다.

4 말의 죽음, 그 이후

만델슈탐의 창작은 1925년을 전환점으로 하여 공백기를 맞는다. 그가 1930년에 창작을 재개하여 수용소에서 사망할 때까지 약 8년 동안 쓴, 다시 말해서 문학사가들이 소위 '후기 시'라 분류하는 시들은 대부분이 공식적인 출간의 형태가 아닌 다섯 권의 사적인 '필기장tetrad''을 통해 생존할 수 있었다.[42] 두 번의 체포와 유배, 정상적인 삶으로부터의 고립, 극심한 빈곤을 특징으로 하는 '필기장' 시기는 만델슈탐의 개인적인 삶을 상식적인 의미에서 견딜 수 없이 어렵게 만들었지만 오히려 그 덕분에 그의 예술은 새로운 비전과 새로운 형식의 지평을 열 수 있었다. 아흐마토바가 보로네주에서 유형생활을 하고 있던 그를 방문하고 돌아와서 쓴 시 〈보로네주Voronezh〉는 이 시기에 그를 지배했던 가장 압도적인 생의 두 가지 요소를 정확하게 지적한다. "그러나 추방당한 시인의 방에서는/공포와 뮤즈가 번갈아 보초를 서고/새벽을 모르는 밤이/걸어다닌다". "공포"가 '필기장' 시들을 고통과 상실과 소외와 죽음의 모티프로 채워 놓는다면 "뮤즈"는 그러한 모티프가 궁극적으로 초극의 테마로 발전할 수 있도록 해주며 더 나아가 서정적 자아가 체험하는 내적으로 충만된 기쁨의 원천이 된다. 사실 이 시기의 시들은 극단적인 두려움과 고통을 표현하면서도 다른 한편으로는 사소한 일상적 일들로부터 시인이 느끼는 기쁨과 어린애처럼 순진무구한 생의 찬미를 표현한다. 만델슈탐의 후기 시의 제 특징을 다룬 논문에서 레빈이 적절하게 지적하듯이 서정적 자아의 자신에 관한 직접적이고 소박한 발화는 거의 어린애 같은 단순함으로 실존적 깊이와 극단적인 솔직함을 결합시킨다(Levin 1990: 413). 이러한 주제론적 현상은 그가 1930년에 부하린N. Bukharin의 도움으로 아르메니아를 여행한 데서 비롯되었다고 볼 수 있다. 이 책의 4장에서 다시 다루게 되겠지만 아르메니아는 그에게 전혀 새로운 세계를 의미했으며 그 세계의 여행은 신선한 영감의 원천이 되었다. 그가 수년간의 공백을 극복하고 다시

---

42 만델슈탐의 '필기장'이 형성되기까지의 과정은 미망인의 회고록을 참고하라(N. Mandel'shtam 1982: 199-200). 내가 이 책의 초판을 준비할 때만 해도 회고록의 우리말 번역은 요원하게 느껴졌는데 결국 홍지인 박사가 오랜 세월 동안의 노고 끝에 번역본을 출간했다. 나데쥬다 만델슈탐 2009를 보라. 이 책은 일차적으로 만델슈탐 개인에 관한 회상이지만 그 차원을 넘어 20세기 러시아 지성사에 대한 소중한 기록으로 남아 있다.

시를 쓸 수 있게 된 것도 원시적인 생명의 땅 아르메니아 덕분이었다. 이는 그의 에세이 〈아르메니아 여행Puteshestvie v Armeniiu〉에서 다음과 같이 간결하게 진술된다. "아르메니아인들의 충족된 삶, 세련되지 못한 다정함, 노동에 대한 고상한 사랑, 형이상학적인 것에 대한 설명할 수 없는 거부감, 그리고 실제 사물 세계와의 멋진 친교—이 모든 것이 내게 계속해서 말했다. 깨어 있으라, 너의 시대를 두려워마라……"(MSS II: 143).

아르메니아 여행으로 인해 테마론이 소박한 기쁨의 차원을 부여받는다면 시어는 이전 시기에 비해 현격하게 음성적 측면을 강조하는 경향을 띠게 된다. 그의 시들은 문자 그대로 민감한 음성적 장치의 포화상태에 놓여 있다고 볼 수 있다(Levin 1990: 411). 물론 음성적 측면은 그의 시학에서 언제나 의미론과 불가분의 관계를 맺는 것이 사실이고, 또 후기 시 음성장치의 대표적인 예라 할 수 있는 파로노마시아paronomasia만 해도 만델슈탐 시 전체를 일관되게 관통하는 유기적 특징인 것도 사실이지만 이 시기에 오면 음성은 의미를 거의 압도할 정도로 전경화되며 파로노마시아를 비롯한 다양한 음성유희들이 체계적인 패턴을 형성하게 된다. 만델슈탐의 초기저작에서 언급되고 암시되었던 시어의 '소리'가 이제 텍스트 안에서 실현되고 있는 것이다.

만델슈탐은 1923년의 에세이 〈시에 관한 고찰Zametki o poezii〉에서 음성, 특히 자음의 중요성에 관해 기술한 바 있다. 그에 의하면 '어근의 증식자', 그 '생명력의 지표'는 자음이며 말은 모음이 아니라 자음을 통해서 의미를 증식시킨다. 그러므로 자음은 언어의 자손을 위한 씨앗이자 보증으로 남는다. 언어적 의식의 쇠락은 위축된 자음 감각과 일맥상통한다(MSS II: 261). 여기서 자음에 대한 만델슈탐의 강조는 물론 상징주의의 모음 지향을 공박하기 위한 의도를 어느 정도 수반하지만 그보다는 말의 실질적이고 물리적인 소리는 모음보다 자음을 통해 훨씬 직접적으로 드러난다는 사실에 대한 그의 자각을 반영한다고 보여진다.

음성에 대한 관심은 그가 다른 시인들을 평가함에 있어 음성을 중요한 척도로 삼는다는 점에서도 드러난다. 그는 미래주의 시인들의 의미를 제거한 말에는 반대하지만 그들이 러시아어의 음성적 발전에 기여한 점은 충분히 인정한다. 그리하여 음성, 특히 자음에 대한 날카로운 의식을 근거로 흘레브니코프를 "장엄하고 교훈적인 사건"이라 평가하며(MSS II: 263) 러시아 미래주의의 언어적 장치가 "러시아어의 본질에 상응하는 무언가 내적인 것"을 강조하였다고 평가한다(MSS II: 340). 〈아르메니아 여행〉에서 마야콥스키의 음성학을 기술하는 대목은 특히 소리의 생성과정을 생리적 차원에서 기술하고 있다는 점에서 주목을 끈다. "그의 훌륭한 시들에서 우리는 두개골의 접합점이 맞물리고, 입이 권위와 섬세한 슬픔을 획득하고, 전면 동공이 공기를 획득하고, 대동맥이 녹초가 되고, 피가 바다의 소금을 다스리게 되는 소리를 들을 수 있다"(MSS III: 155-156).

후기에 들어서면서 만델슈탐의 음성에 대한 생각은 발성학과 발음기관에 대한 관찰로 이어진다. 특히 입은 모든 창조의 조건을 박탈당한 시인, "연필을 모조리 도둑맞은"(MSS II: 183) 시인에게 창작의 중심적인 매체로 부상한다. 보로네주 시에서 자주 등장하는 '움직이는 입술'의 이미지는 시인의 생산무기이며 정복될 수 없는 시의 힘이다(N. Madel'shtam 1982: 194; Reifield 1976: 392). 입을 통한 시 창조의 과정을 만델슈탐은 이렇게 표현한다. "입이 일을 시작한다. 미소가 시행을 슬쩍 찌른다. 입술은 현명하고 즐겁게 붉어지고 혀는 신뢰하듯이 입 천장에 자신을 밀착시킨다"(MSS II: 365).[43] 아르메니아 여행 중에 압하지아어를 듣고 그가 기록한

43 사실 시의 메타포로서의 '입술' 및 '입'의 이미지는 단지 후기 시뿐 아니라 만델슈탐의 시 전반에 걸쳐 가장 빈도가 높은 이미지들 중의 하나이다. 일례로 〈편자를 찾은 사람〉에서 '입술'은 사라진 시의 소리를 보존하는 매체로 작용한다. "비록 소리의 이

소감도 발음과 발성기관을 중심으로 기술된다. "압하지아어는 강력하고 충음적이다. 그러나 그것은 상위와 하위 합성후음으로 가득 차 있어 발음하기가 지극히 곤란하다. 그 소리는 마치 털이 무성한 목구멍에서 찢겨져 나오는 듯하다"(MSS II: 156). 한 가지만 더 예를 들자면, 〈단테에 관한 대화〉에서는 이탈리아어의 발성에 관한 다음과 같은 진술이 발견된다. "내가 이탈리아어 학습을 시작하여 가까스로 음성학과 작시법을 알게 되었을 때 나는 갑자기 내 언어 노력의 중심이 입술과 입의 외곽부위로 옮겨졌음을 깨달았다. 혀끝은 갑자기 명예로운 위치를 차지했다. 소리가 치아의 맞물림으로 치밀어 올랐다"(MSS II: 365-366).

음성에 대한 이러한 사색들은 더 나아가 만델슈탐의 후기 창작원칙을 '자움'(초이성어)과의 유추를 통해 고찰할 수 있는 근거를 제공해 준다. 실제로 그는 단테의 놀라운 장점 중의 하나가 독특하게 어린이다운 '자움'에 있다고 말한다. "나를 놀라게 한 또 다른 점은 이탈리아 음성학의 유아적 측면, 그 아름다운 어린애같은 특성, 어린애의 옹알거림에 가까운, 일종의 영구한 다다이즘이었다. (…) 단테는 자신의 천문학적이고 조화롭고 심오하게 공적인, 설교적인 사전에 유아적인 초이성어를 도입시켰다"(MSS II: 366). 만델슈탐의 후기 시에서 종종 발견되는, 초기 미래주의자들의 등록상표였던 '자움'과 유사한 언어장치들은 단테의 '자움'처럼

유는 사라졌어도 여전히 소리는 울린다,/……/인간의 입술,/더 이상 아무것도 말할 것이 없어도/마지막으로 발설된 말의 형태를 보존한다". 후기에 들어 오면서 '입술'은 등장하는 횟수가 현저하게 증가할 뿐 아니라(#226, #240, #270, #281, #289, #295, #306, #307 외 다수) 이전보다 더 구체적이고 더 개인적인 성격을 획득한다. 그것은 일반적인 시의 메타포에서 시인 자신에 대한 메토니미로 구체화된다. 1935년에 보로네주에서 씌어진 시 #307은 후기 시에서 시인의 전존재가 입술로 응축됨을 보여준다. "내게서 바다와 도약과 비상을 앗아 가고/내 걸음을 강요된 땅으로 받쳐 주고서/당신이 얻은 게 무엇인가? 엄청난 이득/당신은 중얼거리는 입술을 내게서 빼앗지 못했다".

어린이다움의 지표라는 점에서 테마론상의 경향과 맥을 같이 한다고 말할 수 있다. 이바노프는 만델슈탐의 후기 시를 운율과 리듬의 정석으로부터의 탈피라는 측면에서 아크메이즘보다는 미래주의에 더 가깝다고 지적한 바 있는데 그의 시각은 '자움'의 도입이란 점을 고려해 볼 때 더욱 공고히 될 수 있을 것이다(V. V. Ivanov 1990: 365). 그러나 만델슈탐의 '자움'은 미래주의자들의 '자움'과는 다른 상황과 다른 목표와 다른 의도를 수반한다. 그의 '자움'은 기표의 자율화, 혹은 전통적인 의미론으로부터의 시어의 해방 같은 문예사조적인 목표에 의해 동기화되지는 않는다. 그것은 피안의 경계선에 다다른 시인이 내는 마지막 존재의 절규이며 내적인 자유를 표현하는 자발적인 음성의 시이다. 만델슈탐은 〈아르메니아 여행〉에서 나름대로의 '초의미적' 언어관을 다음과 같이 정의한다. "보다, 듣다, 이해하다—이 모든 의미들은 언젠가 한 개의 의미론적 꾸러미 속에서 뒤섞여 버렸다. 언어의 가장 깊은 수준에는 개념 같은 것은 없다. 오로지 방향과 두려움과 소망과 욕구와 걱정만이 있을 뿐이다"(MSS II: 144-145).

만델슈탐의 '자움'은 그러므로 의미를 박탈당한 기표만의 언어나 혹은 음성모사나 음성상징을 지향하는 언어적 장치가 아니라 한편으로는 모든 개념을 포괄하며 동시에 언어적 한계를 뛰어넘는 언어이며 또 다른 한편으로는 러시아어의 모든 발성학적 측면과 음성적 측면을 최고조로 실현시키는 언어이다. 그것은 만델슈탐 자신만이 낼 수 있는 '시의 목소리'로 요약될 수 있는데 그는 〈제4의 산문Chetvertaia proza〉에서 스스로를 '목소리로 작업하는' 시인이라 정의한다. "나에게는 원고도 없고 노트도 없고 서가도 없다. 나는 필체도 없다. 왜냐하면 나는 결코 기록하지 않기 때문이다. 러시아에서 오로지 나만이 목소리로 작업한다. 주위에는 뻔뻔하기 짝이 없는 무뢰한들이 필기를 한다"(MSS II 182). 여기서 "목소리"란 물론 메타포적인 목소리이며 만델슈탐 여사의 표현처럼 "그 무엇으로도 방해할 수 없는, 엄청난 권위를 지닌 내적인 목소리"이다(N. Mandel'shtam 1982: 196). 시는 오로지 시인의 목소리 속에서만 진정한 삶을 영위할 수 있으며 시인의 목소리는 시 속에서 영원한 삶을 계속한다(N. Mandel'shtam 1982: 197).

만델슈탐의 이러한 음성지향성은 시어에 관한 그의 입장이 발전해 온 과정을 대략 파악할 수 있도록 해준다. 전기, 즉 1920년도까지의 시기가 시어에 대한 정의의 시기라면 중기, 즉 1925년까지는 그렇게 정의된 바의 시어를 보존하려는 소망과 상실위험에 대한 우려의 시기이며 후기는 정의나 사색이 아닌 체현의 시대라 정의할 수 있다. 실질적인 삶과의 견고한 유착을 토대로 하는 후기 시는 모든 수준에서, 그리고 특히 음성학과 의미론의 수준에서 물리적이고 직접적이고 탈형이상학적인 경향을 강력하게 보여준다. 이러한 경향은 레빈의 지적처럼 한편으로 독자와 시인 사이에 보다 직접적인 의사소통의 분위기를 심어 주며 다른 한편으로는 시인과 세계가 맺는 새로운 관계를 보여준다. 즉 그는 삶의 단순성과 아름다움 앞에서 느끼는 경이감 및 삶의 가장 단순한 현상들에 대한 긍정적 평가를 통해 내면의 자유, 정의와 신념의 의식을 획득한다. 또 죽음을 목전에 두고서 개인적인 운명을 뛰어넘을 수 있는 강인함을 스스로의 내부에서 찾는다(Levin 1990: 414). "시란 자신의 올곧음에 대한 시인의 의식이다"(MSS II: 236)라는 만델슈탐의 믿음은 이 고통으로 점철된 시기에 완벽하게 입증된다.

그러면 이제 여지껏 살펴본 후기 시들의 일반적 특징을 토대로 하여 1937년에 보로네주에서 씌어진 〈이 정월에 나는 어디로 갈까?Kuda mne det'sia v etom ianvare?〉를 분석함으로써 만델슈탐에 관한 논의를 마무리짓도록 하자.

1 이 정월에 나는 어디로 갈까? Kuda mne det'sia v etom ianvare?
2 열린 도시는 미치광이처럼 끈끈하다…… Otkrytyi gorod sumasbrodno tsepok……
3 나는 어째 잠긴 문들에 취해 버렸나?— Ot zamknutykh ia chto li p'ian dverei?—
4 모든 자물쇠와 집게로부터 음매하고 울고 싶다. I khochetsia mychat' ot vsekh zamkov i skrepok.

5 짖어대는 골목들의 스타킹, I pereulkov laiushchikh chulki,
6 뒤틀린 거리의 창고, I ulits perekoshennykh chulany,
7 그리고 서둘러 구석으로 숨는다, I priachutsia pospeshno v ugolki,
8 그리고 사내아이들이 구석에서 뛰어나온다. I vybegaiut iz uglov uglany.

9 그리고 나는 구멍으로, 사마귀 투성이의 어둠으로 I v iamu, v borodavchatuiu tem'
10 얼음에 덮힌 급수장으로 미끌어져 간다, Skol'zhu k obledeneloi vodokachke,
11 그리고 걸려 넘어지면서 죽은 공기를 마신다, I, spotykaias', mertvyi vozdukh em,
12 그리고 갈가마귀들이 허둥대며 날아 흩어진다. I razletaiutsia grachi v goriachke.

13 그런데 나는 그들을 따라 한숨쉰다, A ia za nimi akhaiu, stucha
14 어떤 차가운 나무 상자를 두들기며 V kakoi-to merzlyi dereviannyi korob:
15 —독자를, 상담원을! 의사를! —Chitatelia! sovetchika! vracha!

이 텍스트에서 서정적 자아의 존재론적 상황은 일차적으로 공간구조를 통해 드러나는데 그것은 1연의 "열린 도시"와 "잠긴 문들"이 형성하는 대립과 연합을 축으로 한다. "열린 도시"는 우선 시야를 가리는 방해물의 부재, 광활함을 연상시킴으로써 자유의 의미론을 수반할 수 있으며 그럴 경우 3행의 "잠긴 문"과 극명하게 대립한다. "잠긴 문"은 문자 그대로 서정적 자아의 유폐와 운동의 불참, 부자유 등을 상징할 수 있기 때문이다. 그러나 "열린 도시"의 이러한 일차적 의미는 술어부 "미치광이처럼 끈끈하다" 때문에 즉각적으로 상쇄된다. 그것은 서정적 자아의 걸음을 방해하는 "끈끈한" 공간이며 더욱이 그 끈끈함은 이유도 원인도 없이 그냥 "미치광이처럼" 달라붙는 그런 끈끈함이다. 도시의 구속적인 의미론은 형용사 '끈끈하다'의 단어미("tsepok")가 음성 수준에서 '쇠사슬 tsepka'의 복수생격과 일치한다는 사실로 인해 더욱 강화된다. 도시는 마치 쇠사슬처럼 서정적 자아를 구속하며 그 도시에서 그는 문자 그대로 수인이 된다. 텍스트에서 언급되는 도시가 유배지인 보로네주라는 사실을 상기해 볼 때 이러한 두 가지 의미를 포괄하는 "tsepok"은 시인을 둘러싼 리얼리티를 사실적으로 기술한다고 볼 수 있다.

술부의 영향으로 자유의 의미론을 상실하는 "열린 도시"는 그 대신 새로운 의미론을 획득한다. 스비텔스키V. Svitel'skii는 이 시의 '열림'이 상상의 위험을 의미할 수도 있다고 지적하지만(Svitel'skii 1990: 474) 전기적 상황에 미루어 볼 때 실제로 그 위험은 상상의 것이 아닌 매우 구체적이고 현실적인 위험이다. 만델슈탐에게 1930년대는 "은신처를 향한 끊임없는 추구와 채워지지 않는 생각의 기아"로 특징지어진다(MSS III: 151). 이러한 맥락에서 "열린 도시"는 유배당한 시인에게 엄호물이 부재하는 위험한 공간을 의미하며 따라서 같은 시기에 보로네주에서 씌어진 시 #350에서 또다른 열린 공간, 즉 확 트인 평원이 "살의"를 지닌 것으로 표현되는 것도 우연이 아니다("평원의 살의를 어떻게 해야 할까"). 한편 초기 시에서부터 만델슈탐의 시적 공간은 구획지어진 공간이었음을, 그리고 앞에서 살펴본 "극장"이 예술과 관련됨을 상기해 볼 때 "열린 도시"는 경계가 부재하는 '비텍스트non-text', 혹은 비예술적 공간을 의미한다고 볼 수도 있다. 이 경우 개방성은 무질서와 동의어가 되며 "열린 도시"의 의미론은 비자유와 위험에 이어 반미학이라고 하는 또 다른 수준을 부여받게 된다. 10행에서 언급되는 "급수장"은 반미학적 공간의 지표로서 이전 시기의 시에 빈번히 등장하던 성당과 사원과 극장의 건물과 비교해 볼 때 그것이 보유하는 공리주의적 관료적 소비에트적 뉘앙스는 "열린 도시"의 미학적인 피폐함을 더욱 두드러지게 만들어 준다.

"잠긴 문"은 어휘 수준에서 "열린 도시"와 대립하지만 서정적 자아의 비자유와 고립을 의미한다는 점에서는 전자와 맥을 같이 한다. 그것은 서정적 자아를 유폐하는 잠긴 문일 수 있으며 그런 경우 그의 비자유를 상징한다. 그러나 이번에도 전기적 상황을 고려한다면 잠긴 문들은 은신처를 찾는 서정적 자아와 그에게 냉담한 세계, 혹은 보다 구체적으로 보로네주 주민들 사이에 놓여 있는 단절의 벽을 의미한다고 보는 편이 더 정확할 것이다. 공포와 위기의식은 보로네주 주민들을 "잠긴 문"의 안쪽으로 피신시키고 "열린 도시"에 고립된 서정적 자아는 보호와 대화를 찾아 그 문들을 두들기지만 문은 열리지 않는다. 이러한 의미에서 열린 공간과 닫힌 공간은 대립이 아닌 연합의 관계를 맺는다고 말할 수 있는데 양자의 연합으로부터 생겨 나는 것은 서정적 자아의 시각에서 볼 때 무한히 이질적이고 무한히 낯선 공간이다. 다시 말해서 2행의 "열린 도시"와 3행의 "잠긴 문들"은 상호결합하여 작게는 시인의 유배지인 보로네주를 묘사하고 크게는 고립과 부자유와 창조적 힘의 박탈을 특징으로 하는 '낯선 공간'을 만들어 낸다. 그 공간의 '낯섬'이 가져다주는 고통은 후기 시에서 시인이 소중하게 생각하는 낯익고 일상적이고 사소한 공간과 비교해 볼 때 특히 두드러진다. 다음 시에서처럼 부엌과 등유 냄새와 빵 같은 사적인 것들은 시인이 잠긴 문을 두드리며 갈구하는 소박한 삶의 리얼리티였다. "나는 너와 함께 부엌에 앉으리라./백색 등유의 내음이 달콤하다./날카로운 칼, 그리고 커다란 빵 한 덩어리……/원한다면 석유난로에 가득 채우라, #223".

4행의 동사 "음매하고 울다mychat'"는 '낯선 공간'이 서정적 자아의 언어적 의식 속에서 '낯선 언어'로 전이됨을 지적해 준다. 그에게 궁극적인 삶이었던 말은 낯선 공간 속으로 사라지고 그는 이제 자신의 언어가 아닌, 이질적인 공간과 어울리는 이질적인 동물의 울음으로 공포와 고독을 전달한다. 13행의 "한숨쉰다"는 서정적 자아의 언어가 동물의 울음에서 비非로고스적인 감탄사의 언어로 더욱 이화되어 감을 보여준다. '낯선 언어', 혹은 '타인의 말'은 만델슈탐의 '필기장'에서 말 상실의 의식을 전달하는 중요한 모티프 중의 하나로 등장한다. 그것은 시인에게 자신의 말이 아닌 모든 것, 자신의 말로 번역되기 이전의 모든 것, 그리고 결과적으로 '말 없음'으로 귀착되는 모든 것을 의미하게 된다.[44] 말 상실을 테마로 하는 1932년의 시 〈독일어에게K nemetskoi rechi〉에서 만델슈탐은 '타인의 말'을 이렇게 표현한다. "타인의 말은 내게 껍데기가 되리라,/내가 감히 태어나기 훨씬 전/나는 글자였고 포도나무의 시행이었다./나는 지금 당신이 꿈꾸는 책이었다". 말을 잃어버린 시인에게 남은 것은 오로지 껍질

44 '말 없음besslovesie'은 테라스의 표현을 빌려 온 것이다. 그는 시인의 끔찍한 말년을 특징지어 주는 것이 바로 말 없음이라 지적하면서 그것이 가장 서정적으로 표현된 예가 〈이 정월에 나는 어디로 갈까〉라고 지목한다(Terras 1973: 459).

뿐인 '타인의 말'이며 시인이 할 수 있는 것은 과거의 시, 과거의 글자, 과거의 시집에 대한 회상인 것이다. 그에게 잃어버린 말 대신 들리는 것은 위축되고 거칠어진 소리의 언어이다.[45] "소리는 축소되고 낱말들은 쉬소리를 내며 날뛴다,/그러나 너는 살아 있고 나는 너와 함께 평화롭다Zvuk suzilsia, slova shipiat, buntuiut,/No ty zhivesh', i ia s toboi spokoen". 이보다 조금 앞서 씌어진 〈라마르크Lamark〉에서는 귀먹음의 상태가 낯선 언어의 동의어로 사용된다. "그는 말했다. 울리는 소리는 이제 그만―/너는 헛되이 모차르트를 사랑했구나/거미 같은 귀 먹음이 닥쳐 온다,/이곳에선 낭떠러지가 우리의 힘보다 강력하다".

해당 텍스트의 2연은 낯선 공간을 1연보다 구체적으로 묘사하는데 여기에 사용된 언어는 "쉬소리를 내며 날뛰는 말"이라는 점에서 후기 시의 낯선 언어를 예시해 준다고 볼 수 있다. 2연의 첫 두 행은 "열린 도시"의 구체적 묘사이며 후반 두 행은 잠긴 문 안쪽의 상황에 대한 묘사이다. 5행과 6행은 음성학과 의미론 모두의 수준에서 낯선 공간을 형성한다. "짖어대는 골목들의 스타킹"은 마야콥스키의 미래주의 시를 연상시킬 정도로 전위의 강도가 높은 메타포로 그것의 해석은 우선 음성적 유사와 외형적 유사에 기초한다. 지만의 지적처럼 골목과 스타킹은 모두 실린더형이라고 하는 외관상의 공통점을 보유하며(Zeeman 1987: 318) 발음에

45 만델슈탐의 후기 시에 나타난 음성학적 특징에 관한 보다 자세한 설명은 Bushman 1964: 44-45를 보라. "그러나 시인이 전인류에게 밀어닥치는 위협을 다루는 후기 시들에서 목소리와 소음의 '평화로운 교섭'은 잔인한 시간전쟁으로 교체된다. 만델슈탐은 아름다운 소리에 대한 자신의 사랑을 배신하지 않는다. 그것은 여전히 천상의 질서를 전달하는 인자이다. 반면에 소음은 카오스의 전달 인자로 등장한다. (…) 만델슈탐의 많은 후기 시들은 '쉬소리를 내며 날뛰는 낱말들'과 '압축된 소리들'로 씌어졌다. 그러나 이는 음성학에 대한 이전 시각의 거부가 아니라 그것의 논리적인 연장이다."

있어서도 음소군 'ulk'를 공유한다('pereulkov-chulki'). "스타킹"과 "골목"의 비유는 또한 마야콥스키의 〈거리에서 거리로Iz ulitsy v ulitsu〉에 등장하는 스타킹의 이미지를 연상시킨다. "대머리 가로등이/음탕하게 벗겨낸다/거리로부터/검은 스타킹을Lysyi fonar'/sladostrastno snimaet/s ulitsy/chernyi chulok". 큐비스트적인 전위를 중심장치로 하는 이 시에서 마야콥스키는 거리와 검은 스타킹을 동일한 차원에서 다룸으로써 착취와 고통의 의미론을 형성시킨다. 만델슈탐의 '골목-스타킹'은 마야콥스키의 기저 텍스트로부터 고통의 의미론을 부여 받는 한편 수식어 "짖어대는"과 함께 고립과 공포의 의미론을 발전시킨다. 물론 골목은 "짖을" 수가 없다. 그러나 짖는 행위의 주체가 생략되었다고 본다면 "짖어대는 골목"은 이방인의 등장으로 개들이 짖어대는 골목의 압축된 표현이라 해석될 수 있다. "짖어대는"은 3행의 "잠긴 문들"과 함께 낯선 공간을 구성하는 요소로서 7, 8행에서 묘사되는 상황의 원인으로 작용한다. 7, 8행에서 "잠긴 문"의 안쪽에 있는 아이들은 구석으로 피신하거나 이 구석에서 저 구석으로 뛰어 다닌다. 그들의 움직임을 조정하는 것은 외부로부터의 위협이므로 "짖어대는 골목"은 그들에게도 공포의 공간이 되는 것이다.

6행의 "뒤틀린 거리"는 서정적 자아의 심리적 상태를 반영하는 동시에, 보로네주 주민들의 삶의 조건을 묘사한다. 고통에 찬 서정적 자아의 눈에 거리는 "뒤틀린 것"처럼 보일 수가 있다. 반면에 보로네주 주민들의 음산한 표정은 마치 거리 자체가 몸을 뒤트는 것처럼 보이게 할 수도 있다. 어찌되었든 "뒤틀린 거리"는 '골목-스타킹'에 포함된 고통의 의미론을 발전시켜 준다고 말할 수 있다. "창고"의 이미지는 그것이 연상시키는 두 가지 속성 때문에 거리와 결합할 수 있다. 우선 그것은 더럽고 무질서한 장소이므로 고통과 공포의 의미론을 수반하는 거리에 혼돈의 의미론을 더해 준다(Zeeman 1987: 318). 창고는 또한 물건을 보관하기 위해 자물쇠로 잠가 두는 장소이다. 그러므로 그것은 앞에서 언급된 유폐의 의미론을 다시 한번 상기시키며 여기에서 서정적 자아는 창고처럼 어수선한 거리에 갇혀 있다는 해석이 기능하게 된다. 이렇게 고통, 공포, 고립, 유폐의 의미론을 차례로 발전시키는 "열린 도시"가 서정적 자아에게 불러일으키는 이질감은 음성학적으로 낯선 소리들에 의해 주조된다. 이 텍스트는 일반적으로 거칠고 강한 자음을 특징으로 하지만 특히 거리를 묘사하는 5행과 6행은 음성적으로 두드러진다('k-shch-kh-ch-k-ts-sh-kh-ch') 이러한 음성 구조는 〈독일어에게〉에서 언급되는 "쉬소리를 내며 날뛰는" 낱말들의 실질적 적용을 예시할 뿐 아니라 더 나아가 "필기장" 시들의 음성학적 측면을 단적으로 보여 주는 예라 할 수 있다. 동일계열의 자음으로 연주되는 이들 시행은 두려움에 떠는 존재의 가장 깊은 곳에서 솟아오르는 소리를 전달해 준다.

3연은 죽음을 암시하는 어휘들로 충만되어 있다. 9행의 "구멍"과 "어둠", 10행의 "얼음에 덮인", 11행의 "죽은 공기", 12행의 "갈가마귀"는 모두 죽음과 연관된다. "구멍"은 "어둠"과 구문론적 평행을 이룸으로써(전치사+대격 명사) 죽음의 세계를 지칭할 뿐 아니라 그 자체로서 무덤을 연상시킨다. 형용사 "얼음에 덮힌"은 생명의 정지를 함축하고 있으며 황망하게 날아가는 갈가마귀 떼는 시각적으로 그리고 후각적으로 죽음, 특히 사체의 냄새를 연상시킨다. 11행의 "죽은 공기"는 죽음이라는 어휘가 직접 표현되므로 설명이 필요 없겠지만 콘텍스트에 의존할 경우 서정적 자아가 마시는 죽음의 공기가 단순히 물리적인 생명의 중단만은 아님이 드러난다. 타라놉스키가 지적했듯이 공기와 숨쉬기의 테마는 만델슈탐의 시 전체에 걸쳐 현저한 위치를 차지하는데 공기가 자유와 시적 창조의 의미론적 영역에서 작용한다면 반대로 공기의 부족, 호흡곤란 등은 비자유, 창조불능의 영역에서 작용한다(Taranovsky 1976: 10-14). 공기가 창조와 관련됨은 바로 앞에서 살펴본 〈석필의 송시〉의 "공기의 언어"만 생각해 보더라도 분명해질 것이다. 다음에 예로 드는 시들에서 알 수 있듯이 후기 시에서 종종 서정적 자아가 토로하는 숨쉬기의 곤란함은 언어의 상실 및 그로 인한 창작 불가능과 직결된다. "속눈썹이 찌른다. 눈물이 가슴에 박혔다,/계속해서 뇌우가 닥칠 것임을 두려움 없이 예감한다./어떤 이상한 사람이 내게 무언가를 잊으라 독촉한다.—/숨이 막힌다, 그러나 어쨌든 죽는 순간까지 살고 싶다, #229", "내겐 숨쉬는 것이 날마다 더 어려워진다,/그런데 연기해선 안 된다, #265". 이러한 맥락에서 "죽은 공기"를 마시는 시인은 이미 창작의 모든 가능성을 상실했다고 말할 수 있는데 형용사 "죽은mertvyi"은 이를테면 1916년의 시 〈투명한 페트로폴리스에서 우리는 죽으리〉의 3행에서 "공기"를 수식하는 "죽음의 smertnyi"보다 뉘앙스나 의미에 있어 훨씬 더 최종적인 느낌을 강조한다. "죽은"이 수반하는 최종성, 그리고 "공기"에 누적된 창작의 의미론은 3연에서 제시되는 죽음이 결국 언어의 죽음이며 시의 죽음임을 말해 준다. 반미학적 공간, 고통의 공간, 고립과 비자유의 공간은 궁극적으로 시인에게 죽음의 공간이며 그런 의미에서 보로네주라는 도시 전체가 그에게는 하나의 거대한 무덤이 된다.

무덤의 이미지는 마지막 연에서 관棺의 이미지로 자연스럽게 전환된다. 14행의 "차가운 나무 상자"와 관의 관련성은 어휘 수준에서 자명하다. 여기서 관 속에 존재하는 것이 과연 서정적 자아 자신인지 아니면 그가 부르는 다른 사람들인지는 문맥만 가지고는 분명하지 않다. 다만 1연의 "잠긴 문"에 미루어 "관"은 보로네주 주민들의 비좁고 닫혀진 집을 의미한다고 추정해 볼 수는 있으며 더욱이 서정적 자아의 "두드리는" 행위가 문을 두드리는 행위를 연상시키므로 그러한 추정은 타당하다고 여겨진다. 즉 서정적 자아의 시적인 죽음이 3연의 의미론을 통해 제시되었다면 이번에는 "나"가 아닌 다른 이들의 죽음이 "관"의 이미지를 통해 제시되는 셈이다. 이를 예술적 의사소통의 시각에서 다시 말하면, 텍스트의 '낯선 공간'은 다만 창조의 주체인 '나'뿐이 아니라 그의 창조를 수용하는 주체인 '너' 혹은 '그들'까지도 모두 죽어 버린 세계인 것이다. 만델슈탐은 창조행위를 시인과 독자의 대화로 정의한다. 그러므로 창조가 불가능한 세계에서는 시인도 독자도 모두 존재할 수가 없다. 시인이 관을 두드리며 부르는 사람들, "독자", "상담원", "의사"가 모두 '의사소통' 행위와 연관된다는 것은 우연이 아니다. 독자는 작가와 대화하며 상담원은 피상담원과 대화한다. 의사의 치료행위 또한 환자와의 대화라 간주할 수 있다. 절멸의 세계에서 서정적 자아가 추구하는 것은 인간과 인간 간의 의사소통으로서의 시이며 따라서 가정법으로 표현되는 마지막 단어 "대화"는 그의 소망과 의지를 함축하고 있다고 보아도 좋을 것이다.

만델슈탐은 최후의 순간까지 말의 위력과 말로 씌어진 시의 가치를 의심하지 않았다. 죽음을 목전에 두고서 그가 바라보는 세계는 초기의 그것과 상당히 다른 모습으로 바뀐 것이 사실이다. 그의 언어도, 언어가 전달하는 감정도 모두 달라졌다. 그러나 그에게 말은 여전히 존재의 원인이자 목표이자 존재 그 자체였다. 그는 언어를 통해 세계와 대화하고자 했으며 그럼으로써 자신의 흔적을 '후대의 독자'에게 남겨 주고자 했다. 보로네주에서 씌어진 모든 시들은 죽음을 재촉하는 시간과 공간 속에서 시인이 말에 대한 사랑과 함께 세계와 나누었던 대화의 기록이었다.

III 블라디미르 마야콥스키

언어는 사물들의 세상을 완전히
정복했다. 사물은 사라졌지만
그것들의 이름은 여전히 존재한다.
—L. 루빈시테인

1 '의미보다 넓은 말'

마야콥스키는 만델슈탐이 그러했듯이 시인에게 있어서 말은 가장 중요하고 궁극적인 가치임을 인정한다. 말은 시인의 목적이자 스스로의 목적samotsel'이다(VMSS XI: 44). 인간에게 시인이 영향을 줄 수 있는 이유는 그의 시가 건전한 사상을 담는 트렁크라는 사실 때문이 아니라 그가 모든 순환적 관념에 대해 독자적인 표현을 발견할 수 있다는 사실 때문이다(VMSS XI: 44). 따라서 아무리 흥미로운 전기적 사실이나 아름다운 정경이라 할지라도 "오로지 말로 응고될 때에만" 가치가 있다(VMSS I: 43). 마야콥스키에게 있어서 언어예술은 무엇보다도 유미주의적 양식화가 아닌 '말의 명작masterstvo slova'이 되어야 하는데 말은 스스로의 내부에 그 어떤 과제도 결정할 수 있는 잠재력을 보유한다(Vinogradov 1958: 176). 시인의 말은 생존을 위한 필요조건이며("Nam slovo nuzhno dlia zhizni"), 삶의 매 시기는 고유의 언어적 공식slovesnaia formula에 의해 결정된다(VMSS XI: 51). 마야콥스키와 만델슈탐이 각기 다른 시적 프로그램을 지지했음에도 불구하고 이렇게 말에 대한 존중을 공유하는 것은 양자 모두 상징주의 시학을 출발점으로 하여 그것의 한계극복을 과제로 삼았기 때문이다. 상징주의자들이 음악의 정신을 추구하는 과정에서 상실되었던 말의 본질을 회복하는 것이 적어도 외관상 양자가 공통으로 추구했던 목표였다.

그러나 만델슈탐이 여러 편의 전문적인 시학 에세이를 남긴 반면에 마야콥스키는 대표적인 작시 에세이 〈어떻게 시를 만들것인가Kak delat' stikhi〉를 제외하면 주로 미래주의자들과 공동 서명한 선언문, 정치적 팜플렛의 성격을 띠는 연설문 등을 통해 산발적으로 말에 대한 관심을 피력하였다. 마야콥스키와 그의 동료 미래주의자들은 소위 부르주아 사회의 쾌활한 부랑아들로 과학적 분석의 과제를 수행하는 데 필요한 정신적인 프레임과 지적인 장비를 결여하고 있었다(Erlich 1987: 50). 따라서 그들로부터 체계적인 반상징주의 이론이나 시어 이론을 기대하기란 어려운 일이었다. 다른 한편으로 만델슈탐이 에세이에서 시어와 관련하여 일관성 있게 개진한 테마는 '말 사랑'이라고 요약될 수 있는 반면 마야콥스키의 선동적 저작에서 초점이 맞추어지는 것은 말의 개혁이다. 만델슈탐이 사랑으로 가득찬 '필롤로지스트'였다면 "시란 대학에서 약강격이나 운운하는 필롤로지스트의 땀으로 씌어지는 것이 아니다"라고(VMSS XI: 35) 강변하는 마야콥스키는 전투적인 말의 '혁신가novator'였다.

마야콥스키는 가치론적 시각에서 말을 두 가지 유형으로 구분한다. 첫째는 과거의 말, 그리고 과거로부터 현재로 이어져 내려온 말이며 둘째는 미래의 말, 그리고 미래로 이어지게 될 현재의 말이다. 전자는 이미 설득력을 상실한 '낡은 말'이기 때문에 시인은 새로운 두 번째 유형의 말을 창조해야 한다(VMSS XI: 51). 이러한 이분법적 시각은 어떠한 조건 없이 말을 그 자체로서 사랑했던 만델슈탐보다는 천상의 언어와 지상의 언어를 구분했던 상징주의자들의 입장에 오히려 더 근접하는데 이 점에서 마야콥스키와 미래주의 시 일반을 상징주의에 대한 전격적인 도전이라기보다는 그것으로부터 유기적으로 파생되어 나온 시학 프로그램이라고 보는 견해는 어느 정도 타당하다고 여겨진다.[1]

낡은 말과 새로운 말의 가치론적 구분은 말로 이루어진 시의 참신성에 대한 강조로 이어진다. 새로운 시대, 새로운 미학의 요구를 충족시켜 주는 말, 어떤 식으로든 과거의 잔재를 거부하는 시의 창조는 마야콥스키가 미래주의에 부여한 일차적 과제였다. "시인-혁명가의 맨 처음 공격은 그러한(진부한—지은이) 시 자원의 병기고를 파괴하는 일이어야 했다. 미래주의자들은 그 일을 수행했다"(VMSS XI: 85). 참신성의 의의는 〈시를 어떻게 만들것인가〉에서 좀더 구체적으로 기술된다.

> 시 창작에서 참신성은 불가결한 요소이다. 시인이 마주치는 개개의 단어와 복합어의 재료는 반드시 다시 구성되어야 한다. 시를 만드는 과정에서 낡은 단어의 찌꺼기가 사용될 수밖에 없다면 그것은 새로운 재료의 양과 정확한 상관관계를 유지해야 한다. 이러한 합금의 적절성 여부는 순전히 새로운 요소의 양과 질에 달려 있다. 참신성이란 전례 없는 진실을 끊임없이 지껄여야 한다는 것을 전제로 하지는 않는다. 약강격, 완전 자유시, 두운, 모음반복 등은 날마다 창조되는 성질의 것이 아니다. 그러나 그것들의 사용을 연장시키고 심화시키고 확장시키는 작업은 가능하다.(VMSS XI: 240)

---

1 일례로 포모르스카는 상징주의와 미래주의의 극명한 대립에도 불구하고 러시아 미래주의가 이탈리아 미래주의와는 전혀 다른 방향을 취하게 된 것은 강력한 상징주의의 전통 때문이며 시어에 대한 관심을 부활시킨 상징주의가 없었더라면 미래주의도 없었을 것이라고 주장한다(Pomorska 1968: 53). 에이헨바움 또한 20세기 초의 시학적 대립양상을 요약하면서 이론적인 측면에서는 미래주의와 상징주의가 정반대의 입장을 표명했지만 실천에 있어서는 전자가 후자의 상당한 부분을 납득하고 있었다고 진술한다(Eikhenbaum 1980: 22). 미래주의 시인 흘레브니코프와 상징주의의 대부 뱌체슬라프 이바노프와의 상호관련성에 관해서는 Duganov 1990: 34-39를 보라.

마야콥스키에게 있어서 참신성이란 주제와 모티프 수준이 아닌 형식의 수준에서 획득되어야 하는 가치이다. "글의 형식은 종종 내용을 뒤집는다"(VMSS XI: 165)는 그의 주장에서 드러나듯이 그는 형식의 개혁이 내용의 개혁에 우선한다고 생각했으며 말의 혁신 또한 말의 형식에 대한 개편작업이라고 이해했다. 그리하여 그는 참신성을 실현시키는 데 필요한 보다 세부적인 방침으로 다음의 여섯 가지 항목을 제시한다.

① 어휘를 조작할 것(말의 혁신, 음성, 기악편성 등등)
② 약강격이나 강약격 같은 관례적 운율을 언어 자체의 다각적인 리듬 poliritmiia으로 대체할 것
③ 구문을 변혁시킬 것(어결합 형태의 단순화, 비일상적인 단어 사용의 강조, 등등)
④ 단어와 어결합의 의미론을 새롭게 할 것
⑤ 교묘한 슈제트 구성의 모델을 창조할 것
⑥ 말의 시각적 측면plakatnost'을 드러낼 것(Vinogradov 1958: 176)

여기서 마야콥스키가 주장하는 어휘와 구문, 그리고 운율에 이르기까지 시의 구성요소 전반에 걸친 혁신은 사실상 큐보미래주의의 일반적인 강령에서 크게 벗어나지 않는다. 뒤에 가서 다시 살펴보겠지만 큐보미래주의자들과 마야콥스키 사이에는 공통점 못지않게 큰 차이점이 개재한다. 마야콥스키보다 훨씬 과격했던 크루초니흐 같은 시인들이 말의 개혁을 극한점까지 끌어가 전통적인 의미의 개념 자체를 완전히 파기한 것과는 달리 마야콥스키는 대부분의 경우 의미의 테두리 안에 머물렀다. 또한 미래주의자들 대부분이 말이라고 하는 재료를 주제로 다루었던 반면에 마야콥스키는 언어학적 실험을 점차 사회적 맥락에 적용시키는 방향

으로 나아갔다(Pomorska 1968: 111). 그러나 마야콥스키가 미래주의자들과 시어에 대한 표제적 창조성과 언어개혁에 대한 집착을 공유한 것만큼은 부정할 수 없는 사실이다(Pomorska 1968: 111). 말에 관한 전적으로 새로운 개념은 마야콥스키와 미래주의가 가장 넓게 중첩되는 부분이었으며 또한 아무리 소비에트 평론이 그의 미래주의 시기를 축소하려 해도 그 부분은 마야콥스키의 전 생애에 방향을 제시해 준 확실한 이정표였다.

일련의 큐보미래주의 선언문들은 앞에서 살펴본 마야콥스키의 진술과 같은 맥락에서 새로운 말, 새로운 시학이 절실하게 필요함을 강조한다. 부를륙D. Burliuk, 크루초니흐, 마야콥스키, 흘레브니코프는 공동의 명의로 발표한 큐보미래주의 선언문 〈대중적 취향에 따귀를Poshchechina po obshchemu vkusu〉에서 기존하는 언어는 "건전한 사상"과 "훌륭한 취향"의 "더러운 소인"이 찍힌 언어이므로 시인의 권리는 그것을 철저하게 증오하는 일이라고 밝힘으로써 자신들의 기본적인 입장을 제시한다(Markov 1967: 51). 크루초니흐에 의하면 미래주의 이전에 언어예술이란 존재하지 않았다. 오로지 "자신의 일상성, 철학, 심리학을 재생하려는 노예적 사상의 비참한 시도만이 있었다(그것은 소설이니 단편이니 포에마니 하는 이름으로 불리웠다). 여러 가지 가내 용도를 위한 시 나부랑이는 있었지만 말의 예술은 없었다"(Markov 1967: 65). 그때까지 러시아어란 명칭으로 존재해 온 언어, "명료하고 순결하고 소중하고 잘 울려 퍼지는 러시아어—그것은 언어가 아니라 이 세상에 아무것도 제공할 수 없는 가엾은 환관이었다"(Markov 1967: 65).

큐보미래주의자들이 특유의 전투적인 목소리로 촉구한 새로운 말의 창조는 '현대성sovremennost''이라고 하는 광범위한 테마론적 지지를 받는다. 마야콥스키도 미래주의 강령 중의 하나가 "현대성이 제기하는 그 어떤 과제에도 대응할 수 있도록 하는 것"(Vinogradov 1958: 176)이라고 천명했다시피 완전한 신세계의 미래를 조명하는 현대의 삶은 새로운 언어, 새로운 예술의 탄생을 촉진시켜 주는 요인이었다. 크루초니흐의 선언문 〈말의 새로운 길〉은 현대성과 새로운 말의 관계를 이렇게 설명한다. "새로운 것, 미래의 것을 표현하려면 전적으로 '새로운 말'과 '새로운 말들의 결합'이 필요하다. (…) 우리는 머리를 빙빙 돌게 하는 현대의 삶, 그리고 그것보다도 더 맹렬한 미래를 표현하기 위해서 단어를 새롭게 결합하는 것이 필요하다는 사실을 깨달았다"(Markov 1967: 68).

현대성의 지지를 받는 새로운 말의 탄생은 러시아 큐보미래주의와 이탈리아 미래주의를 이어 주는 몇 가닥 안 되지만 엄연히 존재하는 끈 중의 하나이다. 큐보미래주의의 언어개혁은 그 실천과정에 있어서 사실상 일체의 동기화를 거부한다. 마야콥스키가 간결하게 정의했듯이 말은 스스로의 목적이기 때문이다. 그러나 큐보미래주의자들은 결성 초기에 언어개혁의 단초가 되는 현대성의 테마를 이탈리아 미래주의로부터 빌려왔다. 다시 말해서 이탈리아 미래주의가 현대성의 획득을 목표로 하여 말의 혁신을 그 과정에 도입시켰다면 러시아 큐보미래주의는 말의 혁신이라고 하는 목표의 촉진제로서 현대성의 개념을 차용하였다. 따라서 양자에게 있어서 새로운 말의 개념이 발전되어 나가는 방식 또한 크게 달랐다.

새로운 말의 창조와 관련하여 양자의 선언문을 비교해 본다면 유사한 개념과 구절을 종종 발견할 수 있다. 가령 앞에서 살펴본 마야콥스키의 주장에도 포함되어 있는 구문의 파괴나 정자법, 구두점 등 관례적 글쓰기의 장치에 대한 무시는 이탈리아와 러시아 미래주의 선언문 모두에서 빈번히 언급되는 조항이었다(Markov 1967: 52). 특히 미래주의 문학만을 집중적으로 조명한 마리네티F. Marinetti의 선언문 〈구문의 파괴, 무선無線 상상력, 해방된 말Destruction of Syntax, Imagination without Strings, Words-in-Freedom〉은 제목에서부터 러시아 미래주의에 대한 영향을 시사한다(Marinetti 1973a). 그러나 유사한 표현과 개념의 이변에는 양자 사이의 간격이 분명하게 도사리고 있는데 여기서 잠시 마리네티가 주장하는 새로운 문학어에 관해 살펴보자. 마리네티의 정의에 따르면 무선 상상력이란 "아무것으로도 방해받지 않는 말, 연결선을 갖지 않는 구문으로 표현되고 구두점도 무시한 이미지나 유추의 완벽한 자유"를 의미한다(Marinetti 1973a: 99). 그런데 마리네티에게 있어서 완벽하게 자유로운 말, 소위 '해방된 말'은 말 그 자체의 리얼리티를 위한 것이 아니라 현대성(기계, 소음, 혁명, 가속력 등등)을 조건으로 하는 일종의 결과적 산물이라고 할 수 있다. 야콥슨의 지적처럼 이탈리아 미래주의의 목적은 물리적이고 심리적인 세계 속의 새로운 사실을 전달하는 데 있었기 때문이다(Jakobson 1979c: 303). 마리네티의 '자유로운 말'은 다시 말해서 현대의 새로운 삶을 위한 필요조건이었지 충분조건은 아니었던 것이다.

> 이제 강렬한 삶의 영역(혁명, 전쟁, 난파, 지진, 등등)에 존재하는 당신의 재능 있는 친구가 당신에게 자신의 인상을 즉각적으로 전달하려 한다고 가정해 보자. 당신은 저 서정적인 당신의 친구가 흥분상태에서 본능적으로 어떻게 할 것인지 아는가?
>
> 그는 일단 언어의 구문을 잔인하게 파괴하는 것에서부터 출발할 것이다. 그는 문장을 조립하는 데 시간을 낭비하지 않는다. 구두점과 적절한 형용사는 그에게 아무것도 의미하지 않을 것이다. 그는 언어의 정교함과 뉘앙스를 무시할 것이다. 그는 숨을 헐떡이며 자기가 느낀 바 그대로의 시각적, 청각적, 후각적 감각으로 당신의 신경을 공격할 것이다. 증기처럼 몰려드는 정서가 문장의 증기관, 구두점의 밸브, 그리고 형용사의 덩어리를 파열시킬 것이다. 관례적 질서를 따르지 않는 한 줌의 기본적인

단어면 족할 것이다.

이런 식으로 하여 그는 전신문을 작성하듯, 즉 분주한 기사 작성시에 신문기자와 전쟁 특파원에게 강요되는 전신문의 경제적인 속도로 삶의 유추적 토대를 드러낼 것이다. 절박한 간결체는 우리를 지배하는 속도의 법칙에 부응할 뿐 아니라 시간과 독자 간의 수세기에 걸친 관계에 부응한다. (…) 그들은 반쪽짜리 말, 제스처, 눈빛으로 의사소통을 할 수 있다. 그러므로 시인의 상상력은 소원한 사물을 '아무런 연결선도 없이' 기본적인 '자유로운 말'에 의해 하나로 묶어야 한다.(Marinetti 1973a: 98)

이 인용문을 통해 분명해지는 것은 마리네티의 '새로운 말'은 급변하는 사회와 사건의 강력한 인상을 전달하는 데 필요한 도구라는 점이다. 그러므로 여기서 드러나는 것은 '영혼의 전신문적 문체'와 짝을 이루는 가장 순수한 인상주의에 대한 숭배이다. 즉 문제가 되는 것은 시적인 언어 시스템이 아닌 정감적이고 정서적인 시스템이라 할 수 있다(Jakobson 1979c: 304). 마리네티의 말의 해방이 "유한적 동사에의 종속으로부터 명사를 해방시키고 소원한 유추의 법칙에 따라 그것들을 연결하는 것 혹은 구두점을 제거하고 초언어학적 기호와 상징과 비유를 도입하는 선에서 그친 것"은 그가 내용에 의해 동기화되는 인상주의의 경계 내에서 작업하고 있었음을 단적으로 말해 준다(Folejewski 1980: 47).

러시아 큐보미래주의가 지향한 말의 해방은 사회의 변화에 상응하는 간결한 전신문체의 창조와는 다른 방향으로 진행된다. 그들은 언어외적 기능을 위해 말의 전통을 해체한 것이 아니라 '말 그 자체'의 본질을 되살리기 위해 기존의 틀을 파괴하였다. 그들은 야콥슨이 말한 시적 기능, 즉 메시지 자체를 위한, 메시지 자체에 초점을 맞춘 언어기능에 가장 가깝게 다가가는 시스템을 상정하고 있었던 것이다(Jakobson 1981: 25).[2] 큐보미래주의자들의 시학은 그들의 선언문의 제목이기도 한 '말 그 자체'의 시학이라 요약될 수 있다. '말 그 자체', 혹은 '자기가치적인 말samotsennoe slovo', '자족적인 말samovitoe slovo'은 "언어는 무엇보다도 먼저 '언어'여야 한다"는 명제에 입각한 개념이다(Markov 1967: 56). 이러한 언어로 씌어진 시적 발화는 사상과 정서를 전달하는 매체가 아닌 목적 그 자체가 된다(Erlich 1981: 44).

큐보미래주의자들의 '말 그 자체'는 아크메이즘의 말이 경우에 따라 동일한 명칭을 수반하므로 혼동을 초래한다. 앞 장에서 살펴보았듯이 만델슈탐 역시 아크메이즘의 선언문에서 '말 그 자체'란 표현을 사용한 바 있다. "예술 작품의 소박한 외모는 그것이 담고 있는 무서울 정도로 압축된 리얼리티를 염두에 둘 때 기만적이라 할 수 있다. 시에서 그 리얼리티는 말 그 자체이다"(MSS II: 320). 여기서 만델슈탐이 의미하는 '말 그 자체'란 상징주의자들의 남용으로 인해 어긋난 기표와 기의 간의 균형을 회복한 말이다. 기호와 지시대상, 기표와 기의간의 건강한 균형이야말로 시어를 문자 그대로 말 그 자체로 만들어 주는 요인이며 따라서 만델슈탐의 '말 그 자체'는 시적 기능뿐 아니라 야콥슨의 여섯 가지 기능 모두가 거의 동등하게 제 역할을 수행하는 개념이라 할 수 있다.

이와는 달리 큐보미래주의자들은 상징주의자들이 일단 파괴한 균형을 더욱 완벽하게 깨뜨리는 쪽으로 '말 그 자체'의 개념을 유도해 나갔다. 만델슈탐이 균형을 회복함으로써 말의 사전적 의미와 비유적 의미, 그리고 상징적 의미 등, 모든 가능한 의미의 누적을 실현시키려 했다면 미래

---

2 야콥슨에 의하면 언어예술의 지배소라 할 수 있는 '시적 기능'은 기호의 감각성palpability을 촉진시킴으로써 기호와 대상 간의 근원적인 분열상을 심화시킨다(Jakobson 1981b: 25). 이와 마찬가지 원리로 텍스트는 '말 그 자체'를 중심언어로 할 때 리얼리티로부터 멀어진다.

주의자들은 의미 자체로부터 해방된 말을 실현시키려 하였다. 의미를 비롯한 모든 구속으로부터 자유로운 말, 기호와 지시 대상, 기표와 기의 간의 균형뿐 아니라 일체의 상관성까지도 초월한 시어야말로 그들이 추구한 '말 그 자체'의 개념이었다. 크루초니흐의 표현을 빌려 말하자면 예술에서의 말은 '의미보다 넓은'(Markov 1967: 66) 단위인 것이다.

'의미보다 넓은 말'의 일차적 의의는 그때까지 시어의 존재를 규정지어 온 인식론의 영역을 완전히 부정한다는 데 있다. 미래주의자들에게 있어서 필수적인 것은 인간의 영혼이나 사고가 아니라 경험과 직접적인 지식이었다. 사실 인간의 의식과 사고, 정신 등 기의와 관련된 모든 개념들은 미래주의의 '말 그 자체'로부터 제거되어야 했다. "우리 이전의 언어 창조자rechetvorets는 인간의 '영혼'(정신, 열정, 감정의 신비)에 지나치게 집착하였다. 그러나 영혼을 창조하는 것은 말하는 사람baiachi이라는 사실을 제대로 이해하지 못했다. 우리 같은 미래의 말하는 사람들은 선조들이 진부하게 만들어 버린 '영혼'보다는 말에 관해 더 많이 생각한다. (…) 우리는 우리 자신보다도 말 그 자체에 의해 살아가기를 더욱 원한다"(Markov 1967: 56). 미래주의자들에 의하면 생각과 말은 영감의 체험을 따라잡지 못한다. 그러므로 예술가는 일반적인 언어(개념)뿐 아니라 개인적인 언어, 특정한 의미를 갖지 않는(즉 얼어붙지 않은), 초이성적인 언어로 자유롭게 스스로를 표현할 수 있어야 한다(Markov 1967: 63). 기존의 말이 족쇄를 차고 있었다는 사실에 대한 확실하고 결정적인 증거는 생각에 대한 말의 종속성이다(Markov 1967: 65). 즉 의미에 대한 말의 종속성 때문에 진부하고 경직된 예술이 예술이란 이름으로 불리워 왔다. 베네딕트 립시츠 Benedikt Livshits의 진술을 인용하자면 새로운 말로 창조된 예술은 인간의 의식과 무의식에 의해 조건지어지는 종래의 예술과 달리 진정한 자유를 누릴 수 있다.

'진공' 속의 예술품, '자기로부터의iz sebia' 예술품은 우리에게 존재할 수 없다. 이 경우 시 작품의 모든 단어는 이중으로 종속되고 조건지워지므로 이중적으로 부자유스럽다. 첫째, 시인은 의식적으로 세계 속에서 창작에 대한 동기를 찾고 발견한다. 둘째, 자신의 시적인 에너지의 이러저러한 표현의 선택이 그에게 아무리 자유롭고 우연적인 것으로 여겨진다 할지라도 그 선택은 언제나 어떤 무의식적인 복합성에 의해 결정되며 후자는 또한 외적인 이유의 총체에 의해 조건지워진다.

그러나 만일 자유로운 예술을 '자신의 가치의 기준을 존재와 의식의 상호관계 차원이 아닌 자율적인 말의 영역에서 제시하는 예술'이라 이해한다면 물론 우리의 시만이 자유롭다.(Markov 1967: 75)

미래주의가 인식론적 언어의 규칙을 무시한 것은 '보다 높은' 인식을 위해서가 아니라 자유로운, 아무런 구속도 받지 않는, 추정상 형이상학적 재가 없이도 존재할 수 있는 언어유희의 방어를 위해서였다(Erlich 1981: 48). 이러한 언어유희는 음성의 지배적 위치를 강조하는 가운데 순수한 음성의 결합으로 이루어진 초이성어를 배태하게 된다. 그들의 소위 '초이성어'는 반형이상학적 언어유희의 대표적인 예로서 그것이 수반하는 음성의 강조는 내용과 형식에 대한 미래주의자들의 입장을 단적으로 보여 준다. 〈말 그 자체의 선언〉에서 크루초니흐가 단언하듯이 "새로운 언어형식은 새로운 내용을 창조한다. 그러나 역은 성립되지 않는다"(Markov 1967: 64). 미래주의 시인은 "새로운 단어를 제시함에 있어 새로운 내용을 야기시킨다. 그 새로운 내용 속에서 모든 것(시간, 공간 등등의 관례성)은 미끄러지기 시작한다"(Markov 1967: 64). 미래주의자들이 말의 내용보다 형식(그들에게 기의를 제외한 기호의 나머지 부분은 형식이란 범주로 묶여진다)을 강조한 것은 한편으로는 당시 문학비평 분야에서 부상하고 있

던 형식주의와 맞물리고 다른 한편으로는 상징주의의 천상의 언어와의 논쟁을 함축한다.[3]

음성 위주의 초이성어는 '의미보다 넓다'는 점에서 상징주의의 음악적 언어와 구분된다. 포테브냐A. Potebnía가 주장한 예술의 인식기능('이미지로 사고하기')을 발판으로 하는 상징주의자들의 시어는(P. Steiner 1984: 143-144) 의미를 넘어선다기보다는 의미의 고양을 목표로 삼기 때문이다. 미래주의적인 초이성어와 기존의 기악편성의 차이를 크루초니흐와 흘레브니코프는 레르몬토프의 시를 인용하면서 이렇게 지적한다.

> 우리 이전의 작가에게 있어서 기악편성은 전혀 다른 종류의 것이었다. 예를 들어 보자.
>
> Po nebu polunochi angel letel
> I tikhuiu pesniu on pel……
>
> 여기서 윤색을 더해 주는 것은 창백한 'pe……pe……'이다. 젤리와 우유로 그린 그림처럼 다음과 같은 음성 위에 구축된 시는 우리를 불만스럽게 한다.
>
> pa – pa – pa
> pi – pi – pi
> ti – ti – ti

3 미래주의와 형식주의의 공생관계는 Pomorska 1968, Hyde 1983, P.Steiner 1984: 140-155를 보라.

건강한 인간이 그러한 양식을 섭취한다면 위장장애를 일으킬 것이다. 우리는 이와는 다른 음성결합과 어결합의 모델을 제시했다.

dyr bul shchyl
ubeshchur
skum
vy so bu
r l ez (Markov 1967: 55).

여기서 비교가 되는 레르몬토프의 기악편성과 크루초니흐의 기악편성은 낭만주의-상징주의적 전통의 시적인 멜러디와 초이성어, 조화와 부조화, 음악과 불협화음, 그리고 장치와 '장치의 노출obnazhenie priema' 간의 거리를 수반한다. 전자의 경우 동일한 음성의 반복이 정감적인 언어 창조를 위한 것이라면 후자의 경우 발음하기 어려운 자음들의 자의적인 결합은 의미를 넘어서는 말의 창조를 위한 것이다. 전자의 경우 발생되는 것이 음악성이라면 후자가 추구하는 것은 형식주의의 용어를 빌려 말의 '감각성' 회복이다. 감각성을 회복한 말은 마치 손으로 만질 수 있고 눈으로 볼 수 있는 사물처럼 구체성을 띠게 되며 여기에서 만델슈탐의 '말-사물'과 구분되는 미래주의자들의 '말-사물slovo-veshch'', 그리고 그것의 연장인 '시 사물' 개념이 부상하게 된다. 물체로서의 말에 대한 미래주의자들의 믿음은 마야콥스키의 미완성 포에마 〈목청을 다하여Vo ves' golos〉 서문에서 이렇게 표현된다. "나의 시는/힘겹게/세월의 암석을 뚫고/등장하리라/묵직하게/거칠게/눈에 보이게Moi stikh/trudom/gromadu let prorvet/i iavitsia/vesomo,/grubo,/zrimo". 이 서문에 대한 자세한 논의는 뒤에 가서 이루어질 예정이다.

말-사물이 독자에게 전달하는 것은 의도적으로 어렵게 된, 말의 색채와 소리와 감각만으로 이루어진 새로운 메시지이다. 상징주의의 음악 언어가 음성적인 장치라면 후자는 그 장치를 의도적으로 노출시킴으로써 장치를 장치로서 감각할 수 있도록 하는 데 목적이 있다. 미래주의자들이 말-사물의 모델로서 초이성어를 제시하는 것은 형식주의의 '낯설게 하기'와 비슷한 맥락에서 그동안 지나치게 사용되어 신선함을 상실한 말을 말로서 다시 인식하고 그 인식을 가급적 오래 지속시키기 위함이다. 크루초니흐를 인용하자면 "말은 죽어 가고 세계는 영구히 젊다. 예술가는 새롭게 세계를 바라보고 마치 아담이 그러했듯이 모든 사물에 이름을 부여해야 한다. 백합은 아름답다, 그러나 지나치게 사용되어 낡고 닳은, '강간당한' 백합이란 단어는 추악하다. 그러므로 나는 백합을 '예우의euy'라 부른다. 이렇게 하여 최초의 순결함이 복원된다"(Markov 1967: 63).

'의미보다 넓은 말'의 또 다른 측면은 문자 그대로 어의의 잠재력 확대와 관련된다. 〈대중적 취향에 따귀를〉이 주장하듯이 시인의 권리 중의 하나는 "자의적인 단어와 파생어에 의해 어휘의 용량을 확대시키는 것"(Markov 1967: 50)이며 그렇기 때문에 시인은 "논리나 문법의 법칙에 의해서가 아니라 언어 창조자들에게 열려진 내적인 법칙에 의해서"(Markov 1967: 68) 새로운 말을 주조해야 한다. 이제 하나의 단어는 일체의 고정된 의미를 거부하며 자의적으로, 소위 '내적인 법칙'에 의거해 유동적인 의미의 복합체를 생산하기 시작한다. 따라서 미래주의의 시어는 상식적인 맥락에서 다른 언어로의 번역을 거의 불가능하게 만든다.

'내적인 법칙'은 의미론뿐 아니라 문법과 구문 등 말의 모든 구조에 관여한다. 이 '내적인 법칙'은 종래의 시각에서 보면 파격으로 여겨지는 여러 가지 현상을 초래하는데 "변칙적인 문장 구성은 (…) '움직임'과 '새로운 세계 인식'을 야기하고 반대로 움직임과 심리의 변화는 이상한, '무의미한' 단어와 소리의 결합을 배태한다"(Markov 1967: 68). "문장구성의 무질서가 크면 클수록 더욱 바람직하다"(Markov 1967: 68). 이렇게 해서 만들어지는 미래주의 시는 개개의 단어구성에서 문장, 혹은 시의 전체적 구조에 이르기까지 변칙적이고 자의적이며 또한 미래주의자들의 '내적인 법칙'을 공유하지 않는 독자에게는 아무런 상식적 의미도 전달하지 않는다. 그러니까 미래주의자들의 의식과 용어 목록에서 의미보다 '넓다'라는 것은 곧 일정한 의미를 거부한다, 혹은 아무런 의미도 보유하지 않는다라는 뜻으로 해석될 수 있다. 흘레브니코프의 시를 제외하고는 초이성어로 씌어진 대부분의 시가 고전으로 남을 수 없었던 것도 의미를 초월하는 것과 아예 아무런 의미도 보유하지 않는 것 사이의 경계가 불분명한 데서 오는 결과였다. 어찌되었건 초기 미래주의자들의 예술사적 의의가 의미론적 예술장르인 문학보다는 탈의미론적이고 시각적인 타이포그라피의 영역에서 거의 전적으로 발견되는 것은 주목할 만하다.

마야콥스키는 이상에서 살펴본 미래주의자들의 시어 개념 중 그 일부만을 수용하였다. 원칙적으로 그는 말 해방의 슬로건에 동의했으며 관례적인 구문에 대한 공격에 참여했다. 그러나 실천에 있어서 그가 혼돈스럽고 불균등하고 원시적인 메시지를 생산하는 완전하게 자유로운, 비구문적 말 사용의 장치에만 의존한 적은 없었다(Folejewski 1980: 65). 다시 말해서 그가 미래주의 선언문에 서명을 기재한 것은 사실이지만 말에 대한 그의 입장은 크루초니흐류의 미래주의와 완전하게 합치되지 않았다. 그의 관심은 어디까지나 의미를 넘어서는 것이 아닌 새로운 유형의 의미에 고정되어 있었기 때문이다.[4] 즉 시어의 의미를 어떻게 활성화시키고 확장

4 "예술의 기호 시스템 속에서 일어난 '아방가르드적인' 급전이 의사소통 기능의 완전한 부정이라고 상정하는 것은 오류이다. 기호 그 자체에 대한 지향은 소통되어지는 것의 배제(즉 작품의 '내용' 혹은 '메시지'의 파괴)가 아닌 새로운 형태의 소통을 발견하는 것이

시킬 것인가 하는 것이 언어기호와 관련된 그의 주된 관심사였다.

이 점에서 그는 흘레브니코프와 유사한 경향을 보여 준다. 흘레브니코프는 무엇보다도 〈웃음의 주술Zakliatie smekhom〉 같은 초이성어 시의 저자로 알려져 있지만 그가 주조해 내는 단어들은 언제나 아무리 모호하고 배아적일망정 일말의 내포적 의미를 담보한다. 마야콥스키의 초기 시에 있어서와 마찬가지로 "혼돈스럽고 단편적이며 의미론적으로 침투가 불가능한 것처럼 보이는" 그의 시에서 의미론은 언제나 의식적으로 형성되며 그것의 개별적인 요소들은 텍스트의 어떤 수준에서건 동기화된다(Baran 1983: 29-30). 흘레브니코프의 말은 대상지시적이지도 않고 그렇다고 완전히 비대상지시적이지도 않다. 그것은 대상을 명명하는 것이 아니라 내적인 표상 속에서 대상을 발생시킨다(Duganov 1990: 21) 흘레브니코프의 말이 전적으로 결여하는 것은 의미 일반이 아니라 외연적 의미일 뿐이다.[5] 심지어 그의 초이성어 시에서조차 기호는 메아리 형태로 그 흔적을 보여 주며 따라서 미래주의 선언문에서 주장되었던 '완전하게 해방된 말'은 엄밀히 말해서 그의 시와는 다소 동떨어진 구호였다(Erlich 1981: 46).

마야콥스키 역시 초이성어로만 씌어진 시는 거의 남기지 않았으며 또 의미의 결여와 의미의 확장을 동일시하려고 시도하지 않았다. 그가 시어

목적이었다"라는 그리가르의 지적(Grygar 1973: 63-64)은 러시아 큐보미래주의의 경우 마야콥스키와 흘레브니코프에게 적용될 때 가장 타당하게 여겨진다.

5 이 점은 흘레브니코프 자신의 시학적 진술을 통해 드러난다. 그는 1912년의 에세이 〈스승과 제자Uchitel' i uchenik〉에서 정상적인 방법으로는 실현되지 않는 단어들 및 단어의 결합(유사 혹은 대조에 입각한)이 갖는 의미론적 측면의 창조, 혹은 발견의 가능성에 대해 피력한다. 그가 말하는 '어근의 어형변화sklonenie kornei'는 외적인 비논리성 이면에서 논리적 의미를 생산시키는 개념이며 그것에 입각한 단어들이 아무리 초이성어처럼 보일지라도 독자는 공통적인 어근을 추적함으로써 그 의미를 해석할 수 있다(Folejewski 1980: 73; VMSS XI: 152).

의 창조적 잠재력, 특히 음성의 가치에 대해 열렬한 믿음을 가지고 있었던 것은 사실이지만 의미를 완전히 초월한, 소위 모호하기 짝이 없는 '내적 법칙'에만 의거한 시는 그의 관심을 끌지 못했다. 그가 창조하려 했던 것은 종래와는 다른, 좀더 다채로운 의미의 가능성으로 충만된 새로운 말이었지 아예 의미를 결여한 말은 아니었다. 그는 문자 그대로 '의미보다 넓은 말', 그러니까 하나의 고정된 의미론적 테두리를 넘어서 모든 가능한 의미의 변종을 허용하는 '확장된' 말에 초점을 맞추었다. 다의미성이 블로크의 경우 글쓰기와 지우기의 중첩에서 야기되는 불확정성의 결과이고 만델슈탐의 경우 모든 의미의 누적의 결과라면 마야콥스키의 경우는 말이 스스로의 경계를 끊임없이 확장시켜 나가는 가운데 일어나는 현상이다.

'확장'의 개념은 마야콥스키의 시어와 텍스트에서 전위와 열림의 개념으로 연장된다. 의미의 자기확장에 포함된 운동의 개념이 텍스트에서 자리바꿈과 경계선의 해체라는 현상으로 실현되는 것이다. 마야콥스키의 다의미성은 고정된 의미의 요소들이 전통적인 프레임을 열고 나와 움직이고 뒤집혀지고 위치를 교환하는 가운데 이루어진다. 이러한 현상은 그가 큐비즘과 관련을 맺고 있던 초기 큐보미래주의 시기에 특히 두드러지지만 후기의 정치시에서도 그것의 지속적인 영향력을 발견할 수 있다.

2 열린 텍스트를 향하여

마야콥스키의 '의미보다 넓은 말'은 큐비즘과 이탈리아 미래주의의 공간해방을 참조의 틀로 삼는다. 큐비즘이 마야콥스키를 비롯한 러시아 미래주의 시인들에게 지대한 영향을 미쳤음은 주지의 사실이거니와 특히 큐비즘의 '전위sdvig, shift' 기법은 양자를 이어 주는 튼튼한 고리 중의 하나였다.[6] "문학적 미래주의는 회화적 미래주의가 그러하듯이 전위를 사용한다"(Khardzhiev 1976: 61)는 셈슈린A. Shemshurin의 진술에서 '회화적 미래주의'가 의미하는 것은 큐비즘을 포함한 모든 아방가르드 회화라고 여겨진다. 큐비즘은 전통적인 공간의 개념을 부정한다. 대상과 그 주변의 여백(공간) 간의 경계가 부재하므로 개별적인 대상(몸통)과 그것들의 부분들은 이미 공간적 관계의 프레임 안으로 들어가지 않는다(대상요소들의 구성은 더 이상 실재 공간의 환영을 시사하지 않는다). 회화는 거리 부재의 공간 법칙에 따라 대상 세계의 요소들을 결합하거나 분할하는 것을 허용한다(Grygar 1973: 74). 이러한 공간 개념에서 출발하는 큐비즘은 '전위'를 기본적인 장치로 삼는데 그것은 "양립할 수 없는 다양한 사물들, 혹은 그 개별적인 부분들의 결합, 병치, 혹은 교차"라 정의된다(Grygar 1973: 74). 일점 원근법의 환영주의를 거부하는 큐비스트 화폭에서 사용되는 전위의 장치는 미래주의의 시적 공간으로 이전될 때 해체되고 뒤집히고 움직이는 의미론을 파생시킨다.

미래주의자들 스스로가 큐비즘의 전위를 인식하고 있었음은 그들의 선언문 〈말 그 자체〉에서 이렇게 진술된다. "미래인-화가들은 몸체의 일부, 절단면을 사용하기를 좋아한다. 그리고 미래인-언어 창조자는 잘려진 말, 반쪽짜리 말poluslovo, 그들의 변덕스럽고 교활한 결합(초이성어)의 사용을 좋아하며 그럼으로써 최대의 표현성을 달성한다. 그리고 바로 이 점에서 과거의 얼어붙은 언어를 파괴한 맹렬한 현대성의 언어는 구분된다"(Markov 1967: 57). 크루초니흐가 선언문 〈말의 새로운 길〉에서 주장하듯이 그들은 전위된 말뿐 아니라 사물과 말에 대한 전위된 지각을 미학적

6 큐비즘과 아방가르드 시 일반, 특히 러시아 큐보미래주의와의 상호관련성은 Grygar 1973, Khardzhiev 1976, Al'fonsov 1984: 156-201을 참조하라.

모토로 삼았다. "우리는 대상을 절단했다. 우리는 세계를 관통하여 바라보기 시작했다. 우리는 세계를 끝에서부터 추적하는 법을 배웠다. (말과 관련하여 우리는 '그것을 끝에서부터 읽을 수 있으며 그럼으로써 보다 깊은 의미를 획득한다!'는 사실을 알아차렸다)"(Markov 1967: 71).

마야콥스키의 말은 한편으로 이러한 큐보미래주의적인 전위를 의미론의 수준에서 실현시키며 다른 한편으로 이탈리아 미래주의 회화가 제시하는 역동성과 상호침투를 수용한다. 앞에서 지적했다시피 이탈리아 미래주의의 문학적 선언문과 러시아 미래주의의 관련성은 제한되어 있던 것이 사실이지만 전자가 표방한 회화의 원칙은 마야콥스키의 시학에 주목할 만한 영향력을 행사하였다. 이탈리아 미래주의자들은 모든 아방가르드 화가들이 그러했듯이 대상의 움직임을 통해 종래의 공간 질서를 파괴한다.

> 참으로 모든 사물은 움직이고 뛰어가고 급격하게 변화한다. 하나의 프로필은 우리의 눈앞에 결코 고정된 채 존재하지 않는다. 그것은 끊임없이 등장했다가 사라진다. 망막에 잡힌 이미지의 집요함 덕분에 대상들은 언제나 스스로를 증식시킨다. 그것들의 형태는 미친 듯한 질주 속에서 마치 고속 진동처럼 변화한다. (…) 공간은 더 이상 존재하지 않는다. 가로등의 광휘를 받아 빛나는 비에 젖은 페이브먼트는 무한히 깊어져 지구의 핵심을 향해 입을 벌린다. 수천 마일의 거리가 우리와 태양 사이를 갈라 놓는다. 그러나 우리 앞에 있는 집은 태양의 표면에 꼭 들어 맞는다.(Boccioni et al. 1973: 27-28).

그들의 화폭을 상대적인 공간으로 만들어 주는 이 유동적인 사물들은 부단히 움직이는 가운데 서로의 경계를 뚫고 침투해 들어간다. "우리의 육체는 우리가 앉아 있는 소파 속으로 침투해 들어가고 소파는 우리 안으로 침투해 들어온다. 버스는 길가의 집 속으로 질주해 들어가고 반대로 집들은 버스를 향해 스스로를 던져 그것과 하나가 된다"(Boccioni et al. 1973: 28). 이탈리아 미래주의의 이러한 상호침투와 융해는 큐비즘의 분할, 전위, 변환의 법칙과 더불어 마야콥스키가 '의미보다 넓은 말'을 창조하는 과정에 폭넓게 수용되었다.[7]

마야콥스키는 시에 있어서의 전위, 분할, 그리고 상호침투를 설명하기에 앞서 우선 새로운 말의 법칙에서 일어나야 하는 세 가지 변화를 기술한다. 첫째, 대상에 대한 말의 관계, 즉 숫자로서의 말, 대상에 대한 정확한 지시체로서의 말을 말-상징, 말-자기목적slovo-samotsel'으로 변화시킬 것, 둘째, 말과 말의 상호관계를 변화시킬 것, 셋째, 말에 대한 시인의 관계를 변화시킬 것 등이 그것이다(VIVISS XI: 25). 여기서 마야콥스키가 말하고자 하는 것은 기호와 지시대상과 화자의 삼자관계가 관례성으로부터 탈피해야 한다는 것으로 요약되는데 이는 "말은 변형시키고 해체할 필요가 있다"(VMSS XI: 54)는 그의 주장과 함께 언어 기호의 자유로운 움직임, 그리고 그로 인한 의미론적 공간의 해방을 시사하게 된다. 부분부분 해체된 말의 조각들은 상대방 말의 외곽선을 꿰뚫고 들어가 이질적인 부분과 결합함으로써 "날마다 새로운 정의와 새로운 비유를 고안해 낸다"(VMSS XI: 54). 마야콥스키는 이를 예증하기 위해 기존하는 단어 '잔인함zhestokost''과 흘레브니코프의 신조어 '철의 부름zhelezovut'을 비교한

7 폴레옙스키는 해체와 왜곡이 연속적인 선을 파기한다는 점에서만 보치오니 등의 역동성이 마야콥스키의 시학에 적용될 수 있다고 주장하며 상호작용과 상호침투의 적용가능성에 대해서는 의문을 제기한다(Folejewski 1983: 115-116). 그러나 마야콥스키는 의식적이던 무의식적이던 간에 이탈리아 미래주의 회화의 역동성을 흡수하였으며 특히 〈자동차 안에서V avto〉 같은 초기 시에서는 후자의 '운동의 회화' 개념이 분명하게 지각된다(Al'fonsov 1984: 172).

다. "'잔인함'이란 단어는 나에게 아무것도 말해 주지 않지만 '철의 부름'은 많은 것을 말해 준다. 후자는 내가 전쟁과 관련하여 상상할 수 있는 불협화음으로 울려 퍼지기 때문이다. 그 속에는 '강철zhelezo'과 같은 금속이 부딪히는 소리, 누군가를 '부르는zovut' 소리, 그리고 그 누군가가 어디론가로 '기어드는lez' 모습이 결합되어 있다"(VMSS XI: 54). 즉 '강철'과 '부르다'와 '기어들다'라고 하는 제 각각의 단어가 분할되고 그 부분들이 결합하여 생겨나는 새로운 단어 '철의 부름'은 전위와 상호침투의 원칙이 기본적인 의미론의 수준으로 전이될 때 일어나는 결과라 할 수 있다.

그러나 마야콥스키에게 있어서 회화의 원칙은 단어의 분할 같은 단순한 의미론의 수준에서만 실현되는 것이 아니다. 그것은 구성과 테마론에 이르기까지 시학의 여러 수준으로 확장되며 이를 통해 그가 궁극적으로 지향하는 것은 "예술의 유일하고 영원한 과제"인 "인식력들의 자유로운 유희"이다(VMSS XI: 17). 다음에 살펴볼 텍스트는 마야콥스키의 초기 시를 대표하는 시중의 한편으로 큐비즘과 이탈리아 미래주의 회화의 원칙이 의미론에 적용될 뿐 아니라 회화의 장르 간에 일어나는 경계선의 파괴가 테마론의 일부를 점한다는 점에서 특히 주목할 만하다.

그러면 당신은? A vy mogli by?

1 나는 일상의 지도를 단숨에 Ia srazu smazal kartu budnia
2 매대기 쳤다 컵에 담긴 물감을 확 뿌려서. Plesnuvshi krasku iz stakana;
3 나는 젤리 접시 위에 보여 주었다 Ia pokazal na bliude studnia
4 대양의 비뚤어진 광대뼈를. Kosye skuly okeana.
5 양철 물고기의 비늘에서 Na cheshue zhestianoi ryby
6 새로운 입술이 부르는 소리를 읽었다. prochel ia zovy novykh gub.

그러면 당신은 A vy
야상곡의 연주를 Noktiurn sygrat'
할 수 있는가 Mogli by
홈통의 플루트로? Na fleite vodostochnykh trub?

이 텍스트는 이미 여러 연구자들이 지적했듯이 회화의 한 장르인 정물화와 밀접하게 관련된다. 그것은 '정물화를 언어적으로 실현시킨 것'이며 특히 큐비스트 정물화는 여기에서 가장 중요한 참조의 틀로 작용한다(브라운 1988: 145; Al'fonsov 1984: 173; Stapanian 1986: 59). 여기서 시인은 마치 그가 맨 처음 시도했던 회화와 언어의 상응성을 말 속에서 찾으려는 듯이 보여진다(Pertsov 1950: 169). 그러나 마야콥스키는 새로운, 열린 형식을 활성화시키기 위해 집요하게 정물화의 전형적인 모티프들을 분해한다(Stapanian 1986 64). 정물화와 풍경화, 회화와 시, 예술과 리얼리티 간에 존재하는 전통적인 경계선이 파괴되고 각 영역에 속해 있었던 의미 단위들이 자리바꿈을 함에 따라 이 텍스트는 궁극적으로 '열림'을 획득하게 된다.

의미의 열림은 1행의 "지도karta"에서부터 시작된다. "지도"는 무한한 공간에 대한 구획지어진 2차원적 재현이며 엄청난 공간성을 압축시켜 담보하는, 일종의 닫힌 텍스트이다. 그것의 닫힘은 "일상"에 의해 시간적으로 보강된다. 이 텍스트에서 사용된 "일상buden'"은 사실 마야콥스키의 시에서 가장 현저하게 등장하는 모티프인 '일상성byt'(때로는 'obydenshchina'로 표현된다)을 상기시킨다. 그의 거의 모든 작품에서 일관성 있게 개진되는 테마 중의 하나는 일상성과의 투쟁이다.[8] 일상성은 낡고

8 일상성과의 투쟁은 마야콥스키를 비롯한 아방가르드 예술가들을 다루는 대부분의 연구서에서 발견된다. 특히 소비에트적 시각에서는 일상성에 대한 아방가르드적 혐오가

진부한 모든 것이며 시인이 정복해야 하는 가장 강력한 적이다. 일례로, 시인과 일상성 간의 투쟁은 포에마 〈이것에 관하여Pro eto〉에서 반복적으로 언급된다. "그리고 나는 또다시,/이마로/나의 언어로/일상의 벽을 부수려 한다./혼신의 힘을 다해/또다시 공격한다./……/나는 날마다,/밤마다 진부한 일상과 싸웠다./……/나의 시는 저 끔찍한 일상성을 분쇄하리라./……/이 모든 것을/거부하고 증오한다./……/털어도 털어도/자꾸만 되앉는/먼지처럼/붉은 깃발의 시대인/오늘날에도 남아 있는/일상적인 모든 것을". 일상성은 예측가능하고 반복적이라는 점에서 끔찍하다. 일상성의 시간은 낮과 밤의 무의미하고 기괴한 교체에 불과하며 그 비참한 끝은 결국 죽음이다(Pomorska 1985: 174).[9] 그것은 시간표 위의 숫자처럼 인간의 습관 속에 함몰되어 있는 '닫힌' 시간이므로 그것과 결합하는 해당 텍스트의 "지도"는 닫힌 시간과 공간에 대한 비유로 해석된다.

그러나 러시아어의 'karta'가 갖는 또 다른 의미인 '카드'는 닫힘의 모티프를 불안정하게 만든다. 카드 게임을 비롯한 도박의 모티프는 마야콥

대체로 구질서에 반대하는 혁명의 이데올로기라는 맥락에서 해석된다(Papernyi 1961: 130-138). 일상적인 언어와의 미학적인 투쟁을 정치적 투쟁의 패러다임으로 보는 고를로프N. Gorlov의 다음과 같은 견해는 구소련에서의 마야콥스키 논의에 초석을 마련해주었다. "미래주의자들은 우리, 볼셰비키가 한 것과 동일한 혁명을 수행했다. (…) 미래주의자들은 구세계로부터 그것의 일상성이 갖는 정서적 불용성을 제거했다. 그들은 이 일상성에 대한 저항, 그것의 완전한 부정, 가차 없는 파괴에서 혁명을 시작했다. 삶에서의 일상성—이것은 예술에서의 언어를 의미한다. 미래주의자들은 낡은 일상성을 혐오했고 낡은 언어를 혐오했다. 선택의 여지가 없었다. 말, 그것은 일상성의 이미지였다"(Gorlov 1924: 21).

9 그러므로 일상성에 대한 마야콥스키의 투쟁은 언제나 시간과의 투쟁, 죽음과의 투쟁, 그리고 불멸에 대한 열망으로 연장된다. 인간이 물리적으로 부활하여 영생을 누리는 미래의 유토피아 신화는 마야콥스키뿐 아니라 말레비치 등 대부분의 아방가르드 예술가들에게 있어서 일상성에 대한 예술의 승리를 통해 실현될 수 있었다(Pomorska 1985: 173-174).

스키의 시학에서 필연에 대한 도전으로, 닫히고 고정되어 있는 논리를 여는 우연의 힘으로 작용한다. 마야콥스키 스스로가 도박꾼이었다는 사실은 별도로 치더라도 그의 회화작품에 덧붙여진 실제의 카드장들과 〈룰렛 Ruletka〉이란 제목의 유화, 그리고 1912년의 시 〈밤Noch'〉에서 강렬한 회화적 언어로 그려지는 카드장들("급히 모여든 유리창들의 검은 손바닥으로/흩어져 버린 노란 화염 속의 카드들)은 예측가능성에 대한 도전으로서의, 그리고 외관상의 논리에 대한 거부로서의 우연을 향한 그의 관심을 반영한다(Stapanian 1986: 23). 이렇게 볼 때 해당 텍스트의 "일상의 지도"에 응고된 공간과 시간은 "지도"가 갖는 또 하나의 의미로 인해 그 자체 내에 이미 열림의 가능성을 포함한다고 말할 수 있다. 닫힌 크로노토프인 "일상의 지도" 속에 은닉된 열림의 가능성은 텍스트에서 일어나게 될 보다 큰 열림을 촉진시켜 준다.

"지도"에 포함된 의미의 잠재력은 여기에 그치지 않는다. 회화와의 연계성을 고려할 때 "지도"는 특정 정물화의 오브제로서 부상할 수 있다. "지도"가 상기시키는 정물화의 장르는 라틴어의 '헛되고 또 헛되어라 Vanitas vanitatum'에서 유래하는 '바니타스Vanitas' 회화로 그것은 일상적인 주변 환경으로부터 선택된 오브제들을 통해 생자필멸과 생의 허무를 환기시킨다. 일반적으로 바니타스 정물화에 주로 그려지는 오브제들 중 책, 지도, 파이프, 악기, 물감이나 붓 등은 인간의 여러 다양한 취미와 학문 탐구 및 오락을, 보석은 부에 대한 욕망을, 그리고 인간의 뼈와 해골은 이 모든 것을 무의미하게 만드는 죽음과 시간을 각각 상징한다(Stapanian 1986: 60). 바니타스 정물화의 이러한 특징은 해당 텍스트의 "지도"를 닫힌 시공에 대한 비유로서뿐 아니라 특정한 회화 장르의 오브제로 인식할 수 있도록 만들어 주는데 이는 2행의 "물감"에도 적용된다. 그것은 그릇(컵)에 담긴 액체로서 닫힘을 상징하지만 동시에 정물화의 오브제가 될 수도 있다.

그런데 1, 2행에서 묘사되는 "나"의 행위는 위에서 살펴본 모든 닫힘의 모티프를 파괴한다. "매대기 치다"는 "지도"에 포함된 선과 점과 부호들의 규약을 무로 돌리고 예측가능한 "일상"의 공간을 무작위의 검은 물감으로 덮어 버린다. 또한 "확 뿌리다"는 컵에 담긴 액체를 해방시킨다. 이제 "물감"은 더 이상 닫힌 공간 속에 담겨 있는 액체가 아닌, 자유롭게 '흐르는' 액체가 된다. "물감"이나 "컵"을 정물화의 오브제로 간주할 경우에도 그것들은 동사 "확 뿌리다" 덕분에 고정된 오브제의 위치에서 벗어난다. 그러니까 1, 2행의 "나"의 행위는 첫째는 닫힌 일상성을 개방하기, 그리고 둘째는 전통적인, 특히 교화적 색채가 짙은 바니타스 정물화의 장르를 파괴하기로 요약될 수 있을 것이다.

이 텍스트는 구문론적으로나 의미론적으로나 명백한 패러다임으로 나누어진다. 텍스트를 구성하는 4개의 문장 간의 경계는 시행 간의 경계와 정확하게 일치하므로 텍스트는 4개의 구문 단위(1, 2행, 3, 4행, 5, 6행, 나머지 행들)로 분리된다. 그리고 네 번째 단위를 제외한 모든 단위는 인칭대명사의 주어와 완료체 과거동사를 골격으로 한다는 점에서("나는 매대기 쳤다", "나는 보여 주었다", "나는 읽었다") 외관상 연 형식을 무시하는 텍스트의 행가르기를 가능하게 만들어 준다. 4개 단위 간에 존재하는 이러한 구문적 등가성은 다른 한편으로 의미론적 등가에 의해 보강된다. 즉 3행 이하의 의미론은 1, 2행의 "나"의 행위와 거기 수반되는 이미지들을 반복함으로써 후자에 대한 반사경으로 기능한다.

두 번째 구문단위, 즉 3, 4행은 1, 2행의 서정적 자아가 행하는 회화적 행위를 장르 간의 경계선 파괴의 형태로 반복한다. 3행의 "젤리 접시"는 정물화의 오브제이지만 그 접시 위에 "나"가 중첩시키는 것은 풍경화와 연관되는 "대양"이다. 따라서 정물화의 프레임과 풍경화의 프레임이 열리면서 양자의 오브제가 서로의 영역으로 침투해 들어간다고 말할 수 있는데 여기서 응고된 액체인 "젤리"와 무한히 펼쳐지는 "대양"의 대비는 특히 두드러진다. 한편, 4행의 "광대뼈"는 1행의 "지도"와 마찬가지로 바니타스 정물화의 오브제이기도 하므로 메타포인 "대양의 광대뼈"는 자체 내에 또 하나의 정물화 대 풍경화의 대비를 포함한다.

세 번째 패러다임은 거리풍경과 아방가르드 예술의 상관관계를 통해 경계선의 파괴를 발전시킨다. 5행의 "물고기"는 그 자체로 볼 때 정물화의 오브제로 간주될 만하지만 수식어 "양철의"와 결합하여 도시풍경에 대한 메토니미, 즉 "간판"으로 변모한다(Stapanian 1986: 66; France 1982: 166). "양철 물고기"는 그러니까 또다시 정물화와 풍경화 간의 경계선을 파괴하는 셈인데 그것이 함축하는 간판의 개념은 회화 장르 간의 상호침투를 넘어서 미래주의 일반의 관심사였던 예술과 비예술의 상관관계로까지 연장된다. 간판에 대한 관심은 초기 아방가르드 화가이자 시인이었던 엘레나 구로Elena Guro를 비롯하여 라리오노프M. Larionov, 마시코프I. Mashkov, 콘찰롭스키P. Konchalovskii 등 대부분의 큐보미래주의자들에게서 발견된다. 간판은 디자인, 색채, 장식, 질감들의 상호관계가 회화-텍스트의 일부가 되게 함으로써 새로운 예술적 잠재력을 제공해 주었기 때문이다(Banjanin 1993: 78). 리얼리티의 공리주의적인 측면을 대표하는, 반미학적 기호인 간판을 예술 텍스트로 간주하거나 혹은 예술 텍스트의 일부로서 도입하는 입장의 근저에는 예술과 비예술 간에 그어져 있던 관례적 선을 파기하려는 의도가 놓여 있었다.

이와 관련하여 볼 때 해당 텍스트의 서정적 자아가 "양철 물고기" 속에서 읽는 "새로운 입술의 부름"은 마야콥스키의 시학에서 미래주의 예술을 대변하는 이미지가 된다. 만델슈탐의 경우와 마찬가지로 '입술' 혹은 '입'은 마야콥스키의 시에서 언제나 '시인임'을 말해 주는 징표이다.

일례로 포에마 〈바지를 입은 구름Oblako v shtanakh〉에서 시인 마야콥스키는 '입술'로 스스로를 대변한다. "그러나 그 누구도 나처럼 변모하지 못하리/오로지 입술만으로!" 그는 또한 자신을 아름다운 설교로 알려진 로마의 성인 요한 크리소스토모Joannes Chrysostomus(요한 금구)의 이름으로 부른다. "나,/가장 빛나는 황금의 입,/내 말은/영혼을 소생시키고/육체에 이름을 지어 준다". 포에마 〈등골의 플루트Fleita-pozvonochnik〉에서는 시인의 생명과 입술이 동등하게 취급되며("포탄으로 찢어진 입술에 늘어 붙은/그대의 입술은/내 마지막 소리가 되리라") 또 마지막 시 〈미완성의 시Neokonchennoe〉에서는 말의 위력에 대한 메타포로서 입술이 언급된다. "나는 말의 위력과 말의 예언력을 안다/……/나는 말의 위력을 안다 무희의 뒤축에 밟힌/꽃잎처럼 하찮게 보일지라도,/인간은 영혼과 입술과 뼈로 살아 있다".

이렇게 시와 시인에 대한 메타포로 사용되는 "입술"은 해당 텍스트에서 "새로운"의 수식을 받음으로써 다름아닌 미래주의예술로 구체화된다. 그러므로 서정적 자아의 "읽는" 행위의 대상은 미래주의 시의 기호라 할 수 있는데, 5행의 "양철 물고기"의 의미는 이로써 한층 분명해진다. 즉 전통적으로 시와 관련이 없는 범속한 일상의 거리풍경이 이제 간판의 메토니미가 되어 신예술의 도래를 알리는 신호로 부상하는 것이다. 마야콥스키의 시에서 간판이 갖는 미학적 잠재력은 해당 텍스트와 같은 해에 씌여진 시 〈간판에게Vyveskam〉, 포에마 〈나는 사랑한다Liubliu〉 등에서 보다 구체적으로 표현된다. "집들의 리듬에 맞추어/노래할 수 있는 사람?/전차의 언어를 이해할 수 았는 사람?/(…)/허나 이 몸은 간판을 책 삼아/강철과 양철의 페이지를 넘기며/알파벳을 익혔지". 이러한 콘텍스트적 상황에 미루어 볼 때 5, 6행에서의 "나"의 행위는 반미학적인 "삶의 조각들"의 충돌과 결합을 통해 예술과 비예술 간의 경계선을 지우는 "언어적

곡예"(Zholkovskii 1986: 275)라 해석될 수 있다.

마지막 패러다임은 앞의 세 패러다임과 달리 네 개의 행으로 구성된다. 전자의 경우 완료체 과거동사를 통해 과거에 일어난 "나"의 일련의 행위가 기술되는 반면 여기서는 "당신"의 불확실한 능력에 대한 의문이 가정법을 통해 제기된다. 그러나 이러한 차이점에도 불구하고 7-10행은 또다시 "나"의 행위에 대한 잠정적인 기술로 해석될 수 있는데 왜냐하면 "당신은 할 수 있는가"란 의문문에는 '당신은 할 수 없지만 나는 할 수 있다'라는 긍정적인 진술이 포함되어 있기 때문이다(Stapanian 1986: 66-67). 그렇다면 "당신"과 달리 "나"가 할 수 있는 것은 무엇인가. 그것은 또다시 예술과 비예술 간의 경계선 파괴행위로 설명될 수 있다. 10행의 "플루트"는 정물화의 오브제로서 "홈통"과 결합할 때 그것이 속한 정물화의 영역은 풍경화의 침해를 당한다. 따라서 "홈통의 플루트"는 "대양의 광대뼈"나 "양철 물고기"의 경우처럼 정물화와 풍경화 간의 경계선 파괴를 말해 주는 메타포이다. 그러나 여기서 더욱 중요한 것은 "플루트"가 대표하는 시, 다시 말해서 서정성과 낭만과 멜로디와 조화를 주조음으로 하는 과거의 시 전체가 범속한 거리풍경의 일부인 홈통과 병치됨으로써 얻어지는 강력한 열림의 에너지이다. "나"는 관례적으로 고상한 예술, 특히 음악적인 시의 메토니미로 취급되어 온 "야상곡"을 '홈통-플루트'로 연주함으로써 시와 비시非詩의 경계선을 청각적으로 파괴한다.

야콥슨은 마야콥스키의 시적 신화를 순수한 철학적 언어로 번역할 경우 일상성에 대한 적개심과 정확하게 등가를 이루는 것은 '나' 대 '비非-나'의 대립이라고 지적한 바 있다(Jakobson 1979d: 361).[10] 사실 마야콥스키

---

10 마야콥스키의 텍스트 일반에서 '비(非)-나'와 구별되는 '나'의 여러 가지 모습, 그리고 그것과 관련하여 전개되는 인간과 세계의 테마에 관해서는 Al'fonsov 1984: 43-58을 보라.

의 시는 언제나 '나'와 '나'에 대립하는 일상성의 의인화인 '너' 혹은 '그들'을 인칭적 대립의 근간으로 사용한다. 해당 텍스트의 경우에도 네 번째 패러다임에서 한 번 언급되는 "당신"은 이전 패러다임의 "나"와 더불어 즉각적인 인칭적 대립의 구조를 환기시키는데 "나"가 시를 대표한다면 "당신"은 일상성(非詩)을 대표한다고 여겨진다. 그러나 실질적인 이미지의 분포는 "나"와 "당신"이 각각 대표하는 의미의 장이 이와는 반대임을 보여 준다. "당신"이 플루트로 야상곡을 연주한다면 "나"는 홈통으로 연주한다. 다시 말해서 "당신"은 전통적인 '예술'의 영역에 속한 존재인 반면 "나"는 그 영역으로 끊임없이 비예술의 요소를 영입시키는 존재이다. 그리하여 관례적으로 독자의 의식 속에서 양분화되어 있던 리얼리티의 양상은 뒤집힌다. "나"가 모든 가능한 "당신"을 배척하면서 구축하는 세계의 시적 모델은 "젤리"와 "대양"이 동의어로 기능하고 '시 vs. 산문적 리얼리티'의 대립은 중화되는 의미 체계이다(Lotman 1972: 89). 텍스트의 물질적 세계를 구성하는 이미지들—지도, 물감, 젤리접시, 광대뼈, 양철 물고기, 홈통—은 지극히 일상적이다. 그것들은 앞에서 살펴본 바와 같이 자체 내에 열림의 가능성을 내포한다. 그리고 동시에 그것들은 "나"의 일련의 행위를 통해 전통적으로 시와 산문 사이, 예술과 일상 사이에 그어져 있던 경계선을 넘어 시와 합류한다. 그리하여 일상적인, 즉 실제의 세계는 산문과 리얼리티와 회화의 세계가 되고 오히려 전통적인 시의 세계는 관례화된 가짜세계가 된다(Lotman 1972: 89).

이렇게 볼 때 1행의 동사 "매대기 치다"는 "일상의 지도"뿐 아니라 더 나아가 예술과 비예술을 나누는 모든 경계선을 대상으로 한다는 것이, 그리고 마야콥스키가 적으로 삼는 '일상성'이란 거리와 사물의 세계 그 자체가 아니라 그것들을 범속하게 여기는 기존의 의식, 낡은 관념임이 드러나게 된다. 텍스트의 이미지들이 큐비스트나 미래주의 화가의 캔버스에서처럼 서로 다른 의미의 장 사이를 넘나들고 상대방과 융해되는 것은 결국 예술과 일상성에 대한 기존의 의식을 뒤집는 데 그 목적이 있다고 말할 수 있다.

이 텍스트의 전위는 여지껏 살펴본 것처럼 의미론의 수준에서 일어난다. 그러나 형식적인 차원에서도 전위를 발견할 수 있는데 이는 개별적인 이미지들이 서로 다른 패러다임 간의 경계를 뚫고 들어가는 것으로 실현된다. 예컨대 제1 패러다임의 "지도"는 제3 패러다임의 "읽다"와 결합하여야 하는 이미지이다. 반면에 "물고기"는 논리적으로 "대양"이 존재하는 제2 패러다임으로부터 영입해 들어온 이미지가 되며 "부름"은 청각적인 이미지군을 고려할 때 "야상곡"과 "플루트"가 있는 제4 패러다임으로 이동해야 한다. 이렇게 수직축상에서 일어나는 이미지의 시각적인 자리바꿈은 의미의 장에서 일어나는 자리바꿈과 더불어 해당 텍스트를 문자 그대로 "운문으로 씌어진 큐비스트 정물화"(Stapanian 1986: 59)로 인식할 수 있도록 해준다.

전위는 마야콥스키의 시학 일반을 놓고 볼 때 자아의 이미지와 불가분의 관계를 맺는다. 마야콥스키의 자아는 모든 서정적 사건의 중심이며 모든 언어적 결과에 대한 제1의 원인이다. 1913년에 출판된 그의 최초의 시집에는《나Ia》라는 제목이 붙어 있었으며 같은 해에 씌어진 운문 드라마 역시 〈블라디미르 마야콥스키Vladimir Maiakovskii〉를 제목으로 하였다는 것만 보아도 그의 자아중심성을 짐작할 수 있다.[11] 뿐만 아니라 그의

11 마야콥스키의 자아중심성은 아방가르드 예술의 일반적인 신화창조 경향이라고 하는 보다 광역적인 맥락에서 논의될 수 있다. 포모르스카의 다음과 같은 지적은 마야콥스키뿐 아니라 모더니즘 시인들에게서 종종 발견되는 서정적 자아의 강조된 위상을 이해하는 데 중요한 단서를 제공해 준다. "금세기 초는 문화적 위기에 대한 깊은 자각을 유발했고 따라서 상황을 치유하려는 여러 가지 시도가 뒤따랐다. 그중 하나는 신화를 재창조하려는 강한 경향이었다. 이는 철학, 정치 이데올로기, 예술 등 다양한 영역에

작품을 양적으로 압도하는 포에마의 경우에도 소위 '주인공'인 '나 자신'이 전통적인 서사구조를 마모시키고 슈제트 위로 우뚝 솟아 오름으로 인해 서사성은 자아의 독무대 뒤로 물러나게 된다. 야콥슨의 지적처럼 심지어 그가 "혁명의 피투성이 일리아드" 혹은 "굶주린 세월의 오디세이"를 시도할 때조차 만들어지는 것은 서사시가 아니라 장대한 스케일의 영웅적 서정시이다(Jakobson 1979d: 356).

그의 시에서 주제론적인 핵을 이루는 것은 '나'와 일상성, '나'와 혁명, '나'와 여성 등등의 대립적 혹은 우호적 관계이며 이러한 관계들은 궁극적으로 '나와 세계'라고 하는 일반적인 주제로 확장된다. 결국 그의 시의 제재는 '나'가 생각한 세계, '나'의 눈에 비친 세계, 혹은 '나'의 감각에 포착된 세계이므로 그의 시적 자아는 톨스토이L. Tolstoi와 아흐마토바의 자아에 버금가는 확고한 유아론적 위치를 확보하는 셈이다.[12] 한마디로 말해서 그가 창조하는 것은 자아의 신화이며 이 신화는 마야콥스키의 시와 전기가 하나로 합쳐져서 소위 '문학적 사실literaturnyi fakt'로 응고될 수 있는 토대를 제공한다.[13]

서 현저하게 드러났다. 러시아 아방가르드 운동, 특히 미래주의 그룹은 이러한 맥락에서 전형적인 신화 창조 세력으로 간주되어야 한다. 미래주의 이데올로기를 그저 한 번 훑어보기만 해도 니체, 특히 《차라투스트라는 이렇게 말했다Also sprach Zarathustra》의 수퍼맨의 영향력이나 그것과의 수렴점을 즉각적으로 발견할 수 있다"(Pomorska 1985: 170).

12 에이헨바움은 아흐마토바의 서정적 자아가 소위 "서정적 소설"에서 "모든 사건과 장면과 감각의 전체 사슬을 연결하는" 강력한 이미지라고 지적한 바 있으며(Eikhenbaum 1980: 129-130) 이후 연구자들 사이에서도 아흐마토바의 자아중심성은 논란의 여지가 없는 사실로 받아들여져 왔다.

13 이와 관련하여 토마셉스키의 다음과 같은 지적을 참조하라. "미래주의는 자서전을 향한 낭만주의적 지향을 극단적인 결론으로 밀고 갔다. 저자는 진실로 자신의 작품의 주인공이 되었다. 여기서 마야콥스키의 저작을 언급하는 것으로 충분할 것이다. 그의 책들은 개인적 감정 이 기록된 열린 일기장이다. (…) 문학사가에게 진정으로 필요

마야콥스키의 서정적 자아는 극단적인 확대와 축소, 그리고 자유로운 움직임을 특징으로 한다. 그의 자아는 너무 크고 세계는 그것을 포용하기에 너무 좁다. 세계, 일상성, 그리고 '나'를 제외한 모든 존재는 '나'에게 답답한 굴레일 뿐이다. 정해진 경계선 안의 협소함에서 느껴지는 고뇌, 정체된 프레임을 극복하려는 의지, 이는 부단히 다양성을 획득하는 마야콥스키의 모티프이다. 세계의 그 어떤 동굴도 시인과 그의 무절제한 욕망의 무리를 수용할 수 없다(Jakobson 1979d: 358). 심지어 자기 자신조차도 스스로를 좁은 경계선 안에 가둬두므로 시인은 끊임없이 자신의 존재로부터 빠져나가려 한다. "나는 느낀다—/'나'는/나에게 너무 작다/누군가가 나로부터 자꾸만 찢겨 나간다".

마야콥스키의 자아는 무한히 확대되거나 축소됨으로써, 혹은 다른 존재의 형태로 변신함으로써 프레임을 파괴한다. 그는 "개"[犬](〈나는 개가 되었다Vot ia sdelalsia sobakoi〉)로, "곰"(〈이것에 관하여〉)으로, "입술"(〈바지를 입은 구름〉)로 변신하고 "폐병장이 밤이 프레스냐의 더러운 손으로/뱉어버린 가래 같은 존재"(〈바지를 입은 구름〉)에서 "혜성에 매달려" "별들의 가시에 옷을 찢기며" 날아가는 우주적인 존재(〈등골의 플루트〉)에 이르기까지 극에서 극을 질주한다.[14] 이렇게 가장 작은 존재에서 우주적 존재에

한 것은 저자 자신이 창조한 자전적 전설이다. 그러한 전설만이 '문학적 사실'이 될 수 있다"(Tomashevskii 1978: 55). 형식주의자들의 어휘목록에서 '문학적 사실'이 의미하는 바는 Tynianov 1985b: 5-29를 보라.

14 마야콥스키의 텍스트에서 서정적 자아의 동물로의 변신이 갖는 의미는 기본적으로 카프카F. Kafka적인 맥락에서 현대의 도시인이 체험하는 고립과 무관하지 않다(Stahlberger 1964: 80-90). 그러나 마야콥스키에게 있어서 고립 혹은 고독은 자아 속에 유폐되어 있는 상태를 의미하며 따라서 변신은 고독의 결과라기보다는 오히려 유폐의 상태를 벗어나려는 자아의 의지를 반영한다. 또한 좀더 궁극적인 시각에서 본다면 변신은 불멸의 유토피아에 상응하는 '새로운 인간', '다른 존재'에 대한 미래주의자다운 열망을 시사한다(Pomorska 1985: 174, 178).

이르기까지 자유로운 변신을 거듭하는 그는 그럼으로써 인과율의 법칙을 파괴하고 정체된 세계를 개방시킨다. 죽음과 정지로부터 세계를 끌어낼 수 있는 객관적인 힘이 부재하기 때문에 인류와 우주를 해방시키는 역할을 서정적 자아는 스스로에게 부여한다(Smirnov 1972: 244).

서정적 자아의 이러한 특성은 마야콥스키의 시에서 이미지 구조를 결정하는 일련의 예술적 효과를 발생시키는데 스미르노프는 이를 다음과 같이 세 가지로 요약한다.

> 첫째, 모든 사물은 그것들에 결정적 영향을 행사하는 서정적 주체와 같은 계열에 존재하기 위하여 인격화된다. (…) 둘째, 서정적 주체는 폐쇄된 원인론과 사멸한 정체성의 세계에서 유일하게 능동적인 자질과 발생 능력을 보존한다는 점에서 우주적 현상의 특성을 획득한다. (…) 셋째, 주인공은 오로지 한 가지 슈제트의 궤적을 따라 움직인다. 즉 그는 엄격하게 제한된 공간으로부터 자유로운 공간으로 움직여 나가는 가운데 세계를 멸망으로부터 구원하고 인과율의 선線을 해체시키고 우주를 갱생시키고 사회적 위계질서를 변형시킨다.(Smirnov 1972: 245)

서정적 자아의 특성으로부터 도출되는 이러한 현상은 마야콥스키의 시 텍스트를 의인화된 사물과 사물화된 인물로 가득 채울 뿐만 아니라 언어적, 주제론적 전위에 메타시적이며 동시에 철학적인 의의를 부여한다. '입술'과 '입'이 시인에 대한 메토니미임은 앞에서 살펴보았거니와 입을 통해 발설되는 말은 마야콥스키의 분신이다. 말은 그의 존재 그 자체이며 따라서 폐쇄된 프레임을 넘어서는 자아는 관례적인 의미론의 경계선을 어떤 식으로든 파괴하는 말의 행위에서 스스로의 모습을 발견한다. 마야콥스키의 '의미보다 넓은 말'은 그 어떤 공간도 협소하게 느끼며 자꾸만 빠져나가려는 자아와 평행을 이루는 것이다. 의미의 이동을 근간으로 하는 메타포와 메토니미가 마야콥스키의 시에 깊이 각인되어 있는 것도 자아와 말의 열림에 대한 이러한 지향으로부터 도출되는 결과라 할 수 있다. 마야콥스키의 표현을 빌려 말하자면, 메타포란 기본적으로 "여지껏 한 가지 사물에만 적용되었던 정의를 다른 단어, 사물, 현상, 개념 등등으로 이전시키는 일"(VMSS XI: 262)이므로 열림의 의미론이 메타포를 가장 본질적인 도구로 삼는 것은 당연한 일이다.

세계와 인류를 향해 던져지는 시인의 말은 사건의 결정하는 중심이라는 점에서 실제적이다. 발설된 말은 죽음과 정지를 쳐부수고 사물들의 자유로운 움직임을 촉구한다(Smirnov 1972: 246). 말은 시인처럼 움직이고 자리를 바꾸고 열림을 추구하며 이러한 말로 이루어진 마야콥스키의 의미론은 결국 자아의 초상화로 간주할 수 있다. 전위의 의미론으로 그려진 마야콥스키의 자화상은 최초의 시집을 구성하는 사이클 〈나〉에서 분명하게 드러난다. 네 편의 독립적인 시로 이루어진 사이클 중에서도 특히 마지막 시 〈나 자신에 관한 몇 마디 말Neskol'ko slov obo mne samom〉은 "일그러진 성상Distorted Icon"(Stapanian 1986: 157)이라는 지적에 걸맞게 마야콥스키의 자아와 말의 전위를 구체적으로 예시한다.

나 자신에 관한 몇 마디 말 Neskol'ko slov obo mne samom

1 나는 죽어 가는 어린애를 바라보는 것이 좋다. Ia liubliu smotret', kak umirat' deti.
2 당신은 웃음의 파도의 자욱한 물결을 알아차렸는가 Vy priboia smekha mglistyi val zametili
3 고뇌의 코끼리 코 너머에서? za toski khobotom?

4 그런데 나는— A ia—

5 거리의 독서실에— v chital'ne ulits—

6 그렇게나 자주 관의 책을 넘기곤 했다. tak chasto perelistyval groba tom.

7 자정은 Polnoch'

8 속속들이 젖은 손가락으로 더듬었다 promokshimi pal'tsami shchupala

9 나와 menia

10 못으로 때려박은(피곤에 지친) 담장을, i zabityi zabor,

11 그리고 강우의 물방울과 함께 둥근 지붕의 대머리 위에서 i s kapliami livnia na lysine kupola

12 미친 성당이 뛰어 다녔다. skakal sumasshedshii sobor.

13 나는 본다, 그리스도가 성상으로부터 달아났음을, Ia vizhu, Khristos iz ikony bezhal,

14 낡아빠진 옷자락의 끝에 khitona ovetrennyi krai

15 진창이 울면서 입맞추었음을. tselovala, placha, sliakot'.

16 나는 벽돌에게 소리친다, Krichu kirpichu,

17 광기어린 말의 단검을 찔러 넣는다 slov isstuplennykh vonzaiu kinzhal

18 부풀어 오른 하늘의 속살에. v neba raspukhshego miakot':

19 "태양! "Solntse!

20 나의 아버지시여! Otets moi!

21 나를 가엾이 여기사 괴롭히지 마소서! Szhal'sia khot' ty i ne muchai!

22 이는 당신이 흘린 내 피가 이승의 길에 흘러 넘침이라. Eto toboiu prolitaia krov' moia l'etsia dorogoiu dol'nei.

23 이는 내 영혼이 Eto dusha moia

24 찢어진 구름의 조각들처럼 kloch'iami porvannoi tuchi

25 불타버린 하늘에 v vyzhzhennom nebe

26 종탑의 녹슨 십자가에! na rzhavom kreste kolokol'ni!
27 시간! Vremia!
28 절름발이 성상화가, 너라도 Khot' ty, khromoi bogomaz,
29 내 용안을 그려달라 lik namaliui moi
30 불구자 시대의 제단 속에! v bozhnitsu urodtsa veka!
31 나는 외롭다, 마지막 남은 눈처럼 Ia odinok, kak poslednii glaz
32 장님이 되어 가는 사람의!" u idushchego k slepym cheloveka!"

말과 자아의 전위는 이 텍스트에서 불구의 모티프를 축으로 전개된다. 첫 행의 충격적인 진술 "나는 죽어 가는 어린이를 바라보는 것이 좋다"는 물론 어느 정도 미래주의자다운 '기행épatage'으로 해석할 수 있다(Pertsov 1950: 222).[15] 그리고 마야콥스키의 시 곳곳에 깔린 도스토옙스키적인 기저 텍스트를 고려할 때 이 진술은《카라마조프가의 형제Brat'ia Karamazovy》에서 이반이 신의 탓으로 돌리는 무고한 어린아이들의 고통을 직접적으로 상기시킨다.[16] 그러나 그것은 반드시 미래주의적 성향이

15 페르초프는 프랑스의 종교 시인 프랑시스 잠F. Jamme의 〈어린아이가 죽지 않기를 비는 기도Molitva, chtoby rebenok ne umer〉(1913년에 러시아어로 번역되었음)가 이 행의 논쟁적인 기저 텍스트로 작용하고 있다는 견해를 아울러 피력한다(Pertsov 1950: 219-222). 한편 야콥슨은 어린아이에 대한 혐오를 미래의 유토피아와 관련시켜 다음과 같이 설명한다. "멋진 미래에 대한 변함 없는 열광은 마야콥스키에게 있어서 철저한 어린이 혐오와 연결된다. (…) 마야콥스키의 정신적 세계에서 앞으로 일어나게 될 세상의 변형에 대한 추상적 믿음은 당연한 일이지만 오로지 오늘의 연장에 불과한, 구체적인 내일의 사악한 연속성에 대한 혐오, (…) 그리고 현재의 삶의 방식을 자꾸만 재생산하는 기능을 담당하는 출산적인 사랑을 향한 증오심과 결합한다"(Jakobson 1979d: 369-370).

16 도스토옙스키적인 기저 텍스트에 관한 본격적인 논의는 Jakobson 1979a: 406-412를 보라. 신에 저항하는 마야콥스키의 서정적 자아와 도스토옙스키가 창조한 일련의 반역적인 인물과의 유사성은《의사 지바고》에서도 주인공 지바고의 입을 통해 언급된다. "나는 언제나 마야콥스키를 좋아했었다네. 그의 작품은 도스토옙스키에 대한 일

나 기저 텍스트만을 해석의 열쇠로 허용하는 것은 아니다. 상식에 반하는 이 진술은 그 자체가 인습적, 종교적 윤리의 코드를 파괴하는 '열린' 의미론을 포함한다. 서정적 자아는 첫 행부터 극단적인 사디즘을 통해 스스로의 정신적, 정서적 불구를 드러내는데 불구는 이 텍스트에서 정상적인 형태, 정상적인 의미론, 정상적인 사고의 모든 외곽선을 흐리게 함으로써 서정적 자아의 열림을 향한 움직임을 가능하게 만들어 준다. 첫 행에서 암시되는 자아의 불구는 또한 마지막 행의 육체적 불구("장님이 되어 가는 사람")와 함께 텍스트의 프레임 자체를 일그러뜨리는 일종의 '발전된 메타포razvernutaia metafora'이다. 그것은 서정적 자아의 모습을 정상적인 프레임으로부터 이탈시키며 또한 서정적 자아가 인식하는 세계의 모습을 일그러뜨린다. 불구의 원인과 결과는 자아와 세계 사이를 임의적으로 오간다. 요컨대 인식하는 주체와 인식되는 대상은 시간과 공간의 원칙을 무시한 채 서로 간의 영역을 침범하며 이와 더불어 개별적인 의미소들도 임의적인 자리바꿈을 반복한다. 이 시의 메타포적 전위는 모두 불구의 자아와 불구의 세계라고 하는 발전된 메타포적 이미지를 그리는 선이자 점이자 면인 것이다.

첫 행의 진술은 뒤따르는 의미소들을 통해 내부에 또 다른 뒤틀림을 포함한다. 서정적 자아가 "당신"을 향해 던지는 질문(2-3행)을 구성하는 메타포들은 1행의 진술을 단순한 정서적 불구 묘사에서 의미론적으로 얽히고설키는 복잡한 반어로 전변시킨다. "웃음의 파도의 자욱한 물결"은 우선 그 구조에 있어 이중적이다. "웃음의 파도"는 그 자체로서 메타포이며 동시에 더 큰 메타포인 전체 구절의 구성인자이다. "웃음의 파

종의 속편이라 할 수 있지. 아니 좀더 정확하게 말해서 그것은 그의 반항적인 청년 주인공들, 이폴리트나 라스콜리니코프, 혹은《미성년》의 주인공 같은 인물에 의해 씌어진 서정시인 셈일세"(Pasternak 1990 III: 175-176).

도"만 놓고 볼 때, 그것을 산문어로 환언하면 '파도처럼 몰아치는 웃음', 즉 걷잡을 수 없이 터져 나오는 웃음이 될 것이다. 메타포적 구의 매체에 해당되는 "물결val"은 의미에 있어서 "파도"와 동의어로 간주될 만하므로 취지의 일부를 보강해 주는 기능을 한다고 볼 수 있지만 음성적으로는 전혀 다른 영역으로부터 분리되어 나온 단어이다. 그것은 숙어 '포복절도하다valiatsia ot smekha'의 동사 '뒹구르다valiatsia'의 일부('val—')라는 점에서(Stapanian 1986: 161) "웃음"과 관련되지만 "파도"와 웃음의 관계와는 다른 차원을 수반한다. 그러니까 "파도"와 '뒹구르다' 동사의 한 부분은 각기 다른 영역으로부터 영입해 들어와서 터져 나오는 웃음을 취지로 하는 이중적 메타포의 창출에 기여하는 것이다.

한편 "파도"와 "물결"의 공통적 속성인 '물'은 콘텍스트적인 연상을 통해 "웃음"의 취지를 뒤집는다. 마야콥스키의 시에서 물의 이미지는 시간의 상징으로, 혹은 고통의 상징으로 사용되는데 후자의 경우 대양은 눈물로 가득 찬 세상에 대한 메타포가 된다(Thomson 1970: 191). 해당 텍스트에서도 "파도"와 "물결"은 모두 '눈물의 바다'와 연결될 수 있으며 여기서 "물결"을 수식하는 형용사 "자욱한"의 숨겨진 의미가 드러나게 된다. 어의적 논리를 무시하는 "자욱한"은 '눈물'을 전제로 할 때 "물결"을 수식한다기보다는 눈물로 가득 찬 눈에 비친 세계를 묘사하는 형용사로서 해석될 수 있으며 따라서 그것은 "파도" 및 "물결"과 함께 "웃음"이 다른 한편으로 울음으로 전환될 수 있음을 암시한다.

웃음과 울음의 치환가능성은 3행의 "고뇌의 코끼리 코"에서 다시 한 번 확인된다. "코끼리 코"의 도입은 사실 마야콥스키의 의미론을 특징지어 주는 소위 '제로동기화nulevaia motivirovka'(Smirnov 1972: 244)의 구체적인 예로 보여진다. 아무런 인과적 선행조건 없이, 그러니까 의미론의 흐름과는 무관하게 도입되는 마야콥스키의 어휘들이 표면적인 동기로는 정당화될 수 없듯이, 그리고 그 어휘들의 의미는 내적인 자리바꿈을 추적함으로써만 해석될 수 있듯이 느닷없이 언급되는 "코끼리 코"의 해석은 이미지의 전위를 참조의 틀로 삼을 때에야 비로소 가능해진다. 마야콥스키가 동물로의 변신 모티프를 종종 사용한 점을 염두에 둔다면 "코끼리 코"는 마야콥스키 자신에 대한 메타포적 메토니미로 해석될 수 있다. 즉 초기 시 〈거리에서 거리로〉의 "기린 그림zhirafii risunok"이나 〈이것에 관하여〉의 "곰"처럼 여기서도 "코"에 의해 메토니미적으로 표현되는 "코끼리"는 마야콥스키의 자아를 가리킨다. 도시 분위기와는 동떨어진 "코끼리"는 이국적인 뉘앙스와 더불어 적대적인 현대도시 속에 고립된 자아를 표현하는 데 부합하는 이미지로 여겨진다. 어찌되었건 "코끼리 코"는 이질적인 동물의 영역으로부터 자화상으로 도입된 전위된 이미지이다.

이렇게 전위된 이미지는 다른 한편으로 음성수준상의 전위를 포함한다. 러시아어로 "코끼리 코khobot"의 발음은 의성어 '폭소khokhot'와 거의 정확하게 일치하므로 단어-오브제 "코끼리 코"는 텍스트의 음성 수준에서 웃음의 모티프를 실현시키는 기능을 한다(Stapanian 1986: 161). 이러한 음성유희를 근거로 하여 "코끼리 코"를 "웃음"의 동의어로 해석한다면 처음에는 메타포로 여겨졌던 "고뇌의 코끼리 코"는 눈물과 웃음의 양극적 의미를 나란히 포함하는 단어군으로 이해되며 이로써 2행에서 암시되는 양자의 치환가능성은 정당화된다. "코끼리 코"의 외관상의 특징인 무수한 주름살은 고뇌와 웃음 모두의 결과일 수 있으므로 양자 간의 경계선 파괴는 한층 더 설득력 있게 여겨진다. '웃음의 고뇌'와 '눈물의 웃음'은 1행의 진술 또한 거꾸로 해석될 수 있음을 말해 준다. 문자 그대로 해석했을 때 이미 관례적인 윤리의 프레임을 파괴하는 이 진술은 2-3행의 전위된 의미론 덕분에 시각의 뒤바뀜을 시사하게 된다. 즉 서정적 자아와 죽어 가는 아이들의 관찰 사이에 개재하는 것은 웃음과 사랑이 아니라 고뇌와 눈물이라는 해석이 가능해진다. "나"는 관례적인 의미론을 거부하고 관례적인 윤리를 거부하므로 31행의 진술처럼 "고독"하며 또 관습에 젖은 세계의 눈으로 볼 때 그는 불구자인 것이다.

그 다음에 오는 세 행의 이미지는 공간에 대한 일반적 기대감을 말살하는 프레임들 간의 유희를 반영한다. "정상적인 관점에서 볼 때 복수 명사 '거리'에 의해 구획지어지는 광활한 옥외공간은 관례적인 옥내 프레임 '독서실'로 전환된다. 안쪽 대 바깥쪽의 관례적 대립을 부정함에 있어서 광활한 거리는 '방'이라고 하는 공간구조로부터 그 정상적인 기능인 공간과 외곽의 구획기능을 박탈한다"(Stapanian 1986: 161). 안과 밖의 공간 질서가 무너짐에 따라 연상체계의 프레임도 파괴된다. 6행의 "관의 책"은 표면적인 구조상 매체와 취지로 이루어진 메타포처럼 보이지만 문맥으로 볼 때 그 자체가 다른 어떤 것에 대한 매체일 수밖에 없다. 구체적으로 말해서 5행의 "거리"에 미루어 그것은 길거리에 늘어서 있는 건물들, 혹은 간판을 의미한다고 해석할 수 있다. 특히 '간판을 책삼아 양철과 강철의 페이지를 넘기며' 알파벳을 익힌 서정적 자아를 상기해 볼 때 여기서 "나"가 책장을 넘기며 읽는 대상은 간판이라고 보여진다. 그러나 "관의 책"과 간판 혹은 건물 간의 메타포적 관계의 근거는 대조도 유사도 아니며, 오로지 연상체계의 엇물림만이 이 기묘한 매체를 설명해 줄 수 있다. "책"은 5행의 "독서실"로부터 연상되는 자연스러운 비유이다. 그러나 "관"을 비유로 만들어 줄 어휘는 5행에서 발견되지 않는다. 그것은 다음과 같이 도식화될 수 있는 정상적인 유추관계에서 건물(혹은 간판)이 들어설 자리에 대신 들어서는 이질적인 요소이다.

거리 ———————— 독서실

건물(간판) ———————— 책

"관"은 이렇게 직접적인 주변의 문맥을 이탈하여 첫 행의 "죽어가는 아이들"과 연상관계를 맺는다. 서정적 자아는 "관의 책"의 '페이지를 넘김perelistyvat''으로써 주검을 담는 밀폐된 용기로서의 "관"을 관념적으로 개방시킨다. "관의 책"을 '읽는' 행위와 죽음을 '관찰smotret''하는 행위 사이에 성립되는 등가적 관계 덕분에 첫 행에서 언급되는 '아이들의 죽음'은 내용의 프레임으로부터 해방되고 죽음의 관념은 해체된다.

개방 혹은 해체의 모티프는 이어지는 행들(7-12행)에서 자아의 시각적 전위를 수반한다. 주체와 객체, 인간과 사물은 전도되고 부분과 전체, 공간적인 상하의 구분도 뒤집힌다. 우선 7행의 "자정"은 "젖은 손가락"을 갖는 인격체로 묘사되는 반면에 서정적 자아는 인격화된 시간이 "더듬는" 대상으로 전변되고 더 나아가 10행의 접속사 "그리고" 다음에 오는 "못으로 때려 박은 울타리"와 구문론적으로 동등한 위치에 놓임으로써 사물의 속성을 획득한다. 7, 8행의 연속적인 세 단어(Polnoch', promokshimi, pal'tsami)가 보여 주는 두운, 그리고 거친 무성음들과 대조적인 9, 10행의 유성음은 음성 수준에서 주체와 객체의 구별을 한층 명확하게 해준다.

7-8	p–ch, p–k–sh, p–ts, shch–p
9-10	m–n, z–b, z–b–r

서정적 자아와 구문론적으로 동격을 이루는 "못으로 때려 박은 담장"은 주객의 전도에 덧붙여 또 다른 의미의 움직임을 암시한다. 형용사 "못으로 때려 박은"은 "담장"과 자연스럽게 연결되지만 그것에 내포된 다른 의미 "피곤에 지친"은 담장이 아닌 전 행의 "나"와 연결된다(Stapanian 1986: 162). 양면적인 이 형용사 덕분에 "나"와 "담장"의 등가는 확고히 되며 뿐만 아니라 "못으로 때려 박은"은 관념의 객체가 된 "나"의 무기력

과 육체적 불구를 간접적으로 시사한다.

11행과 12행은 "대머리"와 "뛰어다니다"에서 나타나는 건물의 의인화 외에도 전체("성당")가 부분("둥근 지붕")에 의존하고 위와 아래의 개념이 뒤바뀐다는 점에서 또 하나의 열린 공간을 보여 준다. 건축물의 부분들이 해체되고 그 해체된 일부 위에서('na') 건물 전체가 뛰어다니는 광경은 전형적인 큐비즘과 이탈리아 미래주의 캔버스의 역동적인 오브제를 연상시킨다. 더욱이 "성당"을 수식하는 형용사 "미친"은 불연속적인 단어들의 나열에 일종의 내적인 논리를 부여하고 어의와 어구조에 있어서 또 다른 열림의 가능성을 시사한다는 점에서 흥미롭다. 광기는 불구의 모티프에 대한 일종의 변주로서 눈물과 웃음의 상호작용과 연결되며, 또한 "성당"을 수식함으로써 기존하는 제도의 굴레로부터 종교를 해방시킨다. 한편 러시아어의 형용사 "미친sumasshedsii"은 이디엄 '미치다soiti s uma'에서 파생된 것으로 후자는 문자 그대로 '정신으로부터s uma' '빠져가다soiti'라는 뜻이다. 따라서 서정적 자아의 눈에 비친 "미친 성당"은 밀폐된 관념적 공간으로부터 벗어나 열림을 지향하는 종교의 메토니미라 할 수 있다.

이러한 시각에서 볼 때 13행의 "그리스도가 성상으로부터 달아났음"은 "미친 성당"과 등가적 관계를 획득한다.

성당	정신으로부터	빠져나가다
sobor	s uma	soiti
그리스도	성상으로부터	뛰쳐나가다
Khristos	iz ikony	bezhat'

성상에서 빠져나온 그리스도의 이미지는 두 가지 점에서 열림의 모티

프를 실현시킨다. 그것은 첫째, 전통적인 성상의 회화적 프레임을 파괴하며 둘째, 성상에 의해 상징화되는 그리스도교의 프레임을 파괴한다. 재현된 세계의 프레임으로부터 벗어나 리얼리티로 들어선 그리스도는 이제 거리에서 세상을 구원해야 하지만 그의 옷자락에 입맞추는 것은 치유를 갈망하는 병자와 죄인이 아니라 "진창"이다. 물론 "진창"은 선행하는 행들의 이미지를 역추적해 볼 때 논리적으로 설명될 수 있다. 8행의 "젖은 손가락", 11행의 "강우의 물방울"에 미루어 눈물을 흘리는 "진창"은 한밤중에 내리는 비에 젖은 대지를, 그리고 "진창"의 입맞춤은 그리스도의 옷자락이 땅에 끌리는 모습으로 각각 해석될 수 있다. 그러나 다른 한편으로 "진창"은 그리스도의 설교와 치유를 묘사하는 복음서 텍스트의 프레임을 제거하는 결정적인 인자로서 "성상에서 뛰쳐나간" 그리스도의 고립을 강화시켜 준다. 그리스도에게 구원해야 할 인류는 존재하지 않으며 주위에는 오로지 그의 초라한 옷자락을 더럽히는 진창과 의인화된 사물과 개념만이 있을 뿐이다. 세상은 그리스도를 필요로 하지 않으며 그리스도를 잃어버린 성상은 공백을 메워 줄 다른 상징을 기대하면서 남아 있게 된다.

채워짐을 기다리는 "그리스도가 있던 자리"는 그리스도의 대체적 이미지로서의 "나"를 부각시킨다.[17] 서정적 자아의 이미지에 영향을 행사하는 10행의 형용사 "못으로 때려 박은"은 그리스도의 책형을 연상시킴으로써 서정적 자아가 처형당한 그리스도 대신 성상의 검은 공백을 메꿀

---

17 뒤집혀진 그리스도의 위치로 격상되는 서정적 자아의 이미지는 여러 다른 텍스트들, 이를테면 드라마 〈블라디미르 마야콥스키〉나 포에마 〈인간〉에서 더욱 노골적으로 나타난다. 〈인간〉의 각 칸토에 붙여진 소제목 "마야콥스키의 탄생", "마야콥스키의 수난", "마야콥스키의 승천", "마야콥스키의 강림" 등은 종교적 프레임의 파괴가 그 절정에 이르렀음을 보여 주는 예라 할 수 있다.

것임을 예고한다. 그러나 16-18행에서 서정적 자아의 행위가 제시하는 것은 정상적인 그리스도의 대체 이미지가 아니라 복음서의 프레임을 파괴하는 뒤집혀진 이미지이다. 그의 외침(16행), 그리고 하늘을 향한 저주(7-18행)는 처형당하기 전의 그리스도의 기도에 대한 거꾸로 된 반영이다. 구세주가 하늘에 계신 아버지에게 임종 시에 한 말("아버지, 아버지의 뜻에 어긋나는 일이 아니라면 이 잔을 저에게서 거두어 주십시오. 그러나 제 뜻대로 하지 마시고 아버지의 뜻대로 하십시오", 〈루가〉 22: 42-44)을 마야콥스키는 서투르게 모방한 바꿔 말하기로 반향시키고 있는 것이다(브라운 1988: 153). 신을 향해 간구하는 그리스도와는 대조적으로 서정적 자아는 건물의 메토니미인 "벽돌"을 향해 소리치며 "부풀어 오른 하늘의 속살에" "광기어린 말의 단검을 찔러 넣는다". 그는 간구와 순명 대신 광란의 저항을 함으로써 뒤집혀진 그리스도로 변신한다.

그리스도의 이미지가 뒤집힘과 더불어 "하늘"의 이미지도 뒤집힌다. 일반적으로 마야콥스키의 시는 낭만주의에서 상징주의로 이어지는 전통 속에서의 "하늘"이 상징하는 초월성과 고상함을 부정한다. '새로운' 예술, '새로운' 사랑, '새로운' 사회질서를 위한 마야콥스키의 투쟁에서 하늘은 '낡은' 예술, '낡은' 사랑, '낡은' 세계 일반 편에 서 있기 때문이다(Lominadze 1993: 150). "하늘"은 더 이상 신비한 무한의 공간도 신이 거주하는 천국도 아니다. 인격화된 하늘은 언제나 서정적 자아의 이미지에 종속되거나 그가 증오하고 경멸하는 대상이 된다. "이봐, 당신!/하늘!/모자를 벗으라!/이 몸이 지나간다!", "이는 내가/손가락으로 하늘을 쏘며/증언한 것이다./그 자는 도둑이요!". 해당 텍스트에서 "하늘"을 비하시키는 "부풀어 오른 속살"의 비유는 문학적 전통의 프레임뿐 아니라 그리스도의 이미지 프레임까지 파괴한다. '육화된 말씀'인 그리스도의 이미지로부터 떨어져 나온 '몸'이 "속살"로 변형되어 "하늘"과 결합하고 "말씀"은 서정적 자아와 결합하기 때문이다.

서정적 자아가 "하늘"에 찔러 넣는 "광기어린 말의 단검"은 앞에서 이미 언급되었던 광기의 모티프를 활성화시키는데 "미친 성당"의 경우와 마찬가지로 여기서도 형용사 "광기어린"은 어구조에 있어 빗나감을 의미한다. 접두사 'iz'(-으로부터)와 동사 'stupat''(나아가다)로 구성된 "광기어린isstuplennyi"은 제정신이 아닌 상태를 시각적으로 말해 준다(Stapanian 1986: 165). "광기어린 말"은 주어진 의미의 굴레'로부터 나아간' 말이며 이 점에서 끊임없이 열림을 추구하는 서정적 자아와 말의 분신적 관계는 재확인된다. 이렇게 "광기어린 말"이 서정적 자아에 대한 메타포로 해석될 수 있으므로 그리스도에 대한 뒤집힌 대체 이미지로서의 그의 위상은 더욱 확고하게 결정된다.

그리스도————————육화된 말씀
서정적 자아——————열린 말

텍스트의 구성에 있어 인용부호 속에 들어가는 19행부터 32행까지는 서정적 자아의 "열린 말"의 내용에 해당되는데 이는 형식상 그리스도의 기도와 평행을 이룬다. 문맥에 미루어 19행의 "태양"은 20행의 "나의 아버지"와 더불어 신을 가리킨다고 여겨진다. 그런데 여기서 '태양-아버지'는 이전 행들의 이미지가 조성한 비 내리는 밤의 배경을 단번에 파괴하는 동시에 '아버지-아들'의 모티프를 간접적으로 시사함으로써 첫 행의 죽어가는 어린애의 이미지를 환기시킨다. 그러니까 '아버지-신'을 향해 "괴롭히지 마소서"(21행)라고 절규하며 피 흘리는(22행) 서정적 자아는 첫 행의 죽어가는 어린애의 이미지와 중첩되며 이로써 새롭게 정립되는 나와 아버지의 관계는 성자와 성부의 관계를 세속적인 피학자와 가학자의 관계로 뒤집는다.[18] 이렇게 볼 때 논란의 여지가 많은 첫 행의 "죽어가는 어린애"는 패러디된 그리스도이자 서정적 자아 자신이며 첫 행의 진술 자체는 열림을 추구하는 서정적 자아의 자조 섞인 언어 제스처라 해석될 수 있다.

23-26행은 "나"의 "몸"이 겪는 고통과 대조적으로 "나"의 "영혼"의 수난을 메타포적으로 기술한다. "영혼"의 묘사에 관련된 일련의 형용사들—"찢어진", "불타 버린", "녹슨"—은 모두 어의상 정상적인 형태의 손상이라는 공통점을 지니며 따라서 경계선의 파괴 및 불구의 모티프를 환기시킨다. 그러나 24, 25, 26행의 이미지들은 다른 한편으로 앞에서 나온 이미지를 다시 뒤집는다. 우선 '비'의 모티프가 먼저 제시된 다음에 언급되는 '먹구름'은 논리적으로 볼 때 강우의 원인이므로 원인과 결과의 순차적 관계를 뒤집는다. "불타 버린 하늘"의 경우 하늘의 연소는 그 원인으로서 뜨거운 "태양"을 즉각적으로 연상시키지만 선행하는 행들을 참조해 보건대 태양은 서정적 자아의 고통의 원인이고 하늘에 대한 폭력의 주체는 서정적 자아이므로 여기서도 원인과 결과의 관계는 뒤죽박죽이 된다. "녹슨 십자가"에서는 '십자가' 자체가 두 가지 해석을 허용한다. 만일 그것이 앞에서 언급된 그리스도의 책형과 관련된 이미지라면 "녹슨"

18 일반적으로 마야콥스키의 시에서 태양의 이미지는 부정적 뉘앙스를 수반한다. 태양은 낡은 이미지 중의 하나이며 또한 그 자체로서 일상성을 상징하기 때문에 서정적 자아는 그것에 대해 적대적이다(Pomorska 1984: 176). 일례로 1920년의 시 〈여름에 별장에서 블라디미르 마야콥스키에게 일어난 이상한 사건Neobychainoe prikliuchenie, byvshee s Vladimirom Maiakovskim letom na dache〉에서 서정적 자아는 태양을 가리켜 '기생충darmoed'이라 소리친다. 태양이 갖는 부정적인 의미는 마야콥스키뿐 아니라 미래주의자 일반에게서 공통적으로 발견된다. 일례로 흘레브니코프와 크루초니흐가 리브레토를 쓰고 마튜신M. Matiushin이 음악을 담당한 오페라 〈태양의 정복Pobeda nad solntsem〉은 미래주의자들이 태양을 매장한다는 내용을 담고 있다. 여기서 태양은 낭만주의, 상징주의를 비롯한 모든 진부한 미학의 상징이다. Gutkin 1994: 168을 보라.

은 빗나간 수식어가 된다. 십자가는 나무로 만들어지므로 "녹슨"이 수식할 수 있는 대상은 십자가가 아니라 책형에 사용된 못이기 때문이다. 반면에 "십자가"가 앞에서 언급된 "성당"의 일부라면, 즉 종탑 위에 걸린 철제 상징이라면, "녹슨"은 논리적으로 타당하다고 간주될 수도 있다. 그러나 이 경우 앞에 나온 '비'의 모티프가 녹의 원인처럼 작용하므로 형용사 "녹슨"은 엄청난 시간적 도약을 수반하게 된다. 따라서 원인과 결과의 순차성은 성립되지만 '비'와 '녹' 사이의 시간적 간격은 연속성의 축 위에 공백을 남기게 된다.

이렇게 불연속적인 시간적 프레임은 27행에서 "나의 아버지!"를 대체하는 "시간!"으로 이어진다. 일반적으로 시간은 마야콥스키에게 일상성과 같은 정도로 적대적인 대상이다.[19] 천천히 변함없이 흘러가는 시간은 닫힌 세계의 특성이며 예측 가능한 일상성의 원인이기 때문이다. 해당 텍스트에서 "절름발이"는 시간에 대한 시인의 적대감과 아울러 시간의 느릿느릿한 걸음을 비유적으로 표현한다. 육체적 불구가 함축하는 운동장애, 혹은 진행의 지연은 '사이비 성상화가'라는 호칭에 내포된 예술적 불구를 실현시키는 역할을 한다(Stapanian 1986: 168). 러시아어로 'bogomaz'는 '신Bog'과 '매대기 치다, 섣부르게 그리다mazat''의 합성어로 일반적인 '성상화가ikonopisets'와는 달리 '신의 모습을 서툴게 그리는, 혹은 모방하는 재능 없는 화가'라는 한정적인 의미를 지닌다(Stapanian 1986: 168). 따라서 "나의 아버지", "태양" 등과 등가를 이루는 "시간"은 스스로가 불구이며 또한 대상을 불구로 묘사하는 엉터리화가로서 예술적인 닫힘과 관례성의 구성요소가 된다.

---

19 그의 시에서 시간은 마치 유토피아로 가는 노정에 가로 놓인 물리적인 장애물과도 같다. '사악한 무한'으로서의 시간이 제거된 후에야 인간은 비로서 유토피아에 도달할 수 있다(Pomorska 1984: 176, 178).

그 다음에 이어지는 두 행에서 시간의 불구는 시대의 불구 및 시간 속에서의 서정적 자아의 불구로 연장된다. 서정적 자아는 스스로의 얼굴을 "용안lik"이라 부름으로써 그리스도가 빠져나간 자리에 자신이 들어갈 것임을, 즉 스스로가 그리스도 대신임을 시사한다. 그러나 그가 '시간-성상화가'에게 요청하는 것은 정상적인 초상화가 아닌 일그러진 그림이다. 러시아어의 동사 'namalevat''는 '아무렇게나 마구 그리다'라는 뜻을 가지므로 '사이비 성상화가'인 시간이 그리게 될 서정적 자아의 얼굴은 '일그러진 성상'이 될 것이다(Stapanian 1986: 168). 자아의 성상화가 안치될 장소인 "제단" 또한 "불구자 시대"이므로 결국 그리스도를 대체하는 서정적 자아는 불구의 시대를 배경으로 불구의 시간이 그리는 일그러진 이미지에 불과하게 된다.

마지막 두 행에서 묘사되는 서정적 자아의 고독은 이 점에서 피할 수 없는 결과로 여겨진다. 광인과 절름발이와 장님으로 가득찬 병든 세계가 치유자로서의 그리스도의 이미지를 뒤집는다면, 그 이미지를 대체하는 서정적 자아 역시 "장님이 되어 가는 사람의 하나 남은 눈"의 비유에서 드러나듯이 치유 받아야 하는 희생자로 전도된다. 또한 관례적인 예술의 코드만을 고집하는 사이비 화가의 세계에서 서정적 자아는 열린 비전을 추구하지만(그는 고뇌 '너머에' 있는 웃음을 알아차릴 수 있고 성상에서 그리스도가 빠져나감을 시지각으로 포착할 수 있다) 그의 초상화를 그려 줄 존재는 역시 그 사이비 화가-시간이며 그렇기 때문에 그의 재현된 이미지는 엉터리 그림으로 남게 된다.

뒤틀린 세계 속의 뒤틀린 자아는 고독할 수밖에 없다. 여기서 지각하는 주체와 대상 간의 경계선은 마지막으로 파괴된다. 즉 서정적 자아가 외눈박이이기 때문에 시대가 불구로 보이는 것인지, 아니면 시대가 불구이기 때문에 서정적 자아가 외눈박이로 묘사되는 것인지는 불분명하다.

한 가지 분명한 것은 그리스도(신)의 위치로까지 확대된 서정적 자아는 '태양-아버지-신'이 가한 고통으로 인해 일그러진 자아의 불완전한 비전 때문에, 그리고 엉터리 화가인 시간의 관례적 코드 때문에 어쩔 수 없이 불구자로 축소된다는 점이다. '열린 말'에서 '미친 성당'에 이르기까지 이 텍스트에 사용된 모든 전위된 이미지들, 그리고 전위된 시간과 공간, 해체된 인과의 선은 엉터리 화가의 경직된 코드에 맞서는 고독한 시인의 새로운, 열린 코드이며 그것으로 그려진 것은 서투른 성상이 아닌 바로 이 텍스트 자체, "나 자신에 관한 몇 마디 말", 즉 마야콥스키의 언어적 자화상이다.

혁명을 기점으로 마야콥스키의 큐보미래주의 시기와 경향적 시기를 구분하는 것이 관례이기는 하지만 열림에 대한 시인의 추구를 기준으로 할 때 두 시기는 오히려 유기적인 연속선상에 놓이게 된다. 혁명은 말의 형식과 의미의 확장을 통해 스스로를 해방시키려는 시인에게 이데올로기적인 도구를 마련해 주고 시인은 정치적인 혁명으로부터 예술형식의 혁명을 위한 자양분을 섭취한다. 마야콥스키에게 있어서 10월 혁명은 "새로운 형식적 완성을 요구하는 새롭고 거대한 아이디어를 주었으며" 또한 "예술을 답답한 배불뚝이 주문인의 기호에 맞추는 작업으로부터 해방시키고 사실적인 예술의 자유를 제공해 준" 장본인이었다(VMSS XI: 182).

1918년에 그는 〈노동자들에게 보내는 공개서한Otkrytoe pis'mo rabochim〉에서 "내용의 혁명—사회주의와 무정부주의—은 형식의 혁명—미래주의—없이는 생각할 수 없다"(VMSS XI: 81)고 선언한 바 있으며 이러한 주장을 공개서한이나 발제문, 연설문, 강연초 등을 통해 지속적으로 전개해 나갔다. 연극에 관한 평론(〈'현대 연극에 있어서의 예술가' 논쟁의 발제문Vystuplenie na dispute 'Khudozhnik v sovremennom teatre'〉)에서조차 그가 선언하는 것은 새로운 시대의 이데올로기에 의해 외관상 정당화되는 새로운 형식의 창조였다. "10월 혁명이 가져온 모든 폭발과 화산의 분출은 예술에서도 새로운 형식을 요구한다. 선동의 매 순간에 우리는 이렇게 말해야 한다. 도대체 예술적 형식은 어디 있는가?"(VMSS XI: 132). 마야콥스키에게 새로운 형식의 창조는 시대의 요구를 충족시키는 것이었다. 이 점은 1921년의 시 〈예술군단에게 보내는 지령서 제2호Prikaz No 2 armii iskusstva〉에서 시대의 메토니미인 사물의 목소리를 통해 표현된다. "우리가 지고의 의미를 찾아/우물쭈물 탁상공론을 벌이는 동안/물건들은 절규한다./'우리에게 새로운 형식을 달라!'". 미래주의자로서의 마야콥스키가 기존의 프레임으로부터의 탈출(그 극단은 자움)에, 대중의 취향에 가해지는 따귀에 목표를 두었다면 계급의 지도자-시인으로서의 마야콥스키는 사회적 소명 달성을 촉진하는 것에 목표를 두었다. 이 두 가지 목표의 교차점으로부터 마야콥스키의 시학은 생겨났다(Zholkovskii 1986: 275).

혁명 이후의 마야콥스키는 보다 가시적인 방법으로 실존적 개방을 모색했다. 그 가장 표피적인 예는 소위 '계단식 시행lesenka'인데 1923년부터 마야콥스키는 모든 시행을 단어 혹은 구문 단위로 분해하여 수직적으로 재배치한다.[20] 그리하여 리듬의 기본단위인 시행은 전통적인 작시법

---

20 '계단식 시행'은 마야콥스키보다 먼저 벨리가 시도한 바 있다. 그의 '말뚝stolbik'형 배치는 시행을 부분적으로 해체하여 기둥 같은, 혹은 계단 같은 시각적 효과를 창출하는데 그는 단시나 포에마뿐 아니라 산문에서도 그러한 행가르기를 시도했다. 다음은 '말뚝'형 배치의 예이다.

Iz kotoroi bezhit na shcheki
Skvoznoi
Slezoi
Almaz.
On nashel tebia, korolevna!
On rasslyshal svetluiu vest'!

의 원칙으로부터 빠져나와 시각적인 열림의 가능성을 보여 준다. 그러나 계단식 시행은 시각적인 측면에서의 열림을 제시할 뿐 아니라 시의 기본적인 리듬의 보존과 운율의 파격 간의 균형을 유지하는 가운데 형식의 개혁을 실현시키려는 시인의 의도를 반영한다는 점에서 더욱 흥미롭다. 1926년의 시 〈세르게이 예세닌에게Sergeiu Eseninu〉의 도입부를 예로 들어 보자.

당신은 떠나갔소. Vy ushli,
　　　　소위 말하는 kak govoritsia,
　　　　　　다른 세상으로. v mir inoi.
공허……. Pustota…….
　　날고 있구려 Letite,
　　　　　별들과 부딪히며. v zvezdy vrezyvaias'.
그대에겐 선불도 없고 Ni tebe avansa,
　　　　　술집도 없소. ni pivnoi.

Poet
Glubina
Napevno:
　　"Budet,
　　　　Bylo.
　　　　　Est'".

그러나 음악을 지고의 가치로 생각한 상징주의자 벨리의 '말뚝'은 해당 귀절의 음성적 실현, 억양, 즉 텍스트의 청각 표현을 전달하는 데 목적이 있다. 그에게 시각적 장치는 연주자를 인도해 주는 표시로 가득 찬 악보에 비유될 수 있으며(Janecek 1984: 65) 이러한 점은 그의 '말뚝'과 마야콥스키의 '계단'이 외관상의 유사성에도 불구하고 각기 다른 기능을 수행함을 보여 준다. 타이포그라피의 영역에서 양자가 갖는 실험적 의의에 관해서는 Janecek 1984: 25-26, 227-236을 참조하라.

맨정신. Trezvost'.

마야콥스키가 조각조각 분해하여 9개 행으로 흩트려 놓은 것을 정상적인 4행시로 복원하여 운율 분석에 따라 도식화하면 다음과 같다.

Vy ushli, kak govoritsia, v mir inoi.

Pustota...... Letite, v zvezdy vrezyvaias'.

Ni tebe avansa, ni pivnoi.

Trezvost'.

– – –́ – – – –́ – – – –́

– – –́ – –́ – – –́ – – –

– – –́ – –́ – – – –́

–́ –

이렇게 복원된 4행시는 러시아 시 작법의 어떤 유형과도 일치하지 않는다. 행마다 음절 수가 다를 뿐 아니라 강세음절의 수나 강세 간의 약세음절의 수도 자의적이므로 비교적 규칙으로부터 자유로운 돌리니키나 탁토비키, 혹은 악센트 시로도 분류될 수 없다. 그러나 압운은 분명히 존재하므로 이 4행시를 소위 '완전 자유시svobodnyi stikh'로 정의 내리기도 어렵다. 다시 말해서 이 시행들은 운율학적 측면에서 볼 때 최소한의 정형성도 보유하지 않으며 따라서 압운의 존재를 제외하면 시라 부르기조차 어려울 정도이다. 그러나 이 시행들을 분해하여 계단식으로 배열할 경우 율격의 완전한 자유는 보장되면서도 시성이 유지된다. 즉 분해된 조각들이 한 개의 시행'처럼' 기능하므로 운율의 임의성은 상당 정도 축소되어 마치 한 개의 강세 시행과 두 개의 강세 시행이 교호하듯이 여겨진다.

특히 제 4행처럼 시적 주제의 발전에 있어서 한 개의 단어로 이루어져야만 하는 시행의 경우[21] 전통적인 4행시 형태에서는 그 파격성이 두드러지는 반면 계단식 구조에서는 이미 다른 시 행들도 분해되어 한 개 혹은 두 개의 단어로 이루어지므로 일종의 균형이 유지된다. 마야콥스키는 경직된 작시법의 규칙을 어떤 식으로든 제거하려 시도했지만 그로 인해 시를 시로 만들어 주는 리듬까지 파괴되는 것은 원치 않았다.[22] 그러니까 계단식 시행은 리듬이 보존되는 범위 내에서 율격의 해방을 말해 주는 지표라 할 수 있다.

조각난 시행에 상응하여 구문 구조 또한 상대적으로 단순화된다. 마야콥스키의 구문은 초기와 후기를 불문하고 언제나 인과적 종속성의 결여를 특징으로 한다. 현상들 간에 인과적 고리가 부재하는 세계를 모델

---

21 마야콥스키는 이 시의 전반 2행은 진지하고 후반 2행은 다소 가볍고 유머러스한 내용을 포함하도록 구상했다. 그리고 의미론상으로 가벼운 시행은 짧아야 한다는 스스로의 원칙에 입각하여 4행은 가급적 한 개나 두 개의 단어만으로 이루어지도록 하였다(VMSS XI: 257).

22 리듬과 운율에 대한 마야콥스키의 시각은 형식주의 운문 이론가들의 입장을 그대로 반영한다. 즉 그는 기계적인 강약의 반복인 운율은 무시했으나 시의 본질적인 리듬에는 지배소적인 의의를 부여했다. "움직임을 조직하는 일, 자기 주변의 소리를 조직하는 일, 그 소리의 본질과 특성을 발견하는 일, 그럼으로써 리듬을 저장해 놓는 일, 이 모든 것은 시적 작업의 부단한, 그리고 주된 과제이다. (…) 리듬은 시의 기본적인 힘이고 에너지이다. 그것을 설명하기란 불가능하다. 자성이나 전기의 힘을 설명할 수 없는 것과 마찬가지이다. 자성이나 전기는 에너지의 형태이다. 많은 시에, 그리고 한 시인의 모든 작품에 오로지 한 가지 리듬만이 존재할 수 있다. 그러나 이 사실이 작품을 지루하게 만들지는 않는다. 왜냐하면 리듬이란 너무도 어렵고 복잡하므로 여러 편의 장시를 통해서만 그 본질이 파악될 수 있다. 시인은 바로 이러한 리듬 감각을 자신의 내부에서 발전시켜야 한다. (…) 운율에 관한 한 나는 아는 것이 없다. 단지 영웅적이고 장엄한 작품을 위해서는 길고 많은 음절로 이루어진 운율을 사용해야 하고 가벼운 작품을 위해서는 짧은 운율을 사용해야 한다는 간단한 사실만을 믿고 있을 뿐이다"(VMSS XI: 255-256).

로 하는 시에서 병립적 연결은 종속적 연결을 지배하며 구문 구성의 토대에는 부가의 원칙이 놓여지게 된다(Smirnov 1972: 239). 비노쿠르의 표현을 빌려 다시 말하자면 마야콥스키의 언어는 "구문의 극복preodolenie sintaksisa", 즉 의미론이 형식적 관계로부터 해방되는 현상을 보여 준다(Vinokur 1967: 77). 시행이 해체되기 이전 시기에 뿔뿔이 흩어진 의미 단위들의 나열에 필요한 최소한의 접착제 역할을 하는 것이 병렬접속사, 즉 '그리고' '그러나' '그런데' 등이었다면 해체된 시행에서는 그러한 접착제마저도 불필요하게 된다. 따라서 구문의 개념 자체는 순수한 카탈로깅이나 어휘반복에게 자리를 내주고 후자는 단속적인 리듬과 결합하여 마야콥스키의 후기 시 일반을 특징짓는 독특한 행진곡풍 혹은 명령형의 억양을 창조한다. 호소와 감탄, 선동, 강렬한 북소리를 연상시키는 리듬으로 꽉찬 1920년대의 정치시들은 혁명 찬가의 의미론적 덮개를 쓰고 있지만 내적으로는 형식의 해방을 목표로 하는 것이다.

한편, 혁명 이후에 마야콥스키를 둘러싼 일상성은 새로운 모습을 띠게 되고 이에 따라 열림을 중심으로 한 예술과 리얼리티의 관계 또한 변모한다. 큐보미래주의 시기의 텍스트에서 시가 프레임을 파괴하는 에너지로 부상한다면 혁명 이후 그 에너지의 분출에는 일정한 방향이 제공된다. 시는 리얼리티를 향해 문을 열고 리얼리티를 지배하는 소위 '건설과 생산'의 모티프와 융해된다. 이와 더불어 시인이 스스로의 테두리를 벗어나는 행위에도 구체성이 더해진다. 즉 시인은 곧 생산자가 되고 그의 글쓰기와 물리적인 노동은 동일한 위상을 획득한다. 그의 에세이 〈어떻게 시를 만들 것인가〉는 "시적 노동poeticheskaia rabota"에 필요한 '재료, 도구, 방법'을 기술한 것으로서 마야콥스키는 의도적으로 생산과 관련된, 이를테면 공정이니 임금율이니 생산량이니 장비니 하는 용어를 사용한다. 그에 의하면 시쓰기의 가장 기본적인 전제는 "시란 생산품, 즉 가장 어렵고 가장 복잡한, 그러나 어쨌든 생산되는 어떤 것"이라는 사실이며 "예술을 생산으로 간주할 때에만 시와 노동 특파원의 보고문 같은 문학 노동의 여러 유형을 조화롭게 통일시킬 수 있다"는 것이다(VMSS XI: 269-270). 시와 노동의 동질성은 〈재무감독관과의 시에 관한 대화Razgovor s fininspektorom o poezii〉에서도 분명하게 강조된다. "저의 노동도/다른 어떤/노동과/마찬가지입니다./보십시오—/제가 얼마나 손해를 보았는지,/얼마마한 액수의/지출이/저의 생산에 소비되었는지/그리고 또 재료비는/얼마나 들었는지".

그가 혁명 이후 몇 년간 러시아 통신국Rosta의 '풍자의 창'에 참가하여 선동시와 표어, 그리고 플래카드 제작에 몰두한 것은 생산과 시의 동질성을 실제로 보여 주는 행위였다. 그리고 '예술 좌익 전선Lef'의 미학, 특히 생산예술proizvodstvennoe iskusstvo과 구성주의Konstruktivizm, 추자크N. Chuzhak의 소위 '건생론zhiznestroitel'stvo', 트레티아코프S. Tret'iakov의 '사실문학literatura fakta'을 통해 표방된 예술적 형식과 공리주의적 목표의 결합은 그 행위를 뒷받침해 주는 이론이었다.[23] 혁명 전의 미래주의는 이제 생산예술과 더불어 '좌익'이라는 총체적 명제 아래 묶여지게 되지만 이때의 좌익은 이데올로기적인 의미보다는 큐보미래주의가 지향했던 열림의 연장이라는 데 더 큰 의의가 있다. "'자신을 위한 미'의 경계선을, 예술학파의 경계선을 타파하자! (…) 우리는 예술을 거리와 광장으로 내보낸 혁명적 미래주의자들, 정확한 계산에 영감을 주고 공장의 발전기를 영감

---

23 1920년대의 이러한 모든 미학적 원리들은 사실상 예술 텍스트와 리얼리티를 가르는 경계선의 파괴를 공통점으로 하며 그 점에서 모두 18세기의 행위 시학과 그것의 절정인 낭만주의의 전기 텍스트에서 파생된 20세기적 문화현상이라 말할 수 있다. 이 점에 관해서는 로트만 외 1993: 221-258을 보라. 구성주의와 생산예술, 건생론, 사실문학에 관한 자세한 설명은 Gutkin 1994: 178-192를 참조하라.

에 밀착시킨 생산예술가들, 창작의 비교秘敎를 재료의 가공으로 대체한 구성주의자들을 '좌익'이라 부른다"(VMSS XI: 184). 이러한 주장에서 드러나듯이 마야콥스키에게 좌익예술이란 초기 미래주의의 개방 경향이 거리로부터 공장과 발전기와 가공으로 특징지어지는 생산적 리얼리티를 향해 재조정됨을 의미했다. 이런 의미에서 본다면 마야콥스키는 일상성을 타파하려 했지만 결국 생산으로 재정의되는 또 다른 일상성으로 되돌아온 셈이다.[24]

다음에 살펴볼 〈집으로Domoi〉는 1925년 미국 여행을 마치고 귀국길에 오른 마야콥스키가 뉴욕항을 출발한 프랑스 여객선에서 그 일부를 집필한 것으로 생산주의 미학과 큐보미래주의적인 프레임의 파괴가 적절하게 결합된 작품이라 할 수 있다(계단식으로 구성된 텍스트이지만 지면 관계로 정상적인 시행으로 복원시켜 인용한다).

집으로! Domoi!

1 떠나가거라, 생각들이여, 제 집으로. Ukhodite, mysli, vo-svoiasi.

2 포옹하라,/영혼과 바다의 밑바닥, Obnimis', dushi i moria glub'.

3 항상 분명한/사람— Tot,/ kto postoianno iasen—

---

24 이 점에서 티냐노프가 1920년대 마야콥스키의 시적 움직임의 궤적을 "규범이 시인을 압박하기 시작하자 시인은 자신의 장인성을 가지고서 일상성으로 달려갔다"(Tynianov 1985d: 556)라고 설명하는 것은 타당하다고 여겨진다. 그러나 단지 마야콥스키만이 아니고 1910년대의 저돌적인 큐보미래주의자들은 혁명 후 각기 다른 방법이긴 하지만 모두 일상성으로 복귀한다. 일례로 구성주의자들은 1920년대에 들어서면서 자신들의 디자인에 대한 최초의 소비자이자 판촉자로 등장함으로써 대중에게 살아 있는 모델을 제공하기 시작했다. 그들의 실험적 예술은 대중소비를 목표로 하였으며 이와 관련하여 타틀린V. Tatlin은 자신이 디자인한 외투를 입고 '새로운 일상성Novyi byt'이란 표제하에 신문에 등장하기까지 했다(Gutkin 1994: 182).

4 내 생각엔 그냥 어리석을 뿐인/사람. tot,/ po-moemu,/ prosto glup.

5 나는 가장 나쁜 선실에/모든 선실 중에서— Ia v khudshei kaiute/iz vsekh kaiut—

6 밤새도록 내 위에선/발길로 단련한다. vsiu noch' nado mnoiu/nogami kuiut.

7 밤새도록/천장의 평화를 깨뜨리고 Vsiu noch',/pokoi potolka vozmutiv,

8 춤들을 추며/모티프가 신음한다. nesetsia tanets,/stonet motiv:

9 "마르키타,/마르키타,/나의 마르키타, "Markita/Markita/Markita moia,

10 어째서 너는/마르키타,/나를 사랑하지 않는가……" zachem ty,/Markita,/ne liubish' menia……"

11 그런데 어째서/ 마르키타가 나를 사랑해야 하는가?! A zachem/liubit' menia Markite?!

12 나에게는/심지어 프랑 한 푼 없는데. U menia/i frankov dazhe net.

13 그런데 마르키타를/(그저 눈짓만 해보라!) A Markitu/(tolechko morgnite!)

14 백 프랑만 내면/특별실로 데려간다. za sto frankov/preprovodiat v kabinet.

15 얼마 안 되는 돈—/멋을 위해 살라— Nebol'shie den'gi—/pozhivi dlia shiku—

16 아니,/인텔리는,/앞머리의 진창을 휘저으며 net,/intelligent,/vzbivaia griaz' vikhrov',

17 그녀에게 떠맡기리라/재봉틀을, budesh' vsuchivat' ei/ shveinuiu mashinku,

18 땀땀이/시의 비단을/누비는. po stezhkam/strochashchuiu/shelka stikhov.

19 프롤레타리아는/ 공산주의로 다가 간다/ 바닥을 지나— Proletarii/prikhodiat k kommunizm/ nizom—

20 채석장의 바닥을 지나./ 낫과,/갈퀴를 지나,— nizom shakht,/ serpov/ i vil,—

21 나는 또/시의 하늘로부터/공산주의로 던져진다, ia zh/ s nebes poezii/brosaius' v kommunizm,

22 왜냐하면/그것 없이는 사랑도/나에겐 없기에. potomu chto/ net mne/ bez

nego liubvi.

23 아무려면 어떤가—/나 자신이 인용했건/아니면 엄마에게 보내지건— Vse ravno—/soslalsia sam ia/ ili poslan k mame—

24 말의 강철은 녹이 슨다,/베이스의 구리는 검게 된다. slov rzhaveet stal',/ cherneet basa med'.

25 어째서/외국의 비 아래서/ Pochemu/pod inostrannymi dozhdiami

26 나는 푹 젖어야 하는가,/썩어야 하는가,/녹슬어야 하는가? vymokat' mne,/ gnit' mne/ i rzhavet'?

27 여기 내가 누워 있다,/물을 건너 가 버린 자, Vot lezhu,/uekhavshii za vody,

28 게으름으로/간신히 움직인다,/내 기계의 부분들을. len'iu/ ele dvigaiu/ moei mashiny chasti.

29 나는 스스로를/느낀다/소비에트의 공장처럼, Ia sebia/ sovetskim chuvstvuiu/ zavodom,

30 행복을 제조하는. vyrabatyvaiushchim schast'e.

31 나는 원치 않는다/나를 마치 초원의 꽃처럼 Ne khochu,/ chtob menia, kak tsvetochek s polian,

32 꺾는 것을,/무거운 근무의 짐 뒤에. rvali/ posle sluzhebnykh tiagot.

33 나는 원한다,/토론에서/국가 계획위원회가 땀을 흘릴 것을, Ia khochu/ chtob v debatakh/potel Gosplan,

34 일 년분의 과업을/나에게 주면서. mne davaial/zadaniia na god.

35 나는 원한다,/생각에/시간의 위원이 Ia khochu/chtob nad mysl'iu/vremen komissar

36 명령과 함께 매달리기를. s prikazaniem navisal.

37 나는 원한다,/전문가의 최고 배당금으로 Ia khochu,/ chtob sverkhstavkami spetsa

심장이 사랑을/획득하기를. poluchalo/ liubovishchu serdtse.
나는 원한다,/일이 끝난뒤/공장위원회가 Ia khochu,/chtoby v kontse raboty/ zavkom
내 입술을 잠글 것을/자물쇠로. zapiral moi guby/zamkom.
나는 원한다,/총검에/펜을 견주기를. Ia khochu, chtob k shtyku/ priravniali pero.
주철에 관하듯,/강철 생산에 관하듯, S chugunom chtob/i s vydelkoi stali
시의 노동에 관하여/정치국의 이름으로 o rabote stikhov/ot politbiuro,
스탈린이 보고서를/상신하기를. chtoby delal/doklady Stalin.
"그래서, 에,/이러저러해서……./맨 꼭대기에 "Tak, mol,/ i tak……./I do samykh verkhov
도달했다/노동의 토굴에서 우리는 proshli/ iz rabochikh nor my:
연방/ 공화국에서/시의 이해는 V Soiuze/ Respublik/ poniman'e stikhov
전쟁 전의 수준보다 높아졌다……" vyshe dovoennoi normy……"

이 시기의 마야콥스키의 시 대부분이 그러하듯 이 텍스트는 텍스트와 리얼리티 간의 경계를 뚫고 나감으로써 리얼리티는 시가 되고 시는 리얼리티가 되는 경향을 보여 준다. '국가 계획위원회', '공장위원회', '정치국', '스탈린' 등 당시의 리얼리티를 대표하는 메토니미적 고유명사들이 마치 큐비즘의 캔버스 위에 부착된 신문지나 헝겊조각처럼 텍스트 안으로 들어오고 텍스트는 의미론적으로 노동자-시인이 제조한 생산품이 된다. 소비에트적인 시각에서 볼 때 이 시는 새로운 생산문화에 대한 찬미로 여겨질 수도 있겠지만 정작 마야콥스키가 여기서 추구하고 있는 것은 열림의 새로운 양상이며 그것이 궁극적으로 우리에게 보여 주는 것은 아이러니하게도 열림의 한계이다.

이 텍스트는 마야콥스키가 1925년 미국을 여행하면서 쓴 시들, 즉 〈미국에 관한 시Stikhi ob Amerike〉 사이클의 마지막 작품으로 사이클에 포함된 다른 시들, 그리고 에세이 〈나의 미국 발견Moe otkrytie Ameriki〉을 염두에 둘 때 제목 〈집으로〉는 즉각적으로 이데올로기적인 대립을 연상시킨다. 마야콥스키가 바라본 미국은 마치 혁명 전 마야콥스키가 격렬하게 비난했던 부르주아 사회처럼 착취와 물질 만능주의와 인종차별에 젖은 몰락의 땅이다. 브루클린 다리에서 내려다본 뉴욕을 그는 다음과 같이 묘사한다. "이곳의/ 삶은/어떤 이들에겐/태평천국이었고/또 어떤 이들에겐/오랜/굶주림의 절규였다./바로 이 다리에서/실업자들이/허드슨 강으로/몸을 던졌다 ". 시 〈브로드웨이Brodvei〉에서는 "젖 대신 돈을 빨듯" 콧물을 흘리는 어린아이의 이미지가, 〈마천루 해부도Neboskreb v razreze〉에서는 위용을 자랑하는 마천루 펜트하우스에서 생쥐들과 함께 "찌꺼기를 먹는 검둥이"가 화려한 미국 문명의 어두운 이면을 폭로해 준다. 그는 자신이 미국에서 "7000 킬로미터를 전진하려 했으나 7년을 후진했다"고 느낀다. 미국에서 받은 이러한 인상은 해당 텍스트의 제목 〈집으로〉에 '부패한 자본주의 미국 대 신선한 소비에트 고향'이라는 의미를 내장시켜 준다.

그러나 다른 한편으로 "집으로"는 어형적 측면에서 명사 '집'의 열린 형태로 간주될 수 있다. '자음+모음+자음'으로 이루어진 단음절 명사 '집 dom'은 '집으로domoi'라는 방향부사가 되면서 음성적으로나 시각적으로나 열려지게 된다. 이러한 어형적 열림은 마야콥스키의 어휘목록에서 '집'이 갖는 고정된 상징성을 고려할 때 의미론적 열림까지 수반하게 된다. '집', 그리고 러시아어의 'dom'에 포함된 '가정'은 혁명 전과 후를 막론하고 마야콥스키에게 '일상성'을 상징하는 개념이다. 그것은 일상적이고 낯익고 진부하고 변화하지 않는 정체된 모든 것을 응축시켜 담보하는 개념이며 따라서 '집'의 경직성을 파괴하려는 시인의 움직임은 일상성과의 투쟁과 평행선을 이루게 된다. 시인은 언제나 '집 안'에 있는 것을 거부하고 거리를 방황하며 '부엌', '벽난로' 같은 집의 건축학적인 부분들, 그리고 '차 마시기', '바느질' 등의 가정적인 일에 대한 경멸과 혐오를 표현한다. 그가 생각하는 진정한 세상, 열린 세상은 포에마 〈이것에 관하여〉의 마지막 부분에서 언급되듯이 아무도 "가정의 희생물처럼 살지 않는" 세상이다. 해당 시의 제목 '집으로'는 이렇게 경직된 일상성의 공간적 메토니미로 사용된 '집'을 역동성과 움직임의 개념으로 대체함으로써 '집'의 의미론적 프레임 또한 파괴한다.

제목이 함축하는 역동성은 서정적 자아와 관련된 테마의 흐름에 그대로 반영된다. 텍스트는 연 형식을 무시하는 총 48행으로 이루어지는데 압운의 배열을 기준으로 첫 18행과 중간의 12행, 그리고 나머지 18행의 세 부분으로 나누어질 수 있다. 주지하다시피 압운은 마야콥스키가 시 리듬의 핵심이라 간주한 형식 인자로서 아무리 운율학적으로 산만한 시라해도 압운만큼은 언제나 지켜진다. "압운이 없으면 시는 산산히 흩어져 버린다. (…) 압운 덕분에 모든 시행들은 하나의 생각을 중심으로 집결할 수 있다. (…) 압운은 시행들을 묶어 준다. 따라서 압운의 재질은 나머지 단어들보다 튼튼해야 한다"(VMSS XI: 259-260).[25] 압운은 율격의 규칙성을 완전히 무시하는 해당 텍스트에 최소한의 질서를 부여하며 또한 연 형식의 부재에도 불구하고 텍스트를 세 부분으로 나누어 볼 수 있게 해주는 인자이다. 압운의 배치를 기준으로 텍스트를 삼분하면 다음과 같다.

---

25 압운에 대한 마야콥스키의 집착은 에세이뿐 아니라 시 텍스트에서도 자주 표현되는데 〈재무 감독관과의 시에 관한 대화〉는 그 대표적인 예라 할 수 있다. "우리 식으로 말해서,/압운은 나무통이죠/다이너마이트가 담긴 나무통 말입니다./시행은/도화선이죠./시행은 연기를 내며 타들어 가다가/폭발합니다./그러면 연은/폭탄 맞은 도시

제1부 교차운(1-4), 인접운(5-6, 7-8, 9-10), 교차운(11-14, 15-18)

제2부 교차운(19-22, 23-26, 27-30)

제3부 교차운(31-34), 인접운(35-36, 37-38, 39-40), 교차운(41-44, 45-48).

즉 텍스트는 교차운만으로 이루어진 제2부를 중심으로 같은 패턴의 교차운과 인접운으로 구성된 1부와 2부가 대칭을 이루는 형식을 취하고 있다. 각 부분은 또한 구문이나 주제의 흐름에 의해서도 구별되는데 제1부가 귀향선의 선실이라고 하는 전기적 상황을 배경으로 하고 제2부는 시공적 지시기 없이 일반적인 진술을 다루고 있다면 제3부의 모든 행들은 마치 아나포라처럼 반복되는 "나는 원한다……" 때문에 구문적으로 1부 및 2부와 구별된다. 그러나 이렇게 독립적인 세 부분은 모두 열림의 모티프를 포함하며 각각의 열림은 모두 시, 사랑, 그리고 노동의 상호관계에 수렴한다.

제1부는 소위 "마르키타"의 테마를 중심으로 전개된다. 전후 맥락에 미루어 "마르키타"는 프랑스 여객선의 선원들이 부르는 노래 속의 아가씨로 해석된다. 그것은 시인의 선실 위에서 밤새도록 발을 구르며 춤추고 노래하는 선원들의 "모티프"(6-8행)인 것이다. "밤새도록/천장의 평화를 깨뜨리고/춤을 추며/모티프가 신음한다./마르키타/마르키타,/나의 마르키타". 그러나 가상의 아가씨 마르키타는 인용부호의 프레임을 뚫고 시인의 리얼리티로 나오면서 단돈 백 프랑에 "특별실"로 팔려 가는 매춘부로 변신한다. 사실, 매춘의 모티프는 초기 시에서부터 두드러지게 나

처럼/공중으로 날아가죠./겨누기만 하면 한 방에 맞춰 버리는/압운을/어디서,/얼마의 세율에 얻을 수 있을까요?"

타나며 마야콥스키의 일반적인 여성혐오와 관련된다.[26] 여성은 관례적으로 사랑, 일상성, 보수적 성향 등을 상징하며 특히 마야콥스키의 여성혐오는 블로크의 '아름다운 부인' 숭배를 상호텍스트적인 상관개념으로 삼는다(Zholkovskii 1986: 268). 뒤집혀진 '아름다운 부인'으로서의 매춘부는 그에게 타락한 기존 사회, 즉 비非자아의 공간에 대한 의인화된 이미지이며 혁명 후에는 부르주아 사회 일반을 대표하는 이미지가 된다. 〈미국에 관한 시〉 중의 한 편인 〈매독Sifilis〉은 부르주아 사회와 매춘의 상관관계를 노골적으로 보여 주는 예라 할 수 있다.

그러나 해당 텍스트의 "마르키타"는 이러한 콘텍스트적 프레임을 벗어나 또 다른 변신을 겪게 된다. 그녀는 인텔리로부터 "땀땀이/시의 비단을/누비는/재봉틀"을 떠맡게 될 존재이며 여기에서 그녀의 '직업'은 시 쓰기와 중첩된다. 그녀는 마치 시의 물레를 잣는 여신처럼 변모함으로써 블로크의 '아름다운 부인'이 '미지의 여인'으로 추락하는 과정을 뒤집는다. 허구의 '노래'로부터 리얼리티로, 그리고 다시 시의 영역으로 이동하는 마르키타의 궤적에서 "재봉틀"은 음성유희의 도움을 받아 시와 노동의 합일을 암시하는 핵심어로 부상한다. "재봉틀shveinaia mashinka"은 일상성과 밀착된 여성의 작업 도구이지만 그것의 일부인 'mashinka'는 단순히 기계를 의미한다. 즉 산업 및 제조업과 관련된 어휘의 일부와 일상성의 어휘의 일부인 '바느질'이 결합하여 "재봉틀"을 만들어 내는데 그것의 기능은 잇따라 언급되는 "땀땀이 시의 비단을 누비는"에 의해 한정된다. 물론 이러한 수식구는 '한 자 한 자 또박또박 글씨를 쓰는' 행위에 대한 메타포적 표현으로 간주되겠지만 더욱 흥미로운 것은 두운으로 연

---

26 졸콥스키는 마야콥스키가 생각하는 여성의 혐오스러운 모습을 기형, 상상력 부족과 관능성, 어리석은 결혼생활, 사치품에 대한 기호, 성의 상품화, 음욕, 무위도식, 미학적 반동, 부정적 메타포의 원천 등 아홉 가지로 요약한다(Zholkovskii 1986: 256-261).

결되는 네 개의 단어 중 두 개는 모두 음성적으로 마지막 단어인 "시stikh"와 관련된다는 점이다. 'stezhkam — strochashchuiu — shelka — stikhov'. 바느질의 '땀'을 의미하는 'stezhok'은 전치사 'po'로 인해 여격으로 변화하며 이때 'zh'는 발음상 'sh'로 무성음화된다. 그리하여 '시'의 지소형 명사의 여격인 'stishkam'과 동일한 음성적 효과를 창출하게 된다. 두 번째 단어 "누비다" 역시 음성적으로 '시행strochka'을 연상시키며 따라서 18행은 그 전체가 음성적으로 "시"의 의미론에 수렴하게 된다. 이렇게 볼 때 18행의 수식을 받는 "재봉틀"은 전통적인 여성의 바느질 도구라는 프레임을 벗어나 시인의 작업 도구인 타자기와 동일시된다고 할 수 있다.

텍스트 제 2부는 "나"의 움직임에 초점을 맞춘다. 프롤레타리아가 "아래로부터" 공산주의로 다가간다면 "나"는 "위에서부터" 공산주의로 내려간다(19-21행). 즉 공산주의라고 하는 지배이데올로기와 합치되기 위해서 '나'도 그리고 '비(非)나'도 모두 기존의 틀로부터 빠져나와 이동해야 한다. 공산주의를 기점으로 위와 아래의 경계선은 해체되고 더불어 서정적 자아에게는 가까운 공간과 먼 공간의 구분도 흐려진다. "나"는 지금 여기에 누워 있는 인간이며 또한 동시에 "물을 건너 가버린 자uekhavshii za vody"(27행)이기도 하다. 이렇게 존재와 떠남이, 정지와 운동이 혼재하는 가운데 자아의 공간 감각은 3차원적 실재를 넘어선다. 혁명 전의 마야콥스키의 작품에서 서정적 자아의 운동궤적이 가까운 공간(닫힌 공간)에서부터 자유로운 먼 공간으로 정해져 있고 또 가까운 공간은 시인이 속한 당대 사회를 지배하는 사회적 관계에 대한 메타포적 기능을 담당한다면(Smirnov 1972: 238) 여기서는 그러한 근경과 원경의 개념 자체까지 파괴된다.

경계선의 해체는 23행의 언어유희를 통해 더욱 공고해진다. "아무려면 어떤가—/나 자신이 인용했건/아니면 엄마에게 보내지건". 여기서 서로 아무런 의미의 상관점도 공유하지 않는 "인용하다soslat'sia"와 "파견된다poslan"가 병치되는 것은 오로지 양자의 공통적인 어근 'sl-' 때문이라 할 수 있다.[27] 그러니까 공간적 이동(파견)과 관념적인, 언어적인 이동('인용'은 소위 '타자의 말'을 화자의 말로 이동시키는 행위이다)이 동등한 차원에서 언급됨으로써 각기 다른 영역에 속한 의미 단위 간의 경계선이 무너지게 되는 셈이다.

주지하다시피, 마야콥스키의 경계선 파괴는 자기 자신의 존재와 관련될 때 가장 강력하고 집요하게 된다. 앞에서 언급했던 자아의 변신은 스스로의 프레임을 벗어나려는 시인의 의지를 반영한다. 즉 스타파냔의 지적처럼 마야콥스키의 작품에서 궁극적인 외곽선, 혹은 '프레임'은 서정적 자아 자신이다(Stapanian 1986: 186). 스스로 벗어나려는 욕구와 시의 프레임을 제거하려는 의지는 소비에트 시대에 들어서면서 변신의 테마에 구체적인 방향을 제공해 준다. 이 시기의 마야콥스키에게 인간이 존재의 굴레를 벗어나는 것은 시간과 공간의 제약에서 탈피하여 새로운 형태의 생명을 획득하는 것이라 환언되는데 후자는 시적인 불멸에 대한 마야콥스키의 개인적 집착과 당대 소비에트 사회의 정치적 신화의 결합으로 드러난다. 불멸에 관한 공식적인 마르크스-레닌주의적 입장은 위대한 행적의 기억과 찬양이라 요약될 수 있다. 위대한 행위는 그것을 완수한 사람을 불멸화할 뿐 아니라, 즉 전통적인 의미에서 기억 속의 불멸을 창조할 뿐 아니라 리얼리티 속에 구체적인 흔적을 남긴다. 사실, 모든 긍정적 행위는 예외 없이 물질적 리얼리티 위에 유형의 날인을 찍으며 유물론적 강령에 따르면 그밖의 다른 날인은 있을 수 없다(Masing-Delic 1992: 12). 이러한 유물론적 신화를 흡수한 마야콥스키는 인간의 다른 물질로의, 특

27 어근에 대한 마야콥스키의 이론은 그가 흘레브니코프의 말을 정의하는 대목에서 보다 분명하게 드러난다. VMSS XI: 152를 보라.

히 위대한 공적의 잔여물로의 변신을 불멸의 지표로 삼는다. 1926년의 시 〈인간이자 선박인 네테 동무에게Tovarishchu Nette parokhodu i cheloveku〉는 이 점을 말해 주는 대표적인 사례로 간주된다. 이 시에서 혁명의 영웅적 순교자 테오도르 네테Teodor Nette는 희생적 행위를 수행함으로써, 그리고 그 결과 자기 이름을 딴 선박을 남김으로써 리얼리티 위에 각인된다(Masing-Delic 1992: 13). 네테는 인간의 프레임을 넘어서 선박이 되고 그럼으로써 그의 불멸은 보장된다. 마찬가지로 해당 시의 서정적 자아는 스스로를 '소비에트의 공장'이라고 느낀다. 그는 '공장'으로 변신하고 그럼으로써 한편으로는 노동의 리얼리티의 일부가 되고 다른 한편으로는 현상적인 삶의 테두리를 넘어서 그가 초기 시에서부터 줄곧 추구해 왔던 불멸의 유토피아에 한 발을 들여놓게 된다.[28]

'인간-공장'의 이미지는 시인의 메토니미적 분신인 말과 목소리의 변신을 수반한다. 마치 네테의 안경이 '네테호'의 갑판에 놓인 둥그런 '구명튜브 spasatel'nyi krug'로 변형되듯이 그의 말은 강철이 되고('stal' slov') 그의 저음의 목소리는 구리가 된다('basa med''). 금속으로 물화되는 시적인 자질들은 모두 서정적 자아가 스스로의 인간적 테두리에서 벗어나 생산의 거대한 일부로 확장되고, 거꾸로 생산의 요소들은 시적인 테두리 안으로 흡수되는 과정을 말해 준다. 특히 시인의 금속성 자질들은 20행에서 언급되는 "낫"과 "갈퀴"와 맞물림으로써 프롤레타리아의 작업 도구와 시인의 언어가 등가가 됨을, 그리고 시인의 지상으로의 하향 움직임과 프

28 공장은 그러므로 단순한 직유나 메타포라기보다는 마야콥스키의 물질적 존재, 부활한 육신의 새로운 형태라 보여진다(Pomorska 1984: 182). 서정적 자아의 공장으로의 변신은 〈인간이자 선박인 네테 동무에게〉의 마지막 부분에서 언급되는 "여러 다른 영속적인 일들" 중의 하나로 간주될 수 있다. "우리는 걸어간다/리볼버의 굉음을 지나,/죽어 가며/체현되기/위해서/선박으로/시행으로/그리고 여러 다른 영속적인 일들로……".

롤레타리아의 상향 움직임이 또다시 공산주의를 중심으로 수렴함을 증명해 준다.

제3부에서는 자아중심적 성향과 자아로부터의 이탈 성향의 공존이 독특한 구문구조를 통해 실현된다. 모든 주절의 주어이자 규칙적인 간격을 두고 아나포라 형태로 반복되는 "나"(33, 35, 37, 39행)는 웅변조의 억양과 함께 텍스트에 주체의 존재를 강력하게 부각시킨다. 그러나 모든 종속절에서 "나"는 사격으로 등장하거나("나를menia", "나에게mne"), 아니면 메토니미로 대체되는 반면에("심장serdtse", "펜pero") 주어의 위치를 차지하는 것은 묵시적으로 이해되는 '비非나', 즉 32행의 생략된 '그들', 혹은 정치적 리얼리티를 대표하는 존재들("국가 계획위원회Gosplan", "위원komissar", "공장위원회zavkom"), 그리고 마지막으로 새로운 사회의 최고 집권자인 스탈린 자신이다. 이러한 종속절의 구조는 주절에서의 '나'의 존재가 갖는 강도를 희석시키는 힘으로 작용하며 '나'와 '비非나' 간의 긴장으로부터 파생되는 것은 새로운 사회에서 '나'의 열림이 도달하는 궁극적인 한계성이다. "나"는 리얼리티의 일부인 "공장"으로 변신하지만 결국 나의 노동이 완결된 후 "공장위원회"는 "나"의 입술을 자물쇠로 잠글 것이며(39-40행) 이로써 나의 열림은 끝나게 된다.

열림의 한계는 사랑의 테마가 발전되는 과정에서도 발견된다. 마야콥스키는 이 텍스트의 제1부에서 사랑의 일상성을 사랑과 돈의 부르주아적 상관관계를 통해 드러낸다. "그런데 어째서/마르키타가 나를 사랑해야 하는가?!/나에게는/심지어 프랑 한 푼 없는데"(11-12행). 서정적 자아는 이러한 진부한 사랑의 모티프를 제2부에서 공산주의와 사랑의 관계로 전이시킨다. "나는 또/시의 하늘로부터/공산주의로 던져진다,/왜냐하면/그것 없이는 사랑도/나에게는 없기에"(21-22행). 그러나 제3부에서는 소비에트 시대에 일상성의 틀을 깨뜨리고 이념의 영역으로 확장된 사랑의 개념이 다시 돈과 결부된다. 제1부에서 마르키타와 관련하여 언급된 "백 프랑"의 돈은 3부에서 "전문가의 최고 배당금"으로 이름만 바뀔 뿐이다. "나는 원한다,/전문가의 최고 배당금으로/심장이 사랑을/획득하기를"(37-38행). 부르주아 사회에서 사랑을 매매하는 수단인 금전의 개념이 소비에트 사회에서는 "전문가"의 수당으로 전환되는 것은 결국 사랑이 〈이것에 관하여〉에서 시인이 비난하는 "털어도 털어도/자꾸만 되앉는/먼지처럼" "붉은 깃발의 시대"에도 남아 있는 일상성으로 되돌아옴을 시사한다.

한편, 제2부에서 언급되었던 시인의 금속성 목소리와 시어는 제3부에서 "펜"과 "총검"의 비유(39행)로 연장된다. 시인의 메토니미적 일부(말, 목소리, 펜)와 무기의 등가성은 사실 혁명 후 마야콥스키의 시에서 빈번히 발견된다. 일례로 푸시킨 탄생 125주년을 기념하는 〈축시Iubileinoe〉에서 시인-혁명가는 진부한 서정시를 총검으로 공격한다. "우리는/서정시를/총검으로/수도 없이 공격했다". 〈목청을 다하여〉의 첫 번째 서문에서는 강철의 시와 무기가 동일시된다. 시인은 후대인들이 자신의 "철의 시행zhelezki strok"을 발굴하고는 "낡았지만/여전히 무시무시한 무기staroe,/no groznoe oruzhie"처럼 어루만질 것이라고 예상한다. 해당 텍스트의 경우 '시-무기'의 등가는 여기에 그치지 않고 "펜pero"과 압운으로 연결되는 "정치국Politbiuro"으로 확장된다. '펜-무기-정치국'의 등가는 그 자체로서뿐 아니라 그것의 분신적 상관개념이라 할 수 있는 '시인의 말-강철', 그리고 압운으로 연결되는 "강철stali"과 "강철 같은 사람"을 의미하는 정치적 예명 "스탈린Stalin" 덕분에 리얼리티를 향한 시의 열림을 더욱 활성화시켜 준다.

그러나 마지막에 도입되는 스탈린의 가상의 "보고문"은 2부에서 언급된 "나"의 움직임과 엇물리는 공간 개념을 포함함으로써 다시 열림의 한계성을 시사하게 된다. 자아와 리얼리티의 합일은 마야콥스키에게서 전자가 하늘로부터 땅으로 내려오는 움직임을 수반한다. 하늘은 앞에서도 언급했지만 진부한 일상성의 상징이자 파괴되어야 할 프레임이며 따라서 천상에서 지상으로의 하강은 자아의 열림을 향한 운동이라 해석될 수 있다. 그런데 스탈린의 보고문은 오히려 지상에서 높은 곳으로의 상승을 내포한다. 보고문에 의하면 "우리"(프롤레타리아)가 "토굴"(지상)로부터 도달한 곳은 "맨 꼭대기samye verkhi"이며 또한 시에 대한 이해는 "더 높은vyshe"이라고 하는 상부공간의 개념으로 표현된다. 이는 시인-노동자에게 지상으로 내려올 것을 촉구하는 1923년의 에세이의 제목 〈하늘에서 땅으로S neba na zemliu〉를 뒤집는 진술이며 게다가 "맨 꼭대기"라든가 "전쟁 전의 수준dovoennaia norma" 같은 표현은 동 에세이에서 마야콥스키가 강력하게 반대하는 소위 판에 박은 듯한 저널리즘적 문구들을 상기시킨다(VMSS XI: 165). 이렇게 볼 때 스탈린의 진술은 서정적 자아의 변신을 무로 돌리고 시의 열림을 좌절시키는 또 하나의 일상성을 대변해 준다고 말할 수 있다. 텍스트의 경계성을 제거하고 리얼리티를 시로 그리고 시를 리얼리티로 치환시키려는 마야콥스키의 아방가르드적 지향은 새로운 일상성으로 안착되고 있는 소비에트적 현실에 부딪히면서 딜레마에 다다르게 된다. 이 시의 제목 〈집으로!〉는 따라서 앞에서 살펴본 것과는 또 다른 의미로, 즉 현실이 문자 그대로 다시 일상성의 공간인 '집'으로 돌아가고 있음을 자조적으로 피력하고 있는 것으로 해석될 수 있다. 첫 행의 "제집으로vo-svoiasi"가 함축하고 있는 풍자적 뉘앙스는 이러한 해석을 뒷받침해 준다. 제목 〈집으로〉의 이중적 의미, 즉 열림과 열림의 한계는 이 텍스트뿐 아니라 1920년대의 대부분의 시에 깊숙이 각인되어 있는 시인의 문학적인 그리고 전기적인 고뇌를 반영한다.

3 열림의 시학과 시인의 죽음

앞 절에서 우리는 마야콥스키가 지향했던 열림의 시학을 살펴보았다. 아이러니하게도 그는 열림을 완성하기 위하여 자신의 삶을 포기해야 했다. 마야코프스키의 자아는 최종적인 프레임, 즉 그 자신의 육체적 프레임을 제거함으로써 궁극적으로 삶과 죽음의 경계선을 넘어갔다. 그의 죽음은 시를 통한 열림의 추구와 리얼리티 속에서의 추구가 교차하는 점이었으며 오로지 그 점에서만 시와 리얼리티의 진정한 합일이 실현될 수 있었다.[29] 이 절에서는 마야콥스키에게 '열림'의 기념비가 되어 준 포에마 〈목청을 다하여〉를 살펴보도록 하자.

〈목청을 다하여〉는 1차 5개년 계획에 관한 보다 큰 스케일의 포에마에 대한 서문으로 알려져 있고 실제로 출판된 텍스트에도 "포에마에 대한 첫 번째 서문Pervoe vstuplenie v poemu"이라는 부제가 달려 있다. 그러나 몇 가지 정황은 〈목청〉이 시사적 성격의 포에마를 소개하는 서시가 아니라 시인 마야콥스키의 관심사를 최종적으로 전달하는, 일종의 유언과도 같은 텍스트라는 추정을 가능케 해준다. 첫째, 마야콥스키는 자살하기 약 3주전인 1930년 3월 25일 크라스나야 프레스냐의 콤소몰 회관에서 열린 낭송회에서 〈목청〉을 포에마라 부름으로써 그것이 완결되고 독립적인 작품임을 분명히 밝힌 바 있다(VMSS VI: 446). 더욱이 그날 낭송회에서 마야콥스키는 청중을 향해 "오늘 여러분 앞에 선 저는 환자입니다. 제

---

29 이와 관련하여 야콥슨의 다음과 같은 지적을 참고하라. "견고하고 팽팽한 메타포들의 사슬에 묶인 영웅적 서정시는 시인의 신화와 그의 존재를 분리될 수 없는 전체로 융해시킨다. (…) 그는 그것의 포괄적인 상징체계를 위해 생명을 바친다. 이렇게 해서 우리는 마야콥스키의 시의 의미구조로부터 그것의 실질적인 리브레토와 시인의 전기의 핵심을 모두 추론할 수 있다"(Jakobson 1979e: 421-422).

인후를 어찌해야 좋을지 모르겠습니다. 어쩌면 한동안 시 낭송을 중단해야 할 것 같습니다. 어쩌면 오늘이 제 마지막 낭송의 밤이 될지도 모릅니다"라고 말했다(Skoriatin 1998: 70). 이 두 가지 사실에 미루어 볼 때 마야콥스키는 이 시점에서 이미 자신이 1차 5개년 계획에 관한 포에마를 쓰기 전에 죽을 것임을, 그리하여 〈목청〉이 마지막 작품이 될 것임을 알고 있었다고 사료된다. 물론 어떤 작가에게건 마지막 작품은 존재한다. 그리고 푸시킨이나 레르몬토프처럼 살아 있는 동안 자신의 죽음과 죽음 후의 명성을 예고하는 작품을 집필해 놓는 작가들도 존재한다.[30] 그러나 저자 스스로가 사망 전에 자신의 마지막 작품을 구체적으로 규정해 놓는 것은 흔한 일이 아니다. 〈목청〉은 우연히 마야콥스키 연보의 마지막 행에 기록된 것이 아니라 시인 자신에 의해 마지막 작품으로 결정되었던 것이다.[31]

두 번째 정황은 콤소몰 회관에서의 낭송회보다도 더 전에 이미 〈목청〉이 유언으로 구상되었을 것이라는 추측을 불러일으킨다. 〈목청〉의 구체적인 집필 동기는 1930년 2월 1일 "마야콥스키의 20년 작업20 let raboty Maiakovskogo"이란 제목으로 개막된 일종의 회고전과 맞물린다. 이 전시회는 마야콥스키 자신의 입을 빌려 "내가 쓴 모든 것, 그리고 내 집필의 목적을 완벽하게 정의내려 주는"(VMSS VI: 447) 계기이자 "내 작업의 총결산"(Mikhailov 1988: 520)이었다. 따라서 회고전 준비 기간인 1929년 12월부터 1930년 1월 사이에 회고전을 위해 씌어진 〈목청〉 또한 마야콥스키 시의 총결산을 상징하는 작품으로 구상되었다고 보아도 무리가 없을

30 푸시킨의 시 〈기념비Exegi monumentum〉나 레르몬토프의 〈꿈Son〉을 참조하라.

31 더욱이 "자살에 대한 생각은 고질병처럼 마야콥스키를 따라다녔다"(Skoriatin 1998: 115)는 동시대인의 증언에 미루어 보건대 4월 14일의 자살은 결코 우발적인 것도 즉흥적인 것도 아니었음이 분명해진다. 이로써 3월 25일경에는 시인 스스로가 자신의 마지막 작품이 무엇이 될 것인지를 알고 있었다는 주장은 더욱 설득력있게 들린다.

것이다. 그러니까 비록 마야콥스키가 표면상으로는 〈목청〉을 1차 5개년 계획에 관한 포에마의 서문이라고 밝혔지만 그것은 처음부터 시인의 전 생애와 작품을 마무리 짓는 최종 선언으로 의도되었을 것이라는 추측이 타당하게 여겨진다.

세 번째로, 〈목청〉의 독자, 혹은 청자들의 반응 또한 그것이 의도된 유언임을 시사한다. 회고전의 개막식 날 마야콥스키가 〈목청〉을 낭송했을 때 그것은 참가자들에게 시인의 최후의 말이라는 인상을 심어 주었다. 여배우 바츠나드제N. Vachnadze에 의하면 "그날 저녁은 어딘지 추도식과도 같은 분위기를 자아냈다. 무언가 장례식 같은 것이 느껴졌다. 나는 갑자기 그의 낭송을 더 듣고 있을 수가 없게 되었다"(Mikhailov 1988: 529). 브류하넨코N. Briukhanenko 역시 유사한 지적을 한다: "후손을 향해 외치는 그의 시는 많은 사람들을 무겁게 짓눌렀다. 울음이 터져나올 것만 같았다"(Mikhailov 1988: 529). 요컨대 〈목청〉의 수용자들은 살아 있는 시인이 자신의 묘비명을 앞당겨 읽고 있다는 느낌을 받았던 것이다.

마지막으로, 내용 면에서 볼 때 〈목청〉은 1차 5개년 계획이라고 하는 주제와는 거의 관계가 없다. 물론 "5개년 계획piatiletka"이란 단어가 언급되지만 그것은 고유명사가 아닌 일반명사로, 그것도 "우리 인생의 5개년 계획"이라고 하는 메타포의 한 부분으로 단 한 차례 사용될 뿐 텍스트는 거의 전적으로 시인 마야콥스키와 그의 시에 대한 진술에 할애된다. 여지껏 살펴본 정황을 종합해서 본다면 〈목청〉은 죽음을 앞둔 시인이 스스로의 위상과 작품을 총결산하는 의미에서 집필한 '시적 유언장'(France 1982: 161; VMSS VI: 446)이라고 정의 내릴 수 있을 것이다.[32]

---

32 물론 마야콥스키가 자살하기 직전에 〈모든이에게Vsem〉라는 제목으로 작성한 소위 '공식 유언장'이 존재하는 것은 사실이지만 일각에서는 그것의 진위여부에 대해 강력한 의혹을 제기하고 있다. 예를 들어 스코랴친은 그동안 발표되지 않았던 여러 가지

이상에서 지적한 사항들은 〈목청〉의 해석과 관련하여 복잡한 기호적 현상을 유발시킨다. 만일 〈목청〉이 시인의 최종 진술이 아니었더라면 그것은 '시(혹은 시인)에 관한 시', 즉 메타시의 보편적인 프레임 안에서 설명될 수 있을 것이다. 그러나 〈목청〉이 시인의 실질적인 유서를 대신하는 텍스트라면, 즉 그것이 문학 텍스트(포에마)와 비문학 텍스트(유서)의 경계선 위에 존재하는 텍스트라면 그 완전한 의미를 파악하기 위해 구조의 각 수준에서 발견되는 메타시적 부분들을 선별하여 분석하는 것 이외에 서로 유기적으로 연관된 일련의 문제를 고찰할 것이 요구된다. 첫째, 텍스트 안에서 수사적으로 언급되는 시인의 죽음과 시인의 '진짜' 죽음 간의 상호관련성을 규명해야 할 필요가 있다. 둘째는 첫 번째 문제로부터 자연스럽게 파생되는 것으로, 마야콥스키 시학에서 언어와 메타언어, 예술적 코드와 일상적 코드가 어떻게 관련되는지를 규명하는 문제이다. 이 절에서는 〈목청〉이 유언과 시의 중간적 장르라는 전제하에 〈목청〉의 취지를 가장 분명하게 요약해 주는 4줄의 시행을 중심으로 이러한 문제들을 천착함으로써 문학과 전기라고 하는 두 개의 독립적인 영역이 시인의 정체성을 축으로 어떻게 뒤얽히며 더 나아가 양자간의 관계가 어떻게 시인의 비극적 최후와 관련되는가를 밝혀 보기로 하자. 이 절의 논의를 통

자료를 토대로 최근에 출판한 저서에서 그 유언장이 위조된 것이라 주장한다. 스코랴친은 그 증거로 무엇보다도 유언장이 연필로 씌어졌다는 사실을 지적한다. 그에 의하면 마야콥스키는 만년필, 특히 파커나 몽블랑 같은 고급 만년필에 거의 편집증적인 애착을 보였으며 모든 문서와 작품의 기록에는 반드시 만년필을 사용하였다. 따라서 어찌 보면 가장 중요한 기록이 될 유서를 연필로 썼다는 것은 오로지 단 한가지 설명만을 허용한다. 즉, 그 유언장은 다른 사람이 썼으며 연필로 쓴 것은 연필이 필체를 위조하기가 훨씬 쉽기 때문이다(Skoriatin 1998: 110-111). 이러한 주장이 정설로 받아들여지려면 조금 더 많은 근거가 필요하겠지만 어쨌든 이로써 〈목청〉이 비유적인 의미에서뿐 아니라 실질적인 의미에서도 마야콥스키의 유언장일 가능성은 더욱 높아진 셈이다.

해 〈목청〉의 의미는 물론이거니와 마야콥스키 시학 전체에 깔려있는 예술과 리얼리티의 문제가 좀더 구체적으로 조망될 수 있을 것이다.

〈목청〉의 기본적인 담화구조는 도입부에서부터 시인 마야콥스키가 후대의 독자를 향하여 자신에 관해 말하는 형식을 취한다: "경애하는 후손 동무들/…/나 스스로 말해 주리라/…/나 자신에 관해." 그리고 담화의 내용은 '나' 및 '나의 시'와 관련된 일련의 미래형 진술들—"먼 미래의 공산주의 세상에 내가 오리라" "나의 시는 끝까지 울리리라" "나의 시는 힘겹게 시간의 암석을 뚫고 나타나리라" "나는 백 권짜리 내 시집을 치켜들리라"—이 분명하게 전달해 주듯이 거의 전적으로 죽음을 초월하는 시와 시인의 명성에 집약된다. 그러니까 마야콥스키가 여기서 선언하는 정체성은 시속에서 스스로의 불멸을 예언한 푸시킨에서부터 츠베타예바M. Tsvetaeva에 이르기까지의 무수한 시인들과 크게 다를 바가 없다고 보아도 좋을 것이다. 그러나 시의 불멸을 주제로 하는 대부분의 메타시적 텍스트에서 시인과 시가 메토니미적인 관계를 유지하면서 동일한 불멸의 대상이 된다면 마야콥스키의 경우 양자의 관계는 메타포와 메토니미, 메타모르포시스와 메타볼 등 매우 다양하고 복잡한 관계를 형성한다. 〈목청〉의 핵심이라고 할 수 있는 다음 부분의 분석을 통해 이점을 좀 더 구체적으로 살펴보자.

1. 그러나 나는/스스로를/이기고/올라탔다 No ia/sebia/smirial,/stanovias'
2. 내 자신의 노래의/목구멍에. na gorlo/sobstvennoi pesne.
3. 귀 기울이시오/후손 동무들, Slushaite,/tovarishchi potomki,
4. 선동가,/소리꾼-주모자에게. agitatora,/gorlana-glavaria.[33]

제1행의 "나는 스스로를 이기고"는 마야콥스키의 창작 전체와 관련되는 진술로서(Papernyi 1961: 423) 무엇보다도 마야콥스키의 시학에서 시적 자아가 차지하는 위치를 환기시킨다. 앞 절에서도 언급했다시피 마야콥스키는 시인으로서 첫발을 내딛는 순간부터 마지막 순간까지 자아 중심적 성향을 보여준다. 그의 자아는 모든 서정적 사건의 중심이며 모든 언어적 결과에 대한 제1원인이다. 반복해서 말하지만, 서정시뿐 아니라 포에마에 있어서도 주인공인 '나'가 전통적인 서사구조를 마모시키고 자아의 독무대를 조성한다.

그런데 여기서 흥미를 끄는 점은 이렇게 중심적인 위치에 있는 자아가 매우 빈번하게 '나'와 또 다른 '나'로 분열된다는 사실이다. 자아의 분열은 최초의 포에마 〈바지를 입은 구름〉에서 다음과 같이 표현된다: "나는 느낀다—/'나'는/나에게 너무 작다./누군가가 나자신으로부터 자꾸만 찢겨나간다I chuvstvuiu—/'ia'/dlia menia malo./Kto-to iz sebia vyryvaetsia upriamo." 주격과 생격으로 표현되는 두 개의 '나'중에서 어떤 쪽이 마야콥스키의 존재를 지칭하는 언어이고 어떤 쪽이 그 언어를 지칭하는 메타언어인지,[34] 혹은 만일 두 개의 '나'가 모두 기호라면 그 기호가 지칭하는 대상의 존재를 어떤식으로 분리시켜야 하는지는 아직 분명하게 제시되지 않지만 적어도 마야콥스키의 자아분열은 이 시를 통해서 공식화된다.

두 개의 '나'에 대한 보다 분명한 정의는 1928년의 자전적 스케치 〈나 자신Ia sam〉에서 발견된다. 보임S. Boym의 지적처럼 이 자서전의 제목은

---

33 이 시 역시 1923년 이후 마야콥스키가 사용한 '계단식 시행'으로 구성되어 있지만 '계단식 시행'이 이 절의 논의와 직결되지 않으므로 분석의 편의를 위해 정상적인 시행으로 복원시켜 인용하기로 한다.

34 이와 관련하여 밴 바크Van Baak는 이 시행들이 언어와 메타언어의 혼돈에서 비롯된 수사적, 언어적 패러독스의 고전적인 예라고 지적한다(Van Baak 2001: 290).

동어반복, 혹은 자아의 과다처럼 읽히지만 이중의 자아 긍정은 일종의 불연속성, 즉 '나 자신'이 아닌 '나', 혹은 순수한 시적 관례가 되어 버린 '나'가 존재할지도 모른다는 두려움을 시사한다(Boym 1991: 126). 자서전의 첫 단락은 사실상 이러한 두려움이 막연한 가정에 근거하는 것이 아님을 말해 준다. 마야콥스키의 의식 속에는 실제로 두 명의 '나'가 존재 한다: "나는 시인이다. 그리고 그 때문에 나는 흥미로운 존재다. 이점에 관해 써보도록 하자. 내가 누군가를 사랑하고 있는지, 혹은 노름벽이 있는지 같은 것들, 혹은 카프카즈의 절경 등은 오로지 언어로 응고될 때에만 흥미가 있다"(VMSS I: 43). 요컨대 〈보르헤스와 나〉의 보르헤스J. L. Borges나 〈나 자신의 노래Song of Myself〉의 휘트먼W. Whitman처럼[35] 마야콥스키의 '나'는 시인인 '나'와 시인이 아닌 '나', 즉 시적인 마스크로서의 마야콥스키와 인간으로서의 마야콥스키로 양분되며 오로지 전자만이 그에게는 의미있는 존재이다.[36] 그리고 더 나아가 인간 마야콥스키는 "언어로 응고될 때에만", 다시 말해서 '시화poeticize'될 때에만 가치가 있다. 따라서 마야콥스키의 시학은 인간이 시인에게, 전기가 문학에게 종속됨으로

35 보르헤스는 짤막한 에세이 〈보르헤스와 나〉에서 개인적인 나와 유명한 작가인 보르헤스를 구분한 뒤 작가 보르헤스를 3인칭 '그'로 지칭함으로써 인간과 작가간의 불연속성을 시사한 바 있다(보르헤스 1993: 102-103). 또 휘트먼은 〈나 자신의 노래〉에서 자신의 존재를 '나의 자아', '나 자신' '나의 영혼'으로 나누어 묘사하는데(Whitman 1955: 69-130; Bloom 2000: 88-94) 마야콥스키가 좋아했던 시인중의 하나가 휘트먼이었다는 것을 고려해 본다면 두 사람의 자아분열을 상호텍스트성의 시각에서 비교 고찰하는 것은 매우 흥미로울 것으로 사료된다.

36 마야콥스키는 자기 자신뿐 아니라 모든 시인들에 대해서도 시인과 인간을 구분한 뒤 오로지 전자에만 의미를 두었다. 언젠가 위대한 시인들의 일생을 묘사한 영화에 대해서 어떻게 생각하느냐는 질문을 받았을 때 마야콥스키는 매우 특징적이게도 이렇게 대답했다. "시인의 삶에서 흥미로운 점이 뭐가 있단 말입니까? 그저 아침이 되면 일어나고 차나 마시는 게 시인이죠"(Pomorska 1975: 25).

써 양자 간의 경계선이 제거되는 방향으로 진행되었다고 볼 수 있다. 그러므로 마지막 작품인 〈목청〉의 "나는 스스로를 이겼다"라는 진술은 시인이 인간을 압도하는 과정이 정점에 이르렀음을, 삶의 시화가 완결되었음을, 시인과 인간 간의 경계선이 최종적으로 제거되었음을 선언하는 것으로 해석되어도 좋을 것이다.

2행의 의미론은 메타포와 메토니미와 메타볼의 뒤얽힘으로 인해 시인과 인간간의 경계선 문제를 훨씬 복잡하게 만든다. 여기서 '목구멍'이 시인, 특히 낭송의 대가인 마야콥스키의 메토니미임은 자명하지만 문제는 신체의 일부가 '노래'(시)로 이동함으로써 기이한 엇물림을 유발시키다는 데 있다. 그러면 "내 노래의 목구멍"을 좀더 차근차근 분석해 보자. 노래 혹은 시는 대체로 시인과 인접의 관계를 맺는 비유로 간주되지만 마야콥스키의 경우 시인은 아예 시로 변신함으로써 자신의 메토니미인 시와 분신적 관계를 맺는다. 일반적으로 말해서 변신은 야콥슨의 표현을 빌려 '역평행의 시간적 전개razvertvanie vo vremeni obrashchennogo parallelizma'라 정의된다: "우리에게 실질적인 이미지인 머리와 그것의 메타포인 맥주통이 주어졌다고 가정해 보자. 부정평행은 '이것은 맥주통이 아니라 머리이다'가 될 것이다. 평행관계를 논리적으로 풀어서 말한다면 '이것은 맥주통 같은 머리이다', 즉 직유가 될 것이다. 역평행은 '이것은 머리가 아니라 맥주통이다'이고 역평행의 시간적 전개는 변신, 즉 '머리가 맥주통이 되었다'가 될 것이다"(Jakobson 1979c: 312).

그러니까 대부분의 텍스트 안에서 발견되는 변신은 일종의 '역평행의 시간적 전개'라 할 수 있는데 마야콥스키의 경우는 바로 그 시간적인 전개가 생략됨으로 인해서 변신은 오히려 엡슈테인M. Epshtein이 말한 제3의 비유인 '메타볼metabole'에 가깝게 된다:

> '메타모르포시스'는 이미지가 갖는 성분의 '변형'을 가리키는 데는 정확한 용어이지만 시간 속에서 그러한 변형 과정의 연장을 전제로 한다는 점에서는 전적으로 옳은 용어가 아니다. 또한 그것은 오비디우스의 〈변신 Metamorphoses〉에서 묘사되는 변형의 유형과 너무도 직접적으로 연관되는데 오비디우스의 〈변신〉은 모든 대상들의 보편적인 '변형가능성'에 대한 순진한 신화적 믿음과 관련되어 있음을 고려해야 한다. 현대 시의 경우에 가장 본질적인 것은 대상들의 상호변형과정이 아니라 개별적인 위상과 의미를 유지하면서 시간의 차원 바깥에서 일어나는 그것들의 교섭 또는 결합이다. 메타볼은 의미의 동시적인 '왕복'이며 그것 덕분에 대상들은 한 사물이 다른 사물과 동일하되 여전히 그 독립성을 보유할 수 있는 다차원적 공간에서 시간의 영향을 받지 않고 연관된다.(Epshtein 1999: 127)

마야콥스키의 시인과 시도 서로 분신의 관계를 맺는 것은 사실이지만 그 변형 과정은 시간성의 제약을 받지 않는다. 왜냐하면 처음부터 시인과 시의 관계에는 인접의 요소가 개재하므로 야콥슨이 말한 것과 같은 변형, 즉 맥주통이 머리통이 되는 과정의 시간적 전개는 생략되기 때문이다. 〈바지를 입은 구름〉의 다음 시행을 살펴보자: "그러나 당신들은 나처럼 스스로를 확뒤집어/오로지 입술만으로 변신할 수는 없으리라!" 이 시행은 '당신'을 주어로 하는 부정문이지만 긍정문으로 바꿔 말한다면 '나는 입술이 되었다', 즉 역평행의 시간적 전개가 된다. 그런데 야콥슨의 머리-맥주통의 예와는 달리 여기서는 입술이 변신의 과정을 거치기 전에 이미 자아의 신체적 일부분(메토니미)이자 시에 대한 메타포라는 점 때문에 변신은 메타볼적 성격을 띠게 된다. '나'는 '나'의 일부인 입술로 변신하는 동시에 또한 입술에 의해 메타포화되는 시로 변신하는 것이다.

시인과 시의 메타볼적 연관은 마야콥스키의 다른 시에서도 매우 빈번히 발견된다. 앞장에서 살펴보았던 몇 몇 텍스트를 메타볼과 연관지어 읽어보자. 우선 〈등골의 플루트〉의 한 구절을 예로 들어 보자. "오늘 나는 연주하리라 플루트를/내 자신의 등골을." 리라가 낭만주의 시학에서 시의 메타포인 것과 마찬가지로 플루트는 시의 메타포이다. 그런데 플루트와 압운을 밟는 '등골'은 시인의 일부, 즉 시인의 메토니미이므로 여기서도 메타포 '등골의 플루트'는 시인(등골)과 시(플루트)가 '연주하다'라는 중간용어, 즉 메타볼을 통해 연관된 결과라 할 수 있다. 시인과 시의 메타볼적인 관계는 〈이것에 관하여〉에서 더욱 복잡하게 나타난다: "하지만 시는… 나의 가죽을 벗긴다?!/압운으로 안감을 대면—외투다!" 여기서 '외투'가 시에 대한 메타포임을 전제로 할 때 '나'(가죽)와 시(외투) 사이에 개재하는 '압운의 안감'은 자체로서 메타포인 동시에 양자를 매개하는 메타볼이라 할 수 있다. 시인과 시는 독립적인 대상이지만 메타볼의 한 요소인 '압운'에 의해, 그리고 양자의 메타포인 가죽과 외투는 또 메타볼의 다른 요소인 '안감'에 의해 서로 연관되는 것이다.

이러한 비유들의 복잡한 얽힘을 통해 만들어지는 시는 시인에 대한 메타볼적 분신이라 할 수 있는데 여기서 흥미를 끄는 것은 시라고 하는 분신의 탄생에는 언제나 시인에 대한 끔찍한 폭력이 수반된다는 점이다. 시인은 시로 변신하기 위해서 자신을 물리적으로 '뒤집어야' 하고 스스로의 육체에서 '등골'을 뽑아내어야 하며 '가죽을 벗겨야' 한다. 더욱이 이렇게 잔혹한 과정을 거쳐 탄생된 시-분신과 시인의 관계는 거의 언제나 적대적이다. 요컨대 시가 시인을 박해하거나("보라—/언어의 못이/나를 종이위에 못박았다") 혹은 반대로 시인이 자신의 분신인 시를 죽음으로 몰아간다: "나는 시로 가득찬 해골을 들어올리리라."

〈목청〉에서 언급되는 "내 자신의 노래" 역시 시인 마야콥스키의 메토니미이자 일종의 분신임을 인정한다면 시인의 일부, 특히 낭송을 위한 가장 중요한 발성기관인 '목구멍'이 메타볼로서 양자에 개재함으로써 시인과 시는 메타볼의 전형적인 양극단, 즉 메타볼라이트metabolite가[37] 된다고 말할 수 있다. 다시 엡슈테인을 인용하자면 "메타볼에서 한 요소는 다른 요소를 대신하지 않고 오히려 어떤 것을 '통해' 다른 어떤 것을 드러낼 수 있는 제 3의 요소가 요구된다. (…) 이 제3의 요소의 도입으로 인해 나머지 두 용어에 글자 그대로의 또는 비유적인 하나의 역할을 부가하는 것은 더 이상 불가능해지고 (…) 글자 그대로의, 그리고 비유적인 의미들은 자리를 바꿀 수 있게 된다"(Epshtein 1999: 132, 129). "내 노래의 목구멍"의 경우 시인과 시의 관계는 제 3의 요소인 '목구멍'의 도입으로 인해 서로가 서로에 대해 비유적인 의미로 사용되는 동시에 그 비유들의 자리바꿈 또한 가능해진다. 좀더 구체적으로 말해서 '나'와 '나의 노래', '나'와 '목구멍' 사이에는 메토니미가, 그리고 '나의 노래'와 '목구멍' 사이에는 메타포가 개재하지만 이 모든 관계들이 '목구멍'(메타볼)을 중심으로 하는 시인과 시의 분신관계로 요약될 때 '나'와 '나의 노래' 사이에서 무엇이 무엇에 대한 비유인지, 주어진 진술이 '나'에 관한 것인지, 아니면 '나의 노래'에 관한 것인지는 더 이상 문제가 되지 않고 오로지 서로를 거울처럼 반사하는 비유들의 유희만이 '나'와 '나의 노래'의 독립적이되 동일한 관계를 암시할 뿐이다.

이렇게 시인과 시가 목구멍을 매개로 하여 상호분신적 관계를 맺으므

---

37 메타볼라이트란 메타볼에 의해 연결되는 두 개의 개별적인 요소를 지칭하는 용어로서 엡슈테인은 이반 쥬다노프I. Zhdanov의 시 중 한 귀절인 "별에 둘러싸인 하늘은 밤"을 예로 제시한다. 여기서 '별'은 각자 독립적이고 무관한 '하늘'과 '밤'을 연결해 주는 메타볼이며 '하늘'과 '밤'은 메타볼인 '별'을 중심으로 양극단에 위치하는 메타볼라이트가 된다. 자세한 것은 Epshtein 1999: 126-128을 보라.

로 1, 2행의 진술 "나는 내 노래의 목구멍에 올라탔다"는 1) 시인은 시의 목구멍을 압살했다, 즉 시인은 시를 살해했다, 2) 시는 시인의 목구멍을 압살했다, 즉 시는 시인을 살해했다, 두 가지로 해석될 수 있다. 그러나 어떤 쪽 해석이든 3, 4행의 내용과 연관될 때 논리적 모순을 피할 길이 없다. 우선 3행의 "귀기울이시오"는 시와 시인의 죽음 후에 시인이 요구할 수 있는 행위가 아니다. 4행의 "소리꾼" 또한 2행의 내용과 도저히 병행될 수 없는 단어이다. 무엇보다도 발성기관인 목구멍의 압살 후에 시인이 소리꾼으로 변모한다는 사실은 논리적으로 수용하기 어렵다. 게다가 '소리꾼gorlan'이 어원적으로 '목구멍gorlo'에서 파생된 단어이자 동시에 시인에 대한 메타포임을 고려해 본다면, 그리고 소리꾼과 대시로 연결되어 한 단어를 이루는 '주모자glavar'' 역시 시인의 메토니미인 '머리golova'에서 파생된 것으로 소리꾼과 함께 시인을 지칭하는 비유임을 고려해 본다면 이들 시행에서 개별적인 메타포나 메토니미를 어떤 식으로든 엮어서 앞뒤가 맞는 의미를 도출해 내는 것은 불가능하다. 우리에게 제시되는 것은 오로지 시인과 시가 메타포와 메토니미와 메타볼의 쳇바퀴에서 돌고 도는 논리의 공회전뿐이다.

그러나 〈목청〉이 포에마이자 동시에 마야콥스키의 유언이라는 사실, 바꿔 말해서 문학과 전기간의 경계선에 위치한다는 사실을 염두에 둔다면 이러한 모순은 새로운 의미를 획득하게 된다. 모든 것을, 심지어 자기 자신까지도 시화시키는 것을 목표로 삼은 마야콥스키에게 있어서 죽음은 최종적인 시화의 조건이다. 따라서 그의 자살은 시 속에서 그 모델을 찾을 수 있으며 바로 그 점에서 마지막 작품이자 유언인 〈목청〉은 마야콥스키의 죽음에 대한 리브레토라 할 수 있다. 시인의 죽음과 시의 죽음은 텍스트 안에서는 '소리꾼'과 옥시모론적 관계를 형성하지만 텍스트 밖으로, 삶 속으로 투사될 때 시인의 불멸을 위한 조건이 된다. 다시 말해서 시

속에서 언급되는 시인과 시의 상호말소는 현실 속에서 시인의 자살과 자살 뒤에 있는 불멸에의 믿음에 대한 순수하게 사실적인 기록, 야콥슨의 비유를 빌려 말하자면 '사실 문학literatura fakta'(Jakobson 1979d: 372)이 되는 셈이다.

마야콥스키 역시 대부분의 시인들 처럼 사후의 부활에 지대한 관심을 가지고 있었다. 그러나 다른 작가들, 이를테면 푸시킨 같은 시인들이 사후의 부활을 메타포적으로, 그러니까 시를 통한 불후의 명성이란 의미로 받아들였다면 마야콥스키는 문자 그대로의 부활, 포모르스카K. Pomorska의 표현을 빌려 "다른 형태의 에너지"(Pomorska 1985: 177)로의 부활을 믿었다. 야콥슨의 회고에 의하면 그는 거의 순진할 정도의 열정으로 불멸의 가능성에 집착했다: "우리가 마침내 불멸을 획득하게 되리라 믿어지지 않습니까? (…) 나는 절대적으로 확신합니다. 언젠가 더 이상 죽음이 존재하지 않을 것임을, 죽은 자들이 부활할 것임을 말입니다"(Jakobson 1979d: 367). 이러한 집착은 그리스도교적인 부활 신앙과는 다른 것으로, 삶과 예술의 관계에서 절대적으로 우위를 점하는 후자에 대한 집착의 변이형이라 할 수 있다. 그것은 삶은 질적으로 예술의 하위에 놓이며 현재의 이 저급한 삶을 이상적인 상태로 끌어올리기 위해서 예술이 삶을 주도해야 한다는 말레비치K. Malevich 유의 초기 아방가르드적 주장(Pomorska 1985: 173-174)에서 출발한다. 이렇게 저급한 삶, 그리고 그 속에서 사는 저급한 형태의 인간은 반드시 다른 형태로 변형되어야 하는데 이 변형에 대한 가장 큰 장애는 바로 죽음이다. 인간이 일단 죽음, 그 유한성을 극복하고 새로운 형태로 변형된다면 더 이상 시간과 공간의 제약을 받지 않게 된다. 삶이 예술을 모방하는 과정은 여기에서 완결되고 인간과 삶은 완벽하게 시화된다. 그러니까 마야콥스키에게 있어서 불멸이란 곧 리얼리티의 완벽한 시화와 중첩되는 개념이라고 할 수 있다. 또 바로 그렇기 때문에 현실속에서의 삶과 죽음은 동일하게 '무의미한' 어떤 것이고 불멸을 획득하기 위해서는, 즉 죽음을 극복하기 위해서는 삶 또한 극복해야 한다는 역설적인 논리가 성립된다.

이점에 관해 포모르스카는 앞장에서도 살펴보았던 예세닌의 마지막 시와 그것을 패러디한 마야콥스키의 〈세르게이 예세닌에게〉를 병치시켜 설명한다:

> 예세닌: 이 세상[삶]에서 죽는 것은 새로울것이 없다V etoi zhizni umeret' ne novo,/그러나 사는 것 역시 더 새롭지는 않다…No i zhit', konechno, ne novei…
>
> 마야콥스키: 이 세상(삶)에서 죽는 것은 어렵지 않다V etoi zhizni pomeret' ne trudno./삶을 만드는 것이 훨씬 더 어렵다.Sdelat' zhizn' znachitel'no trudnei.

외관상 마야콥스키의 시는 예세닌의 자살 시에 대한 낙천주의적인 안티테제처럼 보이지만 사실상 마야콥스키는 삶도 죽음도 똑같이 무의미하며 '이 삶eta zhizn''은 어떤 의미에서 전혀 '삶'이 아니라는 예세닌의 생각을 반복하고 있다(Pomorska 1985: 180, 186). 여기서 흥미로운 것은 마야콥스키가 두 번 언급하고 있는 '삶'이 동어반복이 아닌 반의어라는 점이다. 전반부의 '이 삶'이 죽음과 동의어라면 후반부에서 '만들다'의 목적어로 사용되는 '삶'은 무의미한 '삶-죽음'의 반의어, 즉 이 세상의 삶을 극복한 또 다른 형태의 삶, 불멸의 삶, 시화된 삶이라 할 수 있다. 마야콥스키의 에세이 〈어떻게 시를 만들것인가〉에서 지속적으로 언급되는 '만들어지는' 대상으로서의 시는(VMSS XI: 236-270) 인용된 텍스트 후반부의 '삶'이 시화된 삶이라는 사실을 한층 공고히 해준다.

이렇게 삶의 시화를 통해 불멸을 추구한 마야콥스키에게 있어서 마지막 시 텍스트는 현실적인 시인의 죽음에 대한 모델이 되며 바로 이 점에서 〈목청〉의 해당 시행들이 갖는 의미론적 모순은 새로운 의미의 창출로 이어지게 된다. 요컨대 시속에서 언급되는 시와 시인 간의 상호 말소적 관계는 문학과 리얼리티의 경계선을 뚫고 나와 마야콥스키의 자살과 그의 마지막 시 〈목청〉간의 상호 말소적 관계로 복제된다. 영원히 살아 있는 '소리꾼'이 되기 위해서 마야콥스키는 최종적으로 자신의 시 〈목청〉의 '목구멍'에 올라타고 〈목청〉은 마야콥스키의 '목구멍'을 틀어 막는다. 후두염에 걸린 마야콥스키가 비명을 지르듯 〈목청〉을 낭독할 때 시와 유서 간의, 문학과 전기 간의 경계선은 허물어지고 문학 텍스트를 일상적 코드로 번역하는 과정은 완결된다.

시인의 자살과 연관지어 볼 때 〈목청〉의 해당 부분은 개별적인 비유들 간의 이율배반적인 뒤얽힘을 뛰어 넘어 죽음과 죽음 후의 불멸이라는 일종의 '발전된 메타포'를 형성하는데 문제는 마야콥스키가 이 메타포를 위험한 한계까지, 삶을 문자 그대로 시화시키는 지점까지 몰아갔다는데 있다. 시속의 비유들은 언어와 메타언어, 일상의 코드와 예술적 코드간에 엄연히 존재하는 분리선을 무시한 채 리얼리티에 침투해 들어가면서 그의 삶을 돌이킬 수 없이 마모시켰다. 그의 자살은 비유가 오로지 텍스트 안에서만 활성화되었더라면, 그리고 삶의 시화가 오로지 비유적으로만 수용되었더라면 피할 수도 있었을 결과였다. 이 점에서 〈목청〉에 등장하는 '무기로서의 시'("시가 묻힌 시집의 분묘에서/당신들은 우연히 강철의 내 시를 발굴하고/존경심에 가득차 낡았지만/여전히 무시무시한 무기처럼 내 시를 어루만질거다")는 섬뜩한 아이러니를 유발시킨다. 마야콥스키가 '시-무기'를 언급할 때는 물론 사회주의 투쟁이라는 맥락에서 그런 것이지만 결과적으로 그것은 텍스트를 빠져나와 실제의 무기로 변신하여 다름 아닌 시인 자신의 삶에 종지부를 찍은 듯 여겨진다.

포스트모더니즘의 시각에서 글쓰기는 저자의 죽음과 동시에 시작된다. "하나의 사실이 서술되자마자 이미 거기에는 현실과 직접 관련되는 관점이 아닌, 자동사적인 관점, 말하자면 기호 자체가 실현하는 기능만이 존재하며, 글쓰기와 현실 사이에는 이런 분리가 발생하기 때문에 글속의 목소리는 그 기원을 상실하며 저자는 죽음을 맞이한다"(바르뜨 1993: 64-65). 비슷한 맥락에서 푸코M. Foucault 역시 글쓰기와 관련된 저자의 자발적인 말소를 지적한다: "글쓰기는 이제 희생, 즉 삶 그 자체의 희생과 연결되어 있다. 그것은 작가의 일상적 존재속에서 일어나기 때문에 책속에서 재현되기를 원치 않는 자아의 능동적인 지움이다. 작품이 불멸성을 창조할 의무를 지녔기에 이제 그것은 저자를 살해할 권리를 얻는다"(푸코 1993: 74). 〈목청〉의 해당 시행들은 어떻게 보면 이들 이론가들의 주장을 시적으로 표현하고 있는 셈이다. 시-시인의 목구멍이 압살당함으로써 소리꾼으로 변신한다는 것은 곧 자아의 능동적인 지움으로 인해 불멸이 가능해진다는 것으로 바꿔 말해질 수 있기 때문이다. 그러나 푸코나 바르트에게 있어서 저자의 죽음이 형이상학적인 것이라면 마야콥스키의 경우는 진짜 죽음이다. 그들에게 있어서 저자의 죽음을 형이상학적으로 만드는 데 절대적으로 필요한 전제인 글쓰기와 현실 사이의 분리, 혹은 일상적 존재와 책속의 존재 사이의 분리가 마야콥스키에게 있어서는 삶의 시화를 위해 반드시 제거되어야 하는 대상이었기 때문이다.

이상에서 살펴본 시인의 죽음과 시의 관계는 예술과 리얼리티 간의 관계라고 하는 매우 포괄적인 문제로 연장된다. 예술과 리얼리티 간의 경계선이 흔들리거나 모호하게 되거나 제거되는 현상은 문화사의 매 시기에 여러 다른 인과적 관계를 수반하면서 다양하게 표출된 바 있다. 이른바 '행위 시학'의 견지에서 볼 때 리얼리티와 예술의 경계선 파괴는 표트르 대제의 개혁으로 인한 유럽식의 행위 패턴이 학습해야 할 규범으로 도입된 18세기 문화에서부터 발견된다. "유럽 생활의 이미지는 유럽 생활에 대한 의식화된 게임에서 복제되었고 일상 행위는 일상 행위를 위한 일련의 기호로 변형되었다. 이러한 기호화, 즉 생활방식을 의식적이고 주관적으로 하나의 기호로서 인식하는 것의 정도는 급격히 심화되었다. 일상의 삶은 연극의 성격을 띠게 되었다"(로트만 외 1993: 226). 삶의 연극화는 실생활과 연기, 실존하는 인간과 문학적 주인공의 차이를 말소시켰으며 그 후속 단계에 있어서 감상주의-낭만주의 시학의 전형적인 특징중의 하나인 전기와 문학의 일치로 이어졌다.

전기와 문학의 일치는 낭만주의 특유의 이중적 변형을 초래하였다. 시인은 스스로가 창조한 텍스트의 증인이자 살아 있는 참여자, 살아 있는 주인공이 되었으며 허구의 등장인물은 실존하는 인물로 간주되었다(Tomashevskii 1978: 50). 요컨대 독자는 문학 텍스트를 읽으면서 그 속에 등장하는 인물과 저자 간에 당연히 존재해야 하는 거리를 무시하였으며 다른 한편으로 시인의 삶을 일종의 '전기적 전설'로 수용하였다. 문학이 삶의 제 현상을 재창조한 것인지, 아니면 반대로 문학적 상투성이 리얼리티 속으로 침투해 들어온 결과 삶의 제 현상이 생겨난 것인지를 결정하기란 때로 어려운 일이었다. 어찌되었건 예술과 삶, 문학과 전기는 '문학적 전기'라고 하는 새로운 개념속으로 융해되었다(Tomashevskii 1978: 51).

18세기의 연극화된 삶과 그것의 극단적인 형태인 낭만주의의 '문학적 전기'는 모더니즘 시대에 들어오면서 미학적 철학적 이데올로기적 원칙의 지지를 받아 일종의 이론으로 자리잡게 된다. 낭만주의의 선례를 따라 삶과 예술의 대립적 영역을 통일시키고자 한 상징주의자들에게 예술은 '삶의 창조' 능력을 가지고 있으며 역으로 삶은 예술적 창조 혹은 창작 행위의 대상이라고 여겨졌다. 예술은 '진짜 삶'으로, 삶은 예술로 전변되었고 결국 양자는 하나로 합쳐졌다. 예술가에게 있어서 '인간'과 시인의 간격, 개인적 삶과 예술적 행위간의 간격은 존재하지 않았다(Paperno 1994: 1). 호다세비치V. Khodasevich의 회고에 의하면 "그들은 예술을 실제의 삶으로, 실제의 삶을 예술로 변형시키려 시도했다. 삶속에서 일어나는 사건들은 결코 삶의 그 사건 자체로만 체험된 적이 없었다. 그들에게 있어서 리얼리티를 규정지어주는 경계선은 명확성과 안정성을 결여했으며 그렇기 때문에 삶의 사건들은 즉각적으로 내적인 세계의 일부가, 한 조각의 창작품이 되었다. 역으로 그들 중의 한사람이 무엇인가를 집필할 경우 그것은 모두에게 실제의 어떤 것, 삶의 사건이 되었다"(Paperno 1994: 3).

앞 절에서도 설명했지만, 이러한 미학적 원칙은 상징주의자들의 창생론, 1920년대 '예술 좌익전선' 이론가들의 '건생론' 및 '사실문학'으로 이어졌다. 창생론이 삶을 예술로 고양시키는 방향으로 양자의 경계선 파괴를 꾀했다면 건생론이나 '사실문학'의 근본취지는 "예술이 삶속에서 완전히 용해될 때까지"(Gutkin 1994: 191) 예술을 삶의 영역에 종속시키는 데 있었다. 창생론과 19세기 공리주의, 그리고 새로운 시대정신이 결합하여 만들어진 '예술좌익전선'의 논리는 결국 예술과 삶의 대등한 합일보다는 예술이 "예술보다 훨씬 큰 삶"(Gutkin 1994: 188-189)에 봉사해야 한다는 주장으로 기울게 되었다.

이렇게 예술과 리얼리티의 경계선 문제는 어떤 시기에건 존재하면서 각기 다른 문학적 현상을 유발시킨다. 마야콥스키는 외관상 '예술좌익전선'의 이론가였지만 삶과 시의 합일에 대한 그의 태도는 '예술좌익전선'의 논리에 역행한다. 그는 〈시인-노동자〉, 〈재무감독관과의 시에 관한 대화〉 등의 시를 통해 시와 노동의 합일을 테마론적으로 확립시키는 한편 '러시아 통신국Rosta'의 '풍자의 창'에 참가하여 선동시와 표어, 현수막 제작에 몰두함으로써 '시적 노동'의 테마를 구체적으로 실현시키려 시도했다. 그러나 이상의 논의에 미루어 볼 때 이러한 '건생론'적 행위는 그가 추구한 삶의 시화와 정반대되는 것을 의미했으며 더욱이 삶의 시화란 어느 단계에 이르러서는 딜레마에 봉착할 수밖에 없었다. 예술을 삶에 종속시킨다는 것은 테마론의 수준을 벗어날 경우 거의 예외 없이 예술의 질적인 타락을 수반했고 그 결과 마야콥스키의 일부 시들은 불멸을 약속해 주기는커녕 조야한 정치시라는 비판을 면할 수 없었다. 다른 한편으로, 앞에서도 언급했듯이 삶의 시화가 비유의 한계를 넘어설 경우 그것은 인간 마야콥스키의 물리적인 소멸을 의미했다. 이러한 딜레마의 종착역은 시인의 죽음, 그리고 시인 마야콥스키의 마지막 시이자 동시에 인간 마야콥스키의 마지막 말로 의도된 〈목청〉뿐이었다. 마야콥스키의 죽음 뒤에 남겨진 〈목청〉을 통해 비로서 예술과 삶, 문학과 전기, 그리고 예술적 코드와 일상적 코드 간의 경계는 완전히 무너졌던 것이다.

IV 서정시인의 윤리

당신은 펜, 나는 종이
모든 걸 받아들이리 나는 하얀 페이지
나는 당신 선행의 수호자
백배로 키워서 도로 갚으리
—M. 츠베타예바

1 윤리적 바라보기

윤리의 테마는 서정시의 중요한 일부를 차지한다. 실제로 셰익스피어W. Shakespeare에서 스베틀라나 알렉시예비치S. Alexievich에 이르기까지 수 없이 많은 시인들이 노골적으로, 혹은 암묵적으로 윤리적인 옳음의 문제를 시 속에서 노래했다. 특히 엄혹한 시대에 시작 활동을 해야 했던 시인들은 그 누구보다도 더 첨예하게 양심과 도덕을 의식하고 자신의 창작에 윤리적 소명을 부여했다. "시란 자신의 올곧음에 대한 시인의 의식이다"(MSS II: 236)라는 만델슈탐의 믿음은 사실상 대부분의 시인에게 적용된다. 서정시와 윤리의 문제는 여러 권의 책으로 다뤄야 할 방대한 주제이지만 이 책에서는 만델슈탐의 후기 시 한 편을 통해 주제를 소개하는 정도에 그치기로 하겠다. 만델슈탐은 직설적으로 윤리를 언급한 적이 없지만 그의 시들은 매우 다양하게, 우회적인 방식으로 어떻게 제대로 살 것인가, 어떻게 시대와의 불화 속에서 지식인이 양심을 지킬 수 있는가에 대한 사색으로 독자를 인도한다. 이 장에서 소개하는 만델슈탐의 시는 서정시가 윤리적으로 진술하는 한 가지 방식에 대한 예로 읽힐 수 있을 것이다.

앞에서도 잠깐 언급했듯이 만델슈탐이 1930년에 아르메니아를 여행하고 돌아와서 발표한 에세이 〈아르메니아 여행〉은 특정 지역에 관한 여행기라기보다는 5년간의 공백기를 극복하고 시 창작을 재개하는 시인의 새로운 비전에 관한 진술이자 예술적 순례기라 할 수 있다. 만델슈탐은 여행에서 돌아온 뒤에도 오랫동안 아르메니아를 인간적 삶의 의미 있는 모든 것의 상징으로, 자유와 행복과 열정과 노동의 땅으로, 필롤로지의 탄생지로, '말'의 원천으로, 인류 문명의 요람으로, 영원한 진리의 지리학적 건축학적 보존지로, 창조적 인식과 진실과 지혜와 상상력과 아름다움의 샘으로 간주하였다(Harris 1986: 4). 한마디로 아르메니아는 죽어 있던 그의 창조적 생명에 "제2의 숨결"을 불어넣어 주었으며(N. Mandel'shtam 1987: 133) 여행의 관념은 그에게 있어 모든 사고와 비전과 상상력의 지속적이고 독립적인 행위에 대한 메타포의 성질을 획득하였다(Isenberg 1987: 159). 만델슈탐이 에세이 안에서 밝히고 있듯이 알라게즈를 여행하면서 그가 안내서로 가져갔던 유일한 책은 가죽으로 장정된 괴테의 《이탈리아 여행Italienische Reise》이었으며(MSS III: 168) 이로써 그는 괴테가 그러했듯이 자신의 여행기를 비전의 맥락에서 기획하고 있음을, 그리고 여행의 목표는 비전의 수정을 통해 비로소 이룩될 것임을 시사한다(Pollak 1987: 453).[1] 그는 또한 "여행자-눈puteshestvennik-glaz"(MSS II: 162)의 비유에서

1 괴테의 이탈리아 여행과 만델슈탐의 아르메니아 여행은 동기와 목적에 있어 상당한 유사점을 공유한다. 괴테는 1786년부터 1788년까지 이탈리아를 여행했다. 괴테 연구자들의 지적처럼 이탈리아 체류는 그에게 잠들고 있던 시심을 일깨워 줘 침체되었던 창작활동에 활기를 불어넣는 계기가 되었다(괴테 1992: 256). 괴테의 목적은 한마디로 "긴 시선으로 시계를 넓히기 위한 것"(괴테 1992: 37)이었으며 만델슈탐이 아르메니아에서 그러했듯이 당시의 괴테에게는 "내 눈이 밝고 깨끗하고 환한가, 내가 짧은 시간

신체의 일부인 눈과 여행하는 자아를 병치시킴으로써 괴테와 마찬가지로 자신도 '눈의 인간'임을, 아르메니아 여행은 근본적으로 시선의 여행임을 피력한다.[2] 이는 비단 〈아르메니아 여행〉뿐 아니라 여행 뒤에 씌어진 이른바 후기 시에서 눈 혹은 눈과 관련된 일련의 어휘들—눈동자, 동공, 홍채, 시선, 시각, 시계 등등—의 출현이 압도적인 빈도를 보여 준다는 점으로 입증이 되는데 사실 '바라보기'의 모티프는 만델슈탐의 후기 저작에 유기적 통일성을 부여해 주는 가장 강력한 콘텍스트 중의 하나이다.[3] 그것은 또한 외관상 아무런 공통점도 없이, 장식주의자들의 산문에

안에 어느정도 외계를 파악할 수 있는가, 그리고 내 마음속에 잡힌 주름들을 다시 펼 수 있는가"(배정석 1983: 32, 재인용)가 가장 중요한 문제였다. 그러나 만델슈탐이 의도한 비전의 수정이 '영혼의 눈으로 바라보기'를 향해 조정되었다면 괴테의 경우는 상상력과 감정을 제거한 "순수한 관찰"(배정석 1983: 32-33) 쪽으로 나아갔다. 비전의 문제를 넘어서 자아 개발이라고 하는 보다 광역적인 맥락에서 괴테와 만델슈탐의 여행이 갖는 유사점은 Nesbet 1988을 보라.

2 아이젠버그는《아르메니아 여행》의 세가지 테마를 눈, 쿠진과의 우정, 여행이라 요약하지만(Isenberg 1987: 155) 사실상 눈과 여행은 두 가지 독립적인 테마로 분리되기보다는 '눈의 여행'으로 통일되어야 할 것이다.

3 물론 구체성의 시학을 주창하며 등단한 만델슈탐에게 눈과 바라보기는 언제나 중요한 테마였던 것이 사실이지만 초기 중기 후기 시에서 그 중요성은 각기 다르게 자리매김된다. 초기 시에서 눈의 모티프가 대체로 시 텍스트의 물성(物性)을 강조하기위한 오관의 중요성 차원에서 논의될 수 있다면 20년대 시에서 보는 행위는 시간에 대한 사색과 밀접하게 관련된다. 시각과 시간의 연상관계는 주로 시대("vek")와 눈꺼풀("veki")의 파르노마시아를 통해 실현되며 그 연상관계를 뒷받침해 주는 것은 시대에 대한 생리학적 해석의 가능성이라 말할 수 있다(Uspenskii 1996: 324-326). 일례로, 〈1924년 1월1일1 ianvaria 1924〉에서 눈꺼풀의 열림과 닫힘은 시대의 죽음을 초래한다는 점에서 시간과 영원을 포용한다(Hansen-Löve 1993: 140). 우스펜스키는 시각과 시간의 모티프가 결합된 시 텍스트들로 1920년대에 씌어진 〈1924년 1월 1일〉, 〈아니, 나는 한번도 그 누구의 동시대인이 아니었다Net, nikogda nichei ia ne byl sovremennik〉, 〈시대Vek〉와 1930년대에 씌어진 〈민중의 소요와 번잡 속에서Sred' narodnogo shuma i spekha〉와 〈너의 동공은 하늘의 굳은 껍질 속에Tvoi zrachok v nebesnoi koroke〉를 예로 든다. 그러니까 눈의 이미지는 1910

서처럼 산만하게 나열된 여행의 단상들—자연과학과 인상주의 회화와 아르메니아의 지리와 페르샤 문학에 관한—을 한 줄로 엮어 주는 공통분모라 할 수 있다. 이 장에서는 이러한 '바라보기'의 모티프를 〈아르메니아 여행〉을 중심으로 살펴보고 그것을 토대로 하여 후기 시 중의 한 편인 〈명암의 순교자 렘브란트처럼…Kak svetoteni muchenik Rembrandt, #364〉을 분석해 볼 것이다. 1937년 보로네주에서 씌어진 〈명암의 순교자〉는 렘브란트의 특정 회화에 관한 감상을 담고 있으며 내용상 1930년의 아르메니아 여행과는 무관해 보이지만 에세이에서 산문적으로 기술된 비전의 문제가 시적으로 압축되어 있다는 점에서 아르메니아 여행에서 시작된 새로운 윤리적, 예술적 비전의 탐구를 마무리지어 준다. 요컨대 에세이와 시는 하나로 합쳐져서 원숙기 시인이 시대를 향해 무겁게 던지는 윤리적 진술로 응축되는 것이다.

만델슈탐의 시와 산문에서 보기, 듣기, 말하기 및 거기에 상응하는 감각 기관인 눈, 귀, 입의 중요성은 이미 여러 차례 지적된 바 있지만(M. Gasparov 1995: 357) 특히 아르메니아 여행기의 모든 페이지는 비전과 그것의 새로운 각성, 그리고 감각과 정신의 갱생에 대한 관심을 드러내 준다(Isenberg 1987: 156). 그에게 눈은 "사색의 무기"(MSS III: 169)인데 이는 단지 시각적 재현이 정신의 재현의 토대가 될 수 있기 때문이 아니라 만델슈탐이 기술하고 있는 비전이란 눈을 통해 보이는 대상에 정신을 관여케 하는 명상적 과정이기 때문이다(Isenberg 1987: 156). 눈은 또한 이 책의 제2장에서 살펴본 입 혹은 입술이 그러하듯이 시인의 메토니미적 분신이다. 시인과 마찬가지로 눈도 "고상한, 그러나 고집스러운 동물"(MSS II: 161)이기 때문이다. 더 나아가 눈은 "이미지의 가치를 증가시키는 기

년대와 20년대를 거쳐 다각도에서 발전되다가 아르메니아 여행을 계기로 콘텍스트적 우위를 완전히 굳히게 된다고 볼 수 있다.

관”(MSS II: 161) 이므로 눈을 통해 사물을 어떻게 바라보는가의 문제는 궁극적으로 글쓰기의 문제로 연장될 수 있다.

결국 만델슈탐에게 눈의 중요성은 그가 시인이라는 사실에 대한, 그리고 어떻게 세상을 바라보고 어떻게 글을 써야 하는가에 대한 사색을 반영한다. 따라서 눈에 대한 이러한 정의들은 자연스럽게 눈의 단련 혹은 세정에 대한 논의로 이어진다:

> 거기서 나는 내 시각을 연장시켜 바다의 넓은 잔에 눈을 담갔다. 모든 세진과 눈물이 밖으로 나오도록. 나는 염소가죽 장갑처럼 시각을 잡아당겨 늘여서 배경에 보이는 푸른 바다의 틀에 팽팽하게 끼워 놓았다. (…) 나는 재빨리 게걸스럽게 봉건적인 분노에 차서 내 시계(視界)의 소유지를 조망했다. 그런 식으로 사람들은 세진이 밖으로 나오게 하기 위해 철철 넘치게 물이 가득찬 널따란 잔에 눈을 담근다. (…) 눈은 목욕을 요구한다. (…) 그는 목욕을 좋아하는 사람이다.(MSS III: 159, 160)

이렇게 “깨끗이 씻겨진” 눈, “잡아당겨져 늘어난” 시각은 ‘영혼의 눈’, 혹은 ‘예술의 눈’으로 변형되며 그럼으로써 정상적인 광학의 법칙을 이탈하여 사물을 바라보기 시작한다. 〈아르메니아 여행〉에서 제기되는 가장 핵심적인 문제는 예술의 눈을 통해 사물을 어떻게 볼것인가 하는 것인데 그는 다양한 방식의 시각 실험을 제시함으로써 이 문제에 대답하려고 시도한다.

우선 그는 “나이브한 리얼리즘의 무해한 역병으로부터 회복하고 있는 모든 사람들을 위해” 다음과 같은 그림 감상법을 제시한다:

> 어떤 경우라도 교회당에 들어가듯 하지 말 것. 어리둥절해하지도 얼어

> 붙지도 말고 캔버스에 붙어서지도 말 것. 마치 가로수길을 산책하는 듯한 걸음으로, 처음부터 끝까지! 유화 공간이 내뿜는 거대한 온도의 파장을 가르며 나아가라. 침착하게, 흥분하지 말고—타타르족 어린아이가 알루슈타강에서 말을 목욕시키듯이—눈을 새로운 물적 환경에 가라앉히라. (…) 당신의 시각이 갖는 육체적 열기의 수준에 아직 못 미치는, 즉 수정체가 핵심적인 조절 장치를 발견하지 못한 그림 앞에 서 있는 것은 이중 창틀 밖에서 털옷을 입고 세레나데를 부르는 것과 마찬가지다. 이러한 균형이 달성되면 그림복구의 제2단계인 그림의 세척, 즉 낡은 외피, 바깥쪽에 최근에 생긴 야만적인 층위(그것은 모든 사물처럼 그림을 밝고 응축된 리얼리티와 연결시켜 준다)를 벗겨 내는 작업을 시작하라. (…) 눈은 매우 섬세한 산성반응으로써 그림을 자신의 위치로 들어올린다. 왜냐하면 그림은 외적인 감각, 즉 통각보다는 훨씬 강하게 내분비 현상에 다가가기 때문이다. (…) 여기서 비로소 그림 속으로 들어가는 세 번째의 그리고 마지막 단계가 시작된다. 즉 사상과의 대면이 그것이다. 여행자-눈은 의식에게 칙서를 위임한다. 그때 관자와 그림 사이에는 외교적인 밀약과도 유사한 냉정한 협약이 성립된다.(MSS II: 161-162)

여기서 만델슈탐이 제시하는 그림 감상법은 간단히 말해서 대상과 관자 사이의 시각적인 균형의 획득, 대상을 덮고 있는 외적인 눈속임의 제거, 대상의 내적 본질과의 대면으로 일반화될 수 있으며 이점에서 그것은 다만 그림에만 해당되는 감상법이 아니라 모든 사물에 해당되는 새로운 '바라보기'의 방식이라 할 수 있다. 에세이에서 기술되는 이 새로운 바라보기는 네 가지로 나누어 볼 수 있는데 그것들은 모두 정상적인 시각을 거부한다는 공통점을 가지며 또한 그림으로써 영혼의 눈으로 사실주의적인 외피를 벗겨내고 내면의 모습을 직시해야 한다는 그림 감상법의 취지와도 일맥상통한다. 우선 만델슈탐은 사물을 확대시켜 볼 것을 제안한다. 확대시켜 보기는 소위 '늘어난 시각'의 결과라 할 수 있으며 관자의 확대된 시선 속에서 사물은 스스로 그 본질을 드러낸다. 일례로 만델슈탐은 극도로 작은 한련의 새싹에 확대의 원칙을 적용시켜 다음과 같이 기술한다. "한련의 새싹은 두 갈래로 갈라져 있으며 작은 혓바닥으로 변형되어 가는 길고 가느다란 돈지갑, 혹은 도끼창의 형태를 갖고 있다. 그것은 또한 구석기 시대의 화살촉과도 닮았다. 주위에서 술렁이는 힘의 긴장 덕분에 새싹은 우선 다섯 부분으로 나누어지는 형태로 변형된다. 동굴 쇠갓의 선들은 궁형의 팽팽함을 획득하게 된다. (…) 그러나 얼마 후 힘의 장은 자신의 유희를 급격히 변화시키고 형태를 기하학적 한계까지 몰고 가 다각형을 만들어낸다"(MSS II: 153-154). 대상뿐 아니라 대상의 주위에서 술렁이는 힘의 장까지도 볼 수 있는 확대경 같은 눈에 비친 식물은 더 이상 식물학자의 연구 대상이 아닌 "우주에서 항구하게 요동치는 살아 있는 폭풍의 사절"(MSS II: 154)이자 "사건, 일, 화살"(MSS II: 154)로 정의된다. "식물이 곧 사건이다"라는 진술은 식물의 본질이 그 실존의 사실, 그 창조의 현상 자체에 필적함을 함축한다. 그 사건은 원인과 발전의 과정을 내다보는 현대의 이론으로는 결코 설명될 수 없다(Harris 1986: 13). 오로지 예술가의 확대된 시선 속에서만 실존과 본질의 등식이 성립될 수 있기 때문이다.

만델슈탐이 제시하는 두 번째 방식은 '이상한 눈'으로 바라보기이다. 그는 인간의 눈이 아닌 동물의 눈, 심지어 나비나 조류의 날개에 새겨진 눈 모양의 무늬를 통해 보고자 시도한다: "저 나비의 회색빛 나는 긴 촉수는 가시꼴 구조를 가지고 있으며 정확하게 프랑스 한림회원의 칼라에 꽂힌 꽃나무 가지 혹은 관뚜껑에 놓인 은빛 종려나무 잎새를 연상시킨다. 그것의 튼튼한 흉부는 작은 보트처럼 생겼고 미미한 머리통은 고양이의 머리통과 흡사하다. 그것의 눈 달린 날개는 체스마와 트라팔가에 있었던 장군의 아름다운 비단으로 만들어졌다. 갑자기 나는 이 괴물의 '그려진 눈narisovannymi glazami'으로 자연을 바라보고 싶다는 야만적인 욕구에 사로잡힌 스스로를 발견했다"(MSS II: 164). '이상한 눈'의 모티프는 〈아르메니아 여행〉 이후에 씌어진 시들에서도 지속적으로 발견된다:

> "우리를 매혹시키는 아리오스토와 타소가/담청색 뇌수와 습기찬 눈으로 만들어진 비늘을 갖는 괴물이라면,"(#270).
>
> "육감의 극히 작은 부가물/혹은 도마뱀의 정수리에 달린 눈"(#278).
>
> "백야에, 아니 칼 속에서 세력의 대동맥이 팽창함으로써/ 눈은 침엽수의 고기덩어리로 변형되었다"(#313).
>
> "좁다란 땅벌의 시력으로 무장한채/지상의 축, 지상의 축을 빨아먹는/좁다란 땅벌의 시력으로 무장한채/내가 만나야 하는 모든 것을 감지하고/괜스래 외우다시피 회상한다"(#367).

세 번째는 '비유적으로 바라보기'인데 상상력의 눈을 통해 보여지는 세상은 연상의 사슬을 거치면서 그 외면과는 전혀 다른 모습으로, 다만 하나의 비유로 재창조된다. 페르샤의 세공품들을 바라보는 것에서 시작한 만델슈탐의 비유적 시각은 표범과 버드나무의 이미지에서 아담과 이브의 이미지로 이어지다가 마침내 지평선도 원근법도 모두 제거하게 된다:

> 페르샤의 세공품은 우아한 다이아몬드 같은 놀란 듯한 눈으로 비스듬히 바라본다. 죄없는, 그리고 육감적인 세공품은 그 무엇보다도 훌륭하게 인생이란 값지고 소멸하지 않는 선물임을 확신시켜 준다. 나는 회교도의 에

> 나멜과 카메오를 사랑한다! 나의 비유를 계속하면서 나는 이렇게 말하련다. 미녀의 불타는 말의 눈은 비스듬히 그리고 자비롭게 독자에게 내려온다. 원고의 햇빛에 그을은 양배추 줄기는 수훔산 담배처럼 부스러진다. 저 화 잘 내는 인간들 때문에 얼마나 많은 피가 흘려졌을까! 그들의 정복자는 그들 덕분에 얼마나 즐거워했을까! 표범에게는 벌 받은 학생의 교활한 귀가 있다. 수양버들은 풍선으로 둔갑하여 둥둥 떠다닌다. 아담과 이브가 낙원의 최첨단 유행 옷을 입고서 협의하고 있다. 지평선은 제거되었다. 원근법은 부재한다.(MSS II: 167)

이 인용문에 포함된 모든 비유들은 다른 어떤 내용을 말하기 위한 것이라기보다는 오로지 바라보는 방법을 예시해 주기 위한 것으로 여겨진다. 즉 페르샤 세공품에 조각된 인물이나 풍경이 만델슈탐의 비유적 눈에 포착되어 변형되는 과정이 그대로 묘사되고 있는 것이다.

마지막으로 들 수 있는 것은 '쌍안경을 통해 바라보기'이다. 1931년의 시 〈칸초네Kantsona〉에서도 언급되듯이 쌍안경은 만델슈탐에게 시선을 풍요롭게 하기 위한 중요한 도구이다:

> "나는 북방의 땅을 떠나련다/운명의 대단원을 시각으로 충분히 배부르게 하려고/(…)/나는 군용 쌍안경을 사랑한다/고리대금업자다운 시각의 힘을 갖는―."

아르메니아의 작은 도시 수훔을 여행하던 중 군용 쌍안경을 통해 멀리 늪지대를 바라보던 만델슈탐은 하루살이들의 무의미한 춤을 시각 차원에서 형이상학적 사색의 차원으로 전이시켜 아르메니아 여행의 실질적인 메시지라 할 수 있는 진술에 도달한다.

> 멀리 푸른 늪지에서 등대가 회전하며 데이트 다이아몬드처럼 빛을 발하고 있었다. 나는 우연히 죽음의 무도, 인광충들의 혼례 무도를 보았다. 처음에는 여기저기 떠도는 무척 작은 권련의 불꽃이 빛을 내뿜는 듯 보였지만 그것들이 그리는 장식무늬는 너무도 위험스럽고 자유롭고 대담했다. 그것들이 어디로 날아가는지 누가 알랴! 조금 더 가까이 다가가니 전기에 감염된 광기어린 하루살이들이 눈짓을 하고 부들부들 떨고 선을 그리며 현재 순간의 저속한 책을 먹어치우는 것이 보였다. 만일 우리가 존재의 물적 증거를 남겨 놓지 않는다면 우리의 무겁고 튼튼한 육신도 그와 똑같이 부패하고 우리의 행동 또한 그러한 신호들의 복마전으로 변형될 것이다.(MSS II: 158)

"존재의 물적 증거veshchestvennye dokazatel'stva bytiia"야말로 이 모든 보는 행위의 최종적인 목적이자 시인이 살아남아 글쓰기를 계속해야 하는 가장 근본적인 이유이다. 그것은 바라보기와 시창작의 관계, 더 나아가 시쓰기와 윤리의 관계에 대한 심오한 사색으로 우리를 유도한다.

이상에서 살펴본 바와 같이 만델슈탐이 〈아르메니아 여행〉에서 제시하는 바라보기의 방식들은 모두 정상적이고 직접적인 시지각을 거부하며 그럼으로써 사물에 대한 새로운 인식을 촉구한다. 여기서 한 가지 흥미로운 점은 〈아르메니아 여행〉의 세 가지 소재인 자연과학, 회화, 문학이 모두 시각을 축으로 하여 양극적 대립의 관계를 형성하며 더 나아가 그 대립관계는 어떤 식으로든 리얼리즘과 반리얼리즘의 대립으로 요약될 수 있고 따라서 그것들은 문학적인 바라보기에 대한 세 가지 패러다임으로 간주될 수 있다는 사실이다. 만델슈탐은 아르메니아 여행 중에 젊은 생물학자 보리스 쿠진B. S. Kuzin과 알게 되었고 그것을 계기로 한동안 자연과학에 대한 관심을 글로써 표명하였다.[4] 이는 〈아르메니아 여행〉

중 〈자연과학자들에 관하여Vokrug Naturalistov〉라는 소제목이 붙은 부분, 그리고 《메모집 1931-1932Zapisnye knizhki 1931-1932 godov》 중의 〈팔라스Pallas〉, 〈다윈의 문학적 스타일Literaturnyi stil' Darvina〉, 1932년의 시 〈라마르크Lamark〉를 비롯하여 식물과 성장에 관한 여러 편의 후기 시에 직접적으로 반영되어 있다. 자연과학에 관한 만델슈탐의 사색은 대체로 20세기 초에 러시아 학계에서 일고 있었던 다윈주의와 신라마르크주의 간의 논쟁을 프레임으로 하는데 전자의 진화론이 발전과 자연도태를 토대로하는 기계적 실증주의와 리얼리즘으로 정의된다면 후자는 내적인 자기발전과 성장, 반리얼리즘으로 정의된다.[5] 만델슈탐에게 있어서 "자연과학자의 방법론에 대한 열쇠로서의 눈"은(MSS III: 172) 무엇보다도 가변적인 시각을 유지할 수 있어야 한다. "자연과학자의 눈은 맹금의 눈처럼 시력 조절 능력을 갖고 있다. 그것은 때로 장거리 군용 쌍안경으로 변

---

4 자연과학에 대한 관심은 괴테의 이탈리아 여행과 만델슈탐의 아르메니아 여행을 동일한 맥락에서 해석할 수 있게 해주는 또 다른 요소이다. 괴테가 이탈리아에서 관심을 둔 세가지는 자연, 인간사회, 예술이었는데 특히 기상학, 지질학, 광물학, 동물학, 식물학을 포괄하는 자연과학에 대한 흥미는 이 시기에 고조되었다(괴테 1992: 257). 식물에 관한 괴테의 관찰은 앞에서 인용한 한련 잎새에 관한 만델슈탐의 진술과 평행을 이룬다고 보여진다: "즉, 우리가 보통 잎이라고 일컫는 그러한 식물의 기관속에는 모든 형상으로 숨거나 나타날 수 있는 변화무쌍의 해신 프로테우스가 숨어 있다는 사실이다. (…) 우리는 이 식물의 강력한 생명력과 번식력을 알고 있다. 눈이 그 가지의 눈에 겹치고, 마디와 마디가 결합된다. 이제 이런 현상이 계속되면 눈에 띄지 않는 좁은 곳에서도 눈이 가능한 대로의 발전을 하게된다. 그리하여 만개한 꽃조차도 다시금 네 송이의 만개한 꽃을 그의 가슴속에서 피워내는 것이다"(괴테 1992: 42-44).

5 신라마르크주의자들이 주장한 내적 성장에 관해서는 B. 가스파로프의 다음 설명을 참조하라: "신라마르크주의자들은 유기체의 진화에 있어서 유기체와 외적 환경간의 상호 작용에 의한 자극의 영향을 받아 발생하는 내적 자기성장의 역할을 강조하였다. 이러한 개념에서 무게의 중심은 적자 생존이라고 하는 순수하게 외적인 요인으로부터 내적인 '지향' 즉 유기체가 외부로부터, 그러니까 변화하는 주변 환경으로부터 주어지는 자극에 적응하려는 지향으로 옮겨졌다"(B. Gasparov 1994: 189).

형되기도 하고 때로는 볼록렌즈로 만들어진 보석 세공용의 확대경으로 변형되기도 한다"(MSS III: 177). 라마르크J. Lamarck와 린네C. Linnaeus, 뷔퐁C. Buffon, 팔라스P. S. Pallas 등의 소위 "자연과학자-분류학자naturalist-sistematik"들은 이러한 시각의 소유자들로서 그들의 보는 방식은 역으로 그들의 책을 읽는 독자의 시각을 "똑바르게 펴 준다"(II: 162).[6] 그들 중에서도 특히 독일 출신의 자연과학자로서 1768년부터 페테르부르크 과학 아카데미 교수로 재직했던 팔라스의 시각은 특히 관심을 끈다. 팔라스의 신축성 있는 시각은 만델슈탐이 이상적으로 생각하는 눈에 필적한다: "광할한 러시아의 풍경화는 팔라스에게서 무한히 작은 위대함으로 이루어진다. (…) 팔라스는 오로지 '근경'만을 알고 또 좋아한다. 그는 근경과 근경을 접합시켜 무늬를 만든다. 그리고 갈고리와 매듭으로 자신의 지평선을 늘여놓는다"(MSS III: 163). 팔라스의 이러한 시각은 그의 문체로 연장되어 흔히 자연과학자에게 기대되는 바의 사실에 근거한 묘사와는 전혀 다른 자연에 대한 시적인 묘사를 파생시킨다.

> 수동적으로 직관적인 자연과학적 기술의 독자적인 기교와 독창적인 예술은 18세기 하반기에 최고조로 꽃피었다. 이 장르의 가장 빛나는 사례는 1767년 과한 아카데미 회원인 팔라스가 편찬한《러시아 제국의 여러 지방 여행기Puteshestvie po raznym provintsiiam Rossiiskoi Imperii》이다. 여기서 눈이 갖는 귀족적 예리함과 민감함, 묘사의 화려함과 원숙함은 그 절정에 도달하여 거의 농노제 시대의 세공품처럼 여겨질 정도다. 그가 묘사하는 아시아 딱정벌레는 중국 황실의 극장 혹은 지주의 발레 무대에라도 등장할 듯한 의상을 입고 있다. 이 자연과학자는 순수하게 회화적이고 환상적

6 이들 자연과학자들에 관한 주석은 Harris 1979, 667-668을 참조하라.

인 과업의 실현을 목표로 한다.(MSS III: 173-174)

자연과학의 패러다임에서 팔라스의 반대편에 서있는 인물은 다윈C. Darwin이다. 다윈의 시각은 전형적인 자연과학자의 그것이며 그는 일체의 감정과 상상력을 배제하고서 "마치 업무 안내서나 주식 목록, 혹은 가격, 징후, 기능 등의 색인을 읽듯이 사려깊게 자연의 책장을 넘긴다"(MSS III: 173). 따라서 그의 역사적인 저서《종의 기원The Origin of Species》도 "신문이나 시사물, 정치평론의 직접적인 연장"(MSS III: 171)에 불과하며 그의 문체는 간단히 말해서 "중간 정도의 독자를 상대로 한 통속성과 산문성"(MSS III: 170)이라 요약된다. 팔라스가 헨델, 글룩, 모차르트와 같은 위대한 예술가에 비유될 수 있다면 다윈은 19세기 영국의 사실주의적 산문작가 디킨즈C. Dickens에 비유된다. "나는 다윈과 화해하고 그를 상상의 선반 위에 디킨즈와 나란히 올려놓았다. 그들이 함께 식사를 한다면 제3의 인물은 피크윅 씨가 될 것이다. 다윈의 선량함에 매혹되지 않기란 어려운 일이다"(MSS II: 163). 여기서 다윈은 디킨즈와 병치됨으로써 후자가 상징하는 일상의 범속함("선반", "식사", "선량함"), 리얼리즘, 상업성을 부여받는다(B. Gasparov 1994: 191).[7] 다윈의, 혹은 다윈과 디킨즈의 '리얼리즘'이 만델슈탐이 상정하는 바의 예술과 반대되는 속성임은 그다음에 이어지는 수사 의문문에 의해 자명하게 된다: "그러나 진정 선량함이란 것이 창조적 인식의 방법이자 현실관조의 정당한 수단일 수 있을까?"(MSS

7 디킨즈에 의해 재현된 소시민적인 범속성과 일상성, 그리고 정신적인 삶의 황폐화는 그의 소설《돔비와 그 아들Dombey and Son》을 제목으로 하는 만델슈탐의 초기 시(#53)에서 이미 드러난 바 있다. "찰즈 디킨즈에게 물어보라/당시의 런던은 어떠했는지./구시가에 자리잡은 돔비의 사무실/ 그리고 템즈강의 싯누런 물/(…)/사무실에는 부서진 의자들/실링과 페니의 계산서/벌집에서 빠져나온 벌떼처럼/1년 내내 날아다니는 숫자들."

II: 164).

두 번째 패러다임인 회화영역에서 양극성은 인상주의, 점묘파 등 시각 실험으로 알려진 일군의 화가들과 소위 '나이브한 리얼리즘'의 화가들, 일례로 베레샤긴V. V. Vereshchagin 같은 화가들의 대립을 통해 형성된다. 만델슈탐은 "새로운 명암법에 의해 사물의 고유한 윤곽을 제거해 버린 인상주의 화가들과 표현된 대상이 아닌 하나하나의 붓자국을 그림의 단위로 삼는 점묘파"(이른하임 1989: 429-430)를 언급함으로써 또다시 시각의 궤도 이탈을 시사한다. "나는 인상주의를 옹호하는 시냐크P. Signac의 책을 발견했다. 저자는 점묘파의 작품을 찬양하면서 '시각혼합의 법칙zakon opticheskoi smesi'을 설명하였다. 그리고 스펙트럼의 순수한 색채만을 사용하는 것이 얼마나 중요한가 하는 점을 암시하였다"(MSS II: 145). "문제는 종이 위에서 혹은 인과율의 암실에서가 아니라 인상주의적 환경, 에두아르드 마네E. Manet와 클로드 모네C. Monet가 세워 놓은 공기와 빛과 영광의 성전에서 해결된다"(MSS II: 155). 이들 인상주의 화가들은 자연과학자들이 그러했듯이 자신들의 독특한 시각 체험을 관자의 시각에 전염시킨다. 따라서 만델슈탐은 그들의 회화를 감상한 뒤에 정상적인 광학 법칙으로부터 이탈한 세상을 체험하게 된다. "프랑스인들의 그림을 보고 난 직후 내게 햇빛은 이지러지는 일식의 한 단계처럼, 그리고 태양은 은종이에 포장된 어떤 것처럼 보였다"(MSS II: 162). 반면에 사물을 다윈처럼 바라보는 베레샤긴의 사실주의적 회화는 단조로운 일상성을 반영하며 오로지 만델슈탐이 혐오했던 자모스크바레치예의 범속함에 대한 비유로서 사용될 수 있을 뿐이다. "뻔뻔스러울 정도로 높다랗게 쌓여 있는 저 창백한 초록빛의 양배추-폭탄 더미는 내게 희미하게나마 베레샤긴의 지루한 회화에 그려진 해골들의 피라미드를 연상시켰다"(MSS II: 150).

마지막으로 문학 영역의 패러다임은 장식주의와 리얼리즘의 대립을 축으로 한다. 에세이 안에서 장식주의를 옹호하는 직접적인 진술은 발견되지 않지만 그는 장식주의를 거부한 작가에게 지옥의 한 자리를 예견함으로써 자신의 입장을 완곡하게 표명한다: "바로 얼마 전에 어느 작가가(만델슈탐의 주에 따르면 코자코프M. E. Kozakov—필자) 자신이 장식주의자였다는 것을, 혹은 죄스럽기 짝이 없게도 그렇게 되려고 노력했다는 것을 공개적으로 반성한 적이 있다. 내 생각에는 단테의 지옥에 있는 제7원에 그를 위한 자리가 마련되어 있을 것 같다"(MSS II:154). 그가 장식주의를 옹호하는 것은 에세이의 일관된 논지에 미루어 볼 때 무엇보다도 장식주의가 지향했던 '낯선' 시각 체험 때문이라고 사료된다. 더욱이 에세이 자체가 기술된 방식은 필냐크B. Pilniak의 몽타주를 연상시키며 그가 묘사하는 사물의 세계는 올레샤Iu. Olesha의 주인공들이 바라보는 세계처럼 광학과 기하학과 자연의 법칙이 파괴된 세계이다. 그가 이렇게 몇 가지 우회적인 방식으로 옹호하는 장식주의의 반대편에는 자연과학의 패러다임에서도 잠시 언급했듯이 리얼리즘이 자리한다. 특히 당대의 문학 풍토를 고려해 볼 때 그가 적대시하는 리얼리즘은 얼마 후 사회주의 리얼리즘으로 공식화 될 그런 종류의 '나이브한 리얼리즘'이라고 해석되어도 무방할 것이다(Isenberg 1987: 157). 그가 〈수훔〉의 마지막 부분에서 화려한 수사와 더불어 비방하는 러시아 프롤레타리아 작가동맹의 멤버인 베지멘스키A. Bezymenskii는 그러한 리얼리즘을 대표하는 작가라 할 수 있다. "베지멘스키, 종이 아령을 들어 올리는 장사, 온화하게 붓을 놀리는 둥근 머리통의 대장장이, 아니 대장장이가 아니라 새장수, 아니 새장수조차도 아니고 RAPP의 애드벌룬. 그는 시종일관 등을 구부린 채 노래부르며 자기의 푸른 눈으로 사람들을 들이받았다"(MSS II: 158-159).

이상에서 살펴본 패러다임들을 정리해 보면 다음과 같다:

비일상적인 시각	일상적인 시각
1. 신라마르크 주의 내적인 성장 라마르크, 뷔퐁, 린네 팔라스	다윈주의, 상업성, 범속성 진화, 자연도태, 발전 다윈, 디킨즈
2. 인상주의, 점묘파 시냐크, 마네, 모네	사실주의 베레샤긴
3. 장식주의	사실주의

이렇게 일상적인 시각에 대립하는 비일상적인 시각은 만델슈탐에게 글쓰기의 이정표이지만 다른 한편으로는 그것이야말로 시인이 겪어야 하는 불행의 원천이다. 따라서 시각의 상실은 가혹한 시대에 시인이 겪어야 하는 수난을 상징하고 더 나아가 진정한 시인임을 표상해 주는 신체적 특성이 된다. 만델슈탐의 예술적 시스템 속에 등록된 시각과 시각 상실의 대립은 창작, 시, 예술 등의 테마와 관련되는 덕분에 확고한 메타텍스트적 측면을 갖는다(Shindin 1991: 94). 즉 양자는 기본기호 수준에서 대립적인 의미론을 보유하지만 메타시적 수준에서는 동의어가 되는 것이다. 예컨대 이 책의 2부 3장에서 살펴본 #113 텍스트에서 "눈먼 제비"는 "바라보는 손가락"이 시쓰기의 메타포인 바로 그만큼 시인의 메타포가 될 수 있다. 시력 상실의 콘텍스트는 특히 후기 시에서 시인을 말살하는 시대적 상황을 배경으로 만델슈탐이 외치는 자기 정체성의 절규로 울려 퍼진다:

"아, 내겐 아무것도 보이지 않고 가엾은 귀는 먹어 버렸다,"(#206).

"그는 말했다, 자연은 모두 산산히 부서졌다/시각은 없다—너는 마지막으로 바라본다,"(#254).

"나의 꾀꼬리, 나는 고개를 젖히리라/우리 둘이서 함께 세상을 바라보자/왕겨처럼 따끔따끔한 겨울날은/너의 동공에도 그토록 잔인한가?/(…)/그는 양쪽 모두 바라본다 양쪽에서!/그는 바라보지 않으리, 날아가 버렸다,"(#324).

"너의 동공은 하늘의 굳은 껍질속에,"(#345).

"이끼로부터 자라나는 외눈박이 노래,"(#365).

시력 및 청력의 상실은 한걸음 더 나아가 숭고한 메시아적 의미를 획득한다. 요컨대 색채 및 음악의 세계와의 이별은 낭만주의적 창조자-신으로 하여금 자연의 하모니로부터 인간을 갈라놓는 '낭떠러지'를 극복할 수 있게 해주는 초월적 도약의 특성을 얻는다(B. Gasparov 1994: 203). 그리하여 시인은 #388 텍스트에서처럼 세상을 향해 "보라 내가 장님이 되어 가는 것을, 강하게 되어 가는 것을"이라고 외칠 수 있게 된다. 시력 상실의 콘텍스트는 〈아르메니아 여행〉에서 라마르크라는 인물을 통해 실현된다. 그는 확대경 앞에서 "눈이 빠지도록" 울었고 그럼으로써 자연과학 분야에서 유일하게 셰익스피어적 인물로 부상한다(MSS II: 164). 라마르크의 시력 상실은 베토벤의 청력상실에 버금가는 것으로 묘사되는 것이다(MSS III: 161). 이렇게 시력을 상실한 자연과학자 라마르크는 시인의 여러 분신들 중의 하나가 되는데 만델슈탐은 목소리를 박탈당한 자신의 모습을 맹인 학자에게 중첩시킴으로써 시력과 시력 상실의 모티프에 윤리적 층위를 더해 주게 된다.

2 명암의 순교자

이제부터 살펴볼 〈명암의 순교자 렘브란트처럼〉이 여지껏 논의되어 온 비전의 테마와의 연장선상에서 고찰될 수 있는 것도 사실 시력의 모티프에 각인된 윤리적 층위 때문이다. 렘브란트도 만델슈탐도 모두 자신들이 가지고 있는 예술적 비전의 풍요로움 덕분에 순교당한 사람들이며 둘 다 시대에 의해 거부당한 사람들이다(Langerak 1991: 84 ; Ronen 1968: 255). 그러므로 만델슈탐의 생애를 마감하는 해에 씌어진 〈명암의 순교자 렘브란트처럼〉은 〈아르메니아 여행〉에서 본격적으로 탐구되기 시작한 비전의 테마와 혁명 후 지속적으로 발전되어 온 윤리의 문제가 최종적으로 종합된 작품이라 할 수 있을 것이다.

1 명암의 순교자 렘브란트처럼 Kak svetoteni muchenik Rembrandt,
2 나는 벙어리가 되어 가는 시대 속으로 깊숙이 떠나갔다, Ia gluboko ushel v nemeiushchee vremia,
3 그러나 내 불타는 갈비뼈의 날카로움은 No rezkost' moego goriashchego rebra
4 수비되지 않는다 저 경비병에 의해서도 Ne okhraniaetsia ni storozhami temi,
5 이 병사에 의해서도, 뇌우 아래 자고 있는. Ni etim voinom, chto pod grozoiu siat.

6 그대는 나를 용서해 주겠지, 화려한 형제 Prostish' l' ty menia, velikolepnyi brat,
7 거장 그리고 검녹색 어둠의 아버지여 I master, i otets chernozelenoi temi,
8 그러나 매의 깃털의 눈 No oko sokolinogo pera
9 하렘 자정의 뜨거운 궤는 I Zharkie lartsy u polnochi v gareme
10 선을 위해서도 아니고 선과 함께도 아니면서 당혹스럽게 한다

Smushchaiut ne k dobru, smushchaiut bez dobra

11 땅거미의 풀무질에 동요된 종족을. Mekhami sumraka vzvolnovannoe plemia.

이 텍스트는 비전의 문제를 테마론의 수준에서 발전시킬 뿐 아니라 구성과 의미론의 수준에서 사물과 시와 텍스트에 대한 시인의 시각이 어떻게 뒤틀리고 굴절될 수 있는가를 보여 준다는 점에서 전술한 바 있는 '새로운 시각'의 개념을 실현시켜 준다고 말 할 수 있다. 그는 〈아르메니아 여행〉에서 그토록 강조한 바 있는 '이상한 눈'으로 바라보듯이 기존하는 텍스트를 바라보고 그리하여 그의 눈에 비친 성서와 회화 텍스트는 새로운 모습을 취하게 된다. 브라운C. Brown은 인물을 주제로 하는 만델슈탐의 시에서 항상 그 인물 이외의 다른 인물이 그림자처럼 등장하는 현상을 지적한 바 있다. 예컨대, #43 텍스트에서는 루터 외에 사도 베드로가, 〈바흐Bakh〉에는 바흐 외에 예언자 이사야가, 〈아흐마토바Akhmatova〉에서는 패드라의 역을 연기한 여배우 라헬이 각각 등장한다(Brown 1978: 203). 이러한 지적은 해당 텍스트에도 그대로 적용될 수 있다. 렘브란트에 관한 이 텍스트의 1연에는 "불타는 갈비뼈", "경비병", "병사" 등의 어휘에서 드러나듯이 십자가에서 처형당한 그리스도가 등장하기 때문이다. 렘브란트와 그리스도는 모두 서정적 자아에 대한 분신으로 기능한다는 데에 일차적인 공통점이 있다. 서정적 자아는 표면적인 비유("렘브란트처럼")에 의해 렘브란트를 자신과 동일시하는 한편 스스로를 책형 에피소드의 주체로 삼음으로써("내 불타는 갈비뼈") 그리스도와의 동질성을 암시한다.

그러니까 제1연에 등장하는 인물은 모두 세 명이 되는 셈인데 이러한 등가 현상은 2연에서도 되풀이된다. 2연에서 주가 되는 텍스트는 "매의 깃털의 눈", "하렘 자정의 뜨거운 궤"를 디테일로 삼는 렘브란트의 회화 〈아하스에로스, 에스테르, 하만Ahasuerus, Esther and Haman〉(Ronen 1968:

255)이지만 그것과 나란히 등장하는 것은 구약 성서의 〈에스테르기〉와 렘브란트를 형제라 부르는 서정적 자아 만델슈탐의 텍스트이다. 요컨대 텍스트의 각 연은 3가지 층위를 지니며 바로 그 점에서 양자는 또한 반사경처럼 상대방을 조명해 준다고 말 할 수 있다. 한편 두 연의 등가적 관계는 양자의 구문 구조에 의해서 보강된다. 구체적으로 말해서 1연이 3행의 "그러나"에 의해 양분되듯이 2연 역시 8행의 "그러나"로 양분된다. 두 개의 "그러나"가 실질적인 문맥의 인과율로는 설명되지 않기 때문에 그것들이 수행하는 분기점으로서의 기능은 더욱 유표하게 된다. 두 연의 등가성을 지지해 주는 또 다른 인자는 음성적인 것으로 이 텍스트의 중심 어휘라 할 수 있는 "눈oko"이 두 연에서 각각 두 번 반복된다는 점이다:

1연 "gluboko, No rezkost' "
2연 "oko, sokolinogo"

결론적으로 이 텍스트는 3가지 패러다임으로 구성된 소텍스트, 그리고 그것과 불안정한 균형을 이루는 또 다른 분신적 텍스트로 이루어졌다고 볼 수 있다:

1연 렘브란트
그리스도
만델슈탐

2연 렘브란트의 회화
성서
만델슈탐의 시 텍스트

그러면 렘브란트와 서정적 자아의 등가적 관계를 가능하게 해주는 요인부터 먼저 살펴보자. 첫째, 렘브란트는 그 무엇보다도 빛과 어둠에 대한 새로운 시각을 발전시킨 화가로 알려져 있다. 공쿠르 형제의 지적처럼 "렘브란트의 그림이 언제나 그러하듯이, 그가 자신의 그림을 비추는 것은 대낮의 햇빛, 한결같이 고른 빛을 통해서가 아니라, 위로부터 밑으로 떨어져서 인물들 위로 목수건처럼 흘러내리면서 파열하는, 햇빛의 후려치는 듯한 조명을 통해서이다. 빛 속에서 살아서 숨쉬는 인물의 모습이 붓끝에서 이렇게 나타나 본 적은 한 번도 없다. (…) 이것은 이 하늘 아래서 볼 수 있는 가장 기막힌 착각의 실현이다"(거슨 1978: 56, 재인용). 렘브란트의 독자적인 명암법에 대한 찬사는 C. 노이만의 진술에서도 발견된다. "명암은 의심할 여지도 없이 그의 인상들과 생각들을 표현하는 자연스럽고 필연적인 형태이다. 그 이외의 다른 사람들도 명암법을 사용하기는 했지만, 그 어느 누구도 그만큼 한결같이, 그리고 그만큼 정신적 차원에까지 그 방법을 구사하지는 못했다. 그것은 가장 꼬집어 파악하기 어려우며, 가장 은밀하며, 가장 암시가 풍부하고 놀라움으로 가득 찬, 조형 언어에 있어서는 최고의 신비를 표현하는 뛰어난 표현 형태이다. 내밀한 인상들과 감각들의 가장 좋은 표현인 이 기법은 가볍고 공기와도 같으며 베일에 가려져 있으면 은밀하다. 이것은 숨겨진 사물에 그의 매력을 전해주며 신비로운 세계로 인도하고 정신적 아름다움에 새로운 특성을 부여한다"(거슨 1978: 65-66, 재인용).

이러한 맥락에서 볼 때 만델슈탐과 렘브란트의 동질성은 일차적으로 사물을 바라보는 새로운 시각에서 비롯되며 양자는 또한 그 새로운 시각 때문에(전자는 풍요로운 시각을 갖는 시인이기 때문에, 후자는 풍요로운 시각을 갖는 화가이기 때문에) 시대에 거절당한 "순교자"라고 하는 공통점을 갖는다. 빛과 어둠의 신비를 향해 모든 것을 던졌던 위대한 화가 렘브란트는 동시대인들로부터 철저하게 외면당한 채 극도의 빈곤 속에서 생을 마감했다. 렘브란트의 전기작가인 루트비히E. Ludwig에 의하면 사망 시 그의 전 재산은 "옷가지 몇 점과 8장의 손수건, 10개의 모자, 성서 한 권, 그리고 화구"였으며 몇 안 되는 유가족은 누가 장례비를 치를 것인가를 놓고 언쟁을 벌였다(Ludwig 1938: 164). 그러므로 보로네주에서 질병과 궁핍과 정신적 퇴락의 마지막 시간을 보내고 있던 만델슈탐에게 렘브란트의 비극적인 일생이 자화상처럼 떠올랐으리라는 것은 쉽게 짐작할 수 있을 것이다. 그와 만델슈탐은 모두 서서히 죽어 가는 시대, "벙어리가 되어 가는 시대" 속으로 깊숙이 침잠해 들어갔으며 그들은 모두 동시대인들에게 '살아 있지만 이미 과거에 속한 인물'로 간주되었다(Langerak 1991: 84; Poliakova 1992: 32).

만델슈탐과 렘브란트 간의 동질성은 세 번째로 후자가 유대인과 긴밀한 관계를 맺고 있었다는 점으로도 설명할 수 있다. 렘브란트는 30여 년간을 유대인 거주지에서 살면서 그들과 돈독한 우정을 유지한 것으로 알려져 있다. 그는 유대인의 전설을 사랑했으며 그들의 고뇌에 감응하였다. "유대인들은 주어진 땅과 시대의 이방인처럼 여겨졌으므로 그의 고독한 영혼을 매혹시켰다. 세속적인 삶의 바로 이 단계에서 그는 유대인들과 교류하기 시작했는데 마치 자기도 모르게 영혼의 구원을 위해 그런 것 같았다"(Ludwig 1938: 132). 초기와 중기의 만델슈탐이 유대주의에 대해 그리고 자신의 몸 속에 흐르는 유대인의 피에 대해 혐오감을 표현했다면 1930년대의 만델슈탐은 오히려 영원한 이방인으로 지상을 방황하는 유대인의 삶속에서 스스로의 운명을 발견했다. 초기와 중기의 만델슈탐에게 헬레니즘이 문화와 정신의 근원이었듯이 후기의 만델슈탐에게는 유대주의가 자기 존재의 근원이었다. 따라서 유대인들과 일생의 반을 보낸 네덜란드의 화가는 그에게 또 다른 동질성의 빛을 던져 주었을 것으로 추측된다.

한편, 만델슈탐과 그리스도 간의 등가성은 이보다 복잡한 경로를 따라 진행된다. 첫 번째 연의 3, 4, 5행은 그리스도나 십자가를 언급하지는 않지만, 책형의 모티프를 다루고 있음이 분명하게 드러난다(Averintsev 1996: 268). 그리스도가 당시의 유대인에게는 낯선 '비전'의 소유자였다는 사실, 그리고 바로 그 '비전'과 동시대인과의 충돌 때문에 십자가에 못 박혔다는 사실에 미루어 서정적 자아가 스스로의 운명을 그리스도의 수난과 동일시하는 것은 자명하게 여겨진다. 그러나 이 세 행에서 추적할 수 있는 서정적 자아와 그리스도의 등가관계는 책형의 모티프가 의도적으로 뒤틀려 있기 때문에 앞의 경우보다 훨씬 복잡하다. 폴랴코바S. Poliakova의 지적처럼 3, 4, 5행은 두 가지 다른 해석을 허용한다. "불타는 갈비뼈"는 그리스도의 최후의 순간을, 즉 십자가에 못 박히는 순간을 묘사한 것처럼 여겨지지만 4, 5행의 진술은 빌라도의 명령으로 경비병이 그리스도의 무덤을 지키는 장면, 즉 그리스도의 죽음 이후부터 부활 전까지의 시간을 가리킨다(Poliakova 1992: 32).[8] 그러나 5행의 "뇌우"는 다른 한편으로 그리스도가 숨을 거두기 직전에 예루살렘을 뒤덮은 어둠을 연상시키므로 4, 5행은 또다시 책형의 모티프와 시간적으로 맞물린다. 즉 이들 세 행에서 진술되는 것은 그리스도의 처형, 그리고 그리스도와 자아의 동질성에 입각한 자아의 처형으로 해석될 수도 있고 무덤의 경비로도 해석될 수 있는

---

8 마태오의 복음서 27: 62-67을 참조하라. 특히 러시아 성서에서는 해당 텍스트에 사용된 어휘를 그대로 발견할 수 있다: "I govorili: gospodin! My vspomnili, chto obmanshchik tot, eshche buduchi v zhivykh, skazal: « posle trekh dnei voskresnu » ; Itak prikazhi okhraniat' grob do tret'ego dnia, chtob ucheniki Ego, prishedshi noch'iu, ne ukpali Ego i ne skazali narodu: « voskres iz mertvykh » ; i budet poslednii obman khuzhe pervogo. Pilat skazal im: imeete strazhu ; poidite, okhraniate, kak znaete. Oni poshli i postavili u groba strazhu, i prilozhili k kamniu pechat" (밑줄은 필자).

여지를 남겨 놓는다. 이렇게 서정적 자아는 그리스도의 죽음과 죽음 후의 사건을 한 문장 속에 응축시킴으로써 복음서의 순차적인 에피소드들을 동시적으로 조망하는 한편 "저 경비병"과 "이 병사"를 통해 그리스도의 현재와 자신의 현재를 중첩시킨다. 전자가 오래전에 예수의 무덤을 수비했던 파수꾼을 지칭한다면 후자는 현재 보로네주에서 만델슈탐을 감시하는 MVD(내무성)의 보안요원을 지칭할 수 있기 때문이다(Poliakova 1992: 32). 요컨대 책형이 만델슈탐이 겪는 고통에 대한 모델이라면 무덤의 경비는 만델슈탐이 처한 상황에 대한 모델인 것이다.

한편, 묘사되는 인물의 고통과 그에게 가해지는 위협을 각각 상징하는 3행의 "불타는"과 5행의 "뇌우"는 빛과 어둠의 대비로 환원된다(Langerak 1991: 85). 따라서 3, 4, 5행은 1행의 "명암"을 설명하고 있는 셈인데 렘브란트의 회화적 특질을 설명하는 "명암"이 여기서는 '비전'과 '비전의 결여'의 윤리적 대비로 전이된다. 그리스도가 '빛'이라면 그를 박해한 것은 '어둠'속에 침잠하여 빛을 보지 못한 시대이다. 진정한 시인이 빛을 향해 걸어가고 있는 동안 눈먼 시대는 아무것도 보지 못한다. 그리스도의 무덤 앞에 서서 부활을 막으려 했던 "저 경비병"과 만델슈탐의 글쓰기를 감시하는 "이 병사"는 모두 "뇌우" 아래 있을 뿐만 아니라 "잠들어" 있으므로 아무것도 '보지 못한다'. 따라서 그들은 "불타는 갈비뼈"를 "수비"할 수 없다. 이렇게 볼 때 1연에서 렘브란트를 수식했던 "명암"은 렘브란트의 독특한 화법뿐 아니라 성서 시대부터 현재까지 계속되어 온 빛과 어둠의 투쟁을 암시한다. 렘브란트도 만델슈탐도 그리스도도 모두 "빛과 어둠의 순교자"인 것이다.

예술가의 비전과 눈먼 시대와의 불협화음은 제2연에서도 반복되는데 제2연은 상식적인 해석을 불허하는 시각의 뒤집힘을 통해서만 1연의 거울 텍스트로서의 그 위상이 파악될 수 있다. 1연에서 "뇌우"의 지배를 받는 "경비병"과 "병사"는 2연에서 "땅거미의 풀무질에 동요된 종족"으로 패러프레이즈된다. 전자가 잠들어 있어 빛을 보지 못하듯이 후자는 어둠의 재촉을 받아 렘브란트의 회화가 제시하는 모종의 특성에 당혹해할 뿐이다. 여기서 외관상 언급되고 있는 것은 렘브란트의 〈아하스에로스, 에스테르, 하만〉과 그것의 기저 텍스트인 〈에스테르기〉이지만 실제로 2연은 특정 회화에 관한 것도 아니고 특정 성서 텍스트에 관한 것도 아니다. 그것은 만델슈탐의 텍스트가 언제나 그러하듯이 회화나 성서 텍스트 자체가 아닌, 그것들이 대표하는 어떤 특질을 다루고 있다.[9] 8행과 9행의 "매의 깃털의 눈"과 "하렘의 궤"는 회화 속에서 하만의 터번에 달린 눈알 무늬의 깃털을, 에스테르가 앉아 있는 황금색 비단에 덮인 궤를 각각 가리킨다고 보여진다. 그러나 "매의 깃털의 눈"을 바라보기의 콘텍스트와 관련지어 본다면 그것은 〈아르메니아 여행〉에서 언급되었던 '이상한 눈', '그려진 눈'으로 해석될 수 있다. 요컨대 렘브란트가 회화 속에서 제시한 깃털의 눈은 렘브란트 자신과 만델슈탐이 공유하는 예술가의 비전에 대한 메토미니가 된다. "뜨거운 궤" 또한 특정 디테일이라기보다는 명암의 구성 요소로서 파악될 수 있다. "뜨거운zharkii"에서 즉각적으로 연상되는 타오르는 '불길zhar'은 "자정"의 어둠과 대비됨으로써 렘브란트 회화의 특질을 암시하는 동시에 1연에서 다루어졌던 빛과 어둠의 테마를 반복해서 제시한다. 즉 그것은 렘브란트와 만델슈탐이 추구했던 그리스도의 빛을 간접적으로 시사한다.

한편 회화 속의 디테일로서의 "깃털의 눈"과 "뜨거운 궤"는 렘브란트의 삶과 작품 속에 베어 있는 풍요로움을 감각적으로 전달하는 기능을 수행한다. 렘브란트는 비단과 보석으로 치장된 인물, 이국적인 배경 등이

9 만델슈탐의 텍스트가 보여 주는 이러한 성향에 관한 보다 자세한 논의는 Brown 1978, 204-206을 참조하라.

현란하게 어우러지는 화폭을 창조했을 뿐 아니라 실생활에 있어서도 잘 알려진 수집가이자 골동품 감정가였다. "그는 아름답고 기이한 모든 것, 값비싸고 풍요롭고 화려한 모든 것을 닥치는 대로 수집하였다. (…) 그건 오로지 마음 깊은 곳에서 그가 경멸하였던 바로 그 편안함과 사치스러움을 느끼기 위해서였다"(Ludwig 1938: 126-127). 세속적인 부를 향한 렘브란트의 이러한 집착은 그리스도의 청빈은 물론이거니와 만델슈탐의 삶을 위축시켰던 빈곤과 상치되는 듯이 여겨진다. 그러나 만델슈탐은 여기서 의도적으로 해석의 초점을 상식적인 독자의 기대로부터 이탈시킨다. 그가 제공하는 일그러진 거울 속에서 화가의 부, 즉 물적이고 현실적인 호사스러움은 비전의 풍요로움으로, 정신적인 부로 변형된다.[10] 어둠에 휩싸인 "종족", 궁핍한 시대를 당혹케 하는 것은 렘브란트의, 그리고 렘브란트의 이미지와 중첩되는 만델슈탐의 예술적인 부이자 그들 모두가 공유하는 '이상한 눈'을 통해 바라보는 능력이다. 이러한 맥락에서 볼 때 비로소 6행의 "화려한"은 타당한 수식어로 간주될 수 있을 것이다.

8행과 9행의 소위 기저 텍스트로 작용하는 〈에스테르기〉와 1연에서 언급된 그리스도의 책형 간의 상관관계를 파악하기 위해서는 또다시 시각의 뒤틀림이 요구된다. 신약과 구약에서 각각 선택된 두 가지 에피소드는 처형의 모티프를 축으로 상호 반영적이다. 그러나 전자의 처형이 무고한 인간의 순교라면 유대인을 말살하기 위해 음모를 꾸민 하만이 에스테르의 지혜로 아하스에로스 왕에게 처형당한다는 내용의 후자는 악인의

---

10 사실 세속적인 의미에서의 부가 예술적인 부의 가시적인 대체물로 작용하는 예는 비전의 윤리성을 다룬 후기의 대표적인 텍스트 〈이 모든 불행은…〉에서도 발견된다. 전통적으로 사악한 인물로 간주되었던 카시체이는 이 텍스트에서 예술가의 분신으로 등장하는데 양자의 관계를 가능하게 해주는 것은 역시 카시체이가 소유하고 있는 재산과 그의 고양이에게 속한 "고리대금업자 같은 눈"이다. 카시체이와 렘브란트와 만델슈탐의 등가성에 관한 논의는 Ronen 1968, 254-255를 보라.

당연한 처벌이라 할 수 있다. 따라서 하만의 죽음과 그리스도의 죽음을 동일선상에서 논할 근거는 희박해진다. 그러나 성서 텍스트에 대한 만델슈탐의 시각은 또다시 정상적인 초점을 거부함으로써 양자를 동일한 맥락으로 유도한다. 구체적으로 말해서 만델슈탐은 하만의 에피소드 속에서 전제군주의 순간적인 결정으로 인해 파멸하는 인간의 운명을, 더 나아가 스탈린과 자신의 관계를 비추어 주는 성서적인 모델을 발견한다. 비슷한 시기에 보로네주에서 씌어진 텍스트 〈이 모든 불행은…〉에서 탐욕스러운 전설의 괴물 카시체이가 예술가의 정신세계를 대표할 수 있었듯이 여기서도 구약시대의 악인은 그리스도의 위치로 전이되어 예술가의 운명을 대변해 준다.

성서적 주제에 대한 이러한 뒤집혀진 시각은 10행의 "선"에 대한 해석에 결정적인 실마리를 제공해 준다. 선은 그리스도교 정신의 본질이며 윤리의 궁극적 가치이다. 그렇다면 8, 9행에 누적된 예술가의 비전, 정신의 풍요로움, 수난 등의 모티프가 "선을 위해서도 아니고 선과 함께도 아니면서" 즉 아무런 목적도 의미도 없이 동시대인을 당혹케 한다는 것은 무엇을 뜻하는가. 만일 이때의 "선"을 예술가의 입장에서 본 가치로 해석한다면 이 진술은 8, 9행에 누적된 의미를 부정하고 따라서 2연은 일부 학자들의 지적처럼 렘브란트에 대한 비난으로 이해되어야 할 것이다.[11] 그러나 만델슈탐이 여기서 언급하고 있는 "선"은 자신을 거부한 시대의 입

11 랑게라크는 "매의 깃털의 눈"을 동양적인 전제군주에 대한 상징으로 보면서 하만의 에피소드에서 한번의 손짓으로 인간의 생사를 결정짓는 군주의 포악함을 읽어 냈으며 만델슈탐이 그러한 포악함을 화려한 색채로 묘사한 렘브란트를 비난하고 있다고 해석한다(Langerak 1991: 85). 폴랴코바 또한 6행의 "용서"를 근거로 2연은 렘브란트와 만델슈탐 간의, 더 나아가 그리스도교의 청빈과 세속적인 치부 간의 논쟁이라 간주한다(Poliakova 1992: 34-35). 그러나 이들의 해석은 텍스트에 깊숙이 기재된 시각의 뒤틀림을 고려하지 않은 결과라 보여진다.

장에서 본 선, 어둠 속에 파묻혀 빛을 보지 못하는 사람들이 생각하는 바의 선이다. 가치가 전도된 시대, 단순 소박한 리얼리즘과 평이한 시각만이 인정받는 시대에 렘브란트의 화려한 그림이나 만델슈탐 자신의 '이상한 눈'은 "선을 위해서도 아니고 선과 함께도 아니면서" 동시대인을 그저 당혹케 할 뿐이다. 만델슈탐은 자신이 제공하는 선물이 새로운 세대에게는 아무런 소용이 없다는 사실을 고통스럽게 인식하고 있었던 것이다 (Ronen 1968: 255).

결론적으로 말해서 〈명암의 순교자 렘브란트처럼…〉은 〈아르메니아 여행〉에서 산문적으로 진술된 비전의 테마를 의미론과 서정적 자아의 '시각'의 차원에서 시적으로 실현시켜 준다. 이 텍스트에 등장하는 3명의 인물—렘브란트, 그리스도, 하만—은 한편으로는 "화려한" 비전에 의해, 다른 한편으로는 처형당하는 운명에 의해 만델슈탐의 분신적 위상을 획득한다. 만델슈탐의 '여행자-눈'이 성서 시대부터 당대까지의 시간과 공간의 좌표계를 따라 편력하면서, 각기 다른 인물들과 그들의 '텍스트'를 뒤집혀진 시선으로 바라보면서 기록한 해당 텍스트는 궁극적으로는 잠자는 시대, 빛을 거부한 세대와의 윤리적 논쟁으로 귀결된다고 말할 수 있을 것이다.

V 바흐친과 시

나는 오로지 나 자신을
타자를 통해 타자에게
드러내 보일 때
나를 의식하고 나가 될 수 있다.
—M. 바흐친

1 다의미성과 다음향성

오늘날 가장 위대한 문학 이론가 중 한 사람으로 손꼽히는 바흐친의 기본 개념들, 요컨대, 대화주의, 다음향성, 다성악 소설, 이중적 담화, 카니발 등은 기본적으로 소설 장르에 한해서 적용된다고 이해되어 왔다. 그리고 바로 이 점이 그동안 상당수의 연구자들로 하여금 바흐친 이론의 부족함을 지적하도록 해 온 것 또한 사실이다. 서정시 연구자들은 서정적 자아의 이른바 "대화적" 위상, 목소리와 주인공간의 불일치 등을 앞세워 서정시의 독백성에 의문을 제기한다(Kulcsár-Szabó 2016: 44-45). 또한 최진석은 감응이라는 측면에서 바흐친을 장르론적 시각에서 접근하는 것이 무의미하다고 주장한다. 그는 일부 학자들에게 바흐친은 "시학의 학살자"로 간주되었다고 지적하면서 "바흐친에게 소설과 대비되는 시 장르는 서정시가 아니라 서사시였다는 사실"로써 그러한 시각을 단호하게 반박한다(최진석 2022: 86-87). 그에 의하면 "문제는 시 또는 소설이 아니라 시적인 것과 소설적인 것이라는 경향성"이며 "시적인 것은 오히려 소설적인 것의 시대와 함께 펼쳐지게" 되는데 "장르적 규정을 넘어서 시대와 세계에 감응하고, 시인과 독자의 감수성에 반응하는 예술로서 시적인 것은 궁극적으로 소설적인 것과 다르지 않기 때문이다"(최진석 2022: 95-96). 그러나 이 책에서 지금까지 논의해 왔던 시어의 '다의미성'은 그 자체만으로도 어느 정도까지는 서정시와 소설을 독백과 대화로 이분하는 시각에 논란의 여지를 부여한다. 바흐친이 말한 서정시의 독백성은 그러므로 서정시 일반에 관한 절대적 관념이라기 보다는 소설 장르와 비교 차원에서 도달한 상대적 관념으로 이해해도 좋을 듯 하다.

이와 관련하여 한 가지 흥미로운 것은 바흐친이 소설 담화를 논하던 시기와 거의 같은 시기에 시인 만델슈탐은 시적인 '말'의 의미를 깊숙이 천착하고 있었고 아흐마토바는 그의 카니발 이론을 학습하고 있었다는 사실이다. 이 책의 서론에서 시어 이론은 다루었으므로 일부 논의는 앞부분의 논의를 반복하는 일이 될 것이다. 그러나 이 시점에서 앞 장의 논의를 바흐친의 산문 이론과 시어 이론이라는 테마에 결부시켜 정리해 보는 것도 과히 불필요한 일은 아닐 것이다.

또 한 가지, 바흐친의 저 유명한 카니발 개념 또한 소설에만 적용되는 개념이 아님은 20세기 러시아 서정시와 서사시를 통해 고찰할 수 있다. 뒤에 가서 자세하게 살펴보겠지만 아흐마토바를 비롯한 일부 시인들은 자신들의 텍스트에 여러 가지 카니발적 요소들을 활성화시켰다. 물론 그들의 작품은 카니발의 외적인 조건만을 만족시켜 줄 뿐 바흐친이 카니발에 심어둔 그 "유쾌한 상대성"은 결여한다. 다시 말해서 카니발은 그들의 작품에서 뒤집히거나 폄하되는데, 그것은 시라고 하는 장르의 문제 때문이 아니라 각 시인의 의도와 성향 때문에 그렇다는 뜻이다. 그러면 먼저 바흐친의 대화주의를 만델슈탐의 시어 이론과 결부시켜 논의하고 시 속의 카니발 문제를 살펴보도록 하자. 이 책에서 이제까지 살펴본 시인들

중 만델슈탐은 가장 직접적으로 바흐친의 이론과 연관되는 시론을 개진했다.

만델슈탐의 시어 이론과 바흐친의 다음향성의 접목은 무엇보다도 그의 에세이 〈단테에 관한 대화〉에서 가장 명료하게 드러난다. 〈단테에 관한 대화〉는 《신곡Divina Commedia》에 대한 평론의 형태를 취하고 있지만 사실상 시적 구조 일반 및 시 창작 원리에 관한 만델슈탐의 이해를 총체적으로 반영한다. 여기서 만델슈탐이 거듭 강조하는 점은 두 가지로 요약되는데 첫째, 시는 이를테면 "액체로 짜여진 카펫"과도 같은 것이므로 "시적 담화의 어떤 단위도—그것이 시행이건 연이건, 서정적 구조 전체이건 간에—한 개의 단일한 단어로 간주되어야 한다"는(MSS II: 365, 374) 점이다. 이렇게 구상된 시는 모든 구성 요소들간의 긴밀한 연관, 즉 내적 통일과 연쇄의 법칙을 근간으로 하며 따라서 특정 단어나 특정 이미지, 혹은 특정 리듬의 기능적인 고립을 불가능하게 만든다. 그가 《신곡》이 지니는 구조적 특징을 설명할 때 사용하는 일련의 표현들, 예를 들어, "한 개의 단일하고 유일한, 분할될 수 없는 연聯," "결정학적結晶學的인 조각상", "만 삼천 개의 각면을 갖는 벌집," "화학적인 오케스트라" 등은 모두 시 텍스트의 내적인 연결성을 지적해 주는 비유들이다(MSS II: 376-377). 그가 지적하는 단테의 두 번째 특징은 텍스트 외적인 연결성이라 정의할 수 있는 것으로 이는 시의 모든 요소들은 텍스트의 경계를 뚫고 빠져나와 외부의 다른 요소들과 교호한다고 바꾸어 말해질 수 있다. 그는 이 점을 단어와 "꾸러미"의 비유를 사용하여 다음과 같이 설명한다: "모든 단어는 하나의 꾸러미이다. 의미는 그 꾸러미에서 여러 방향으로 빠져나오지만 어느 하나의 공식적인 지점을 향하지는 않는다"(MSS II: 374). 텍스트 자체를 하나의 단어로 간주하는 그의 첫 번째 주장을 여기에 연장 적용한다면 결국 텍스트를 구성하는 의미론적 단위들은 자유롭게 텍스트 외적인 공간을 향해 뻗어 나아가서 다른 불특정 텍스트의 의미론적 단위들과 결합한다고 말할 수 있을 것이다. 그가 시 텍스트의 기본적인 자질이라 주장하는 "시적 재료의 전환과 변형의 법칙"은 이러한 외적 연결성과 내적 연결성 모두에 해당되는 개념으로 단테의 시와 시 일반의 구조적 복잡성은 여기에 기인한다(MSS II: 382, 413).

이러한 두 가지 점을 골자로 하는 만델슈탐의 단테 평론은 자기 논평이라 할 수 있을 정도로 정확하게 그 자신의 시를 설명해 준다. 다시 말해서 만델슈탐의 의미론에서 발견되는 독특한 구성적 자질은 의미들의 '구심적' 지향이라 명명할 수 있는 내적인 연결성과 '원심적' 지향이라 할 수 있는 외적인 연결성 간의 팽팽한 균형에서 유래한다. 그의 텍스트는 엄청난 응축력에 의해 결정화됨으로써 해체 불가능한 내적인 체계를 형성한다. 그러나 이와 동시에 그 견고한 체계는 끊임없이 구조 외적인 다른 체계를 지향하며 따라서 텍스트는 '열림'과 '닫힘'이라고 하는 상호 배타적 현상의 긴장 위에 놓이게 된다. 이 책의 앞에서도 언급했듯이, 예술 텍스트의 의미는 로트만의 개념을 빌려 말하자면 "재약호화"의 과정을 통해 실현된다. 생성되는 의미의 종류에 따라 우리는 내적인 재약호화와 외적인 재약호화를 구분할 수 있는데 전자는 구조 내의 요소들의 상호 관련에 의해 의미가 형성되는 것을 말하며 후자는 두 개 이상의 서로 다른 구조적 사슬에 포함된 요소 간의 등가, 즉 한 시스템 내부의 개념이 시스템 외부의 개념과 상호 관련되는 방식으로 의미가 형성되는 것을 말한다(Lotman 1971: 49-50). 내적 재약호화의 결과 생성되는 의미는 '통합적'이며 외적 재약호화의 결과 생성되는 의미는 '계열적'이다(Lotman 1971: 63). 전적으로 통합적이거나 전적으로 계열적인 의미의 토대 위에 구축된 체계는 실질적으로 불가능하며 둘 중에서 더 지배적인 유형의 의미에 의해 체계가 결정될 수 있을 뿐이다(Lotman 1971: 63). 그러나 의미의 이러한 상대적 지배성은 원심성과 구심성의 긴장 위에 구축된 만델슈탐의 텍스트에서 동등한 힘들 간의 평형으로 대체된다. 외적 재약호화와 내적 재약호화가 동시에 진행되므로 통합축상의 의미와 계열축상의 의미는 동일한 정도의 힘을 보유하기 때문이다.[1] 만델슈탐의 시학을 관통하는 가장 특징적인 원칙은 바로 이러한 열림과 닫힘, 원심성과 구심성, 외적 재약호화와 내적 재약호화, 계열축과 통합축의 균형이라 정의할 수 있을 것이다.

만델슈탐의 의미론이 보유하는 내적 연결성은 우선 개별적인 단어-이미지들의 운동과 그 운동 과정에서 그들 서로간에 맺어지는 밀접한 관련을 통해 드러난다. 졸랸S. Zolian과 M. 로트만의 지적처럼 하나의 이미지는 다른 이미지로 전이되며 이로부터 이미지 공간의 폐쇄성이 창조된다(S. Zolian and Mikhail Lotman 1988: 353). 그 공간에서 이미지들은 다른 이미지의 의미를 획득하고 동시에 자신의 의미를 다른 이미지들에 부여한다. 그리하여 극단적인 경우 텍스트 내의 모든 단어는 다른 모든 단어와 연결된다는 독특한 망상조직적 상황이 펼쳐지게 되며 결국 모든 단어는 다른 모든 단어와 동일한 계열축상의 위치를 점하게 된다. 요컨대 각각의 이미지는 "상호침투와 상호분만의 다른 모든 관계들"과 연결되는 것이다(S. Zolian and M. Lotman 1988: 353). 그러나 이미지들의 운동은 단지 한

---

1 이러한 힘의 평형은 다른 한편으로 텍스트의 이중성을 유발시킨다. 즉, 텍스트는 메시지이며 동시에 한 텍스트의 다른 텍스트로의 번역을 위한 코드가 되고 개별적인 단어들도 '파롤'과 '랑그'의 양면성을 지니게 된다. 그리하여 불가역적인 요소들이 상호가역적 특성을 획득하고 자연어에서는 결합이 불가능한 몇 가지 의미들이 단일한 의미 속에서 결합할 수 있게 된다. 이질적인 문화를 지향하는 시인들의 텍스트에서 흔히 발견되는 '텍스트-코드'의 존재가 만델슈탐의 경우 자신의 텍스트와 중첩되며 이 점은 그의 코드와 다른 아크메이스트들, 특히 아흐마토바의 코드를 구분지어 주는 요인이라 할 수 있다.

이미지의 다른 이미지에 의한 대체뿐만이 아니라 이미지들 자체의 항구한 생성과 투쟁과 소멸까지도 의미한다. 이러한 운동은 모든 이미지들에 다의미성을 부여하게 되는데 여기서 다의미성이란 서로 독립적인 의미들의 다수성으로서가 아니라 일종의 분리될 수 없는 의미들의 계열로서 파악되어야 한다(Levin 1972: 191-193). 물론 이 책의 핵심 화두이기도 한 말의 '다의미성'을 만델슈탐 의미론만의 고유한 특징으로 볼 수는 없다. 하나의 의미만을 보유하는 시어는 사실상 존재론적으로 불가능하다고 해도 과언이 아닐 것이다. 그러나 졸랸과 M. 로트만이 적절하게 지적하고 있듯이 대부분의 경우 주어진 문맥은 해당 단어의 다의미성과 모호성을 해결해 주는 반면 다의미성이 시스템이 아닌 텍스트의 속성으로 등장하는 만델슈탐에게 있어서는 오히려 문맥이 그것의 생산과 증식의 원인이 된다(S. Zolian and M. Lotman 1988: 358). 왜냐하면 모든 이미지가 다른 모든 이미지와 관련되는 텍스트에서 특수하고 개별적인 문맥적 상황을 상정하는 것은 불가능할 뿐 아니라 그것들 자체가 끊임없이 움직이는, 한마디로 정의내리기 어려운 불안정한 문맥을 형성하기 때문이다. 이미지는 문맥 속에서 해석될 수 있지만 동시에 그 자신이 문맥 형성에 참여한다. 예를 들어, 이 책의 제2부에서 살펴보았던 〈석필의 송시〉에서 주된 이미지 중의 하나로 등장하는 '물'은 여러가지 의미를 보유하지만 그것과 다른 이미지 '돌'이 결합할 때 형성되는 이른바 '문맥'은 그중의 한 의미를 다른 것보다 부각시키는 것이 아니라 오히려 새로운 다른 의미를 첨가해 준다.

이렇게 창조되는 만델슈탐의 이미지-단어들은 서로를 반사함으로써 그 의미론을 무수한 각면의 수정체에 비유할 수 있도록 만들어 준다. 하나의 말은 여러 개의 각면을 통해 다른 말, 다른 이미지를 반사하고 또 그 다른 말은 자기 주변의, 혹은 몇 개의 시행을 뛰어넘어 존재하는 또 다른 단어의 여러 각면을 다시 반사한다. 그러므로 그의 텍스트는 의미의 광선들이 수없이 교차하는 눈부신 우주로 변신한다. 우리가 앞에서 만델슈탐의 의미론을 정의하는 데 사용했던 다의미성, 혹은 다층위성은 이렇게 눈부신 빛의 우주를 설명하는 데는 부족하게 느껴질 정도다. 오히려 그가 〈단테에 관한 대화〉에서 사용한 비유에서 연상되는 "다각면성 mnogogrannost'"이란 표현이 훨씬 더 적절하게 여겨진다.[2]

개개의 단어가 보유하는 다각면성은 텍스트의 내적 역동성이라는 측면에서 또 다른 특이한 구조적 현상을 파생시킨다. 즉, 의미의 구조는 통사론적 원칙에 입각한 의미소들의 인접보다는 동일한 의미소의 반복을 주된 구성 원칙으로 하며 따라서 텍스트의 움직임은 선적인 진행이 아닌 여러 개의 동심원의 중심을 향한 범시간적(동시적) 진행을 특징으로 한다. 이러한 진행 과정에서 단어는 텍스트와 의미론적 등가를 이루게 되며 거꾸로 텍스트의 구조는 단어의 구조 속에서 복제된다. 한마디로 텍스트의 모든 의미소들은 전체 텍스트에 대해 "동형구조적izomorfnyi"이다(Zolian and M. Lotman 1988: 358). 이미 1920년 대에 티냐노프는 만델슈탐의 시학과 관련하여 "핵심어"라고 하는 중요한 개념을 개진한 바 있는데 그에 의하면 민델슈탐에게서는 "핵심어"라 부를 수 있는 한 개의 이미지, 한 개의 어휘 계열이 시 전체에 있어 결정적 역할을 수행한다(Tynianov 1985d: 570). 그러나 티냐노프의 "핵심어"는 실질적으로 특정 단어의 적

2 이는 졸랸과 M. 로트만의 용어로 만델슈탐이《신곡》에 대한 비유로 사용한 "만 삼천개의 각면을 갖는 벌집"에서 차용한 것이라 볼 수 있다. 졸랸과 M. 로트만이 만델슈탐의 의미 체계 형성과 진화과정을 설명할 때 사용하는 "결정화kristallizatsiia", 그리고 결정화된 의미론의 특징인 "반사성refleksivnost'"의 개념도 모두 "각면체"의 비유와 관련된다(Zolian and M. Lotman 1988: 372-373). 세갈D. Segal도 이와 유사한 지적을 한 바 있다: "의미론의 움직임은 마치 여러 목소리의 메아리나 여러 개 거울들의 반사처럼 다회적이다"(Segal 1975: 63).

용 범위를 뛰어넘는 개념이다. 서로 반사하는 단어들은 모두가 일종의 핵심어로서 전체 테스트와 등가를 이룰 수 있기 때문이다. 요컨대 존재하는 것은 핵심적인 단어가 아니라 텍스트의 가장 깊은 심연에 자리잡고 있는 핵심적인 의미이며 모든 단어들은 서로 반사하면서 그 심층적 의미의 표출에 참여한다. 따라서 텍스트의 개진은 새로운 의미를 지니는 새로운 단편들의 첨가가 아니라 근원적인 의미 단위들의 변환과 재결합 속에서 완결된다(Zolian and M. Lotman 1988: 349). 이렇게 한 개의 단어와 한 텍스트 전체가 등가 관계를 맺는 만델슈탐의 의미 구조를 졸랸과 M. 로트만은 다음과 같이 요약한다: "의미 구조의 토대에는 항수적인 테마론적 자질들을 제시하는 일종의 심층적 의미가 놓여있다. 그 심층적 의미는 다양한 대상적 영역에서 전개되며 따라서 심층적 연결의 구조는 텍스트의 의미론적 공간 속에 각각의 표층적 의미의 위치를 결정하는 독특한 의미론적 좌표의 체계가 된다"(Zolian and M. Lotman 1988: 371).

견고한 내적 연결성의 결과 단어와 텍스트 간에 설정되는 등가적, 동형구조적 관계는 또한 외적 연결성의 법칙에 따라 텍스트와 총체적 작품 세계 간의 관계로 연장된다. 그의 모든 개별적인 텍스트들은 내적으로는 구성 요소인 의미소들과 등가를 이루고 외적으로는 다른 모든 텍스트들과 패러다임을 형성함으로써 텍스트의 총화로 규정되는 작품 세계와 등가를 이룬다. 따라서 세갈을 비롯한 많은 만델슈탐 학자들의 주장처럼 어떤 개별적인 시도 독자적으로 연구될 수 없으며 반드시 보다 크고 보다 일반적인 전체 구조의 한 측면으로서 연구되어야 한다(Segal 1975: 59). 개개의 단어가 텍스트 내부에서 패러다임을 형성하듯이 개개의 텍스트는 작품 세계 전체를 관통하는 일관된 의미의 패러다임을 형성하는데 이러한 현상은 필연적으로 경계성의 문제를 제기한다. Iu. 로트만의 기호학에서 "경계성otgrardchennost'"은 텍스트의 세 가지 자질 중의 하나로 텍스트와 텍스트 외적 시스템을 구별해 줄 뿐 아니라 텍스트 내부에 삽입된 다른 텍스트의 위상을 점검할 수 있게 해주고 더 나아가 텍스트와 문화의 관계 설정에 개재하는 개념이다. 만델슈탐의 텍스트는 외적 연결성 덕분에 그 반경이 무한히 확장될 수 있다. 작게는 텍스트들끼리의 교호 결과 경계선이 총체적 작품 세계의 변방으로까지 확장되고 크게는 전체 작품의 경계가 허물어지면서 문화 텍스트의 영역이 텍스트 내부로 침투해 들어온다. 앞 장들에서도 언급했지만, 전자의 경우 자기 인용이나 자기 회상, 그리고 후자의 경우 광의의 기저 텍스트가 생성되며 양자는 모두 "타자의 말chuzhaia rech'"의 개념과 그 개념에서 유기적으로 성장해 나온 "상호텍스트성"에 대한 논의로 우리를 유도한다.

사실상 "타자의 말"은 바흐친 학파를 비롯하여 기호의 특수하게 대화적인 본질 규명을 목적으로 하는 현대 시학의 제 영역에서 근간이 되는 개념이다. 바흐친은 "인간의 모든 말과 인간 생활의 모든 표명과 그 관계들, 즉 일반적으로 중요하고 의미있는 모든 것을 관철하는 거의 보편적인 현상"으로 대화적 관계를 규정하며 이를 언어기호에 관련시켜 "대화적 교류야말로 언어의 삶의 진정한 영역"이라 간주한다(Bakhtin 1979: 49, 212). 하나의 말("화자의 말avtorskaia rech'")이 다른 말("타자의 말")과 교류한다는 것은 의식의 대화적 관계, 즉 화자의 의식과 타자의 의식의 교류를 전제로 한다. 인식론적 양식으로서의 이러한 "대화주의dialogizm"는 도스토옙스키의 소설 시학에서는 "다음향적 소설polifonicheskii roman"의 개념으로, 산문 유형학에서는 "이중적 목소리의 담화dvugolosoe slovo"로, 그리고 소설 속의 담화 이론에서는 "헤테로글로시아raznorech'e"의 개념으로 구체화됨으로써 산문, 특히 소설의 장르론적 특성을 결정하는 요인으로 부상한다(Bakhtin 1979: 5-53, 210-237). 바흐친에게 소설은 모든 장르 중에서 의식과 말의 대화성이 가장 활발하게 실현되는 공간이다.

타자의 말에 대한 바흐친 계열의 논의들은 광역적인 의미에서의 산문의 시학 정립을 그 일차적 목적으로 한다.[3] 그러나 그들의 이론은 특정 장르가 아닌, 예술 텍스트의 일반적인 대화성에 연장 적용될 수 있으며 대부분의 포스트 모던 문학 이론에서 빈번이 거론되는 상호텍스트성의 개념에 인식론적인 근거를 마련해 줄 수 있다. 장르와 문체, 그리고 통사론에 있어서뿐 아니라 예술적 의식 전반에 있어서의 타자의 존재에 대한 인정은 사실상 20세기적인 사유의 저변을 흐르는 큰 물줄기를 대표한다. 일례로, 종교적 체험인 동시에 창조의 존재론적 인식론적 측면을 특징짓는 개념으로서의 "너는 존재한다Ty esi"가 데카르트식의 코기토cogito를 대체하는 상징주의자 이바노프Viach. Ivanov의 사상에서 이미 예술의 대화적 성격은 예고된다(West 1970: 62-65). 이 책의 서론에서도 설명했지만, 이바노프의 "타자"가 화용론적 시각에서의 텍스트의 대화성을 지적하고

3 예를 들어, 대화성은 볼로쉬노프V. Voloshinov의 언어철학에서 화법의 문제와 직결된다. 그의 화법 이론은 소설 장르 이론에서와 마찬가지로 타자의 타자성을 의식하고 인정하는데서 출발한다. "타자의 말"은 "말 속의 말rech' v rechi", "발화 속의 발화vyskazyvanie v vyskazyvanii"이며 또한 "말에 관한 말rech' o rechi", "발화에 관한 발화vyskazyvanie v vyskazyvanii"이다. 그것을 전달하는 과정에서 화자의 말이 취하는 능동적인 태도, 다시 말해서 전달하는 말의 맥락과 전달되는 말이 맺는 역동적 관계는 다양한 유형의 화법을 통해서 나타나며 이렇게 말과 말의 상호반응이라는 점에서 화법은 이중적 목소리의 담화에 상응한다. 그러므로 볼로쉬노프의 화법은 절대적이라고 할 수는 없지만 소설 장르와 다른 장르, 즉 화자와 타자의 상호관계 없이 일방향적으로 고정된 담화로 구성되는 여타의 장르를 구분지어 주는 요인이 된다(Voloshinov 1972: 113-138). 한편, 우스펜스키B. Uspenskii에게서 말과 말의 대화적 관계는 소설 담화의 기능적 단위로서의 시점을 고찰하는 데 필요한 전제이다. "타자의 말"을 전달하는 양식은 시점의 변화를 표현하는 기본적인 장치로 그 과정에서 나타날 수 있는 여러 가지 간섭과 충돌과 영향의 상호관계는 볼로쉬노프의 화법에서와 마찬가지로 담화의 대화성을 토대로 할 때에만 가능하기 때문이다. 특히 어법 수준에서 등장인물들 서로 간에, 그리고 서술자와 등장인물들 간에 다양한 시점의 상호기능적 관계망을 가능하게 해주는 것은 "타자의 말"에 대한 대화적 인식이다. 자세한 것은 B. Uspensky, 1973, Ch. 2를 참조하라.

있다면 언어 자체를 시스템이 아닌 과정으로 간주하는 카시러의 철학은 헤겔의 현상학, 소쉬르의 언어학과 후설의 논리학 모두에 대한 하나의 도전인 동시에 바흐친의 대화이론의 보다 직접적인 연장으로 파악될 수 있다(Taylor 1986: 12-13). "언어는 에르곤ergon이 아닌 에네르기energeia로 간주되어야 한다. 그것은 이미 만들어진 물체가 아니라 항구하게 지속되는 과정이기 때문이다"(Cassirer 1944: 121). 과정으로서의 언어는 과정으로서의 담화, 과정으로서의 텍스트, 과정으로서의 문화로 이어질 수 있으며 따라서 카시러의 언어관은 일반적인 의사소통의 언어에서 예술 텍스트로 그 적용 범위를 구체화시킬 경우 텍스트들의 상호 작용을 함축한다.

바흐친의 대화주의를 모든 예술 텍스트의 공통적 특성으로 파악하려는 시도는 텍스트의 존재론과 관련된 기호학의 논의들에서 지속적으로 발견되어 왔다. Iu. 로트만은 시가 특정 유형의 발화로서 그 구성에 상응하는 언어학적 독백을 지향한다는 사실을 인정함으로써 바흐친의 소설 대화론을 일단 수용하지만 더 나아가 독백주의의 원칙은 의미론의 구성이라고 하는 일반적인 장에서 일어나는 의미단위들의 항구한 변위와 충돌할 수밖에 없다는 주장에 입각하여 "예술 텍스트는 원칙적으로 다음향적이다"라는 결론으로 귀착한다(Iu. Lotman 1972: 110). 의식은 의식을, 텍스트는 텍스트를, 문화는 문화를 필요로 한다(Iu. Lotman 1981: 10).[4] 구조는 다른 구조와 대조되고 그리하여 그 일부가 파손될 때에야 비로소 감지될 수 있기 때문이다(Iu. Lotman 1972: 109). 그리하여 "텍스트 속의 텍스

4 바흐친과 Iu. 로트만의 관계는 김수환 2011 357-389에 자세하게 논의되어 있다. 김수환은 바흐친의 라즈노레치에(다언어성)와 로트만의 폴리글로티즘(복수언어주의) 간에 존재하는 근본적인 인식론적 차이를 언급하면서 "현저한 유사성에도 불구하고 두 사람의 이론적 입지를 묶어보려는 모든 시도는 그들 사이에 존재하는 원칙적인 차별성을 전제하지 않는다면 다만 가설적 전제 이상의 것이 되기 어렵다"고 주장한다(김수환 2011: 388).

트", "텍스트에 관한 텍스트"의 개념은 연구자들이 간과할 수 없는 현상으로 떠오르며 두 개 이상의 텍스트가 충돌할 때 파생되는 관계는 해당 작품의 의미론 해석을 위한 필수적인 탐구 대상이 된다. 삽입된 텍스트, 혹은 인텍스트는 해당 텍스트를 지각하는 자의 의식속에서 실현되는 가운데 구조의 기능을 높여 준다(Torop 1981: 40). 이를 다시 Iu. 로트만을 인용하여 말하자면, 외부의 다른 텍스트가 해당 텍스트의 내적 세계로 도입될 때 외부 텍스트는 새로운 메시지를 조직하면서 변환되며 또한 그것이 도입되는 해당 텍스트 내부의 기호적 상황 전체도 변환된다. 낯선 세미오시스의 도입은 해당 텍스트를 일종의 흥분상태에 놓이게 하는데 이로부터 관심의 대상은 메시지에서 언어 자체로 이전되고 해당 텍스트의 코드가 갖는 이종적 성격이 분명하게 드러나게 된다(Iu. Lotman 1981: 10). 그러므로 여기서 문제가 되는 것은 삽입된 텍스트의 출처를 규명하는 일이 아니라 텍스트 간의 접촉을 가능하게 해주는 코드의 규명, 출처 텍스트에서 삽입된 텍스트로의 '번역'에 대한 유형학적 분류, 그리고 그 번역 과정에서 형성되는 새로운 의미의 포착이라 할 수 있다.

이상의 논의에서 확실해지는 것은 모든 문학작품은 근본적으로 그리고 절대적으로 다음향적이라는 사실이다. 따라서 어느 한 작품을 다음향적이라 정의하는 행위 자체는 자명한 사실에 대한 반복에 지나지 않을 것이다. 그러나 분명 모든 텍스트가 다음향적인 것은 사실이지만 그 다음향성의 정도와 실현 방식은 문화의 유형에 따라 달라질 수 있다. 서로 다른 텍스트들의 접촉은 그 어느 시기 보다도 20세기 문화와 20세기 예술에서 첨예하게 드러난다(Iu. Lotman 1981: 12). 모더니즘을 기점으로 하여 20세기 러시아 시는 전적으로 다른 문화 위에 이중인화되기 시작하며 시인들은 저마다 다른 양상으로 '타자'의 문화와의 접촉을 텍스트에 혹은 전반적인 작품 활동속에 구체화시킨다. 앞에서 살펴본 블로크의 문학적 회상, 만델슈탐의 단테 연구, 마야콥스키와 입체파 회화는 물론이거니와 츠베타예바M. Tsvetaeva의 신화 해석, 파스테르나크B. Pasternak의 셰익스피어 번역, 아흐마토바의 푸시킨 연구, 혹은 〈주인공 없는 포에마Poema bez geroia〉에 그토록 현저하게 나타나는 다중 박스형의 의미론 등, 이루 헤아릴 수 없이 많은 타자의 텍스트와의 접촉 사례는 모두 20세기적인 문화적 대화주의 속에서 이해될 수 있을 것이다.

2 자볼로츠키와 카니발 뒤집기

니콜라이 자볼로츠키N. Zabolotskii의 첫 번째 시집 《칼럼Stolbtsy》(1929)에 대한 그동안의 연구는 자볼로츠키 시학과 바흐친 이론, 특히 카니발과의 연계성을 집중적으로 조망했다. 일례로, 스테파노프N. Stepanov는 《칼럼》의 '라블레적인' 특성을 강조함으로써 바흐친이 라블레와 도스토옙스키 연구에서 개진한 바 있는 카니발과 《칼럼》의 세계를 암암리에 연결지었으며(Nikita Zabolotskii 1994: 83 재인용) 비슷한 맥락에서 막시모프 D. Maksimov는 《칼럼》의 "유희적이고 저속한 생명력"에 내재된 라블레적인 정신에 주목하여 카니발이 《칼럼》 연구의 중요한 테마가 되어야 한다고 주장했다(Maksimov 1984: 133). 프랫S. Pratt 또한 라블레를 고리로 하여 자볼로츠키의 초기 시와 카니발이 연결된다고 지적했고(Pratt 2000: 134) 클레버그L. Kleberg는 좀더 광범위한 맥락에서 자볼로츠키를 포함한 1920년대 레닌그라드 시인들에게서 보여지는 '패러디적이고 카니발적인' 측면을 고찰했다(Kleberg 1993: 123). 사실, 《칼럼》에 수록된 시들은 〈시장에서Na rinke〉, 〈축제Pir〉, 〈결혼식Svad'ba〉, 〈빵집Pekarnia〉, 〈거리의 악사 Brodiachie muzykanty〉 등, 제목에서부터 산더미처럼 쌓인 음식과 흘러 넘치는 술, 방종과 타락과 웃음의 모티프에 이르기까지, 그리고 시집 전체를 관통하는 그로테스크한 분위기와 패러디에 이르기까지 바흐친의 카니발을 연상시킨다. 더욱이 자볼로츠키 자신이 라블레F. Rabelais의 작품을 "프랑스 문학사상 가장 위대한 작품 중의 하나"라 평가하면서(ZA I: 525) 그의 《가르강튀아와 팡타그뤼엘Gargantua et Pantagruel》을 번역했다는 사실에 미루어 볼 때 《칼럼》과 카니발의 상관성은 자명하게 여겨진다.

양자의 관련은 또한 자볼로츠키가 가담했던 '오베리우Oberiu'('사실 예술 연맹'의 약자) 그룹과 소위 '바흐친 서클'이 상당히 긴밀하게 교류하였다는 사실에 의해 더욱 공고히 뒷받침된다. 1920년대 레닌그라드의 바흐친 서클과 후기 아방가르드의 한 유파인 오베리우는 몇 가지 미학적, 이론적 관심사를 공유했으며 바기노프K. Vaginov, 유디나M. Iudina, 솔레르틴스키I. Sollertinskii 등은 사실상 두 그룹 모두에서 활동함으로써 양자를 이어 주는 다리 역할을 했다(Pratt 2000: 134; Roberts 1997: 2). 당대 비평가들에게 오베리우는 카니발 정신을 구현하는 단체로 여겨졌으며 바흐친 자신만 하더라도 그들의 삶과 작품에서 보여지는 카니발적인 요소들을 매우 긍정적으로 평가하였다(Milner-Gulland 1991: 265; Roberts 1997: 30). 이러한 사실들은 비록 우회적이긴 하지만 카니발이 오베리우 시절의 자볼로츠키를 이해하는 데 관건이 된다는 시각에 부가적인 근거를 제공해 준다.

그렇다면 구체적으로 《칼럼》의 어떤 점들이 카니발적인가? 《칼럼》의 의미론은 카니발과 어떻게 관련되는가? 그리고 그러한 관련성 뒤에 숨겨진 시인의 근본적인 의도는 무엇인가? 이 절은 이러한 문제들을 중심으로 《칼럼》이 지니는 카니발의 성격을 고찰할 것인바, 그러기 위해서 첫째, 오베리우 시기에 자볼로츠키가 표방한 미학적 입장을 살펴보고, 둘째, 그것을 토대로 《칼럼》의 대표적인 카니발 시 〈붉은 바바리아Krasnaia Bavariia〉를 분석할 것이다. 이 절의 논의는 당대 독자와 비평가들에게 엄청난 충격을 던져 준《칼럼》의 '괴상하고 부조리한 세계'를[5] 이해하는 데 실마리를 제공해 줄 것이며 더 나아가 그 세계의 근저에 놓인 저자의 의도를 천착함으로써 지극히 아방가르드적인《칼럼》과 전통적인 명상시로 구분되는 후기 시 간의 연계성을 규명해 줄 것이다.

《칼럼》은 자볼로츠키가 오베리우 그룹과 연계된 시기에 씌어진 것으로 그것의 의미론은 오베리우의 미학 원칙과 상호조명적 관계를 맺는다. 〈오베리우의 대중적 얼굴Obshchestvennoe litso Oberiu〉 과 〈오베리우의 시Poeziiz Oberiutov〉, 두 부분으로 구성된 선언문은 전적으로 자볼로츠키의 저작인 만큼[6] 오베리우가 공식적으로 주창한 창작 방식과《칼럼》의 시들은 동일한 저자가 쓴 이론과 실천이라고 바꿔 말해질 수 있다. 요컨대 선언문에 나타난 오베리우 미학은《칼럼》의 의미론을 설명해 주고《칼럼》의 시들은 오베리우 미학을 예시하는데 양자의 상호 조명적 관계는 시어의 의미론에서 세계관에 이르기까지 창작의 전 영역을 포괄한다.

오베리우 선언문에서 드러나는 자볼로츠키의 시학은 사실상 기존하는 여러 모더니즘 유파의 이론을 수정하고 변형시켜 종합한 것이라 할 수 있다. 그것은 시어와 사물에 대한 무한한 존중과 애정이라는 측면에서 만델슈탐의 아크메이즘을 상기시키며 리얼리티를 현상과 본질로 나누어 본다는 점에서는 상징주의에, 시어의 구체성 강조라는 점에서는 미래주

---

5 자볼로츠키의 아들 니키타 자볼로츠키는 회고록에서《칼럼》에 대한 당대의 반응을 자세하게 정리하는데 막시모프, 리프킨S. Lipkin, 예르몰린스키S. Ermolinskii 등 대부분의 비평가들은《칼럼》이 긍정적인 의미에서건 부정적인 의미에서건 매우 괴상한 작품이라는데 의견을 모으고 있다(Nikita Zabolotsky 1994: 82-85).

6 오베리우 구성원들은 1927년 말경에 자볼로츠키에게 선언문 작성을 의뢰했고 이에 자볼로츠키는 오베리우를 대변해 줄 뿐 아니라 스스로의 창작을 이론적으로 설명해 줄 수 있는 원칙의 제정에 몰입했다(Nikita Zabolotsky 1994: 60-61).

의에 각각 근접한다. 우선 자볼로츠키는 상징주의자들이 그러했듯이 세계를 눈에 보이는 세계와 보이지 않는 세계, 혹은 레알리아와 레알리오라로 구분하는데 상징주의에 있어서 레알리아가 레알리오라의 무의미한 반영이었다면 자볼로츠키에게 있어서 레알리아는 레알리오라의 진리를 자체 내에 보유하는, 의미로 충만된 개념이다. 시인의 과제는 보이는 대상속에 숨겨진 이 보이지 않는 진리를 밝혀 내는 것이므로 시인에게는 관례적인 지각을 뛰어넘는 '눈'이 필요한데 자볼로츠키는 이를 '벌거벗은 눈golye glaza'이라고 명명한다. "당신은 그것이(오베리우가 표현하는 대상—저자) 현실에서 보게 되는 대상과 다르다고 불평하는가? 그럼 더 가까이 와서 손가락으로 만져 보라. 벌거벗은 눈으로 바라보라. 그러면 당신은 난생 처음 지리멸렬한 문학적 도금을 벗겨 버린 대상을 보게 될 것이다"(ZA I: 523). 오베리우 미학의 초석이라 할 수 있는 '벌거벗은 눈'의 지각은 형식주의의 '낯설게 하기'와 유사하게 들리지만 후자가 예술과 장치를, 예술의 목적과 지각과정을 동일시함으로써 의미론을 파기한다면 전자는 예술의 목적을 궁극적인 진리의 추구에 둔다는 점에서 양자 사이에는 분명한 차이가 있다.

'벌거벗은 눈으로 바라보기'가 상징주의적 세계관과 형식주의 이론의 혼합이라면 말과 '대상'에 대한 존중, 혹은 그의 표현을 빌려 "구체적이고 대담한 형식의 순수함"에(ZA I: 522) 대한 강조는 미래주의 언어관과 아크메이즘의 언어관을 뒤섞은 것이라 할 수 있다. "우리는 구체적인 세계, 대상, 말의 사람들이다"(ZA I: 524), 혹은 "나 자볼로츠키는 벌거벗은, 구체적인 이미지의 시인이다"(ZA I: 524)라는 그의 주장을 바꿔 말하자면, 말과 사물은 진리의 매체로서 그 구체적인 특성이 존중되어야 하며 손으로 만질 수 있을 정도의 감각적인 대상으로 다루어져야 한다는 뜻으로 해석된다. '대상성'에 대한 그의 집착은 뉘앙스에 있어서 무엇보다도 미래주의자들의 '말 그 자체'나 만델슈탐의 '말-사물'을 연상시킨다. 그러나 '말 그 자체'가 기의로부터 해방된 기호의 창조를, 그리고 '말-사물'이 기표와 기의간의 균형을 목적으로 했다면 자볼로츠키의 대상성은 기표의 해방이나 균형이 아닌, 기호적 의미의 확장을 목표로 했다.[7] 의미의 확장에 대한 그의 집착은 미래주의적인 '자움'에 대한 다음과 같은 비판에서 여실히 드러난다: "자움보다 우리에게 더 적대적인 것은 없다. (…) 우리는 말을 거세하여 무기력하고 무의미한 잡종으로 만들어 버린 인간들을 증오한다. (…) 우리는 말과 대상의 의미를 확장시키고 심화시킬 뿐, 그것을 어떤식으로든 파괴하는 일은 하지 않는다"(ZA I: 522-523).

언어의 대상성을 구축한 자볼로츠키는 그 다음으로 구체적인 시어의 조작과 관련된 개념인 '의미의 충돌stolknovenie slovesnykh smyslov'을 발전시킨다. "의미의 충돌은 대상을 기계적인 정확성으로 표현한다"(ZA I:523)는 진술을 통해 자볼로츠키는 "문학적이고 일상적인 껍질"(ZA I: 522-523) 속에 숨겨진 진실을 드러내기 위해서는 일단 언어를 조각조각 분해한 뒤 관례적인 연상의 범주로부터 이탈한 각 층위의 의미들을 충돌시켜야 한다고 주장한다. 미래주의의 전위를 연상시키는 의미의 충돌은 그러나 전자가 단어의 시각적인 분할에서 출발하여 프레임의 파괴를 향해 나아간 것과는 달리 충돌에서 야기되는 의미들의 상호말소와 누적을 통해 이미 존재하지만 감추어져 있는 본질적이고 궁극적인 의미를 발견하는데 그 목적이 있다. 일부 비평가들은 '의미의 충돌'을 미래주의의 전위와

7 로스토프체바I. Rostovtseva는 자볼로츠키의 시어가 물리적으로 대상에 밀착된다고 주장하면서 말과 사물 사이에 거의 생리학적인 관계가 존재한다고 지적한 바 있다(Rostovtseva 1999: 24). 그러나 자볼로츠키의 대상성은 언어의 '물성'보다 '의미'에 강세를 두며 그런 점에서 로스토프체바의 지적은 오히려 미래주의의 시에 더 부합한다고 여겨진다.

동일한 의미로 해석하지만(Bjorling 1973: 15) 실제로 그것은 미래주의보다는 필로노프P. Filonov의 '분석 예술analiticheskoe iskusstve'에 근접한다. '분석 예술'은 오브제의 내적인 의미를, 그 궁극적인 조화와 통일성을 캔버스에 표현하기 위해서는 오브제를 문자 그대로, 생물학적으로 해부하고 분석하고 해체시켜야 한다는 내용을 골자로 하는데(Goldstein 1993: 45-47)[8] 자볼로츠키와 필로노프는 모두 해체와 충돌을 통해 통일된 의미를 구축하려고 했다는 점에서 동일한 미학적 논리를 보유했다고 말할 수 있을 것이다.

간단히 말해서, 자볼로츠키가 선언문을 통해 추구한 것은 '새로운 방식'으로 '진리'를 찾는 것, 혹은 물질적인 것을 통해 정신적인 것을 밝혀내는 것이라고 요약된다. '벌거벗은 눈'으로 바라보기, 그리고 '대상성'에 대한 강조는 언제나 언어와 사물의 이면에 숨겨진 진리의 무한한 토양을 일구어 내는 데 목적이 있기 때문이다. 자볼로츠키는 언젠가 원고의 여백에 "단어 하나 하나의 표층 아래에서는 깊이를 알 수 없는 어둠이 바스락 거린다"라고 써 놓은 바 있다(Nikita Zabolotzkii 1999: 17). 결국 '사실 예술'을 지향한 자볼로츠키에게 있어서 이 어둡고 무한한 의미의 영역이야말로 가장 '사실적인' 리얼리티였으며 그 점에서 그의 창작 방식을 '하이퍼리얼리즘'이라 부른 골드슈타인의 지적은 타당하게 여겨진다(Goldstein 1993: 63).

---

8 자볼로츠키는 필로노프의 '분석 예술'을 자신의 이론에 도입시켰을 뿐 아니라 실질적인 시 창작에도 활용하였으며(Goldstein 1993: 35-45) 필로노프의 화가로서의 재질을 높이 평가하여 그에게서 회화 수업을 받기도 했다(Pratt 2000: 135). 자볼로츠키와 필로노프의 관계는 문학과 회화의 상호침투라고 하는 러시아 모더니즘의 한 경향을 반영한다.

이상에서 살펴본 오베리우 원칙들은《칼럼》의 각 수준에서 변신과 신성모독으로 실현된다.《칼럼》에 수록된 스물두 편의 텍스트는 네프(신경제정책) 시대 레닌그라드의 일상 생활을 묘사한 일종의 시적 풍속도라 할 수 있는데 이 풍속도에 등장하는 인간과 사물과 행위는 모두 '벌거벗은 눈'의 시지각에 포착되어 과장되고 변형되고 일그러지는 가운데 정상적인 기호 체계의 질서를 파괴한다. 상호대립적인 영역에서 떨어져 나온 의미의 파편들은 '문학적 도금'이 벗겨진 채 충돌하여 인간과 사물이, 지상의 향연과 천상의 진리가, 성과 속이 뒤얽힌 기이한 세계를 창조한다. 이 세계에서 술집은 천국이 되고 매춘부는 막달라 마리아가 되고 만취한 술꾼은 십자가 위의 그리스도로 묘사되며(〈붉은 바바리아〉), 생선은 인간이 되고 생선가게의 저울은 주기도문을 외우며(〈생선가게Rybnaia lavka〉), 마부는 이콘 속의 성자로 둔갑한다(〈움직임Dvizhenie〉). 또 성직자는 기타를 둘러맨 배불뚝이 주정뱅이로 변신하고 조리대 위에 올려진 닭고기는 장례미사를 기다리는 시신으로 묘사되며(〈결혼식Svad'ba〉) 찬장은 아라랏 산처럼 그려지고(〈이바노프씨네 가족Ivanovy〉) 하와이안 재즈밴드가 연주하는 광란의 폭스트롯 댄서들은 지품천사 체루빔으로 변신한다(〈폭스트롯Fokstrot〉). 이러한 변신과 신성모독, 혹은 신성모독을 수반하는 변신에 온갖 음식과 술과 성적인 암시들, 그리고 북과 탬버린과 기타가 어우러진 시끄러운 음악, 춤, 폭소가 덧붙여짐으로써 1920년대 말의 레닌그라드는 떠들썩한 축제의 공간으로 변모한다.《칼럼》의 '카니발화'는 바로 여기에서 비롯된다.

사실, 바흐친이 주장하는 카니발의 가장 기본적인 원칙은《칼럼》에서 보여지는 바와 유사한 '자리바꿈'이다. 카니발은 무엇보다도 금기의 제거에서 출발한다. "카니발은 마치 지배적인 진리들과 현존하는 제도로부터 일시적으로 해방된 것처럼, 모든 위계적 관계, 특권, 규범, 금지의 일시적인 파기를 축하한다. (…) 일상적인 생활, 즉 비카니발적 생활에서 계급, 재산, 지위, 가문, 연령상의 위치라는 뛰어넘을 수 없는 경계 때문에 서로 분리되어 있던 사람들 사이의 자유스럽고 거리낌없는 접촉의 독특한 형식이 카니발 광장에서는 주도적이 된다"(Bakhtin 1990: 15). 이렇게 금기가 제거된 공간에서는 상호모순적인 카테고리들의 결합과 자리바꿈이 가능해지는데 이는 "'거꾸로', '반대로', '뒤집은' 논리, 위와 아래, 앞모습과 뒷모습이 끊임없이 자리를 바꾸는 논리, 그리고 패러디와 풍자적 개작, 격하, 모독, 익살스러운 대관, 탈관과 같은 다양한 형식들"을 통해 나타난다. 요컨대, 성스러운 것과 속된 것, 높은 것과 낮은 것, 위대한 것과 열등한 것, 현명한 것과 우매한 것들은 자유롭게 자리를 바꿈으로써 "유쾌한 상대성 veselaia otnositel'nost'"의 세계를 창조한다(Bakhtin 1990: 16).

카니발에 포함된 상대적이고 비완결적이고 유동적인 세계관은 이러한 자리바꿈의 양면적 가치를 통해 표출된다. 격하, 혹은 자리바꿈은 "파괴적이고 부정적인 의미를 지니고 있을 뿐 아니라 긍정적이며 재생적인 의미도 지닌다. 격하는 양면적이다. 즉, 부정하면서 동시에 긍정한다. 무와 절대적인 절멸로의 단순한 추락이 아니라, 수태와 새로운 탄생이 일어나고 모든 것이 풍요롭게 성장하는, 즉 생산적인 하부로의 하강을 의미하는 것이다"(Bakhtin 1990: 28). 이러한 양면적 가치의 기저에는 카니발적 세계관의 핵심인 "교체와 변화, 죽음과 갱생의 파토스"가 자리한다(Bakhtin 1979: 143). 결국 카니발은 전 민중이 참여하는 부활과 갱생의 축제이며 그렇기 때문에 그 안의 모든 부정적인 요소들은 새로운 삶의 밑거름이 되고 모든 불경과 독신은 진정한 신앙을 토대로 한 부활에의 희망과 환치되는 것이다.

자리바꿈의 이중성은 카니발 웃음에도 적용된다. "카니발의 웃음은 변화의 양극을 포함하며 변화의 과정 그 자체, 급변 그 자체를 다룬다. 카니발적 웃음의 행위에는 죽음과 부활, 부정(조롱)과 긍정(환희의 웃음)이 결합된다"(Bakhtin 1979: 146). 그것은 "즐거워하기도 하고 용약하기도 하며 동시에 조소적이기도 하고 비웃기도 하는데, 부정하기도 하고 동시에 긍정하기도 하며, 매장시키기도 하고 부활시키기도 한다"(Bakhtin 1990: 17). 이렇게 이중적인 웃음은 "인간의 의식에 족쇄를 채우고 억압하며 흐릿하게 만드는 도덕적인 공포, 모든 성스러운 것과 금지된 것과 터부, 신권과 인권, 권위주의적인 계율과 금지, 죽음과 내세의 징벌, 지옥, 이 대지보다 더 무서운 모든 것들에 대한 공포"를 극복하는 승리의 웃음이다(Bakhtin 1990: 104). 그것은 또한 해방과 자유의 웃음이자[9] 리하초프D. Likhachev가 〈고대 러시아의 웃음 세계〉에서 말하는 "진실을 폭로하는 웃음"이기도(리하초프 1993: 123) 하다. 요컨대 카니발의 웃음은 자유와 진리를 억압하는 일체의 악에 대항하여 항구한 갱생을 약속하는 웃음이며 그렇기 때문에 다른 모든 그리스도교적인 웃음과 마찬가지로 그 안에는 생명에 대한 대담한 확신이 존재한다(코트 2001: 113).

카니발, 혹은 카니발 웃음이 갖는 그리스도교적 의미는 중세 카니발 문학 장르 중의 하나인 '파로디아 사크라'에서 절정에 이른다. '파로디아 사크라'는 교회 전례와 교리에 대한 패러디적 모사품으로 〈술꾼들의 전례Liturgie des ivrognes〉, 〈노름꾼들의 전례Liturgie des joeurs〉 같은 전례의 패러디에서 〈주기도문Pater Noster〉이나 〈사도신경Credo〉 등 기도문에 대한 패러디, 〈술꾼들의 복음서Evangile des ivrognes〉 같은 복음서의 패러디 등 다

9 카니발 웃음의 '해방시키는 힘'에 관해서는 Coates 1998, 135; Averintsev 2001, 469-472를 보라. 아베린체프에 의하면, 성서 속의 그리스도가 한 번도 웃지 않았다는 사실은 웃음의 해방시키는 힘에 의해 설명된다. 즉 웃음은 인간을 비자유로부터 자유의 상태로 해방시키는 힘이므로 그 자신이 진리요 자유인 존재는 웃을 필요가 없다는 것이다.

양한 형태로 전해진다(Bakhtin 1990: 20). 이러한 패러디적 텍스트에서 신성하고 거룩한 모든 것은 가장 천박하고 비속한 것으로 '격하'되지만 그것은 근대 이후의 순수한 패러디와는 전적으로 그 성격을 달리한다. 그것은 신성을 부정하고 조롱하는 듯 하지만 동시에 신성을 더더욱 강력하게 긍정하고 새롭게 하기 때문이다.[10]

파로디아 사크라는 그리스도교의 모든 것을 육체와 물질의 차원으로, 즐거운 축제의 영역으로 전위시키지만 동시에 그 웃음의 축제에 관여하는 모든 이를 종교와 전례의 가장 숭고한 영역으로 격상시킨다. 놀이와 농담의 대상으로 추락한 하느님과 성모 마리아와 성인들은 역설적이게도 그 추락 과정을 통해 인간에게 변화와 갱신의 즐거움을 부여함으로써 가장 높은 차원의 존재로 변모한다. 중세 교회가 파로디아 사크라를 합법적인 것으로 용인한 이유도 여기에 있다. 요컨대 패러디되고 희화된 '말씀'은 "권위주의적이고 경건하고 엄숙한 무덤으로부터 부활할 수 있다고" 여겨졌던 것이다(Bakhtin 1975: 437). 프라이젠베르그O. Freidenberg의 다음과 같은 진술은 파로디아 사크라의 본질을, 거기 내재된 지극히 그리스도교적인 의의를 정확하게 지적해 준다:

> 그 당시 패러디의 본질은 농담이나 모사가 아닌 숭고한 존재와의 인접성 위에 기초하고 있었다. (…) 원래 패러디의 대상이 될 수 있었던 것은 신, 믿음 같은 가장 거룩한 존재들 혹은 개념들이었다. (…) 패러디의 근저에

---

10 러시아 고대 문학에서 발견되는 〈주점에의 예배Sluzhba kabaku〉나 〈칼랴지노 수도원의 탄원서Kaliazinskaia chelobitnaia〉 등은 유럽의 파로디아 사크라에 상응하는 텍스트라 볼 수 있는데, 리하초프 역시 이러한 패러디적 작품에 내재된 것은 반교회적 이념이나 불경이 아니었다고 지적한다. 그것들은 오히려 경건한 독자들이 읽도록 권장되었으며 〈주점에의 예배〉의 18세기 사본 서문에는 그 책에서 신성모독을 발견하지 않는 자만이 교훈을 얻을 수 있다고 씌어져 있다(리하초프 1993: 130-131).

> 놓인 것은 근대적 의미에서의 가장이나 표면적인 내용의 부재가 아니었다. 반대로 내용의 강화, 신의 본성에 대한 강화가 패러디를 지탱해 주고 있었던 것이다. (…) 패러디는 기만과 웃음이라고 하는 유익한 요소들을 통한 신성의 긍정이다. 그것은 종교적 의식意識의, 희망과 열정으로 가득찬 창조적이고 생생한 믿음의 정점이다.(Freidenberg 1973: 493-497)

이상에서 살펴본 바흐친의 카니발과 파로디아 사크라는 혼돈과 상대화와 불경을 통한 절대적인 믿음의 확인이라고 요약될 수 있다. 그렇다면 여기서 제기될 수 있는 문제는《칼럼》의 카니발도 바흐친의 카니발과 동일한 목표를 향하고 있는가, 양자는 어느 정도까지 유사한가,《칼럼》에서 보여지는 신성모독과 패러디는 파로디아 사크라와 동일한 프레임 안에서 설명될 수 있는가, 바흐친과 자볼로츠키는 동일한 종교적 신념을 보유했는가 등등이 될 것이다. 요컨대, 자리바꿈, 축제 분위기, 웃음과 조롱, 물질과 육체에 대한 강조, 신성모독 등, 카니발의 주요 구성 요소들을 구비하고 있는《칼럼》이 그 취지에 있어서도 바흐친적인가의 여부가 문제의 핵심이 될 것이다. 그러면 이제부터《칼럼》의 가장 대표적인 카니발 시인 〈붉은 바바리아〉를 자세하게 분석해 봄으로써 이 문제에 대한 해답을 찾아보기로 하자.

1 술병 천국의 벽촌 V glushi butylochnogo raia,
2 오래전에 종려나무는 말라 버린 곳 gde pal'my vysokhli davno,—
3 전깃불 아래서 장난치며 pod elektrichestvom igraia,
4 창문은 술잔에서 헤엄쳤다 v bokale plavalo okno;
5 창문은 날개 위에서 반짝이더니 ono na lopastiakh blestelo,
6 내려앉아 무거워졌다 potom sadilos', tiazhelo;

그 위로 맥주 거품이 피어올랐다… nad nim pivnoi dymok vilsia…
그러나 더 이상은 묘사할 수 없다. No eto opisat' nel'zia.

그리고 이 술병 천국에서 I v tom butylochnom raiu
세이렌들은 뒤틀린 무대의 sireny drogli na kraiu
끄트머리에서 얼어붙었다. 그들에게 krivoi estrady. Na poruki
눈은 보석으로 주어졌다. im byli otdany glaza.
그들은 천상을 향해 뻗쳤다 Oni prosterli k nebesam
에나멜칠을 한 손을, emalirobannye ruki
그리고 지루한 나머지 샌드위치를 먹었다. i eli buterbrod ot skuki.

체인에 감긴 문이 돌아가고 Vertiatsia dveri na tsepochkakh,
계단에서 군중이 내려오더니 spadaet s lestnitsy narod,
판지로 만든 셔츠처럼 찢어지고 treshchit kartonnoiu sorochkoi,
술병을 든 채 원무를 춘다. s butylkoi vodit khorovod;
카운터 뒤의 창백한 세이렌은 sirena blednaia za stoikoi
손님들에게 과일주를 먹이고 gostei popotchuet nastoikoi,
눈을 치켜뜬 채 왔다갔다 하더니 skosit glaza, uidet, pridet,
기타를 손에 들고 potom, s gitaroi naotlet,
연인에 관해 노래한다, 노래한다. ona poet, poet o milom:
어떻게 그이를 먹여 살렸나 kak milogo ona kormila,
어떻게 육신에 보드랍고 잔인한 kak laskov k telu i zhestok—
비단끈이 달라붙었나, vpivalsia shelkovyi shnurok,
어떻게 술잔마다 위스키가 넘쳐흘렀나 kak po stakanam visla viski,
어떻게 괴로운 가슴에 kak, iz razvitogo viska

30 깨어진 관자놀이에서 흘러나온 피를 뿌리고 izmuchennuiu grud' obryzgav,
31 그이는 갑자기 쓰러졌나에 관해. 우수가 닥쳤고 on vdrug upal. Byla toska,
32 그녀가 무엇에 관해 노래 부르건 i vse, o chem ona ni pela,—
33 모조리 술잔 속에서 하얀 백묵처럼 흘러나왔다. v bokale otlivalos' melom.

34 남자들도 모두 소리쳤다, Muzhchiny tozhe vse krichali,
35 테이블 사이를 흔들흔들 지나다니며 oni kachalis' po stolam;
36 찬장 위로 던졌다 po potolkam oni kachali
37 꽃과 함께 대소동을 절반씩. bedlam s tsvetami popolam;
38 어떤 이는 혀를 악물고 odin—iazyk sebe otkusit,
39 다른 이는 외친다, 나는 귀염둥이 예수이시다 drugoi krichit: ia iisusik,
40 나에게 기도하라, 나는 십자가에 매달렸다 molites' mne— ia na kreste,
41 겨드랑이 밑이건 어디건 죄다 못이 박혔다… pod myshkots gvozdi i vezde ...
42 그에게 세이렌이 다가왔고 K nemu sirena podkhodila,
43 무릎을 점유한 다음 i vot koleno osedlav,
44 술잔들의 사나운 추기경 회의가 bokalov beshenyi konklav
45 성상 앞의 샹들리에처럼 불타기 시작했다. zazhegsia kak panikadilo.

46 눈들은 바벨처럼 떨어졌고 Glaza upali tochno giri,
47 술잔은 깨지고— 밤은 나가 버렸다 bokal razbili—vyshla noch',
48 그리고 살찐 자동차들은 i zhirnye avtomabili,
49 겨드랑이에 피카딜리를 끼고 skhvativ pod myshki Pikadilli,
50 쉽사리 굴러가 버렸다. legko otkatyvali proch'.
51 서늘함 덕분에 토마토는 자라났고 Rosli tomaty iz prokhlady,
52 여기, 녹초가 된 i vot opushchennye vniz—

붉은 바바리아의 황혼은 krasnobavarskie zakaty
술통의 밑바닥에 누웠다. v pivnye dnishcha uleglis',
그리고 창밖에선, 시간의 벽촌에선 a za oknom—v glushi vremen
마스트 위의 전구가 빛났다. blistal na machte lampion.

그곳에서 넵스키 대로는 광휘와 우수에 젖어 Tam Nevskii v bleske i toske,
밤 사이에 거죽을 바꾸고서 v nochi peremenivshii kozhu,
졸리운 기적 소리의 찬미를 받고 gudkami sonnymi vospet,
술집 위의 간판을 괴롭힌다. nad barom vyvesku trevozhil;
그리고 에르만다드의 호각 아래서 i pod svistkami Germandady,
안개와 군중과 벤진을 뚫고 cherez tuman, tolpu, benzin,
탑 위에서 날개 달린 구체가 작열하더니 nad bashnei rvalsia shar krylatyi
'징거(싱어)'라는 이름을 들어올렸다. i imia <Zinger> voznosil.

이 시는 1920년대 레닌그라드에 실재로 존재했던 술집 〈붉은 바바리아〉의 일상적인 풍경을 기술하고 있다. 음식과 술, 외설스러움과 술주정, 음악과 노래와 춤, 그리고 신성모독 등은 이 시를 전형적인 카니발 문학처럼 보이게 한다. 특히 오베리우 원칙인 '의미의 충돌'은 이 텍스트의 곳곳에서 카니발적인 '격하'를 유발시킨다. '천국'은 '술병'과 충돌하여 지상의 술집에 대한 다른 이름이 되고 신화시대 그리스와 현대 소비에트의 충돌은 술집 매춘부를 세이렌으로 변모시킨다. 성서와 술주정의 충돌 속에서 예수 그리스도는 주정뱅이로 격하되고 추기경들의 모임은 늘어선 술잔으로, 또 성상 앞의 샹들리에는 술잔의 광휘로 각각 격하된다. 그러나 이 텍스트의 카니발은 바흐친적인 카니발이 지향하는 유쾌한 상대성을 무시한다는 점에서, 그리고 모든 격하와 모독에 내포된 양면가치, 그리고 교체와 변화, 죽음과 갱생의 파토스를 결여한다는 점에서 후자와는 근본적으로 다른 모습을 보인다. 그것은 소멸시키는 동시에 갱생시키는 축제가 아니라 끊임없이 동요하지만 아무것도 변화하지 않는, 그 자체로서 지옥인 상황을 보여 주는 반축제, 뒤집혀진 카니발이다.

〈붉은 바바리아〉의 삶이 뒤집혀진 카니발임은 무엇보다도 생명의 부재에서 드러난다. 그곳은 카니발의 본질인 변화와 생명 대신 권태와 죽음이 지배하는 곳, "오래전에 종려나무는 말라 버린 곳"(2행)이다. 여기서 말라 버린 '종려나무'는 1행에서 제시된 '술병'과 '천국'의 충돌에 새로운 성격을 부여한다. 러시아의 풍토에 어울리지 않는 '종려나무'는 물론 술집 데코의 일부분으로 받아들여질 수 있지만 그것이 갖는 성서적 연상은 '천국'과 '술병'의 충돌에서 파생되는 에너지를 말소시킨다. 성서 시대에 종려나무는 생명과 다산과 승리의 상징이었다(Cirlot 1981: 249). 그리스도의 예루살렘 입성을 환영하는 군중들이 손에 쥐고 흔들었던 것도 바로 이 종려나무 가지였고 이로부터 부활 전 일요일을 '성지주일'이라 부르는 관례가 생겨났다. 따라서 풍요와 다산의 상징인 종려나무가 말라 붙었다는 사실은 1행의 '술병-천국'에서 유발되는 카니발적 활력을 무로 돌리고 독서의 초점을 신성한 것의 모독이 아닌 생명의 부정으로 전환시킨다. 그것은 또한 '술병-천국'과 충돌하는 '벽촌'의 이미지와 결합하여 죽음과 황폐의 의미론을 강화시킨다. 문자 그대로 '귀먹은 장소glukhoe mesto'를 의미하는 벽촌은 인간과 문화로부터 격리된 공간으로서 천국과 술집의 상하관계를 중심과 변방의 수평적 관계로 투사시켜 술집과 천국 모두에 내포된 생명의 의미론을 희석시킨다.

2연부터 등장하는 세이렌(문맥상 술집의 매춘부) 역시 죽음과 정체를 수반한다는 점에서 반카니발적이다. '술병 천국'의 변방에서 그녀가 차지하는 공간은 또 다른 변방(무대의 끄트머리)이며 그 변방에서 '얼어붙은'

그녀는 '말라 버린 종려나무'와 등가를 이룬다. 이 변방적 위상은 또다시 세이렌-매춘부의 수직 관계를 수평적 관계로 전환시킨다. 따라서 세이렌-매춘부에 포함된 고상함과 천박함의 양면가치는 '사소함' 혹은 '무의미함'이라는 단일한 가치로 환원되고 그녀의 이미지는 생명의 흔적이 말라 버린 자동인형으로 축소된다. 12행에서 언급되는 '보석으로 주어진 눈'의 그로테스크한 이미지는 이러한 맥락에서 해석될 수 있다. 요컨대 세이렌의 '눈'은 이미 살아 있는 육체의 유기적 일부가 아니라 얼마든지 분리 가능한 일종의 '부품'이며 그렇기 때문에 어떤 목적에 따라 일시적으로, 이를테면 '보석으로' 그녀의 육신에 부가될 수 있는 것이다. 그녀의 손에 칠해진 에나멜 또한 육체의 생명력을 억누르며 그녀의 먹는 행위는 카니발적인 식욕이 아닌 권태로 유발된다: "그리고 지루한 나머지 샌드위치를 먹었다."

세이렌이 수반하는 죽음과 권태의 의미론은 3연으로 이어진다. 세이렌은 '창백한' 얼굴을 하고서 시계추처럼 반복되는 왕복운동을 계속한다: "왔다가 갔다가"(22행). 그녀의 노래 또한 두 번 반복되는 동사 "노래한다"(24행)로 인해 지루함을 불러일으키며 노래의 내용은 로망스 가사의 개작이지만 카니발적인 개작에 수반되는 웃음이 아닌 섬뜩한 권태만을 유발시킨다. 노래 가사의 첫 행에 등장하는 '먹여 살리다'(25행) 동사는 남녀간의 사랑을 의도적으로 물질화시키고 그 뒤에 이어지는 두 행은 노골적인 성행위를 묘사함으로써 카니발적인 물질적이고 육체적 원리를 상기시키지만 카니발의 "축제적이고 주연적이고 희열에 찬" 육체의 원리가 삶의 모든 것을 풍요와 성장으로 이행시키는 것과 달리(Bakhtin 1990: 26) 무의미하고 부조리한 죽음을 불러일으킬 뿐이다: "어떻게 괴로운 가슴에/깨어진 관자놀이에서 흘러나온 피를 뿌리고/그이는 갑자기 쓰러졌나…"(29-31행).[11] 세이렌의 사랑은 치명적이며 그녀가 존재하는 공간은 일종의 공동묘지로 그 안에서 모든 육체적 쾌락은 생명을 담보로 취해진다. 그러니까 〈붉은 바바리아〉도, 〈붉은 바바리아〉가 존재하는 레닌그라드도 모두 욕정에 사로잡혀 있지만 그것들은 삶을 긍정하는 공간이 아니다. 그 음탕함 아래에는 죽음의 저류가 흐르고 있기 때문이다(Masing-Delic 1992: 248). 더욱이 세이렌이 초래하는 죽음은 단순히 과음에서 비롯된 것이기에 비극도 아니고, 그렇다고 비극의 패러디도 아닌, 그저 진부하고 시시한 사건으로 그려진다(Masing-Delic 1992: 254). 카니발에 포함된 삶과 죽음의 양면가치는 여기서 한없이 비하된 죽음의 단일성으로 축소되는 것이다.

이렇게 죽음까지도 진부하게 만드는 반축제적 분위기는 3연의 압운과 음성 구조를 통해 더욱 공고히 된다. 프랫이 정확하게 파악했듯이(Pratt 2000: 126-127), 일련의 반복되는 음성과 압운들은 세이렌이 유지하는 삶의 궁극적인 지루함을 드러내 준다. 예컨대, 20-25행에서 "stoikoi"와 "nastoikoi"가 이루는 완전 운, 내부운을 포함하여 다섯 번 반복되는 "et", 세 번 반복되는 음절 "mil", 그리고 세 번 반복되는 인접운 등이 그것이다:

sirena blednaia za stoikoi 카운터 뒤의 창백한 세이렌은
gostei popotchuet nastoikoi, 손님들에게 과일주를 먹이고
skosit glaza, uidet, pridet, 눈을 치켜뜬 채 왔다가 갔다가 하더니

---

11 마싱-델리치는 이 점에 주목하여 〈붉은 바바리아〉뿐 아니라 《칼럼》에 수록된 모든 시는 바흐친의 카니발과 구별된다고 지적한다. 그녀에 의하면, 《칼럼》에 등장하는 인물들은 모두 육체를 여는 행위, 즉 마시기, 먹기, 땀흘리기, 배설하기, 성행위 등에 참여한다. 그러나 바흐친의 카니발 세계에서 육체의 열림이 리얼리티와의 교감이라는 구체적이고 긍정적인 행위인 것과 달리 자볼로츠키의 열린 육체는 끔찍한 불완전성의 징표이자 죽음의 불가피성을 말해 주는 보증서이다(Masing-Delic 1992: 260).

potom, s gitaroi naotlet, 기타를 손에 들고
ona poet, poet o milom: 연인에 관해 노래한다, 노래한다.
kak milogo ona kormila, 어떻게 그이를 먹여 살렸나,

동일한, 혹은 유사한 음성의 반복(k/g, v/b, s/z, u/iu)은 28행부터 세이렌의 노래가 끝나는 31행까지에서 다시 두드러지게 나타난다:

kak po stakanam visla viski, 어떻게 술잔마다 위스키가 넘쳐흘렀나,
kak, iz razvitogo viska 어떻게 괴로운 가슴에
izmuchennuiu grud' obryzgav, 깨어진 관자놀이에서 흘러나온 피를 뿌리고
on vdrug upal. Byla toska, 그이는 갑자기 쓰러졌나에 관해. 우수가 닥쳤고

진부함은 4연에서 펼쳐지는 '파로디아 사크라'적인 상황 또한 무의미하게 만든다. 취객이 스스로를 그리스도에 비유하는 대목은 사실상 전형적인 파로디아 사크라 장르인 〈주정꾼의 예배missa potatorum〉를 연상시킨다(Emerson and Holquist 1983: 74). 그러나 여기서도 파로디아 사크라에 포함된 양면가치, 즉 조소와 숭배, 신성과 불경, 웃음과 기도는 모두 단조로움, 하찮음, 진부함에 압도되어 그 본연의 긴장감을 상실한다. 취객이 스스로를 '예수'라고 지칭할 때 지소형 명사인 "iisusik"(39행)을 사용하는 것은 파로디아 사크라를 희석시키는 결정적인 요인이다. 러시아어의 "iisusik"은 '작은 예수'라는 의미 외에 '예수 그리스도를 흉내내는 사람'이라는 의미도 포함한다. 요컨대 그 단어 속에는 이미 그리스도에 대한 비하와 패러디가 내재되어 있으므로 취객의 대사는 성스러운 것에 대한 패러디가 아니라 패러디된 단어를 사용하는 직접적인 진술, 즉 패러디의 패러디가 되는 것이다. '나는 예수이시다'라는 진술과 '나는 예수를 흉내

내는 사람이다'라는 진술 사이의 거리는 패러디의 분방함과 즐거움 대신 지리멸렬함을 제공할 뿐이다.

4연의 단조로운 음성구조는 이렇게 뒤집혀진 파로디아 사크라의 진부함과 맞물린다. 우선, 음성적으로 유사한 두 개의 동사 '던지다kachat''와 '소리치다krichat''는 34행부터 41행까지의 여섯 개 행에서 각각 두 번씩 반복됨으로써 의미론적으로나 음성학적으로나 단조로운 느낌을 유발시킨다. 여기에 41행에서 반복되는 "v-z-d"의 결합(gvozdi-vesde)과 35, 36, 37행에서 연달아 세 번 반복되는 음절의 결합("po-ol-am")이 더해짐으로써 지루함은 한층 강화된다: "po stolam"; "po potolkam"; "popolam." 이런 식의 음성 반복은 44행과 45행에서도 나타나는데 이 경우 음성반복은 "추기경 회의"나 "성상 앞의 샹들리에" 같은 고상한 어휘의 비하를 단순한 음성 유희 차원으로 전도시킨다: "bokalov-konklav-panikadilo."

한편, '붉은 바바리아'의 반카니발적 본질은 움직임의 부재와 공간의 복제를 통해서도 드러난다. 카니발은 무엇보다도 운동과 변화의 축제이다(Clark and Holquist 1984: 301, 310). 〈붉은 바바리아〉 역시 표면상으로는 움직임으로 가득 차 있는 것처럼 보인다. 그러나 무수히 사용되는 운동동사에도 불구하고 동사의 주체가 뒤바뀜으로 인해 결과적으로 제시되는 것은 부동의 의미론이 된다. 요컨대 이 '술병 천국'의 변방에서 움직임을 주도하는 것은 인간이 아닌 사물이나 개념이고 인간의 움직임은 반복과 회귀의 원칙을 통해 오히려 불변과 정지의 느낌을 유발시킨다. 우선, 1연에 등장하는 모든 수직, 수평 운동, 즉, '장난치다', '헤엄치다', '내려앉다', '피어오르다'의 주체는 '창문'이며 3연에서도 마찬가지로 '회전하는' 것은 '체인에 감긴 문'이고 '흘러나오는' 것 또한 세이렌의 '노래'이다. 5연과 6연에서도 이러한 사물의 운동은 계속된다. '떨어지는' 것은 육신으로부터 분리된 사물로서의 '눈'이고 '밖으로 나가는' 것은 사람이 아닌 '밤'이며 멀리 굴러가 버리는 것은 '자동차들'이다. 또 바닥에 '눕는' 주체는 '붉은 바바리아의 황혼'이며 무언가를 '들어올리는' 주체는 '날개 달린 구체'이다. 이렇게 사물이나 개념이 운동의 주체로 기능하는 것과 달리 인간은 거의 움직이지 않으며 움직인다 하더라도 그의 움직임은 세이렌의 왕복운동이나 술취한 사람들이 추는 원무, 혹은 흔들거림처럼 무의미하고 반복적이므로 아무런 변화도 초래하지 않는다.

이렇게 운동과 변화가 부재하는 〈붉은 바바리아〉는 공간의 복제를 통해 그 부동성을 더욱 강조한다. 텍스트는 공간 구조상 두 부분으로 나뉘어진다. 1행부터 47행까지가 〈붉은 바바리아〉의 내부를 묘사한다면 48행부터 64행까지는 술집 바깥의 거리 풍경을 묘사한다. 그러나 내부와 외부는 후자가 전자의 진부함을 그대로 재현한다는 점에서 결국 동일한 공간임이 드러난다. 우선, 〈붉은 바바리아〉의 내부를 압도하는 '우수'(31행)는 바깥쪽의 넵스키 대로에도 깔려 있다: "그곳에서 넵스키 대로는 광휘와 우수에 젖어"(57행). 또 술집 안의 '전깃불'(3행)은 술집 밖에서 "마스트 위의 전구"(56행)로 반복되며, 취객의 "겨드랑이 밑에" 못이 박혀 있다면(41행) 거리의 자동차 또한 "겨드랑이 밑에" 피카딜리를 끼고 달려간다(49행). 세이렌의 단조로운 노래는 거리에서 '졸리운 기적소리'로 복제되며 〈붉은 바바리아〉의 범속성은 건물 위로 솟아오르는 '징거'(싱어) 재봉틀 회사의 광고 문안에서 반복된다. 생명을 수반하지 않는 조야한 물질주의, 웃음을 수반하지 않는 패러디는 솟아오르는 태양 대신 네프 시대 자본주의와 소시민근성의 상징인 선전용 애드벌룬에서 노골적으로 드러난다.

공간의 복제는 55행에서 언급되는 '시간의 벽촌'에서 절정을 이룬다. 〈붉은 바바리아〉가 '술병 천국'의 벽촌이라면 그것이 속한 레닌그라드는 '시간의 벽촌,' 그러니까 시간의 흐름마저도 소진된 황폐한 소우주이다. 한마디로 말해서, 〈붉은 바바리아〉는 레닌그라드라고 하는 진부한 공간 안에 포함된 또다른 진부한 공간으로서 후자를 메토니미적으로 대변해 주는데(Goldstein 1993: 63) 마싱-델리치가 《칼럼》의 세계를 "환상의 덫 circular entrapment"에 걸린 세계라고 지적한 것은(Masing-Delic 1992: 253) 이 점에서 매우 타당하게 들린다.

결론적으로 말해서, 술집 〈붉은 바바리아〉, 그리고 더 나아가 그것을 포함하는 레닌그라드는 모든 것이 정체되고 모든 것이 완결된, '닫힌' 세계이다(Etkind 1973: 302). 바흐친의 카니발에서 풍요와 다양성이 악을 쳐부수는 강력한 세력이라면(Emerson 2001: 189) 자볼로츠키 텍스트의 풍요는 인간성을 말살하는 힘이며 다양성은 죽음 같은 권태를 숨겨주는 외장임이 드러난다.

〈붉은 바바리아〉의 분석을 통해 살펴본 바와 같이 자볼로츠키는 카니발의 모든 긍정적인 측면이 배제된 뒤집힌 카니발을 제시한다. 그것은 철저하게 죽은 세계, 갱생의 희망도 없이 일상의 범속함 속에 함몰된 세계이므로 《칼럼》과 카니발의 상관성은 표면적인 유사성을 넘어서는 유지되기 어렵다.[12] 그렇다면 《칼럼》의 카니발은 왜 뒤집혀졌는가? 왜 자볼로츠키는 자신의 텍스트에 카니발의 외형만을 덧붙여 놓은 채 그 취지는 왜곡시켰는가?

이러한 의문에 대한 해답은 무엇보다도 자볼로츠키와 바흐친이 상반되는 종교적 입장을 견지했다는 사실에서 찾을 수 있다. 바흐친은 "인생에서 가장 중요한 것은 기도와 십자가이다"라고 말할 정도로 그리스도교 정신으로 충만되어 있었다(Contino and Felch 2001: 1). 따라서 그가 카니발

---

12 이점에서 게라시모바A. Gerasimova가 자볼로츠키와 관련지어져 온 카니발 원칙에 의혹을 제기하면서 좀더 심도 있는 연구가 진행되어야 한다고 주장한 것은 전적으로 타당하게 여겨진다(Gerasimova 1988: 60).

을 통해 궁극적으로 전달하려 했던 것은 모든 도그마와 모든 지상적 절대 권력을 초월하는 그리스도와 그를 통한 세상의 구원 가능성이었다. 그에게서 카니발은 그리스도의 이미지에 대한 미학적인 대응물, 더 나아가 구세주 자신과 동일한 개념이었다(Mihailovic 1997: 145-146).

반면에 자볼로츠키는 비록 독실한 정교회 가정에서 성장했지만 바흐친과는 다른 방향에서 구원의 가능성을 탐색했다.[13] 그가 시인으로서 그리고 인간으로서 가장 관심을 기울였던 테마는 죽음의 극복과 영생이었다(Masing-Delic 1992: 273). 현상의 이면에 내재된 절대적 진리를 보고자 했던 오베리우 미학도 근본적으로는 그의 이러한 추구와 맞물린다. 그러나 혁명이 약속했던 완전한 정화 대신 또다시 구시대의 권태와 탐욕과 물신주의가 지배하는 1920년대 레닌그라드는 현실적으로 불멸의 희망을 완전히 짓밟는, 그리하여 카니발의 수평적인 생성-소멸의 원칙을 유지할 수 없는 죽음의 세계였다. 자볼로츠키에게 있어 문제가 된 것은 혁명, 혹은 혁명 후에 도래했어야만 하는 새로운 천년왕국이 아니라 아직도 남아 있는 낡은 신, 낡은 관습, 낡은 욕망이었다. 그에게 그리스도교의 신은 불멸을 약속해 줄 수 없었을 뿐만 아니라 오히려 인간이 영생을 얻기 위해 반드시 넘어야 하는 장애물, 과거로부터 살아남은 악의 유령이었다.[14] 따라서 그의《칼럼》은 라블레나 도스토옙스키에서 보여지는 문학의 '카니발화'와는 근본적으로 다를 수밖에 없었다. 그는 자신의 눈에 비친 지

---

13 사실 자볼로츠키는 이점에 관한 한 바흐친뿐만 아니라 다른 오베리우 시인들과도 구별된다. 자볼로츠키를 제외한 대부분의 오베리우 시인들, 특히 '웃음과 성스러움'을 강조했던 하름스는 바흐친의 카니발에 내포된 순수한 그리스도교적 열정을 그대로 계승했다.

14 실제로 자볼로츠키뿐 아니라 많은 모더니스트들은 혁명이라고 하는 대변혁의 시기를 겪으면서 전통적인 그리스도교 신앙에 대해 회의를 품게 되었다. Grossman 2000, 44를 보라.

옥 같은 세계를 지옥처럼 묘사했을 뿐이었다. 그가《칼럼》의 시들을 가리켜 "내가 쓴 것은 패러디가 아니다. 그것은 사물에 대한 나의 비전이다"라고 못 박은 것도 이러한 맥락에서 이해될 수 있을 것이다.[15]

그리스도교에 대한 자볼로츠키의 회의는《칼럼》이후 발표된 시들을 통해 명백하게 드러난다. 1930년대 이후부터 그는 정교회에 대한 엄격한 비판과 함께 자신만의 '개인 신학'을 발전시켜 나갔다(Pratt 1995: 238). 그는 도시적 현실로부터 자연으로 관심의 초점을 이동시켰고 구체적인 사물의 시학에서 삶과 죽음에 대한 명상의 시학으로 입장을 전환했다. 그의 후기를 대표하는 일련의 시들, 예를 들어, 장시 〈농업의 승리Toszhestvo zemledeliia〉(1929), 〈어제, 죽음을 명상하며Vchera, smerti razmyshliaia〉(1936), 〈변신Metamorfozy〉(1937), 〈유언Zaveshchanie〉(1947), 〈친구와의 이별Proshchanie s druz'iami〉(1952) 등은 모두 불멸에 대한 사색을 테마로 하지만 그 안에서 그리스도교의 하느님은 그가 발견한 새로운 신에게 구원의 역할을 양도한다.

그는 소비에트의 이데올로기, 첨단과학, 그리고 무엇보다도 당시 일부 지식인의 관심을 끌었었던 표도로프N. Fedorov의《공동과업의 철학Filosofiia obshchego dela》에서 구원의 가능성을 발견했다.[16] 표도로프에 의하면 인간의 행동이 전 우주로 확장되어 시간과 공간의 한계를 제거할 때 비로소 죽음이 사라지고 이미 죽은 사람까지도 부활하게 되는데 이를 위해서는 첨단과학의 부단한 발전이 요구된다(Pomorska 1985: 173). 자볼로츠키는 표도로프의 이러한 종교적 유물론을 받아들여 새로운 구원의 철

15 1928년, 티호노프N. Tikhonov의 집에서 자볼로츠키가《칼럼》의 시들을 낭송하자 여배우 조야 바제노바Zoia Bazhenova는 "레뱌드킨 대령과 마찬가지군요"라고 지적했다. 그러자 자볼로츠키는 이러한 말로 그녀의 반응을 일축했다(Nikita Zabolotsky 1994: 78).

16 표도로프에 관한 자세한 정보는 Masing-Delic 1992, 76-104를 참조하라.

학을 발전시켰다. 이제 그에게 불멸을 약속해 줄 수 있는 것은 첨단 과학과 기술이었다. 오로지 기술만이 어리석은 자연을 정복하고 자연의 일부인 죽음을 극복할 수 있는 진정한 수단이었다. 구원은 인간의 행동, 인간의 이성으로부터 자연스럽게 도출되는 것으로, 행동하는 인간, 영웅적으로 투쟁하는 인간은 기술 문명의 정상에서 전지전능한 힘을 획득하여 스스로를 구원함으로써 마침내 신으로 변모했다(Masing-Delic 1992: 269, 271-272).

결국, 자볼로츠키는 새로운 신, 새로운 불멸을 향해 나아감에 따라 바흐친의 카니발로부터 더욱더 멀어져 갔다. 카니발이 '신인神人', 그리스도를 정점으로 했다면 자볼로츠키의 뒤집힌 카니발은 반그리스도, '인신人神'을 정점으로 했다. 도스토옙스키의 유로지비들, 알료샤나 조시마, 레뱌드키나 등이 진정한 카니발 정신의 수호자 였다면《칼럼》이후의 자볼로츠키는 이반이나 키릴로프에게로 점점 더 가까이 다가갔다. 이 절에서 살펴본《칼럼》의 탈카니발화는 이러한 후기 시의 새로운 철학적, 종교적 도그마를 예고해 주며 그 점에서 아방가르드적인《칼럼》과 명상적인 후기 시를 하나로 연결시켜 주는 시학적 고리로 간주될 수 있을 것이다.

3 아흐마토바, 카니발, 저자의 권위

아흐마토바의 포에마 〈주인공 없는 포에마〉(이하 〈포에마〉로 약칭)는 20세기 러시아 문학사상 가장 복잡한 작품 중의 하나로 간주되어 왔다. 그것은 너무도 복잡해서 일종의 '암호문'으로 읽혀졌고 연구자들은 텍스트의 이해를 위해 종종 암호 '해독deshifrovka'이란 용어를 사용했다. 그동안의 연구는 〈포에마〉의 복잡성을 다음의 세 가지로 설명한다.

첫째, 전통적인 포에마 장르의 해체는 텍스트를 난해하게 만드는 일차적 요인이다. 아흐마토바는 포에마의 모든 요소를 파괴하여 운문과 산문이 뒤섞이고, 서정시와 드라마와 소설의 경계가 허물어지고, 내러티브의 인과율은 물론 주인공마저도 사라진 기이한 텍스트를 창조했다. 물론 포에마 장르의 해체는 〈포에마〉보다 훨씬 전에 이미 발견된다. 모더니즘 시기에 씌어진 포에마들, 이를테면 블로크의 서정적 포에마, 마야콥스키의 혁명적인 포에마들은 모두 장르 실험에 입각한 작품들이다. 그런 점에서 1940년대 이후 씌어진 〈포에마〉는 '시대착오적인' 작품으로 읽힐 수도 있다. 그러나 오히려 이 '시대착오적인' 특성은 〈포에마〉에 '포스트모더니즘의 시각에서 바라보는 모더니즘'이라고 하는 새로운 해석의 층위를 더함으로써 그 복잡성을 강화시킨다(Harrington 2006: 204-209). 한마디로 〈포에마〉는 포에마라는 장르 변형의 과격한 실험이며 그와 유사한 예는 이후 시사에서 찾아보기 어렵다(Tsiv'ian 2001: 161).

둘째, 집필 과정과 저자의 의도가 해독을 어렵게 한다. 아흐마토바는 1940년부터 1965년까지 무려 25년 동안 끊임없이 고치고 첨가하며 〈포에마〉를 집필했다. 무수한 이본과 아직까지도 완결되지 않은 최종본 논의는 텍스트에 대한 관례적인 접근을 차단한다.[17] 저자의 태도 또한 〈포에마〉의 해독을 저해하는 중요한 요인이다. 텍스트 안에서 언급되듯이 아흐마토바는 자신이 "거울 쓰기zerkal'noe pis'mo" "투명 잉크simpaticheskie chernila"를 사용했다고 주장하며 〈포에마〉를 "3중 바닥troinoe dno"을 가진 상자에 비유하기도 한다. 실제로 〈포에마〉는 무수한 거울들이 서로를 반사하는 듯한 구조, 여러 가지 층위가 얽히고설킨 구조를 갖는데[18] 저자는

17 〈포에마〉의 여러 이본들, 출판 경로, 다시 쓰기의 과정 등을 상세한 도표와 함께 설명한 논문이 2006년에 발표되었지만 이 논문의 결론 역시 최종적인 수정 날짜는 영원히 알 수 없다는 것으로 귀착한다(Kraineva, et. al. 2006).

산문 논평에서 이러한 복잡한 구조의 해독 불가능성을 부추긴다. "〈포에마〉에 관해 설명을 하면 할수록 그것은 더 불가사의하고 더 이해할 수 없게 되어 버린다. 〈포에마〉를 철저하게 설명하는 일은 할 수도 없고 하고 싶지도 않다. 내 모든 설명은 〈포에마〉를 더욱 복잡하게 만들 뿐이다"(AA III: 161).

셋째, '타자의 말'은 〈포에마〉의 복잡성에 기인하는 결정적인 요소이다. 그동안 많은 연구자들이 주목했듯이 〈포에마〉는 인용, 회상, 기저 텍스트로 포화되어 있다. 그래서 〈포에마〉를 가리켜 "여러 개의 목소리"를 가진 작품, "다음향적" 텍스트, "명시구를 짜깁기하여 쓴 글(즉 '센토cento')"이라 부르기도 한다(Pavlovskii 1966: 166; Verheul 1971: 188; Tsiv'ian 1990: 118). 〈포에마〉의 이러한 성격은 두 가지 접근법을 수반한다. 하나는 텍스트에 등록된 모든 '타자의 말'을 메타시학, 혹은 상호텍스트성의 차원에서 추적하고 확인하고 해석하는 것이고, 다른 하나는 광의의 메타텍스트가 아닌, 바흐친적인 의미에서의 '다음향성'과 연계하여 텍스트를 분석하는 것이다. 두 번째 접근법은 아흐마토바가 텍스트 안에서 실제로 '타자의 말'이란 표현을 사용하는 것에서 촉발되어 바흐친의 다음향성과 직결되는 '카니발'로 분석의 범위를 확장시킨다. 텍스트에 나타나는 다양한 카니발의 요소들은 이러한 접근법을 지지해 준다.

이제까지 발표된 〈포에마〉 연구들은 대부분 이러한 세 가지 측면, 즉 장르 실험, 집필 과정, 광의의 메타시학을 탐구해 왔다. 특히 거의 완벽하리만큼 상세한 주석의 형태로 누적된 '타자의 말' 연구는 〈포에마〉 이해

18 〈포에마〉의 거울 구조 및 거울 쓰기에 관해서는 Korona 1999, Dement'ev 2004, Harrington 2006을 참조하라. 〈포에마〉의 극도로 복잡한 구조를 추콥스카야는 "층층의sloi na sloe, sloi na sloe" 구조로, 지르문스키는 "다층위성mnogoplanovost'"으로 표현한다(Chukovskaia 1980: 173; Zhirmunskii 1973: 173).

의 일차적인 열쇠로 간주된다. 그러나 카니발, 그리고 '카니발화된 의식'의 문제에는 아직도 탐구의 여지가 남아 있다. 1990년대에 발표된 일련의 연구논문들은 아흐마토바와 바흐친의 카니발 간의 연관관계에 주목하면서도 양자 간의 진정한 유사성에는 의문 부호를 남겨 놓았다. 이 절은 이들 연구를 토대로 〈포에마〉에 나타난 카니발의 의미와 연계된 저자 의식의 문제를 분석하고자 한다. 이 절의 논의는 난해하기로 유명한 〈포에마〉의 집필 의도에 약간의 빛을 던져 줄 것으로 기대된다. 그러나 무엇보다도 바흐친의 이론을 시 텍스트 연구와 접목시켜 살펴보는 한 가지 방법을 제공해 줄 수 있다는 점에 이 절의 의미가 있을 것 같다.

〈포에마〉와 바흐친의 이론을 연결시킬 수 있는 단서는 무엇보다도 텍스트의 첫 번째 헌사에서 발견된다. 마치 자신과 바흐친의 관련성을 강조하듯 시인은 텍스트의 첫머리에 '타자의 말'을 언급한다.

> 그리고 여기서 타자의 말이 드러나 I vot chuzhoe slovo
> 그 옛날 내 손안의 눈송이처럼 I, kaksnezhnika na moei ruke,
> 비난 없이 순진하게 녹아내린다. Doverchivo i bez upreka taet (AA II: 101)

여기서 저자가 언급하는 '타자의 말chuzhoe slovo'은 우연히 바흐친의 개념과 중첩되는 것이 아니다. 연구자들은 아흐마토바가 이 작품을 쓸 무렵 바흐친을 알고 있었다는 데 동의한다. 아흐마토바는 학계의 연줄을 통해 바흐친의 이론을 접했으며 그의 도스토옙스키 연구와 '타자의 말' 개념을 비상한 관심과 함께 〈포에마〉에 첨가했다는 것이 중론이다(Rosslyn 1991: 69, 85). 특히 문학 비평에 대한 아흐마토바의 진지한 연구와 이른바 '학술적인' 태도는 〈포에마〉의 상호텍스트성이 바흐친의 이론에서 나온 것이라는 주장을 강화시켜 준다(Harrington 2006: 221).

이러한 추정은 〈포에마〉 텍스트에 광범위하게 깔려 있는 카니발적 요소들에 의해 뒷받침된다. 그동안 연구자들은 〈포에마〉의 카니발적 특성을 다양한 시각에서 고찰해 왔다. 〈포에마〉에 나타난 코메디아 델아르트commedia dell'arte 의 모티프는 유럽 카니발 전통으로 거슬러 올라가며(Wells 1986: 70-72), 가장 무도회와 카니발 축연과 '문지방에서의 대화'는 바흐친이 말한 '메니푸스 풍자'와 연결된다(Crone 1993: 54). 또 〈포에마〉의 인물들이 수행하는 '연기role-playing'는 삶과 예술의 경계를 허무는 한바탕 축제로 설명되며(Rosslyn 1991: 71) 텍스트에서 지속적으로 나타나는 역전 혹은 뒤집힘의 모티프 역시 카니발적인 해석을 허용한다(Michalewska 1990: 93). 사실 1913년 상트페테르부르크를 배경으로 하는[19] 〈포에마〉의 제1부는 거대한 카니발을 연상시킨다. 시인, 가수, 발레리나, 배우, 연출가, 화가, 작곡가들이 유령과 그림자와 무언극의 배우와 가면을 쓴 손님들의 형태로 등장하는 혁명 전 러시아 제국의 예술 세계는 그 자체가 이미 일종의 카니발이다. 해골들의 춤과 시끄러운 음악, 방종과 쾌락과 죽음으로 얼룩진 가면무도회는 저자의 표현을 빌려 말하자면 "페테르부르크의 악마제"이며 그 악마제의 주인공은 "카니발의 왕자"이다.

그러나 이렇게 다양한 지적에도 불구하고 〈포에마〉의 카니발은 근본적인 점에서 바흐친의 카니발과 다르다는 것이 연구자들의 공통된 의견이다. 바흐친의 카니발은 무엇보다도 갱생의 축제이다. 우스꽝스럽고 불경한 카니발의 난장판은 "파괴적이고 부정적인 의미를 지니고 있을 뿐 아니라 긍정적이며 재생적인 의미도 지닌다. 격하는 양면적이다. 즉, 부정하면서 동시에 긍정한다. 무와 절대적인 절멸로의 단순한 추락이 아니라, 수태와 새로운 탄생이 일어나고 모든 것이 풍요롭게 성장하는, 즉 생

19 〈포에마〉의 모델이 된 1913년 페테르부르크의 리얼리티는 Feinstein 2005: 1-9에서 자세하게 묘사되어 있다.

산적인 하부로의 하강을 의미하는 것이다"(Bakhtin 1990: 28). 이러한 양면적 가치의 기저에는 카니발적 세계관의 핵심인 "교체와 변화, 죽음과 갱생의 파토스"가 자리한다(Bakhtin 1979: 143). 결국 카니발은 전 민중이 참여하는 부활과 갱생의 축제이며 그렇기 때문에 그 안의 모든 파괴는 창조로, 모든 죽음은 삶으로 전이된다.

그러나 〈포에마〉의 카니발은 갱생을 결여한다. "아흐마토바는 카니발의 갱생하는 힘과 그 덕행에 의혹의 시선을 던지며 그녀의 시는 몇 가지 두드러진 측면에서 카니발 정신과 심각하게 유리되어 있다"(Rosslyn 1991: 83). 사실 텍스트 안에서 삶과 죽음의 대립, 혹은 융합은 발견되지 않으며 새로운 삶에 대한 기대 또한 발견되지 않는다. 가장 카니발적인 제1부에서 인물들은 대부분이 가면을 쓰고 등장한다. 다페루토, 도리언 그레이, 요카난, 파우스트, 돈 후안 등 끝없이 이어지는 가면들은 그러나 카니발의 가면들과 사뭇 다르다. 바흐친에 의하면 "가면은 변화와 환생의 기쁨, 즐거운 상대성, 획일성과 유사성에 대한 행복한 부정과 관련된다. 그것은 스스로에 대한 일치를 부정한다. 가면은 전이, 변신, 자연적인 경계의 파괴, 조롱, 낯익은 별칭 등과 연관된다. 그것에는 삶의 장난스러운 원칙이 구현되어 있다"(Bakhtin 1990: 48). 그러나 〈포에마〉의 가면들은 가면 속의 실제 인간과 대립하지도 않고 그 인간의 정체성을 전이시키지도 않는다. 거기에는 '즐거운 상대성'도 '변화의 기쁨'도 존재하지 않는다. 그것들은 부도덕한 예술계를 보여 주는 이미지일 뿐이다. 그들이 등장하며 그려 내는 음습한 축제는 신음과 비명과 죽은 사람의 이미지로 마무리된다. 갱생없는 죽음의 모티프는 텍스트 전체로 확장되다가 에필로그에서 "죽음 같은 공포"에 사로잡힌 러시아의 이미지로 완결된다. 요컨대 〈포에마〉는 죽음으로부터 삶으로의 전이를 포함하지 않으며(Michalewska 1990: 93-94) 과거에 묻혀 버린 페테르부르크 문화의 부활에 대한 희망도 제시하지 않는다(Crone 1993: 56-57). 〈포에마〉의 카니발은 악마적인 요소를 위해 재생적인 요소를 묵살하며 그렇기 때문에 그것은 파괴와 사멸의 느낌을 강조하기 위한 수단일 뿐이다(Wells 1986: 84-85). 즉, 아흐마토바는 1910년대의 연극적이고 다채롭고 에로틱하고 악마적인 분위기를 말하기 위해 카니발을 사용하되 카니발의 저급하고 격하된 버전을, 그 속악한 보헤미아적인 이해를 제시하는 것이다(Harrington 2006: 211).

그렇다면 아흐마토바는 왜 카니발의 기표만을 수용하고 그 기의는 받아들이지 않은 것일까? 이에 대한 답은 아흐마토바의 독특한 독백적 의식에서 찾아질 수 있다. 그동안의 카니발 관련 〈포에마〉 연구는 이점을 간과했지만 사실 카니발적인 갱생은 '의식의 카니발화'를 전제로 할 때만 이해할 수 있는 개념이다. "카니발화는 거대한 대화의 열린 구조를 가능하게 하였고 인간의 사회적 상호작용을 정신과 지성의 최고 영역으로 옮겨 놓았다. 그것은 언제나 압도적으로 단 하나의 유일한 독백적 의식의, 즉 자신 속에서만 전개되는, 분열을 모르는 단일한 정신의 영역에 지나지 않았었다. 그러나 카니발적 세계관은 도스토옙스키가 윤리적이고 인식론적인 유아론을 극복하도록 도와주고 있다. 오로지 자기 자신과 홀로 남은 인간은 (…) 또 다른 의식이 부재하는 한 살아나갈 수 없다. 인간은 자기 자신 속에서만은 결코 완전함을 찾아낼 수가 없다"(Bakhtin 1979: 207-208). 카니발은 그러니까 자아 밖에 존재하는 타자의 의식에 대한 인식, 그리고 그 타자의 의식과 자아의 의식간의 역동적인 상호교류와 대화에 대한 가시적인 표출인 셈이며 바로 이점에서 카니발과 대화주의는 이론적으로 수렴한다. "나는 오로지 나 자신을 타자를 통해 타자에게 드러내 보일 때 나를 의식하고 나가 될 수 있다. (…) 의식은 본질에 있어 다중적이기 때문이다"(Bakhtin 1984: 287, 288).

반면 아흐마토바는 이러한 의식의 상호교류를 거부한다. 그녀의 의식은 "분열을 모르는 단일한 정신"의 영역에, "인식론적이고 윤리적인 유아론"의 영역에 남아 있을 것을 고집한다. 〈포에마〉는 그러므로 모든 타자의 말에도 불구하고, 그리고 플롯과 인물과 화자의 존재에도 불구하고, 근본적으로 서정적인 독백의 테두리를 벗어나지 않는다. 그러면 이 점을 좀 더 자세히 살펴보자.

우선 아흐마토바의 독백적 의식은 〈포에마〉에 다양하게 존재하는 저자의 분신에서 드러난다. 카니발에서 분신들은 상호모순적인 의식의 다중화를 보여 주는 이미지들로 서로를 패러디 한다. "카니발적 사고의 두드러진 특징은 대립(꺽다리와 난장이, 뚱뚱이와 홀쭉이 등등)과 유사(분신, 쌍둥이)에 따라 선별된 쌍쌍의 이미지들이다"(Bakhtin 1979: 145). 분신은 원존재와 죽음과 탄생, 부정과 긍정의 양가적 관계를 맺는데 원존재는 갱생하기 위하여, 즉 정화되고 스스로를 초월하기 위하여 분신 속에서 죽거나 부정된다(Bakhtin 1979: 147). 요컨대 분신은 개성의 분열, 인간의 완결성과 통일성의 파괴, 그리고 인간이 자기 자신과 맺는 대화적 관계를 보여 주는 기호인 것이다(Bakhtin 1979: 134).

그러나 〈포에마〉에서 저자의 분신은 이러한 대화적 관계와 무관한, 단순한 반영 내지는 인접, 혹은 저자에 대한 보충설명으로 기능한다. 우선 저자와 여주인공의 관계부터 살펴보자.

> 너의 눈길은 어찌하여 그리도 예리하고 그리도 걱정스러운가
> 페테르부르크의 인형, 여배우여
> 너는 내 분신들 중의 하나로구나.(AA II: 114)

텍스트에서 "콜롬비나", "푸타니차-프시헤야", "양의 다리를 한 님프" 등으로 묘사되는 여주인공은 당대 페테르부르크 문화계의 유명한

가수이자 무희이자 여배우였던 올가 글레보바-수제이키나O. Glebova-Sudeikina를 지칭한다. 그녀와 시인 블로크 간의 내밀한 연애, 그리고 그녀를 짝사랑한 젊은 시인의 자살을 중심으로 당대 사회의 부도덕과 타락을 그리는 텍스트에서 저자는 스스로 그 비극적 사건에 책임이 있다고 말함으로써 여주인공을 자신에 대한 분신으로 설정한다. 아름답고 방종한 여배우 글레보바-수제이키나는 시인의 죄의식을 반영하는 자화상의 역할을 하는 것이다. 그러나 여배우를 축으로 하는 양자 간의 유사와 대립은 그 이상으로 발전되지 않는다. 양자 간에는 오히려 메꿔질 수 없는 인식론적 간극이 존재하며 이 때문에 카니발의 분신이 수반하는 패러디와 뒤집기와 양가적 가치는 여기에 적용되지 않는다. 아흐마토바는 무대 위의 역을 연기하는 것이 아니라 자기 스스로를 연기하기 때문이다.

> 나 자신이 등장하리라
> 레이스 숄을 그대로 두른 채
> 그들 모두에게 미소를 보내고 침묵하리라.
> 검은 마노 목걸이를 두른
> 당시의 나였던 그 여자와
> 다시 만나고 싶진 않다.(AA II: 106)

글레보바-수제이키나가 벨라예프Iu. Belaev의 드라마 및 여러 드라마에서 '푸타니차-프시헤야', '콜롬비나'를 연기했다면 아흐마토바는 다른 예술가와 시인들이 묘사했던 자기 자신의 역할만을 수행한다. 1913년 당시 다른 예술가들의 눈에 비친 시인 아흐마토바는 유명한 "레이스 숄"과 잔잔한 미소와 침묵을 특징으로 했다. 시인 구밀료프는 시에서 "너는 나른하게 미소지었다"라고 썼으며 블로크는 "그대는 스페인 숄을 천천히 어깨에 걸쳤다"라고 썼다. 또 1913년에 화가 알트만N. Al'tman이 그린 유명한 초상화에서도 그녀의 숄과 구슬 목걸이가 묘사된 만큼 숄과 목걸이는 시인에게 거의 메토니미적으로 관련된다. 그녀의 짤막한 시들과 절제된 언어는 그녀에게 '침묵의 시인'이라는 별칭을 부여했으며 그녀 스스로도 시 속에서 여러 번 "나는 침묵한다"라고 썼다(Rosslyn 1991: 75-76; Harrington 2006: 235). 아흐마토바는 이렇게 1913년 드라마에서의 역할과 예술에 반영된 자신의 모습을 중첩시킨 뒤에도 다시 한번 자기가 쓴 시집의 제목인 《질경이Podorozhnik》와 《백색의 무리Belaia staia》, 그리고 절제와 단순미라고 하는 자기 시의 특성을 진술함으로써 양자의 동질성을 강조한다.

> 나는 가장 말없는 여자, 나는 가장 소박한 여자
> "질경이", "백색의 무리"
> 나를 정당화할 것, 그러나 어떻게, 친구들이여? (AA II: 126)

결국 아흐마토바는 글레보바-수제이키나와 '여배우'라는 점에서는 분신이지만 예술에 반영된 자기의 역할만을 연기함으로써 자아의 분열이 아닌 더욱 강화된 자아의 응집만을, 바흐친이 말했던 의식의 자기 객관화(Bakhtin 2003: 117) 대신 '나'와 '나 자신'의 동질성만을 보여 준다.

텍스트에는 글레보바-수제이키나 같은 직접적인 '분신' 외에도 여러 명의 분신들이 등장하는데 그들은 모두 아흐마토바 자신에 대한 계열축상의 대체물로 기능한다. 〈포에마〉는 〈N에게 보내는 편지〉, 〈서문 대신〉, 세 편의 〈헌사〉, 그리고 세 부로 나뉘어진 본문으로 구성되는데, 각각의 소텍스트는 산문 설명, 운문, 대사, 그리고 지문과도 유사한 산문을 포함한다. 아흐마토바는 이 모든 부분들에서 각기 다르게 나타나는 듯

하지만 실제로 그 모든 '나'들은 아흐마토바 자신을 시간 축 위에서 재구성한다. 〈N에게 보내는 편지〉에서 '나'는 리얼리티 속의 아흐마토바로, 〈서문 대신〉에서는 〈포에마〉 전체 텍스트의 저자로 등장하며, 제I부에서는 1913년의 비극적 드라마를 서술하는 서술자이자 그 드라마에 등장하는 인물로, 제II부에서는 가상의 편집자와 논쟁하는 〈포에마〉의 저자로, 그리고 제III부에서는 일반적인 '저자'로 등장한다. 이 모든 '나'는 각기 다른 시간과 공간을 배경으로 하는 시인 아흐마토바의 정체성을 확고히 해줄 뿐 본질적으로 그들 사이에 차이점은 없다. 각 소텍스트 뒤에 저자가 의도적으로 명시해 놓은 집필 시간과 공간은 이러한 해석을 지지해준다. 〈N에게 보내는 편지〉에서 '나'는 〈포에마〉가 출간된 이후의 시인 아흐마토바이며 "1943, 타슈켄트"라고 명시된 〈서문 대신〉의 '나'는 이 〈포에마〉를 쓴 직후의 아흐마토바이며, 제I부의 '나'는 위에서 언급했듯이 1913년의 시인 아흐마토바이며, 제II부의 '나'는 〈포에마〉가 출간 되기 이전에 편집자와 원고를 두고 논의하는 시인 아흐마토바이며 제III부의 '나'는 〈포에마〉의 마지막 부분을 쓰고 있는 아흐마토바이다.

물론 각 소텍스트에 삽입된 전기적 요소들(이를테면 아흐마토바가 실제로 살았던 폰탄카의 집을 언급한 부분, 혹은 실존했던 인물들이 등장하는 제I부 제1장, 그리고 아들의 체포와 구금을 언급하는 에필로그 등)은 인간 아흐마토바를 상기시킨다. 한편, 〈포에마〉가 실제로 구소련 시대에는 출간된 적이 없다는 사실을 감안하자면 편집자와 논의하거나 〈포에마〉의 독자들에 관하여 이야기하는 저자의 모습은 실존하는 저자 아흐마토바와 텍스트에 '저자'라는 이름으로 등장하는 존재 간의 차이를 분명하게 드러내 보인다. 그러나 아흐마토바는 이 모든 '나'들이 시인인 자기 자신에 대한 계열 축상의 대체물임을 확고히 하기 위해 모든 소텍스트에 시와 시인의 모티프를 심어 놓는다. 전기적 존재로서의 아흐마토바이건, 아니면 아흐마토바의 상상 속에 존재하는 아흐마토바이건 어쨌든 '나'들은 모두 시인 아흐마토바이며 이 시인 아흐마토바는 인간 아흐마토바나 가상의 저자, 혹은 화자의 위상을 압도한다. 문학과 리얼리티간의 경계가 모호해지는 것이 아니라 문학이 리얼리티를 압도하고 그것을 자신 속으로 녹여 버리는 것이다. 이런 의미에서 "텍스트의 모든 자아들은 저자의 재현이자 모방에 불과하다"(Harrington 2006: 235)는 해링턴의 지적은 매우 적절하게 들린다.

치비얀은 〈포에마〉에 나타난 무수한 분신들의 비체계적이고 비확정적인 특성을 지적하면서 분신들의 목적은 "세계의 다양성을 초월적으로 통일시키는 것"에 있다고 결론짓는다(Tsiv'ian 2001: 164). 분신들의 이 "초월적으로 통일시키는" 힘은 그러나 나와 세계를 고차원의 영역에서 통일시키는 것이 아니라 통일된 자아와 세계 간의 대립을 더욱 강화시킨다. 분신들을 통해 아흐마토바의 자아가 더욱 확고해지는 만큼 자아와 세계와의 거리는 더욱 멀어진다. 사실 시인-아흐마토바와 다른 모든 인물들 간의 차이점은 텍스트에서 지속적으로 강조된다. 그녀는 가면을 쓴 다른 인물들보다 우월하다. "철가면을 쓴 저 인물의 위협이/나에게 무슨 의미가 있는가?/나는 그들보다 더 강철처럼 강하다…"(AA II: 106). 그리고 그녀는 다른 모든 인물이 이미 죽음의 영역에 속하는 데 반해 여전히 삶의 영역에 속한다. "어떻게 이렇게 되었을까/어떻게 그들 중 나 혼자만이 아직도 살아 있을까?"(AA II: 106). 게다가 아흐마토바는 세계와 시간적으로나 공간적으로나 분리되어 있다. 그녀는 시공의 세계를 초월해 있다. 〈서문〉은 의미론적으로뿐 아니라 시각적으로 이 분리를 보여 준다.

1940년으로부터
　마치 탑위에서 보듯 나는 모든 것을 내려다본다.

마치 언젠가 내가 작별했던 것과
다시 작별을 하듯이
그리고 성호를 긋듯이
나는 어두운 둥근 지붕으로 하강한다.(AA II: 103)

'나'는 공간적으로 저 높은 곳에서 세계를 내려다보며 시간적으로는 1940년의 시점에서 1913년을 회고한다. 나는 세계와 다른 시간, 다른 공간에 존재하는 것이다. 계단식으로 씌어진 이 〈서문〉은 사실상 〈포에마〉 전체에서 저자가 차지하는 위상을 단적으로 보여 준다.

한편, 자아와 세계 사이의 거리를 분명히 하기 위해 아흐마토바는 '신비'의 전략과 게임의 원칙을 사용한다. 확실히 〈포에마〉의 많은 부분은 그동안의 무수한 연구에도 불구하고 여전히 신비에 싸여 있다. 이는 전적으로 저자의 의도에서 촉발된다. 아흐마토바는 〈포에마〉가 자신의 의지와는 상관없이 외적인 어떤 신비한 힘에 의해 씌어졌음을 여러 차례 강조한다.

"12월 26-27일의 잠 안오는 밤에 이 시적인 단편은 예기치 않게 자라나 '주인공 없는 포에마'로 변신하기 시작했습니다."(〈N에게 보내는 편지〉, AA II: 97)

"이 포에마가 처음 내게 찾아온 것은 1940년 12월 27일 밤이었다. (…) 나는 그것을 부르지도 않았고 기대하지도 않았다. (…) 1월 초에는 나 자신도 놀랍게 '동전의 뒷면'을 쓰고 말았다."(〈서문 대신〉, AA II: 99)

아흐마토바는 〈포에마〉의 신비를 강화하기 위해 그것의 내용을 겹겹의 프레임 안에 숨겨 놓는다. 치비얀도 지적했듯이, "〈포에마〉의 모든 것은 '주변' 혹은 '근처'일 뿐 그 자체는 좀처럼 파악되지 않는다. '서문 대신', 세 편의 '헌사', '서문', '막간극', '후기', 다시 '막간극', '에필로그', 주석, 여러 편의 제사, 누락된 연, 날짜, 각주, 산문적인 논평이 〈포에마〉 공간의 대부분을 차지하고 다른 작품에서는 근원적이고 필수불가결한 장르의 조건을 그 자체 내에 용해시킨다. (…) 직접적인 기술은 제로로, 부정신학으로, 그림자로, 뒤집힌 것으로(거울처럼) 대체된다"(Tsiv'ian 2001: 163-164). 더욱이 아흐마토바는 "타자의 초고 위에" 쓰고 있으며 "거울 쓰기"와 "투명 잉크"를 사용하고 있다. 그러므로 설령 독자가 겹겹의 프레임을 뚫고 〈포에마〉의 본질에 다가간다 해도 무수한 거울이 서로를 비추는 세계, 저자의 말과 타자의 말의 경계가 무너진 세계, 모든 것이 그림자이고 모든 것이 메아리인 세계에서 의미를 추출해 내는 것은 거의 불가능하게 여겨진다. 궁극적으로 이 텍스트가 타자의 텍스트와 교호하는가, 안 하는가, 이 텍스트가 카니발적인가 아닌가의 문제조차 무의미하게 여겨진다. '타자의 말'이 "투명잉크"로 씌어진 거울 속의 반영에 불과할 때 그것을 상호텍스트성의 차원에서 추적하는 것의 의미는 제로화되기 때문이다. 실제로 아흐마토바는 소텍스트의 산문 지문에서 텍스트를 서술하는 목소리조차 자신의 목소리가 아닌 다른 목소리, 우연히 들려오는 소리, 상상 속의 소리라고 말함으로써 〈포에마〉의 정체성을 더욱 신비하게 만든다. 각 소텍스트의 시작은 다음과 같은 지문으로 서술자의 목소리를 지정한다.

> "이 부분 근처에서 이런 식의 시행이 어슬렁거렸다. 그러나 나는 그것들을 주 텍스트에 들여놓지 않았다."("막간극", AA II: 110)
>
> "푸타니차는 초상화에서 빠져나와 다음과 같이 낭독하는 목소리를 상상한다."(제I부 제2장의 지문, AA II: 112)

"바람은 회상하듯, 아니면 예언하듯 다음과 같이 중얼거린다."(제3장의 지문, AA II: 117)

"침묵 자체가 다음과 같이 말한다."(제4장의 지문, AA II: 119)

"굴뚝에서 바람이 울어 댄다. 그 울음 속에서 다음과 같은 연들을 감지할 수 있다."(제II부의 지문, AA II: 122)

한편, 〈포에마〉의 신비를 강화하는 전략의 일환으로 아흐마토바는 독자에게 게임을 권한다. 즉, 독자의 〈포에마〉 해독 의지를 자극하는 동시에 그 해독의 노력을 좌절시킨다. 마치 술래잡기 놀이라도 하듯 저자는 숨는 동시에 자신을 찾아내라고 독자를 부르고 독자가 찾으려 하면 다시 숨어 버린다.[20] 〈서문 대신〉과 첫 번째 〈헌사〉 사이에 삽입된 산문 주석을 보자. "나는 종종 여러 가지 잘못되고 기이한 〈포에마〉 해석을 접하곤 한다. 심지어 그것을 좀더 분명하게 고치라는 충고까지 받는다. 나는 그렇게 하지 않을 것이다. 〈포에마〉에 무슨 세 번째 의미, 일곱 번째 의미, 스물아홉 번째 의미 같은 건 없다. 나는 그것을 고치지도 않을 것이며 설명하지도 않을 것이다"(AA II: 100).

저자의 말은 이중적이다. 그녀는 〈포에마〉가 난해하다는 독자의 반응이 잘못이라고 말하는 듯 하면서 오히려 "설명하지 않겠다"는 의지를 통해 그것이 얼마나 복잡한지를 역설적으로 강조한다. 제II부에서도 유사한 상황이 전개된다. 저자가 가상의 편집자와 나누는 소위 '대화'에서 편

20 아흐마토바는 이 게임을 즐겼던 것 같다. 그녀는 독자가 〈포에마〉의 수수께끼를 풀려고 노력하는 것을 상상하며 즐거워했으며 내심 그 수수께끼를 풀 수 없으리라는 것을 확신하고 있었다. 그녀는 사석에서조차 자랑스러워하며 자신의 작품이 '완결되지 않은' 특성을 지닌다고 말하곤 했다. 아흐마토바와 동시대를 살았고 그녀와 〈포에마〉에 관해 많은 이야기를 나누었던 Vilenkin의 회고를 참조하라(Vilenkin 1993).

집자는 〈포에마〉가 너무 복잡해서 누가 누굴 만났는지, 누가 저자인지, 누가 주인공인지 알 수가 없다고 불평을 한다. 그러면서 "오늘날 시인과 유령의 무리에 대한 담론이 무슨 소용이 있겠냐?"고 묻는다. 저자는 〈포에마〉에 "세 명의 인물이 등장한다"고 응수하지만 그녀의 대답은 편집자의 질문과는 관계가 없고 오히려 복잡한 〈포에마〉의 의미를 더욱 복잡하게 만든다. 그리고 바로 이어서 마치 〈포에마〉에 관한 이러한 세속적인 대화가 〈포에마〉의 신비를 훼손한다고 암시하듯 이렇게 말한다.

> 그리고 또다시
> 낱말들이 줄줄이 굴러떨어지고
> 뮤직 박스가 소리를 지르고
> 깨진 술병 위에서
> 신비한 독이 타올랐다
> 뒤틀리고 분노한 혀처럼.(AA II: 123)

결국 〈포에마〉의 해석은 저자의 '설명'에도 불구하고 요원한 것으로 남아 있게 된다. "침묵이 침묵을 감시하고/거울은 거울을 꿈꾸는" 세계에서 독자가 할 수 있는 일은 별로 없다. 역설적으로 들리겠지만 여기서 저자와 독자 간의 거리는 수직적인 것이다. 저자는 한 단계 높은 강단에서 교사가 학생을 가르치듯 독자에게 '교재'(즉 〈포에마〉를 설명하는 제II부)까지 주어 가며 해독의 의지를 북돋는다. 그러나 결과적으로 독자는 저자가 그어 놓은 선을 넘어갈 수 없다(Tsiv'ian 2001: 165-166).

아흐마토바가 이렇게 자신을 세계와 분리시키고 독백적인 의식 안에 가두어 두는 이유는 궁극적으로 시인의 권위와 관련된다. 사실 〈포에마〉는 그 무수한 타자의 말들과 겹겹의 구조와 분신들과 그림자들과 유령들과 거울들에도 불구하고, 부패와 사멸과 타락과 죽음을 초월하는 시인의 권위를 분명한 메시지로 전달한다. 반영과 변형의 소용돌이 속에서도 아흐마토바는 언제나 자신의 '개성' 안에 남아 있다(Tsiv'ian 1990: 120). 아흐마토바의 권위는 자신을 모든 시인의 대리자로, 〈포에마〉는 모든 예술(시)의 원형으로 간주하는 지점으로까지 나아가며 그렇기 때문에 여기서 시인 아흐마토바와 시인의 역할, 〈포에마〉와 포에마(시)의 개념은 하나로 융해된다.

아흐마토바는 시인의 권위를 공고히 하기 위해 〈포에마〉의 첫머리부터 성서의 권위에 의존한다. 〈포에마〉를 좀더 분명하게 설명해 달라는 가상의 독자에 대해 저자는 말한다. "한 번 썼으면 그만이다Ezhe pisakh—pisakh". 이 말은 〈요한의 복음서〉에서 빌라도가 한 말을(19: 22) 그대로 따온 것이다. 게다가 현대 러시아어가 아닌 교회 슬라브어를 사용함으로써 아흐마토바는 〈포에마〉의 확고부동한 가치에 힘을 더해 준다. 뒤를 이어서 아흐마토바는 〈헌사 대신〉의 제사로 폰탄카의 집 문장을 빌려 온다. "신은 모든 것을 보호하신다Deus conservat omnia". 여기서도 역시 내용뿐 아니라 라틴어로 씌어졌다는 사실 자체가 〈포에마〉에 권위를 부여한다. 성서와 신의 보호를 받는 〈포에마〉의 위상은 본문의 제1장에서 저자가 외치는 "주님의 권력이 우리와 함께!"로 이어진다. 성찬예식에서 교인들이 말하는 "주님의 평화가 우리와 함께" 혹은 "주님의 은총이 우리와 함께"를 변조한 이 대목에서 아흐마토바는 불경의 위험까지 무릅써 가며 자신과 자신의 〈포에마〉에 신적인 권위를 부여하는 것이다.

텍스트는 지속적으로 시인 아흐마토바의 절대적인 위상과 〈포에마〉의 인간적 이해의 차원을 뛰어넘는 난해함을 강조한다. 우선 〈포에마〉의 저자는 '받아쓰기'를 거부함으로써 스스로의 독창성을 천명한다: "나에게 불러 주지 마라, 나 자신이 들을 수 있으니까"(〈두 번째 헌사〉). 또 "시인과/죄는 양립하지 않는다"(I부 1장)라고 말함으로써 자신의 무류성을 주장하며, "숙명적인 코러스의 역할을" 받아들이고(I부 막간극), 스스로를 시대의 양심이라 부르고(I부 4장), "소포클레스의 리라"를 요구함으로써(II부) 모든 것을 바라보고, 모든 것을 심판하며 모든 것을 초월하는 불변의 시인상을 구축한다. 초월적인 시인상은 에필로그에서 "7천 킬로미터나 떨어진 곳에서 저자의 목소리가 이렇게 선포한다"는 말로 마무리 된다. 〈포에마〉 또한 시인의 메토니미적 분신으로 등장하는데 그것은 갑자기 깨어나는 "백살 먹은 여자 마법사"처럼 시인을 자극하고 그녀와 함께 축제를 열 것을 약속한다. 의인화된 〈포에마〉, "백살 먹은 마법사"는 다음과 같은 말로써 자신이 전무후무한 작품임을, 인간이 아닌 다른 섭리에 의해 씌어진 것임을 강조한다.

> 나는 저 영국 숙녀가 아니다
> 나는 클라라 가줄도 아니다
> 나에겐 족보가 없다
> 태양과 전설의 족보 외에는.
> 7월 자체가 나를 이곳에 데려왔다.(AA II: 127)

여기서 언급되는 〈포에마〉의 '자기계승성'은(Tsiv'ian 2001: 166) 독창성뿐 아니라 그 누구도 완전히 해독할 수 없다는 해독 불가능성, 더 나아가 그것을 창조한 시인의 신성불가침성을 암시함으로써 아흐마토바와 그녀의 텍스트에 거의 신화적인 원형의 성격을 부여한다.

이렇게 압도적인 시인의 형상은 결국 〈포에마〉에서 제기되는 윤리의 문제, "궁극적인 진리를 찾으려는 저자의 노력"과 연결된다(Skatov 2005: 17). 이점에서 그것은 또한 "신과 인간 앞에서 하는 저자의 고백"이라 불러도 좋을 것이다(Skatov et al 2004: 19). 아흐마토바가 1913년의 방종하고 부도덕한 악마제를 회고하는 데는 시대를 대표하는 시인으로서의 사명감과 책임감, 그리고 죄의식이 깔려 있다. 자신도 참여했던 과거 한 시대의 부도덕과 그것의 결과로서의 현재, 즉 스탈린 시대의 공포와 황폐함을 역사 앞에서 속죄하기 위해서 그녀는 저자-시인의 형상에 무소불위의 권위를 부여한다. "진실하고 영원한 것을 들을 수 있는 유일한 존재, 선과 악의 카테고리까지 넘어서는 옳고 그름의 영원한 중재자"만이(Rosslyn 1991: 83) 시대와 민족을 대신하여 과거를 반추하고 용서를 구하고 속죄를 할 수 있기 때문이다.

졸코프스키A. Zholkovskii는 아흐마토바의 삶과 예술을 창생론의 시각에서 고찰한 에세이에서 아흐마토바에 대한 종래의 시각을 완전히 뒤집는 논평을 하여 눈길을 끈다. 그의 논평은 텍스트 분석이 아닌 동시대인들의 회고와 편지들을 토대로 한 전기의 재구성에 입각하지만 이 절에서 살펴본 저자의 권위와 상당 부분 맥을 같이한다. 졸코프스키에 의하면 아흐마토바가 살아생전부터 시작된 소위 '아흐마토바 컬트'는 레닌 컬트나 스탈린 컬트보다 더 지속적인 것으로, 교묘하게 조작된 문학 외의 인자들에 의해 형성되었다(Zholkovskii 2005: 141). 탁월한 시적 저술들이 그녀의 인간적인 '개성'을 정당화시켜 주는 것이 아니라 천재적인, 창생론적인 '연기'가 그녀의 평범한 텍스트를 위해 제단을 만들어 주었다는 것이다(Zholkovskii 2005: 148). 그녀의 시의 주축이 되는 베일에 싸인 섬약한 여인의 모습과 절제된 언어는 치밀하게 계획된 게임으로 교만보다 더 사악한 겸손과 같은 것인데 이것은 실생활에서 그녀가 행하는 연기와 짝을 이룬다. 그녀는 실생활에서도 마치 '몰래 카메라'를 위해 포즈를 취하듯 자기가 지어낸, 그리고 사람들이 믿도록 꾸며 낸 역할을 수행하며 살았으며 이 역할을 하도 완벽하게 연기하여 그녀 자신도 진짜와 역할 사이를 구별할 수 없을 정도였다. 아흐마토바의 이러한 일면은 심지어 그녀를 신비와 권위로 무장한 대심문관의 형상, 전체주의적인 이데올로그의 형상에 근접시키기까지 한다(Zholkovskii 2005: 147, 162, 165, 167).

졸콥스키의 논지가 어느 정도 타당한지를 가리는 것은 이 절의 범위를 넘어서는 것이지만 그래도 그의 신랄한 비판은 이상에서 살펴본 〈포에마〉의 시적인 권위를 우회적으로 조명해 준다는 점에서 상당히 의미심장하다. 〈포에마〉에 나타난 압도적인 저자의 이미지가 연기이건 아니건, 그것은 확실히 '전제주의적'이라 할 수 있을 정도로 독백적이고 교조적이다. 여기서 우리는 두 가지 결론을 도출해 낼 수 있다.

첫째, 〈포에마〉의 카니발적인 요소들은 바흐친의 카니발 개념과 적대적으로 대치한다. 과거의 연구자들이 지적했던 갱생의 부재만이 그 이유는 아니다. 그보다 더 직접적인 이유는 압도적인 저자의 형상이다. 카니발은 단일한 의식을 거부하며 "유쾌한 상대성"으로 일방적이고 공식적인 진지함을 물리친다. 그러나 〈포에마〉의 카니발은 심각한 절대성을 창조하며 저자의 절대적인 진리 추구는 또 다른 일방적이고 공식적인 진지함으로 마무리된다. 카니발이 배제하는 추상적인 진리와 이념적인 전제주의 사이에는 불가분의 관계가 있다는 바흐친의 지적을 수긍한다면 (Coates 1998: 131), 〈포에마〉가 천명하는 절대적인 진리를 이념적 전제주의로 연장시켜도 무리가 없을 것 같다.

둘째, 〈포에마〉는 지배적인 진리와 권위에 또 다른 지배적인 진리와 권위로써 대항한다. 해링턴은 〈포에마〉의 저자가 차지하는 위상을 근본적으로 반체제적이라고 규정한다. 그것은 문학에 대한 스탈린 시대의 전체주의적인 통제에 반대하는 것인데 이러한 특성은 제II부에서 가상의 편집자와 저자가 나누는 대화에서 극명하게 드러난다. 〈포에마〉를 단순화시켜 읽으려는 편집자가 당대의 지배적인 문학 이데올로기인 사회주의 리얼리즘을 반영한다면 저자 아흐마토바는 다채롭고 복잡한 〈포에마〉 그 자체를 통해 그 공식적인 문화에 대립한다(Harrington 2006: 231-232). 아흐마토바는 물론 체제에 순응한 작가는 아니었다. 그리고 〈포에마〉가 얼마나 반체제적인가는 그것이 소비에트 시대에 출간되지 못했다는 사실 하나만으로도 자명하다. 그러나 아흐마토바는 교조주의와 권위주의와 경건주의에 카니발의 웃음으로 답한 것이 아니라 그와 동일한 정도로 교조적이고 권위주의적이고 엄숙한 〈포에마〉로써 대항했다. 그녀는 카니발의 다양한 목소리가 아닌 압도적인 저자의 음성을 택함으로써 스탈린에 대항하는 '시적인 독재자'가 된 것이다.

결론

대리석도, 왕족을 위해 도금한 기념비도
이 강렬한 시보다 오래 남지 못하리라.
—W. 셰익스피어

시어는 본질적으로 다의미적이다. 그러나 다의적인 시어를 만들어 내는 방식, 그것의 존재의의, 혹은 그 기능이나 목적 등은 시인과 시인이 속한 문예사조에 따라, 더 나아가 리얼리티와 예술에 대한 시인의 시각에 따라 달라진다. 그러므로 시어의 다의미성은 단지 시어가 일상어와는 달리 다원적인 의미를 함축하고 있다는 공리적인 사실 때문이 아니라 그것이 시인의 개별적인 텍스트는 물론이거니와 작품 전체의 의미론, 그리고 시인의 총괄적인 비전을 압축시켜 반영한다는 사실 때문에 텍스트 해석의 중요한 열쇠가 될 수 있다. 이 책에서 우리는 러시아 모더니즘의 세 국면을 대표하는 상징주의, 아크메이즘, 미래주의를 적어도 일정 시기에 걸쳐 각각 표방하면서 작시활동을 했던 블로크, 만델슈탐, 마야콥스키의 시적인 우주를 다의미성을 중심으로 하여 살펴보았다. 이 개정증보판에서는 다의미성의 개념을 조금 더 확장시켜 만델슈탐의 윤리적 서정시를 살펴보았고, 바흐친의 다음향성과 의식의 카니발화를 중심으로 자볼로츠키와 아흐마토바의 시를 분석해 보았다.

초판에서 다루었던 세 작가는 각기 다른 시어관에서 출발하여 독특한 리얼리티의 해석으로 귀착하였다. 블로크는 언어에 대한 상징주의자들의 불신과 유사한 맥락에서 '말을 넘어선 말'을 추구했으며 그의 추구는 19세기의 공리주의적 산문에 대한 반격으로 해석될 수 있다. 만델슈탐 역시 기호와 대상 간의 단일한 관계에 만족하는 공리주의적 산문에 반발했지만 그는 말을 넘어서기보다는 기호와 대상, 기표와 기의 간에 다양한 균형을 유지하는 '말 그 자체'에 집착했다. 반면에 마야콥스키는 '의미보다 넓은 말'을 지향함으로써 말에 대한 자신의 사랑을 실현시키려 했다. 블로크의 다의미성이 의미의 불확정성, 그러니까 기호가 플러스 의미론과 마이너스 의미론 사이에서 불안정한 동요를 거듭하는 데서 형성된다면, 만델슈탐의 다의미성은 모든 가능한 의미들의 충돌과 누적과 결합으로부터 형성된다. 큐비즘과 이탈리아 미래주의의 회화적 장치를 시 텍스트에 도입한 마야콥스키는 의미의 해체와 자리바꿈을 통해 다의미성을 창조한다. 이렇게 서로 다른 방향에서 생겨난 다의미성은 블로크의 시에는 일체의 설명을 불허하는 강력한 정감적 수사학을, 만델슈탐에게는 지적인 견고함을, 그리고 마야콥스키에게는 역동적인 에너지를 각각 고유한 특질로서 부여한다.

블로크에게 리얼리티는 '고차원적 리얼리티'에 대한 기호이므로 그 리얼리티를 표상하는 언어는 '기호의 기호'가 된다. 따라서 기호와 '기호의 기호' 사이, 리얼리티와 예술 사이의 경계선은 모호할 뿐 아니라 무의미하다. 기호도, '기호의 기호'도 본질이 아니기 때문이다. 그러나 만델슈탐에게 있어서 경계선은 미학적으로뿐 아니라 윤리적으로도 중요한 개념이 된다. 언어기호의 무게, 재질, 색채와 냄새 모두를 중시했던 그에게 있어 질서 잡힌 기호들의 예술은 무질서한 리얼리티로부터 보호되어야 하는 영역이며 양자 간의 경계선이 무너질 때 예술은 더 이상 존재할 수 없게 된다. 그의 시에서 악보, 책, 극장 같은, 확실한 프레임 안에 존재하는 대상들이 예술의 상징으로 등장한다는 사실, 그리고 리얼리티와 예술의 상호침투를 고무하는 소비에트 현실에서 그가 시인에게 부여한 윤리적 사명이 구획지어진 예술 영역의 엄호였다는 사실은 모두 경계선의 미학적 윤리적 가치를 말해 준다. 이와는 반대로, 이른바 '혁명의 시인' 마야콥스키는 관념적인, 그리고 실질적인 프레임의 파괴에 주력했다. 말이 '의미보다 넓게' 되기 위해서 말을 둘러싼 텍스트의 외곽선은 끊임없이 확장되어야 했고 말, 텍스트, 리얼리티 간의 모든 경계선은 제거되어야 했다. 그에게 '열림'은 시의 주된 모티프였으며 또한 시인이 궁극적으로 도달해야 할 목표였다. 그의 자살은 이 '열림'이 실제 리얼리티에서 한계에 부딪혔을 때 일어난 사건이었지만 다른 한편으로는 아이러니하게도 오로지 그 자살만이 리얼리티와 예술, 삶과 텍스트, 전기와 문학의 완벽한 수렴을 실현시켜 줄 수 있었다.

개정증보판에서 소개하는 아흐마토바와 자볼로츠키는 전술한 세 시인과는 사뭇 다른 길을 갔지만 그럼에도 불구하고 그들 역시 모더니즘이라고 하는 큰 틀에서 많이 벗어나지 않는다. 우선 문예사조라는 측면에서만 보더라도 아흐마토바는 아크메이스트로 시창작을 시작했으며 만델슈탐과 시어에 관하여 동일한 취지를 공유했다. 자볼로츠키는 그 성향에 있어서 미래주의와 매우 가까웠으며 때로는 블로크의 시적 허무를 수용하기도 했다.

그러나 자볼로츠키와 아흐마토바의 모더니즘은 다른 차원에서 다의미성의 개념을 바라보게 해준다. 무엇보다도 바흐친의 산문이론이 실질적으로 시 분석에 적용될 수 있다는 사실 자체가 이 두 사람의 시 세계가 얼마나 독특한가를 보여 준다. 물론 아흐마토바의 경우 서정시가 아닌 포에마를 분석 대상으로 삼았기 때문에 다의미성이라고 하는 동일한 기준에서 논하기에는 어려운 점이 있지만 그럼에도 리얼리티를 바라보는 서정적인 시선을 염두에 둔다면 아흐마토바 역시 이 책의 논의에 포함시키는 데 무리가 없다고 여겨진다. 촘촘하게 짜여진 패러디의 그물에 걸려 있는 자볼로츠키의 시어와 고집스럽게 독백적인 자아를 주장하는 아흐마토바의 시어는 다의미성의 개념 자체를 확장시켜 준다. 자볼로츠키가 구체적인 사물의 시학에서 명상의 시학으로 건너간 것, 그리고 아흐마토바가 서사의 구조 속에 견고한 서정적 자아의 위상을 굳혀 놓은 것은 모두 역사의 흐름 속에서 재해석될 수 있는 여지를 남긴다. 두 시인은 예술로서의 모더니즘이 이데올로기라는 프리즘을 거치며 굴절되는 과정을 텍스트 속에 구현함으로써 다의미성의 범위와 의의는 물론 그 연구 한계까지 보여 준다.

⁂

다의미성은 20세기 러시아 시인들의 말에 대한 경외심을 받쳐 주는 시학적인 공통분모이다. 그들에게 말은 말 그 자체이자 문학에 대한 환유이자 삶에 대한 은유이다. 따라서 다의미성이란 단순히 의미론과 화용론 영역에서 하나의 말이 갖는 다양한 의미 및 거기 수반되는 사회적이고 역사적인 연상의 망만을 지칭하는 것이 아니라 시인과 시쓰기라는 인간의 행위 전체의 존재론적 고찰을 가능하게 해주는 개념이다.

이 점에서 다의미성은 오늘의 디지털 세상에 무거운 인문학적 화두를 던진다. 내가 이 책 개정증보판을 준비하는 동안 인공지능(AI)은 장족의 발전을 거듭해 왔다. '시쓰는 AI'가 미디어에 등장하더니 곧이어 AI가 썼다고 하는 시집이 출간되었다. 최근에 출시되어 IT 업계의 판도를 뒤엎고 있는 챗GPT는 성능이나 활용도 면에서뿐 아니라 인간 사유의 근간을 뒤흔드는 포괄적인 인지 능력 면에서 검색엔진의 패러다임을 넘어 인간의 창조 패러다임을 완전히 재편성할 것이라 평가되고 있다. 호기심 반, 우려 반에서, 챗GPT 계정을 생성하여 명령창에 "만델슈탐식의 서정시를 써 보라"는 주문을 넣었더니 몇 초 만에 도시, 별, 기억, 시간, 공허라는 단어를 포함하는 그럴싸한 시 한 편과 만델슈탐에 관한 간략한 소개가 화면에 떴다. 형식적으로만 보자면 이것 역시 시였다. 그러나 다의미성에 관한 책을 마무리짓고 있는 이 시점에서 나에게 인공지능이 '만들어 낸' 시와 시인이 '쓴' 시의 차이는 너무 커서 비교하는 것 자체가 무의미하게 여겨진다. 단 한 번의 검색으로 내 호기심도 우려도 완전히 해소되었다. 이 세상에 오로지 한 편만 존재하는 만델슈탐의 시와 딥러닝이라는 차가운 처리 과정을 통해 무한히 복제되는 모종의 텍스트 간의 차이를 굳이 지적할 필요는 없을 것이다. 시인의 전 생애와 그가 속한 시대 전체를 담고 있는 아흐마토바의 시와 수천억 개의 매개변수에 의존하는 저자 없는 텍스트 간의 차이 또한 지적할 필요가 없을 것이다. 수만 편의 평론과 연구서를 창출한 푸시킨과 단 한 편의 평론도 필요로 하지 않는 알고리즘 간의 차이도 마찬가지다. 아이러니하게도 인공지능이 작성한 시는 인간이 쓰는 시가 왜 필요한지, 시를 읽는다는 것이 어떤 것인지, 시를 읽을 때 무엇을 고려해야 하는지를 웅변적으로 보여 준다. 생성형 로봇의 등장으로 디지털 전환은 더욱 가속화될 것이다. 문학 작품을 읽고 분석하는 방식과 접근법 역시 달라질 것이고 또 그래야만 할 것이다. 그러나 그 변화야말로 변하지 않는 어떤 부분의 중요성을 더욱 강조해 줄 것이다. 만델슈탐의 말처럼 시는 존재의 물적 증거이기 때문이다. 시인을 포함하여 창조적 글쓰기를 하는 모든 저자와 그 글을 향유하는 모든 독자에게 읽고 쓴다는 것은 존재의 방식이다. 이 책에서 살펴본 시인들이 그 변치 않는 존재의 방식에 대한 견고한 기념비가 될 것이라 희망하며 개정증보판 작업을 마치기로 한다.

참고문헌

거슨, 호스트. 1978.《렘브란트의 '야간순찰'》. 김화영 옮김. 열화당.

괴테, 요한 볼프강. 1992.《로마체류기》. 정서웅 옮김. 현대소설사.

그랜트. M., J. 헤이즐. 1993.《그리스로마 신화사전》. 김진욱 옮김. 범우사.

김수환. 2011a.《사유하는 구조 — 유리 로트만의 기호학 연구》. 문학과지성사.

______. 2011b.《책에 따라 살기 — 유리 로트만과 러시아 문화》. 문학과지성사.

대한 성서공회 성경편집팀. 1986.《공동번역 성서》. 대한성서공회.

로트만, 유리. 2008.《기호계》. 김수환 옮김. 문학과지성사.

______. 2014.《문화와 폭발》. 김수환 옮김. 아카넷.

로트만, 유리, 외. 1993.《러시아 기호학의 이해》. 이인영 엮음. 민음사.

만델슈탐, 나데쥬다. 2009.《회상》. 홍지인 옮김. 한길사.

바르뜨, 롤랑. 1993.〈저자의 죽음〉.《현대시 사상》. 이승훈 옮김. 고려원. 64-70.

보르헤스, 호르헤 루이스. 1993.〈보르헤스와 나〉.《현대시 사상》. 김홍근 옮김. 고려원. 102-103.

브라운, E. J. 1988.〈마야코프스끼의 미래주의 시기〉. 기비안, 조지, 찰스마, 윌리엄 엮음.《러시아 모더니즘》. 문석우 옮김. 열린책들.

소쉬르, F. 1990.《일반 언어학 강의》. 최승언 옮김. 민음사.

배정석. 1983.〈괴테의 이탈리아 기행과 독일 고전주의〉.《괴테 연구》. 한국 괴테협회 편. 문학과 지성사. 24-40.

아른하임, 루돌프. 1989.《미술과 시지각》. 김춘일 옮김. 기린원.

최진석. 2022.《사건의 시학 — 감응하는 시와 예술》. 도서출판b.

코트, 리처드. 2001.《웃음의 신학》. 정구현 옮김. 가톨릭 대학교 출판부.

푸코, 미셸. 1993a.《말과 사물》. 이광래 옮김. 민음사.

______. 1993b. 〈저자란 무엇인가?〉.《현대시 사상》. 권택영 옮김. 고려원. 71-91.

Abramenko, A. 1990. *A. Blok j russkje poety XIX veka*. Moskva: Izdatel'stvo moskovskogo universiteta.

Akhmatova, A. 1983. *Sochineniia v 3 tomakh*. München: Inter-Language Literary Associates.

Al'fonsov, V. 1984. *Nam slovo nuzhno dlia zhizni. V poeticheskom mire Maiakovskogo*. Leningrad: Sovetskii pisatel'.

Aristotle. 1970. *The Basic Works of Aristotle*. Ed. R. Mckeon. N. Y.: Random House.

Averintsev, S. 1996. *Poety*. Moskva: Shkola "Iazyki russkoi kul'tury".

______. 2001. "Bakhtin, smekh, khristianskaia kul'tura." *Bakhtin: Pro et Contra. Antologiia I*. Sankt-Peterburg.

Bakhtin, M. 1975. "Iz predystorii romannogo slova." *Voprosy literatury i estetiki*.

______. 1979. *Problemy poetiki Dostoevskogo*. Moskva: Sovetskaia Rossiia.

______. 1981. "Forms of Time and of the Chronotope min the Novel." *The Dialogic Imagination*. Trans. C. Emerson and M. Holquist. Austin: U. of Texas Press.

______. 1982. *Formal'nyi metod v literaturovedenii*. N. Y.: Serebrianyivek.

______. 1984. "Toward a Reworking of the Dostoevsky Book." *Problems of Dostoevsky's Poetics*. Ed. and Trans. C. Emerson. Minneapolis: U. of Minnesota Press.

______. 1990. *Tvorchestvo Fransua Rable i narodnaia kul'tura srednevekov'ia i Renessansa*. Moskva: Izdatel'stvo khudozhestvennaia literatura.

______. 2003. "Avtor i geroi v esteticheskoi deiatel'nosti." *Sobranie sochinenii* t 1. Moskva: Izdatel'stvo Russkie slovari.

Bal'mont, K. 1971. "Elementarnye slova o simvolicheskoi poezii(otryvok)." *Russkaja literatura XX veka*. Moskva: Prosveshchenie.

Banjamin, M. 1993. "Between Symbolism and Futurism: Impressions By Day and By Night In Elena Guro's City Series." *SEEJ* vol. 37, no. 1: 67-84.

Baran, H. 1973. "On Khlebnikov's Love Lyrics: I. Analysis of 'O. chervi zemliane'." *Russian Poetics*. Columbus: Slavica.

Belyi, A. 1969a. "Forma iskusstva."(1902) *Simvolizm*. München: Wilhelm Fink Verlag.

______. 1969b "Magiia slov."(1910) *Simvolizm*.

Berdiaev, N. 1971. *Russkaia ideia*. Paris: YMCA Press.

Bergson, H. 1944. *Creative Evolution*. Trans. A. Mitchell. N. Y.: Random House.

Berman, A. 1988. *From the New Criticism to Deconstruction*. Urbana: U. of Illinois Press.

Bjorling, F. 1973. *Stolbcy by Nikolai Zabolockij: Analyses*. Stockholm.

Black. M. 1981. "Metaphor." *Philosophical Perspectives on Metaphor*. Ed. M. Johnson. Minneapolis: U. of Minnesota Press.

Blok, A. 1989. *O literature*. Moskva: Khudozhestvennaia literatura.

Bloom, H. 2000. *How to Read and Why*. N.Y.: Scribne.

Botnikova, A. B. 1990. "Poeziia 'raspakhnutogo krugozora'." *Zhizn' i tvorchestvo O. E. Mandei'shtama*. Voronezh: Izdatel'stvo voronszhskogo universiteta.

Bowlt, J. 1984. "Here and There: The Question of Space in Blok's Poetry." *Aleksandr Blok Centennial Conference*. Ed. W. Vickery. Columbus: Siavica.

Boccioni, U. 1973. "Plastic Dynamism 1913." *Futurist Manifestos*. Ed. U. Apollonio. Trans. R. Brain. et al. London: Thames and Hudson Ltd.

Boym, S. 1991. *Death in Quotation Marks*. Cambridge: Harvard U. Press.

Brik, O. 1978. "Contributions to the Verse Language."(1927) *Readings in Russian Poetics*. Ed. I. Matejka and K. Pomorska. Ann Arbor: Michigan Slavic Publications.

Briusov, V. 1971. "Kliuch tain(otryvok)." *Russkaia literatura XX veka*.

Brodsky, J., Introduction. 1976. *Modern Russian Poets on Poetry*. Ed. C. Proffer. Ann Arbor: Ardis

Brooks, C. 1939. *Modern Poetry and the Tradition*. Chapel Hill: U. of North Carolina Press.

Brown, Clarence. 1973a. *Mandelstam*. Cambridge: Cambridge U. Press.

______. 1973b. "On Reading Mandelstam." *Major Soviet Writers: Essays in Criticism*. Ed. E. J. Brown. London: Oxford U. Press.

Broyde, S. 1975. *Osip Mandel'stam and His Age*. Cambridge: Harvard U. Press.

Bukhshtab, B. 1971. "The Poetry of Mandelstam." *RLT*. no. 1(Fall): 262-282.

Bushman, Iu. 1964. *Poeticheskoe iskusstvo Mandel'shtama*. München: Institut zur Erforschung der UdSSR.

Cassirer, E. 1944. *An Essay on Man: An Introduction to a Philosophy of Human Culture*. New Haven: Yale U. Press.

Chukovskaia, L. 1980. *Zapiski ob Anne Akhmatovoi*. Paris: YMCA-Press.

Chukovskii, K. 1982. *Aleksandr Blok as Man and Poet*. Trans. and ed. D. Burgin and K. O'Connor. Ann Arbor: Ardis.

Cirlot, J. E. 1983. *A Dictionary of Symbols*.(1962) Trans. J . Sage . London and Henley: Routledge and Kegan Paul.

Clark, K. and M. Holquist. 1984. *Mikhail Bakhtin*. Cambridge: The Belknap Press of Harvard U. Press.

Coates, R. 1998. *Christianity in Bakhtin*. Cambridge: Cambridge U. Press.

Contino, P. and S. Felch. 2001. "Introduction: A Feeling for Faith." *Bakhtin and Religion*. Ed. Contino, P. and S. Felch. Evanston: Northwestern U. Press.

Crone, A. L. 1989. "Genre Allusions in *Poema bez geroia*." *Anna Akhmatova 1889-1989: Papers from the Akhmatova Centennial Conference, Bellagio*: 43-59.

______. 1991. "Echoes of Nietzsche and Mallarmé in Mandel'shtam's Metapoetic 'Petersburg'." *RL* 30: 405-430.

Culler, J. 1981. *Structuralist Poetics*. Ithaca: Cornell U. Press.

Davydov, S. 1985. "From 'Dominant' to 'Semantic Gesture': A Link Between Russian Formalism and Czech Structuralism." *Russian Formalism: A Retrospective Glance*. Ed . R. Jakson and S. Rudy. New Haven: Yale Center for International and Area Studies.

Dement'ev, V. 2004. *Predskazannye Dni Anny Akhmatovoi*. Moskva: Sovremennik.

Derrida, J. 1977. *Of Grammatology*. Trans. G. Spivak. Baltimore: Johns Hopkins U. Press.

______. 1981. *Posjtjons*. Trans. A. Bass. Chicago: U. of Chicago Press.

______. 1982. "Differance." *Margfos of Philosophy*. Trans. A. Bass. Chicago: U. of Chicago Press.

Dolgopolov, L. 1964. *Poemy Bloka i russkaia poema*. Moskva: Nauka.

Duganov, R. 1990. *Velimfr Khlebnikov Priroda tvorchestva*. Moskva: Sovetskii pisatel'.

Eco, U. 1984. *Semiotics and the Philosophy of Language*. London: The MacMillan Press Ltd.

Eikhenbaum, B. 1962. "Teoriia 'formal'nogo metoda'."(1927) *Readings in Russian Poetics*. Ann Arbor: Michigan Slavic Materials No 2.

______. 1969. "Kak sdelan Shinel' Gogolia."(1917) *O proze: Sbornjk statei*. Leningrad: Khudozhestvennaia literatura.

______. 1980. *Anna Akhmatova*. Paris: Lev(1922).

Emerson, C. 2001. "Afterword: Plenitude as Form of Hope." *Bakhtin and Religion*. Evanston: Northwestern U. Press.

Emerson, C. and M. Holquist, tr. 1983. *The Dialogic Imagination. Four Essays by M.M. Bakhtin*. Austin.

Epshtein, M. 1999. "What is a Metabole?" *Russian Postmodernism*. N.Y.: Berhahm Books.

Erlich, V. 1981. *Russian Formalism: History-Doctrine*. New Haven: Yale U. Press(1955).

Etkind, E. 1973. "N. Zabolotskii 'Proshchanie s druz'iami'." *Poeticheskii stroi russkoi liriki*. Leningrad.

Feinberg, L. 1976. "The Poem as Such: Three Lyrics by Blok." *IJSPL*. XXII. 117-130.

______. 1984 "Of Two Minds: Linear vs. Non-Linear in Blok." *Aleksandr Blok Centennial*

Conference.

Feinstein, E. 2005. *Anna of All the Russias The Life of Anna Akhmatova*. London: Weidenfeld and Nicolson.

Freidenberg, O. 1973. "Proiskhozhdenie parodii." *Trudy po znakovym sistemam*: 493-497.

Fevr-Dupegr, A. 1991. "Bergsonovskoe chuvstvo vremeni u rannego Mandel'shtama." *Osip Mandel'shtam k 100-letiu so dnia rozhdeniia*. Moskva.

Folejewski, Z. 1980. *Futurism and Its Place in the Development of Modern Poetry*. Ottawa: U. of Ottawa Press.

______. 1983. "Some Problems of Semantics in Painting and in Poetry: Maiakovskii, Pasternak, and the Italian Manifesto of Futurist Painting." *Canadian Slavonic Papers*, no. 25: 108-116.

France, P. 1982. *Poets of Modem Russia*. Cambridge: Cambridge U. Press.

Freidin, Iu. 1990. "Status tsitaty v proizvedeniiakh O. Mandel'shtama." *Semantic Analysis of Literary Texts*. Amsterdam: Elsevier.

Gasparov, B. 1996. "Lamark, Shelling, Marr(stikhotvorenie 'Lamark' v kontekste 'perelomnoi' epokhi)." *Literaturnye leitmotivy*. Moskva: Nauka.

Gasparov, M. 1996. "Poet i kul'tura (tri poetiki Osipa Madel'shtama)." *Izbrannye stat'i*. Moskva: Novoe literaturnoe obozrenie.

George, E. 1978. "Ernst Cassirer and Neo-Kantian Aesthetics: A Holistic Approach to the Problems of Language and Art." *The Sign: Semiotics Around the World*. Ed. R. Bailey et al. Ann Arbor: Michigan Slavic Publications.

Gerasimova, A. 1988. "Oberiu problema smeshnogo." *Voprosy literatury*, 4: 48-78.

Ginzburg, L. 1964. *O lirike*. Moskva Leningrad: Sovetskii Pisatel'.

______. 1972. "Poetika Osipa Mandel'shtama." *Izvestiia Akademii nauk SSSR Seriia literatury i iazyka*. XXXI.

Gofman, V. 1937. "Iazyk simvolistov." *Literaturnoe nasledstvo*, nos. 27-28: 54-105.

Goldstein, D. 1993. *Nikolai Zabolotsky Play for Mortal Stakes*. Cambridge: Cambridge U. Press.

Gorlov, N. 1924. *Futurizm i revoliutsiia. Poezsiia futuristov*. Moskva: Gosudarstvennoe izdatel'stvo.

Grossman, J. 2000. "The Transformation Myth in Russian Modernism: Ivan Konevskoi and Nikolai Zabolotsky." *Metamorphoses in Russian Modernism*. Ed. P. Barta. N.Y.

Grygar, M. 1973. "Kubizm i poeziia russkogo i cheshkogo avangarda." *Structure of texts and Semiotics of Culture*. The Hague: Mouton.

Gukovskii. 1929. "O russkom klassitsizme." *Poetika sbornik statei*, V. Leningrad: "Akademiia."

Gumilev, N. 1990. *Pis'mo o russkoi poezii*. Moskva: Sovremennik.

Gutkin, I. 1994. "The Legacy of the Symbolist Aesthetic Utopia: From Futurism to Socialist realism." *Creating Life*. Ed. I. Paperno and J. Grossman. Stanford: Stanford U. Press.

Harrington, A. 2006. *The Poetry of Anna Akhmatova Living in Different mirrors*. N. Y.: Anthem Press.

Harris, J. 1986. "The 'Latin Gerundive' as Autobiographical Imperative: A Reading of Mandel'shtam's Journey to Armenia." *Slavic Review*, vol.45, no.1: 1-19.

Harris, J. G., ed. 1979. *Mandelstam: The Complete Critical Prose and Letters*. Ann Arbor: Ardis.

Hansen-Löve, A. 1993. "Mandel'shtam's Thanatopoetics." *Reading in Russian Modernism*. Ed. R. Vroon and J. Malmstad. Moscow: Nauka.

Hyde, G. 1983. "Russian Futurism." *Modernism*. Ed. M. Bradbury and J. Mcfarlane. N. Y.: Penguin Books Ltd.

Iakubinskii, L. 1916. "O zvukakh stikhotvornogo iazyka." *Sborniki po teorii poeticheskogo iazyka*. Petrograd.

Isenberg, C. 1987. *Substantial Proofs of Being: Osip Mandelstam's Literary Prose*. Columbus: Slavica.

Ivanov, V. I. 1971a. *Borozdy i mezhi*. Letchworth: Bradda Books Ltd.

______. 1971b. *Freedom and Tragic Life. A Study in Dostoevsky*. Trans. N. Cameron. N. Y.: The Noonday Press.

Ivanov, V. V. 1990. "'Stikhi o neizvestnom soldate' v kontekste mirovoi poezii." *Zhizn'i Tvorchestvo O. E. Mandel'shtama*. Voronezh: Izdatel'stvo Voronezhskogo universiteta.

Jakobson, R. 1971. "Two Aspects of Language and Two Types of Aphasic Disturbunces." *Selected Writings*, II. The Hague: Mouton.

______. 1979a. "Dostoevskii v otgoloskakh Maiakovskogo." *SW* V: 406-412.

______. 1979b. "Iurii Tynianov v Prage." *SW* V: 560-568.

______. 1979c. "Noveishaia russkaia poeziia." *SW* V: 299-354.

______. 1979d. "O pokokenii, rastrativshem svoikh poetov." *SW* V: 355-381.

______. 1979e. "Randbemerkungen zur Proza des Dichters Pasternak." *SW* V: 416-432.

______. 1981a. "The Dominant." *SW* III: pp. 751-756.

______. 1981b. "Linguistics and Poetics." *SW* III: 18-51.

______. 1981c. "Poetry of Grammar and Grammar of Poetry." *SW* III: 87-97.

______. 1981d. "Stikhot vornye proritsaniia Aleksandra Bloka." *SW* III: 544-567.

______. 1981e. "What is Poetry?" *SW* III: 740-750.

Janecek, G. 1984. *The Look of Russian Literature Avant-Garde Visual Experiments, 1900-1930*. Princeton: Princeton U. Press.

Janson, H. 1977. *History of Art*. N. Y.: Harry N. Abrams, Inc.

Johnson, M., ed. 1981. *Philosophical Perspectives on Metaphor*. Minneapolis: U. of Minnesota Press.

Kane, L. 1984. *The Language of Silence*. Cranbury: Associated U. Presses, Inc.

Khardzhiev, N. 1976. "Poeziia i zhivopis'." *K istorii russkogo avangarda*. Stockholm: Hylaea Prints.

Kleberg, L. 1993. *Theatre as Action: Soviet Russian Avant-Garde Aesthetics*. Basingstoke and London.

Klenin, E. 1984. "'O doblestiakh, o podvigakh, o slave……' and Its Status in the Cycle Vozmezdie." Aleksandr Blok Centennial Conference.

Kodjak, A. 1984. "Aleksandr Blok's Circular Structure." Aleksandr Blok Gentennial Conference.

Komaromi, A. 2002. "Daniil Charms and the Life of Absurd Life-Creation." *Russian Literature*. LII: 419-437.

Koretskaia, I. 1995. *Nad stranitsami russkoi poezii i prozy nachala veka*. Moskva: Radiks.

Korona, V. 1999. *Poeziia Anny Akhmatovoi Poetika avtovariatsii*. Ekaterinburg: Izdatel'stvo Ural'skogo universiteta.

Kozhevnikova, N. 1986. *Slovoupotreblenie v russkoi poezii nachala XX veka*. Moskva: Nauka.

Krailsheimer, A., ed. 1971. *The Continental Renaissance*. Baltimore: Penguin Books Inc.

Kraineva, N., Tamontseva, Iu., Filatova, O. 2006. "K istorii izdaniia Poemy bez geroiia." *UCLA Slavic Studies* New Series: 518-550.

Krasnova, L. 1973. *Poetika Aleksandra Bloka Ocherki*. L'vov: Izdatel'stvo l'vovskogo universiteta.

Kristeva, J. 1984. Revolution in Poetic Language. Trans. M. Waller. N. Y.: Columbia U. Press.

Kulcsár-Szabó, Z. 2016. "Bakhtin and Lyric Poetry." *The Dostoevsky Journal* 17: 44-64

Kuzmin, M. 1910. "O prekrasnoi iasnosti." *Apollon* no 4: 5-20.

Langerak, T. 1991. "Kak svetoteni muchenik Rembrandt..." *Osip Mandel'shtam k 100-letiiu so dnia rozhdeniia*. Moskva: Mandel'shtamovskoe obshchestvo.

Lavrov, A. 1989. "'Solov'inyi sad' A. Bloka. Literaturnye remnistentsii i paralleli." *Blokovskii sbornik* IX. Tartu: Tartuskii gosudarstvennyi universitet.

Lermontov, M. 1986. *Sobranie sochnenii v 4 tomakh*. Moskva: Izdatel'stvo "Pravda."

Levin, Iu. 1965. "Struktura russkoi metafory." *TPZS* II: 293-299.

______. 1972. "Zametki k 'Razgovoru o Dante' O. Mandel'shtama." *IJSLP* XV: 184-197.

______. 1973. "Razvor odnogo stikhotvorenini;:ai. Mandel'shtama." *Slavic Poetics: Essays in honor of Kiril Taranovsky*. Ed. R. Jakobson. et al. The Hague: Mouton.

______. 1990. "O nekotorykh osobennostiakh poetiki pozdnogo Mandel'shtama." *Zhizn' i tvorchestvo O. E. Mandei'shtama.*

Levin, Iu., et al. 1974. "Russkaia semanticheskaia poetika kak potentsial'naia kul'turnaia paradigma." *RL* 7/8: 47-82.

Levinton, G. 1977. "K probleme literaturnoi tsitatsii."(1973) *Readings in Soviet Semiotics*. Ed. L. Matejka. et al. Ann Arbor: Michigan Slavic Publications.

Lominadze, S. 1993. "Nebesa Maiakovskogo i Lermontov." *Voprosy literatury* V: 149-168.

Lotman, Iu. 1971. *Struktura khudozhesvennogo teksta*. Providence: Brown U. Press(1970).

______. 1972. *Analiz poeticheskogo teksta: Struktura stikha*. Leningrad: Prosveshchenie.

______. 1977. "Stikhotvoreniia rannego Pasternaka i nekotorye voprosy strukturnogo izucheniia teksta."(1969) *Readings in Soviet Semiotics*.

______. 1981. "Tekst v tekste." *TPZS* XIV: 3-18.

______. 1992a. "O dvukh modeliakh kommunikatsii v sisteme kul'tury." *Izbrannye stat'i*, I. Tallinn: "Aleksandra."

______. 1992b. "Simvol v sisteme kul'tury." *Izbrannye stat'i*, I: 191-199.

Ludwig, E. 1938. *Three Titans. Michael Angelo, Rembrandt, Beethoven*. N. Y.: Modern Age Books, Inc.

Maiakovskii, V. 1978. *Sobranie sochinenii v 12 tomakh*. Moskva: Pravda.

Maksimov, D. 1981. *Poeziia i proza Al. Bloka*. Leningrad: Sovetskii pisatel'. Mandel'shtam. Nadezhda.

______. 1982. *Vospominaniia Kniga pervaia*. Paris: YMCA-Press(1970).

______. 1987. *Vospominaniia Vtoraia kniga*. Paris: YMCA-Press(1972).

Maksimov, N. 1984. "Nikolai Zabolotskii ob odnoi vstreche." *Zvezda* 4: 133-139.

Marinetti, F. 1973a. "Destruction of Syntax — Imagination without Strings — Words-in-Freedom." *Futurist Manifestos*.

______. 1973b. "The Founding and Manifesto of Futurism 1909." *Futurist Manifestos*.

Markov, V., ed. 1972. *Manifesty i programmy russkikh futuristov*. München: Wilhelm Fink Verlag.

Masing-Delic, I. 1983. "Zabolotsky's The Triumph of Agriculture: Satire or Utopia?" The

Russian Review. Vol 42: 306-376.

_______. 1992. Abolishing Death. Stanford: Stanford U. Press.

Meijer, J. M. 1983. "Metaphor and Syntax in Particular in Mandel'shtam's Poem 'Grifel'naia oda'." Russian Poetics. Ed. T. Eekman and D. Worth. Columbus: Slavica.

Merezhkovskii, D. 1971. "Iz knigi 'O prichinakh upadka i o novykh techeniiakh sovremennoi russkoi literatury'(otryvok)." Russkaia literatura XX veka.

Michalewska, O. 1990. "Poema bez geroia: Real Prototypes and the Coherence of the Text." *The Speech of Unknown Eyes: Akhmatova's Readers on her Poetry* I. Ed. W. Rosslyn. Nottingham: Astra Press.

Mihailovic, A. 1997. *Mikhail Bakhtin's Theology of Discourse*. Evanston.

Mikhailov, A. 1988. *Maiakovskii*. Moskva: Molodaia gvardiia.

Mikushvich, V. B. 1990. "Printsip sinkhronii v pozdnem tvorchestve Mandel'shtama." *Zhizn' i Tvorchestvo O. E. Mandel'shtama*.

Milner-Gulland, R. 1991. "Beyond the Turning-Point: An Afterword." *Daniil Kharms and the Poetics of Absurd: Essays and Materials*. Basinstoke and London.

Mints, Z. 1965. "Ob odnom sposobe obrazovaniia novykh znachenii slov v proizvedenii iskusstva (Ironicheskoe i poeticheskoe v stikhotvorenii Al. Bloka 'Neznakomka')." *TPZS* II: 330-338.

_______. 1973. "Funktsiia reministsentsii v poetike A. Bloka." *TPZS* VI: 387-417.

_______. 1980. "Blok i russkaia sovetskaia poeziia." *Literaturnoe nasledstvo Aleksandr Blok Novye materialy i issledovaniia Pervaia kniga*. Moskva: Nauka.

_______. 1981. "Simvol u A. Bloka." *V mire Bloka: sbornik statei*. Moskva: Sovetskii pisatel'.

_______. 1985. "'Sluchivsheesia' i ego smysl v 'Stikhakh o Prekrasnoi Dame' Al. Bloka." *Blokovskii sbornik* VI. Tartu: Tartuskii gosdarstvennyi universitet.

Mooij, J. J. 1976. *A Study of Metaphor*. Amsterdam: North-Holland Publishing Company.

Mukařovský, J. 1977a. "On Poetic Language." *The Word and Verbal Art*. Trans. and Ed. J.

Burbank and P. Steiner. New Haven: Yale U. Press.

_______. 1977b. "Poetic Deessi1 gnation and the Aesthetic Function of Language." *The Word and Verbal Art*.

_______. 1994. "Iskusstvo kak semioticheskii fakt." *Ian Mukarzhovskii Issledovaniia po estetike i teorjj iskusstva*. Trans. V. Kamenskaia. Moskva: Iskusstvo.

Nesbet, A. 1988. "Tokens of Elective Affinity: the Uses of Gothe in Mandel'stam." *SEEJ*, vol. 32, No. 1: 109-125.

Nietzsche, F. 1956. *The Birth of Tragedy and the Geneology of Morals*. Trans. G. Golfing. N. Y.: Doubleday Anchor Book and Company, Inc.

Nilsson, N. 1966. "Osip Mandel'shtam's Insomniia' Poem." *IJSLP* X: 148-154.

_______. 1973. "Osip Mandel'shtam and His Poetry." *Major Soviet Writers: Essays in Criticism*.

Oates, W., E. O'Neill Jr., ed. and introd. 1950. *Seven Famous Greek Plays*. N. Y.: Vintage Books.

O'Connor, K. 1968. "Theme and Color in Blok's 'Stikhi o Prekrraassnnooii Dame'." *Studies Presented to Professor Roman Jakobson by His Students*. Cambridge: Slavica.

Pak, Sun Yun. 2008. *Organicheskaia poetika Osipa Mandel'shtama*. Sankt-Peterburg: Izdatel'stvo Pushkinskii dom,

Paperno, I., Introd. 1994. *Creating Life*.

Papernyi, Z. 1961. *Poeticheskii obraz u Maiakovskogo*. Moskva: Akademiia nauk.

Pasternak, B. 1990. *Sobranie Sochinenii v 5 tomakh*. Moskva: Khudozhestvennaia literatura.

Pavlovskii, A. 1966. *Anna Akhmatova Ocherk tvorchestva*. Leningrad: Lenizdat.

Pertsov, V. 1950. *Maiakovskii Zhizn'i tvorchestvo*. Moskva-Leningrad: Izdatel'stvo Akademii nauk SSSR.

Piaget, J. 1971. *Structuralism*. Trans. C. Maschler. London: Routledge and Kegan Paul.

Pirog, G. 1983. *Aleksandr Blok's 'Ital'ianskie stikhi' Confrontation and Disillusionment*. Columbus: Slavica.

______. 1984. "The Language of Love and the Limits of Language." Aleksandr Blok Centennial Conference.

Poggioli, R. 1960. *The Poets of Russia, 1890-1930*. Cambridge: Harvard U. Press.

Poliakova, S. 1992. *Osip Mandel'shtam*. Ann Arbor: Ardis.

Pollak, N. 1987. "Mandel'shtam's Mandel'shtein (Initial Observations on the Cracking of a Silt-Eyed Nut, or a Couple of Chinks in the Shchell)." *Slavic Review* vol. 46, no. 34: 450-470.

Pomorska, K. 1968. *Russian Formalist Theory and Its Poetic Ambiance*. The Hague: Mouton.

______. 1975. *Themes and Variations in Pasternak's Poetics*. Lisse: The Peter de Ridder Press.

______. 1985. "Majakovskii's Cosmic Myth." *Myth in Literature*. Columbus: Slavica.

Potsepnia, D. 1976. *Proza A Bloka. Stilisticheskie problemy*. Leningrad: Izdatel'stvo leningradskogo universiteta.

Pratt, S. 1995. "A Vegetable Gospel: Some Notes on Zabolotsky and tot svet." *Christianity and the Eastern Slavs*, v. III. Ed. B. Gasparov et al. Berkeley.

______. 2000. *N. Zabolotsky Enigma and Cultural Paradigm*. Evanston: Northwestern U. Press.

Pravdina, I. 1981. "Istoriia formirovaniia tsikla 'strashnii mir'." *V mire Bloka: sbornik statei*. Moskva: Sovetskii pisatel'.

Przybylski, R. 1987. *An Essay on the Poetry of Osip Mandelstam: God's Grateful Guest*. Trans. M. Levine. Ann Arbor: Ardis.

Pushkin, A. 1949. *Polnoe sobranie sochinenii v 10 tomakh*. Moskva-Leningrad: Izdatel'stvo Akademii nauk SSSR.

Rayfield, D. 1976. "Mandel'shtam's Creative Process in the Light of his Widow's Memoirs." *Russian and Slavic Literature*. Ed. R. Freeborn. et al. Cambridge: Slavica.

Richards, I. A. 1979. *The Philosophy of Rhetoric*. London: Oxford U. Press(1936).

Ricoeur, P. 1978. *The Rule of Metaphor*. Trans. R. Czerny, et al. London: Routledge and Kegan Paul.

Riffaterre, M. 1980. *Semiotics of Poetry*. London: Methuen & Co. Ltd (1978).

Roberts, G. 1997. *The Last Soviet Avant-garde Oberiu — Fact, Fiction, Metafiction*. Cambridge: Cambridge U. Press.

Ronen, O. 1968. "Mandel'shtam's 'Kashchei'." *Studies Presented to Professor Roman Jakobson by His Students*. Cambridge: Slavica.

______. 1973. "Leksicheskii povtor. podtekst i smysl v poetike Osipa Mandel'shtama." *Slavic Poetics*.

Rosslyn, W. 1991. "Not a Whiff of a Roman Carnival: Akhmatova's Poema bez geroia." *Russian and Yugoslav Culture in the Age of Modernism*. Ed. C. Mavsh and W. Rosslyn. Nottingham: Astra Press.

Rostovtseva, I. 1999. *Mir Zabolotskogo*. Moskva: Izdatel'stvo Moskovskogo universiteta.

Rusinko, E. 1982. "Acmeism, Post-Symbolism, and Henri Bergson." *SR* v. 41, no. 3: 494-510.

Sagatov, B. 1984. "Blok's 'Nochnaia Fialka': The Self Through Dream." Aleksandr Blok Centennial Conference.

Schwarzband, S. 1988. "Aleksand Blok and Nikolaj Gumilev." *SEEJ* V. 32, no. 3: 373-389.

Segal, D. 1973. "Mikrosemantika odnogo stikhotvoreniia." *Slavic Poetics*.

______. 1975. "Fragment sematicheskoi poetiki O. E. Mandel'shtama." *RL* 10/11: 59-146.

______. 1983. "Voprosy poeticheskoi organizatsii semantiki v proze Mandel'shtama." *Russian Poetics*.

Semmler-Vakareliska, C. M. 1985. "Mandel'shtam's 'Solominka'." *SEEJ* v. 29, no. 4: 405-421.

Shindin, S. 1991. "K interpretatsii 'Stikhov o neizvestnom soldate'." *Osip Mandel'shtam k 100-letiiu so dnia rozhdeniia*. Moskva: Mandel'shtamovskoe obshchestvo.

Shklovskii, V. 1985. "Iskusstvo kak priem." *O teorii prozy*. Ann Arbor: Ardis(1917).

Skoriatin, V. 1998. *Taina gibeli Vladimira Maiakovskogo*. Moskva: Zvonnitsa-MG.

Skatov, N. 2005. "Kniga zhenskoi dushi. O poezii Anna Akhmatovoi." *Anna Akhmatova Pro et Contra II*. Sankt-Peterburg: Izdatel'stvo russkoi khristianskoi gumanitarnoi akademii.

Skatov, N. i drugie. 2004. *Peterburgskie sny Anny Akhmatovoi*. Sankt-Peterburg: Rostok.

Sloane, D. 1988. *Aleksandr Blok and the Dynamics of the Lyric Cycle*. Columbus: Slavica.

Smirnov, I. 1972. "Prichinno-sledstvennye struktury poeticheskikh proizvedenii." *Issledovaniia po poetike i stilistike*. Leningrad: Nauka.

Solov'ev, V. 1988-1990. *Socfaneniia v 2 tomakh*. Moskva: "Mysl'."

Stahlberger, L. 1964. *The Symbolic System of Majakovskij*. The Hague: Mouton & Co.

Stapanian, J. 1986. *Mayakovsky's Cuba-Futurist Vision*. Houston: Rice U. Press.

Steiner, P. 1978. "The Conceptual Basis of Prague Structuralism." *Sound, Sign and Meaning*. Ed. L. Matejka. Ann Arbor: The U. of Michigan Press.

_______. 1984. *Russian Formalisn A Metapoetics*. Ithaca: Cornell U. Press.

Steiner, W. 1978. "Language as Process: Sergei Karcevskij's Semiotics of Language." *Sound, Sign and Meaning*.

Svitel'skii, V. A. 1990. "O poeticheskoi logike Voronezhskikh tetradei." *Zhizn' i Tvorchestvo O. E. Mandel'shtama*. Voronezh: Izdatel'stvo Voronezhskogo universiteta.

Taborisskaia, E. M. 1990. "Peterburg v lirike Mandel'shtama." *Zhizn' i Tvorchestvo O. E. Mandel'shtama*. Voronezh: Izdatel'stvo Voronezhskogo universiteta.

Tager, E. 1980. "Motivy 'Vozmezdiia' i 'Strashnogo mira' v lirike Bloka." *Literaturnoe Nasledstvo Aleksandr Blok Novye materialy I issledovaniia Pervaia kniga*. Moskva: Nauka.

Taranovsky, K. 1976. *Essays on Mandel'shtam*. Cambridge: Harvard U. Press.

Taylor, M., ed. 1986. *Deconstruction in Context*. Chicago: U. of Chicago Press.

Terras, V. 1966. "Classical Motives in the Poetry of Osip Mandel'shtam." *SEEJ* V. 10, no. 3: 251-267.

______. 1973. "Osip mandel´shtam i ego filosofiia slova." *Slavic Poetics*.

Thomson, R. 1970. "Mayakovsky and His Time Imagery." *SEER* 47: 181-200.

Timofeev, L. 1963. *Tvorchestvo A. Bloka*. Moskva: Izdatel'stvo Akademii nauk.

Toddes, E. 1974. "Mandel'shtam i Tiutchev." *IJSLP* XVII: 59-85.

Todorov, Tz. 1985. "Three Conceptions of Poetic Language." *Russian Formalism: A Retrospective Glance*. New Haven: Yale Center for international and Area Studies.

Tomashevskii, B. 1925. *Teoriia literatury*. Moskva-Leningrad.

______. 1929. *O stikhe*. Leningrad.

______. 1978. "Literature and Biography." *Readings in Russian Poetics*. Michigan: U. of Michigan Press.

Toporov, V. N. 1979. "Dve glavy iz istorii russkoi poezii nachala veka: I. V. A. Komarovskii – II. V. K. Shleiko." *RL* V. VII, no. 3: 249-326.

Torop, P. Kh. 1981. "Problema inteksta." *TPZS* XIV: 33-44.

Tracy, R., trans. and introd. 1981. *Osip Mandel'stam's Stone*. Princeton: Princeton U. Press.

Tsiv'ian, T. 1971. "Zametki k deshifrovke Poema bez geroia." *Trudy po znakovym sistemam* 5: 255-277.

______. 1990. "The Double Bottom of the Casket; Or, Two Hypostases of Poema bez geroia." *The Speech of Unknown Eyes*. Nottingham: Astra Press.

______. 2001. "Poema bez geroia Anny Akhmatovoi." *Semioticheskie puteshestviia*. Sankt-Petersburg: Izdatel'stva Ivana Limbakha.

Tynianov, Iu. 1924. *Problema stikhotvornogo iazyka*. Leningrad: Academia.

______. 1985a. "Blok."(1921) *Arkhaisty i novatory*. Ann arbor: Ardis.

______. 1985b. "Literturnyi fakt."(1924) *Arkhaisty i novatiry*.

______. 1985c. "O literaturnoi evoliutsii."(1927) *Arkhaisty i novatory*.

______. 1985d. "Promezhutok."(1924) *Arkhaisty i novatory*.

______. 1985e. "Stikhovye formy Nekrasova."(1928) *Arkhaisty i novatory*.

Tynianov, Iu., R. Iakobson. 1962. "Problemy izucheniia literatury i iazyka."(1927) *Readings in Russian Poetics* No.2: 101-102.

Uspenskii, B. 1996. "Anatomiia metafory u Mandel'shtama." *Izbrannye trudy tom II*. Moskva: Shkola "Iazyki russkoi kul'tury."

Uspensly, B. 1973. *A Poetics of Composition*. Tr. V. Zavarin and S. Wittig. Berkeley: U. of California Press.

Van Baak, J. 2001. "Paradoks i psevdologika u Platonova." *Paradoksy russkoi literatury*. Sankt-Peterburg: Inapress.

Venclova, T. 1986. *Neustoichivoe ravnovesie: Vosem' russkikh poeticheskikh tekstov*. New Haven: Yale Center for International and Area Studies.

Verheul, K. 1971. *The Theme of Time in the Poetry of Anna Akhmatova*. Hague: Mouton.

Vilenkin, V. 1993. "On a Poem without a Hero." *Anna Akhmatova 1889-1989*. Oakland, CA; Berkeley Slavic Specialties.

Vinogradov, V., ed. 1958. *Literaturnoe nasledstvo. Novae o Maiakovskom*. Vol. 65. Moskva: Akademiia nauk SSSR.

Vinokur, G. 1967. Maiakovskii – Novator iazyka. München: Wihelm Fink Verlag(1943).

Voloshinov, V. 1971. *Marksizm i filosofiia iazyka*. The Hague: Mouton.

Weitzman, K. 1978. *The Icon*. N. Y.: George Braziller.

Wells, D. 1986. "Folk Ritual in Anna Akhmatova's Poema bez geroia." *Scottish Slavonic Review*. n. 7: 69-88.

West, J. 1970. *Russian Symbolism*. London: Methuen & Co. Ltd.

Wheelwright, Ph. 1962. *Metaphor and Reality*. Bloomington: Indiana U. Press.

Whitman, W. 1955. *Poems*. N. Y.: N. Y. U. Press.

Wimsatt, W. 1967. *The Verbal Icon: Studies in the Meaning of Poetry*. Lexington: U. of Kentucky Press.

Winner, T. 1978. "Jan Mukařovsky: The Beginning of Structural and Semiotic Aesthetics."

Sound, Sign and Meaning. Michigan: U. of Michigan.

Wittgenstein, L. 1968. *Philosophical Investigations*. Trans. G. Anscombe. N. Y.: Macmillan Publishing Co., Inc.

Woodward, J. 1993. "'The Idea of the Circle' in the Poetry of Blok." *Form and Meaning Essays on Russian Literature*. Columbus: Slavica.

Zabol'tskii, N. 1999. "Prirody ochistitel'naia sila (Sotsial'no-eticheskit elementy naturfilosofskoi poezii Zabolotskogo." *Voprosy literatury* No. 4: 17-36.

Zabolotskii, N. 1983. *Sobranie sochinenii v trekh tomakh*. Moskva.

Zabolotsky, N. 1994. *The Life of Nikolai Zabolotsky*. Tr. R. Milner-Gulland and C. Bearne. Cardiff: U. of Wales Press Cardiff.

Zeeman, P. 1987. "Metaphorical Language in Mandel'shtam." *RL* 21: 313-346.

______. 1988. *The Later Poetry of Mandelstam: Text and Context*. Amsterdam: Rodopi.

Zhirmunskii, V. 1922. *Poeziia Aleksandra Bloka*. Peterburg.

______. 1928. *Voprosy teorii Literatury*. Leningrad.

______. 1970. *Kompozitsiia liricheskikh stikhotvorenii*. München: Wilhelm Fink Verlag(1921).

______. 1973. *Tvorchestvo Anny Akhmatovoi*. Leningrad: Nauka.

Zholkovskii, A. 1986. "O genii i zlodeistve. o babe i vserosiiskom masshtabe. progulki po Maiakovskomu." *Mir avtora i struktura teksta*. Tenafly: Hermitage.

______. 2005. "Anna Akhmatova-50 let spustia." *Izbrannye stat'i o russkoi poezii*. Moskva: Rossiiskii gosudarstvennii gumanitarnii universitet.

Zolian, S., M. Lotman. 1988. "Semantika i struktura teksta: zametki o poezii i poetike O. Mandel'shtama." *Semiotics and the History of Culture*. Ed. M. Halle et al. Columbus: Slavica.

찾아보기

ㄹ

ㅁ

ㅂ

ㅅ

ㅇ

ㅌ

ㅍ

러시아 현대시의 해석

초판 발행 1쇄 2023년 2월 24일

지은이 석영중
펴낸곳 고려대학교출판문화원
www.kupress.com
kupress@korea.ac.kr
(02841) 서울특별시 성북구 안암로 145
Tel 02-3290-4230, 4232
Fax 02-923-6311
찍은곳 네오프린텍(주)

ISBN 979-11-6956-011-5 93890

값 26,000원
※ 잘못 만들어진 책은 바꿔 드립니다.